メタ倫理学の最前線

蝶名林亮［編著］

勁草書房

メタ倫理学の最前線　【目次】

はじめに　蝶名林亮 …………………………………………………… 1

第Ⅰ部　哲学史におけるメタ倫理学説

第1章　アリストテレスともう一つのメタ倫理学　立花幸司 ……… 17
1　はじめに　17
2　アリストテレスの倫理学説　19
3　アリストテレスの履歴書　24
4　経験的知見の重視　29
5　実効性の重視　34
6　おわりに　38

第2章　ヒューム道徳哲学の二つの顔　萬屋博喜 ……………… 45
1　はじめに　45
2　メタ倫理学における初期のヒューム受容──非認知主義と主観主義　48
3　非認知主義解釈の変遷と展開　52
4　主観主義解釈の変遷と展開　58
5　おわりに　64

第3章　カントの倫理学とカント主義のメタ倫理学　永守伸年 …… 69
1　はじめに　69
2　カントの倫理学　70
3　カント主義のメタ倫理学　78
4　カント主義の可能性　87

5　おわりに　95

　第Ⅱ部　現代メタ倫理学における一つのトレンド
　　　　　　──「理由」の概念への注目

第4章　行為の理由についての論争　杉本俊介 …………………… 101
　　1　はじめに　101
　　2　〈行為の理由〉概念に注目する意義　102
　　3　規範理由とは何か　107
　　4　動機づけ理由をめぐる論争　119
　　5　おわりに　123

　第Ⅲ部　道徳的実在論に関する論争

第5章　自然主義と非自然主義の論争について　蝶名林亮 ………… 129
　　　　──自然主義と道徳の規範性からの反論を中心に
　　1　論争の背景　129
　　2　論争の整理　131
　　3　道徳の規範性に関する問い　137
　　4　シュローダーの仮言主義　144
　　5　おわりに　150

第6章　道徳的説明についての論争　秋葉剛史 ……………………… 155
　　1　はじめに　155
　　2　論争の見取り図　157
　　3　道徳的事実に因果的説明役割はあるのか　161
　　4　道徳的事実の因果的説明役割とその実在性　172
　　5　おわりに　177

第7章　進化論的暴露論証とはどのような論証なのか　笠木雅史 … 183
1　本章の目的　183
2　知識と正当化の諸条件　187
3　暴露論証の諸形態とその応答　193
4　まとめ　209

第Ⅳ部　メタ倫理学上の反実在論・非実在論について

第8章　非認知主義についての論争　佐藤岳詩 …………………… 219
1　はじめに　219
2　非認知主義を巡る論争の経緯　219
3　非認知主義を巡る論争の争点　221
4　非認知主義と認知主義　226
5　各立場の説得力　242
6　おわりに　243

第9章　道徳的非実在論　安藤馨 ……………………………………… 247
1　道徳的非実在論の分類　247
2　なぜ道徳の実在性を疑うのか　248
3　錯誤説　254
4　虚構主義　265
5　相対主義的な主観主義　276
6　おわりに　285

第Ⅴ部　哲学諸分野からのアプローチ
　　　　——言語哲学・実験哲学とメタ倫理学

第10章　義務様相表現の意味論　和泉悠 ………………………… 293
1　はじめに　293

2 様相論理学における義務様相　295
 3 クラツァーの理論　299
 4 さらなる争点　309
 5 おわりに　315

第11章　我々は客観主義者なのか？　太田紘史 …………………… 319
　　　　──メタ倫理学への実験哲学的アプローチ
 1 はじめに　319
 2 客観主義と客観主義的コミットメント　319
 3 我々は客観主義者なのか──出発点となる実験哲学的知見　326
 4 相対主義的な素朴メタ倫理学の可能性　329
 5 道徳的不一致にまつわるメタ倫理学と素朴メタ倫理学　331
 6 我々は一貫したコミットメントを有しているのか　336
 7 おわりに　340

補論──その他の研究動向　345

おわりに
索引

はじめに

　英語圏の分析哲学において、「メタ倫理学（meta-ethics）」という分野は哲学における主要な一分野と見なされており、研究者も多く、現在進行形で様々な研究が遂行されている。

　その名前に「倫理学」という言葉が入っていることもあり、メタ倫理学はしばしば規範倫理学（normative ethics）、応用・実践倫理学（applied / practical ethics）と並ぶ、実践的な学である倫理学の一部門として紹介されることが多い。ただ、他の倫理学諸分野が「道徳的に許容できない行為とは何か」などの実践的な問いに積極的に答えようとする一方で、メタ倫理学は必ずしもこのような問いに直接的には答えない。むしろメタ倫理学では、「ここで問題となっている道徳的許容性とはどのような形而上学的存在者か」「われわれはある行為の道徳的許容性をどのように知ることができるのか」「それを知り、それに基づいて行為する際の心の仕組みはどのようなものか」「『a は道徳的に許容されない』という形式の文はどのような意味を持つか」などといった理論的な事柄が問題になる。つまりメタ倫理学とは、そもそも倫理・道徳に関することであるから実践的なことに関わる学問ではあるが、理論的・抽象的な問いにも関わる学問でもある。

　わが国においてもメタ倫理学への興味は高く、刊行論文・単著や学会発表で同分野に関わるトピックが多く見受けられるようになってきている。メタ倫理学という分野を広く一般にも紹介しようとする教科書的な著作も、日本語のものが既にいくつか出版された[1]。

　ただ、現在の英語圏で行われているメタ倫理学の最新の議論展開は、20世紀から今世紀にかけて積み重ねられてきた研究動向を十分に把握していなければ明確な理解を得ることが難しいものとなっている。そのため、この分野を専

1　本書補論「その他の研究動向」注 7 を参照。

門とする哲学研究者以外には、メタ倫理学の最新の研究成果へのアクセスは、必ずしも容易ではない。

　これは改善すべき事態であろう。多くの人は人生の中で「いかに生きるべきか」という規範倫理的な問いを考えることがあるだろう。その中には「そもそもこのような問いに答えがあるのか」と言ったメタ倫理的な問いを考える人もいるだろう。多くの人が関心を持つメタ倫理学の研究が盛んに行われているにもかかわらず、その最新の研究動向がわが国では一部の研究者の間でしか共有されていないという現状は、やはり改善されるべきだろう。

　このような現状を受けて、既にメタ倫理学について多少興味を持っておられる読者のために、錯綜する研究状況を整理し、現在の研究動向の一つの見取り図を提示し、さらなる学習・研究への跳躍台となるものを提供することが、本書のねらいである。

　本書の最終部に収録した補論でも説明している通り、メタ倫理学が扱う問題は多く、一冊の本で全ての問題を検討することは難しい。そこで、まず前半の第Ⅰ部「哲学史におけるメタ倫理学説」において、わが国でもその哲学的主張が広く知られており、多くの研究者もいるアリストテレス、ヒューム、カントの三人のメタ倫理学説を取り上げる。この三者のメタ倫理学説を冒頭に配することで、メタ倫理学という学問分野がどのような問題に取り組もうとしているのか、多くの読者にある程度のイメージを持ってもらいたいと編者は考えている。そして、第Ⅱ部以下では現代のメタ倫理学において盛んに論じられている話題をいくつか取り上げ、それらの論争状況に関して概観した諸論文を収録し、メタ倫理学の現状を紹介していく。現代メタ倫理学に関する「批判的論評（critical review）」であるこれらの諸論文が、読者にとって有益な知識を提供し、さらなる研究のための何らかの助力となることを願っている。

　以下、各章の内容について、簡単な解説を行う。

第Ⅰ部　哲学史におけるメタ倫理学説

　メタ倫理学とは、道徳的判断の性質や客観性などが問われる、倫理学の基礎研究という側面を持つ。倫理・道徳に関する基本的な事柄を問う分野であるが

故に、当然、自らの哲学的体系を提示した過去の哲学者たちの言説の中にも、様々なメタ倫理学的な考察や主張を見て取ることができる。実際に、現代のメタ倫理学の論争は、西洋哲学史上の主要な哲学者たちが示した考えや議論に様々な形で影響を受けている場合がある。このような背景を考慮すると、歴史上の哲学者たちが示したメタ倫理学説を検討することは、現代の論争を考える上でも有益だろう。反対に、現代のメタ倫理学という「レンズ」で過去の哲学者たちの主張を見てみることで、彼ら・彼女らが構想した哲学的体系の新たな側面を発見できるということもあるかもしれない。

このような哲学史上の過去と現在の有機的な関係を意識しつつ、本書では特に現代のメタ倫理学との関連が深い三人の哲学者、アリストテレス、ヒューム、カントを取り上げ、この三者が構想していたメタ倫理学説について、考察を試みる。

本書の冒頭を飾るのは立花幸司による「アリストテレスともう一つのメタ倫理学」である。立花は倫理学という学問そのものを成立させたアリストテレス本人が、この学問領域においてどのような方法が用いられるべきだと考えていたのか検討する。アリストテレスの倫理学説を概説した後、立花はアリストテレス本人がどのような人生を生きた人物だったのか、現代の文脈にも置き換えつつ、生き生きと描き出して見せる。その中で、アリストテレスが提示した人間の生物学的な側面を重視する倫理学説や、その影響を受け継ぐ現代の徳倫理学が、「経験的知見による批判を等閑視することなく誠実に向き合うような理論のつくりになっている」ことを指摘する。立花が指摘するように、人間が持ち得る性格特性に関する研究は、倫理学だけでなく、心理学、精神医学、遺伝学、神経科学等の経験科学諸分野においても広く探究されている。立花が描き出すアリストテレスのこのような態度は、倫理学という学問分野に対する一つのスタンスであり、現代風に言うならば、メタ倫理学上の自然主義的な態度であると理解することができるだろう。このようなアリストテレスの考えは、思弁的な考察を通して善のイデアを把握することができるとする師・プラトンとの学問的な対決を発生させる。立花が提示するプラトンとアリストテレスの論争は現代における非自然主義と自然主義の論争を思い起こさせるが（現代の論争については第5章を参照）、アリストテレスが構想していた倫理学の方法に関

する考察は、現代の倫理学においても重要な部分を占めるべきとの主張が提示され、本章は閉じられる。

　一方で、現代の分析哲学においてデイヴィッド・ヒュームは最も影響力のある哲学者と言っても決して誇張にはならない。英語圏のトップジャーナルを見てみると、それを擁護するにしろ反論するにしろ、多くの論文や著作はヒューム的（Humean）な何かに関するものである。メタ倫理学においても、道徳的判断に関する説や、動機づけに関する説など、それは顕著である。萬屋博喜による「ヒューム道徳哲学の二つの顔」は、道徳的判断に関するヒューム的な考えに的を絞り、詳細な検討を試みている。萬屋は道徳的判断に関するヒュームの受容について、非認知主義的な受容と主観主義的な受容の二つに整理する（非認知主義に関する現代の論争については第8章を参照、主観主義に関する現代の論争については第9章を参照）。それぞれの解釈の経緯を説明した後、まずは非認知主義的な受容について、ヒュームの非認知主義的な解釈を否定する錯誤説的な解釈、そして、単純な情動主義を乗り越える複雑な、しかし、それでも非認知主義的な理論的枠組みを維持する、投影説的な解釈が紹介される。一方で、主観主義的な解釈については、アダム・スミス的な公平な観察者にも通じる理想的観察者理論としての解釈や、単純な主観主義や反実在論とは一線を画すウィギンズ流の賢明な主観主義的な解釈が紹介される。ベイアーの指摘にも言及しつつ、ヒュームの歴史学上の成果である『イングランド史』も視野にいれたヒューム解釈は、ウィギンズ流の解釈を積極的に支持する可能性が指摘され、さらなるヒューム的なメタ倫理学説の洗練化の可能性が示される。

　ヒュームが現在のメタ倫理学上で最も言及される哲学者であるとすれば、ヒューム的なメタ倫理学説への反論を試みる際にしばしば引き合いにだされるのはイマヌエル・カントである。それは、カントがヒュームと比してより理性の重要性を強調した哲学者であったと多くの論者が見なしているからであろう。永守伸年の「カントの倫理学とカント主義のメタ倫理学」はこのようなヒューム的なメタ倫理説とカント的なメタ倫理説の対決について解説しつつ、カントから読み取れる新たなメタ倫理学説の可能性について、検討している。永守は啓蒙思想という観点から理解される法学や政治学なども含むカントが構想した実践的諸学の構想である広義のカントの倫理学と、道徳的規範に関する狭義の

カントの倫理学を区別する。その上で、カントから読みとり得る道徳心理学に関するメタ倫理学説として近年のメタ倫理学において様々に論じられてきた実践理性に関するメタ倫理学説、即ち、実践理性が道具的・道徳的行為の動機づけを欲求の助けなしに行う場合があるとする説を、特にこの考えを否定する動機づけのヒューム主義という考えとの比較を通して説明する（動機づけに関する現代の論争については第4章を参照）。現代のヒューム主義とカント主義の間の論争の重要な論点が丁寧に解説された上で、永守は従来の論争においては見過ごされがちだった、道具的でも道徳的でもない、カント自身が強調していたもう一つの実践理性のレベル、即ち、実践理性の賢慮の働きについて、検討する。社会的な側面も持ち得るこのレベルの実践理性に注目したクリスティン・コースガード（Christine Korsgaard）やデイビッド・ヴェルマン（David Velleman）らの近年の仕事にも着目しつつ、新たなカント的なメタ倫理説の可能性が提示されている。

第Ⅱ部　現代メタ倫理学における一つのトレンド
　　　　──「理由」の概念への注目

　現代につながるメタ倫理学の潮流の祖と考えられているG. E. ムーアの『倫理学原理』（*Principia Ethica*）が中心的に論じていたのは「善（Good、善さ、善い）」の概念であった。倫理学上重要な概念として他に「正（Right、正しさ、正しい）」の概念があり、どちらの概念がより基礎的なものであるかという伝統的な問いがある。一方で、近年のメタ倫理学の研究動向を見てみると、「善」や「正」にとって代わって「理由」という概念が中心的に論じられていることがわかる。それは、多くの論者が、多少の留保も保ちつつ、「善」や「正」の概念よりも、「理由」という概念の方がより基礎的なものであると考えているからである。たしかに、「何かが善いとは、結局、どういうことなのか？」と聞かれた場合、「何かが善いとは、つまり、われわれはそれを大事にしたり好んだりする理由があるということなんだ」と説明することは、それほど不適切には見えない。この説明において行われているのは、「善」という概念をより基礎的な「理由」という概念によって説明しようとする試みである。

　倫理学において問われることは、通常、どのような行為が善い行為か、正し

い行為か、という行為に関する問題である。この問いを理由という観点から考えると、「われわれにはどのような行為をする理由があるのか」という問いに置き換えられる。どのような行為をする理由があるのか答えるのは規範倫理学であるが、「(倫理学が問題にしている) 行為の理由とは一体何か」「『ある人がφする理由を持つ』とはどのような事態か」という行為の理由の本性そのものに関する問いに答えようとするのが現在のメタ倫理学である。このような研究状況を踏まえて、本書では杉本俊介による「行為の理由についての論争」を収録し、この分野に関する近年のメタ倫理学上の研究動向を検討・紹介する。

杉本はマイケル・スミス (Michael Smith) によるメタ倫理学上のトリレンマを紹介することから出発し、このトリレンマから引き出される問題の解決のためにスミスが導入した規範理由と動機づけ理由の区別を紹介する。スミスの区別を踏襲しつつ、杉本は行為の理由に関する探究を、これら二種の理由に関する探究として整理する。その上で、規範理由とは何かという問いについて、杉本は二つの論争を紹介する。一つ目は、この種の理由は「行為を支持する考慮 (a consideration that counts in favour of the action)」であるとの説明以上のものを与えることができるか否かという問題を巡る論争であり、さらなる説明の可能性を支持する立場は還元主義として、そのような説明の可能性を否定する立場は非還元主義 (あるいは「理由基礎づけ主義」) として説明される。還元主義的な試みとして、自律的な行為者の思考過程によって説明しようとするカント的な還元主義、「べし (ought)」による説明、欲求によって説明しようとする説が紹介され、それらに対する反論も検討される。他方、規範理由を巡るもう一つの論争として理由に関する内在主義と外在主義に関する説明が紹介され、この論争は規範理由の成立のための必要条件を巡る論争であると杉本は説明する。ウィリアムズ流の内在主義の紹介とそれへの反論を紹介しつつ、この論争については内在主義側に分があるとの杉本自身の見解も提示される。もう一つの種類の理由である動機づけ理由に関する論争については、スミスが支持した動機づけのヒューム主義、即ち、動機づけ理由は行為者が持つ一組の適切な欲求とその欲求を満たす手段に関する信念から構成されており、これらの欲求と信念とは別個の存在である、との考えに関する論争が中心的に検討されている (この立場を否定するカント的な見解とされる立場については第3章を参照)。この

検討の中で、スミスが前提にしていた「動機づけ理由は心理的状態である」との行為の理由の存在論的な想定を巡り、この想定を支持する心理主義とそれを否定する反心理主義的な諸説が紹介されている。

　杉本も言及しているように、理由に関する問いは倫理学だけでなく現在哲学諸分野で様々に論じられている問題である。そのため、それら哲学諸分野で行われている理由に関する探究とメタ倫理学における行為の理由に関する探究がさらに有機的に機能し、さらなる研究が進むことが期待されている。

第Ⅲ部　道徳的実在論に関する論争

　目の前の幼児が誤ってガラスの破片が入ったコップの中に手をいれようとしている。このまま手を入れてしまったら幼児の手は確実に傷つく。それを見ているタロウはコップを遠ざけて幼児を守ることが容易にできる状況にある。さて、この状況に関する素直な反応は「タロウは幼児を守るべきだ」との道徳的判断だが、では、この判断は「このコップは割れやすい」や「タロウは幼児よりも年齢が上だ」と同様に、真偽が問えるものだろうか。それとも、「おはよう」「結婚しよう！」のように、真偽ではその適切さを問うことができないものか（「おはよう」は「本当に今、朝が早いのだろうか」と考えて真偽を問うような表現ではなく、「結婚しよう！」も「本当にこの話者は結婚したいと思っているのか」と考えて真偽を問うような表現ではない。前者は朝に交わされる挨拶であり、後者はある種の共同行為への提案を表す表現である）。また、真偽が問えたとして、道徳的判断の真偽はどのように決まるのか。たとえば、それはわれわれが類似的な状況において同様の判断を下すという、われわれの主観的な判断に依存した事実によって決まるのか。それとも、われわれがどのような判断を下そうとも道徳的判断の真偽に影響はなく、その真偽はわれわれの判断の有無とは別のところで決まるのか。

　道徳的実在論（moral realism）と呼ばれる立場の支持者たちは上記の問いについて、「道徳的判断は真偽が問えるものであり、その真偽はわれわれの判断に依存するものではなく、さらに、われわれが下す道徳的判断の多くは真である」と答える。近年のメタ倫理学は道徳に関する事柄だけでなく、道徳以外の

場面でも立ち現れる様々な規範的なもの一般を考察の対象とするメタ・規範学的（meta-normative）な傾向性を有しているが、それでも、道徳的実在論に関する論争は未だに中心的な地位を確保し続けている。このような問題意識に基づいて、本書では道徳的実在論に関する三本の論文を収録する。

道徳的実在論に関する最初の論文として、蝶名林亮による「自然主義と非自然主義の論争について——自然主義と道徳の規範性からの反論を中心に」を収録する。道徳的実在論によれば上述したように道徳的判断の真偽はわれわれの判断に依存しない形で決定するが、道徳的判断を真にするものとして候補に挙がるのは、われわれの道徳的判断とは独立して様々な対象によって例化される道徳的性質である。では、この道徳的性質の存在にコミットする実在論者は道徳的性質についてどのように説明することができるか。蝶名林はこの問いについて大きく二つの答えが現在のメタ倫理学において提示されていると言う。一つ目は、道徳的性質は他の自然科学で探究されるような性質と同種の自然的性質であるとする自然主義と呼ばれる考えである。二つ目は、自然主義を否定する非自然主義である。自然主義と非自然主義は近年の研究動向においてさらなる細分化が行われており、その概要が蝶名林によって説明される。続いて、蝶名林は自然主義的なメタ倫理説に対してしばしば向けられる「規範性からの反論」と呼ばれる考えを紹介する。道徳的性質はわれわれの判断や行為を支持・奨励するような規範性を持つように思われるが、自然的性質はそのような規範性を持つとは思えない。そうであるならば、道徳的性質が自然的性質であると考えることは無理筋ではないか。ここで問題となっている道徳の規範性の特徴づけに関する問題を解説しつつ、規範性からの反論に対する自然主義側からの応答として、マーク・シュローダー（Mark Schroeder）による自然主義的に理解された規範理由の多重決定性に訴えた戦略が紹介される。蝶名林によると、シュローダーの説はまだ不十分な点もあるが、それでも、単純な個人の欲求充足を超えた道徳の規範性が持つ利他性を自然主義の枠組みの中で説明しようとする試みであることに変わりはなく、今後の精査・発展が期待できるとされる。

第5章では「道徳的性質なるものの本性とは何か」との道徳的実在論の内実に関する検討が行われたが、秋葉剛史による「道徳的説明についての論争」では道徳的実在論が真であることを示す積極的な論証とは何かという問題に焦点

が絞られている。秋葉が言うように、あるものが存在するかどうか考察する上で、問われているものがどれほどの説明的役割を果たすのか、見てみることは重要であろう。メタ倫理学においても20世紀後半から道徳的性質（もしくは道徳的事実）の説明的役割に着目して道徳的実在論の擁護を目指す研究動向が見られ、これまで様々な論争が繰り広げられてきた。秋葉は複雑化した論争状況を丁寧に解説し、重要な論争点を二点に整理する。一つ目の論争点は、道徳的事実が説明的役割を果たすか否かという問いである。二つ目の論争点は、道徳的事実の説明的役割の有無からどのようなメタ倫理学上の帰結が導けるかという問いである。秋葉によると、メタ倫理学の歴史においてまず大きな注目を浴びたのは一つ目の論争点である。この問題の発火点ともなったギルバート・ハーマン（Gilbert Harman）とニコラス・スタージョン（Nicholas Sturgeon）による論争からスタートし、道徳的事実の説明的役割を肯定する説と否定する説の両者の紹介が丁寧になされる。二つ目の論争点はこれまで見過ごされてきた点であったが、秋葉は近年の数学の哲学の議論展開を援用した議論や、因果的説明役割とは別の説明的役割を道徳的事実（もしくは規範的事実一般）に附与しようとする近年の非自然主義的な試みを紹介し、この論点の重要性と今後の研究動向への見込みを示す。

　第6章では道徳的実在論を積極的に肯定する論証を検討しているが、では、道徳的実在論を積極的に否定する論証にはどのようなものがあるだろうか。笠木雅史の「進化論的暴露論証とはどのような論証なのか」では、その代表格とされる暴露論証と呼ばれる一連の論証群が検討される。しかしながら、笠木も述べている通り、今世紀に入ってから暴露論証に関する様々な主張や議論が提出されており、そもそも、それが道徳的実在論の否定を直接的に支持するものかということも含めて、論争状況は錯綜している。このような論争状況を受けて、「客観的な道徳的事実は存在しない」などの直接的な道徳的実在論の否定を結論とする存在論的な道徳的懐疑論と、「道徳的信念は知識ではない、もしくは、正当化されない」などの認識論的な道徳的懐疑論を区別し、後者のための論証として暴露論証を理解した上で、笠木はその詳細な解説を試みる（前者のための論証も後者のための論証を一旦経由しなければならないため、依存関係にある）。認識論的な道徳的懐疑論のための暴露論証は、われわれの道徳的信念

が進化論的に説明されるという前提(進化論的前提、説明的前提)と、われわれの道徳的信念が知識や正当化のために必要な条件を満たさないという「認識論的前提」から構成される。笠木はこの「認識論的前提」と組み合わせることができる知識や正当化のための必要条件には大別して四つの異なる条件があると指摘し、四つの異なる暴露論証の形態を区別する。即ち、道徳的信念が形成される方法の信頼度の低さに訴えるもの、道徳的信念が真理と一致することが単なる幸運の一致にすぎないという考えに訴えるもの、道徳的信念が知識の敏感性条件を満たさないとするもの、そして、道徳的信念が知識の安全性条件を満たさないとするものの四形態である。それぞれの形態とそれらに対する反論が丁寧に説明され、今後の論争に関して笠木自身の考察も示される。

第Ⅳ部　メタ倫理学上の反実在論・非実在論について

　再び、タロウと幼児の事例について考えてみよう。幼児がガラスの破片が入ったコップに手を入れようとしている。このまま手を入れたら幼児は確実に傷つく。タロウは簡単にこのコップを幼児から遠ざけることができる。このような状況について、私が「タロウは幼児からコップを遠ざけるべきだ」と考えたとする。道徳的実在論者は私のこのような判断について、(1) この判断は真偽が問えるものであり、(2) このような判断の真偽の基準となる道徳的性質がこの世界には存在しており、それはわれわれの判断とは独立して存在している、と考える。

　さて、道徳的実在論を否定したい場合、道徳的実在論者が持つ (1) の想定と (2) の想定のいずれかを否定する戦略が考えられる。このような道徳的実在論を否定する立場は、反実在論 (anti-realism)、もしくは (道徳的実在論が想定する道徳的性質が存在しないという主張を積極的に行うという意味で) 非実在論 (irrealism) と呼ばれる。どちらの戦略もこれまでメタ倫理学において様々に論じられてきた。本書ではそれぞれの前提を否定する二つの戦略についての論文を収録し、この分野の近年の研究動向を紹介する。

　佐藤岳詩による「非認知主義についての論争」では、上述の (1) の想定、即ち、道徳的判断は真偽が問えるものであるとする認知主義と呼ばれる立場を

否定する非認知主義について、検討されている。認知主義と非認知主義との論争について、佐藤はこの論争が道徳的判断を含めた規範的判断一般が持つとされる実践的特徴と論理的特徴の説明に関する論争であると解説する。これによると、良く知られている「フレーゲ・ギーチ問題」は、規範的判断が持つ論理的特徴に関する問題という理解になる。佐藤は認知主義と非認知主義の論争をさらに検討し、それが意味論的なレベルの論争、心理的・思考的なレベルの論争、言語行為論的なレベルの論争の三つの異なるレベルを持つとする。これらの説明を下敷きにしつつ、近年のメタ倫理学者が提示する認知主義的な諸説（純粋な認知主義、折衷的認知主義）と非認知主義的な諸説（純粋な非認知主義、折衷的非認知主義）を紹介し、それらが示す規範的判断の二つの特徴の説明と三つのレベルの論争上でそれぞれが提示する考えについて、網羅的な解説がなされる。佐藤は最終部においてそれぞれの説がもともとの課題であった規範的判断の二つの特徴をどの程度成功裡に説明しているか、考察している。佐藤は、たとえ発展的な形態をとったとしても、認知主義的な説であれば規範的判断の実践的特徴の説明に難があり、非認知主義的な説であれば論理的特徴の説明がまだ道半ばであるとの見通しを示し、章を閉じている。

　一方で、安藤馨の「道徳的非実在論」では、上述の道徳的実在論が前提としていた（2）という考えの否定、即ち、われわれの判断とは独立して存在するとされる道徳的性質なるものは、実はその実在性が疑われるものである、との非実在論的な考えを持つ諸説について、詳細な検討が与えられている。はじめに、道徳的判断及び道徳的事実に関するテトラレンマの解説を通して、非実在論を支持する二種の論証（動機づけの判断内在主義＋動機づけのヒューム主義に訴える論法、及び、道徳的合理主義＋理由のヒューム主義に訴える論法）が確認される。非実在論への動機が示されたところで、安藤は非実在論的な説として、錯誤説、虚構主義、相対主義的な主観主義を挙げ、それぞれの立場に関する詳細な検討を行う。安藤はこれら諸説について以下のような評価を下している。錯誤説については共犯論法による反論がしばしば指摘されるが、この問題に対する一応の回避策が提出されており、決定的に拒絶されるような状況ではない。道徳的判断について非認知主義を採用する解釈学的虚構主義は、結局のところフレーゲ・ギーチ問題の回避に関して表出主義との間の理論的優位性を保てな

いとの懸念があるが、この懸念は回避できるものであり、やはり表出主義に対する理論的優位性は確保できる。相対主義的な主観主義は道徳に関する不同意を説明できないという決定的な問題を抱えていると思われていたが、発話内容に依存しない形で不同意を説明できるとする考えがいくつか提示されており、不同意の説明に関する問題は解消される可能性がある。そうなると、もともとフレーゲ・ギーチ問題は回避できるそれら主観主義的な諸説は非認知主義に対して優位性を持つことになる（相対主義的な主観主義については第11章でも検討されている）。これらを総合すると、非実在論的な諸説は伝統的な非認知主義的な理論に対して「かなりの優位性」を持つことになりそうだとの見通しが示され、安藤は本章を終えている。

第Ⅴ部　哲学諸分野からのアプローチ
——言語哲学・実験哲学とメタ倫理学

メタ倫理学には倫理や道徳に関する言語哲学、形而上学、認識論、心の哲学であるという応用哲学的な側面がある。本書において第Ⅲ部では道徳的性質の本性やそれと自然的性質の関係、及び、道徳的信念の正当化についての議論が紹介されていたが、これらは倫理・道徳に関する形而上学的・認識論的考察ということになる。また、第Ⅳ部では道徳的判断やそれが表現される時に使用される道徳語彙の本性を巡って伝統的に認知主義と非認知主義が論争の俎上に上がってきたことが確認されたが、これらは倫理・道徳に関する言語哲学的、心の哲学的な考察であると理解することができるだろう。

このような側面を持つが故に、その内部から発生する議論展開だけではなく、メタ倫理学外部の哲学諸分野及び関係する諸学問を発生源として起こる研究も、メタ倫理学上の諸問題と大きく関係してくる場合がある。その例として、本書では言語哲学と実験哲学の分野におけるメタ倫理学とも関係が深い研究動向を紹介する。

和泉悠による「義務様相表現の意味論」では、メタ倫理学において中心的な関心事である「〜すべきだ」、*ought to, must, should* などの義務様相表現（deontic modal）について、言語哲学や言語学においてはどのような研究動向があるか、紹介されている。言うまでもなく、倫理学や規範一般の性質を問うメタ

倫理学において、これら義務様相表現の検討は研究の中核をなすものである。本書の第IV部でも見た認知主義と非認知主義の論争は、道徳の場面で使用される「〜すべきだ」、*ought to* などの意味論的な論争の側面を持つ。メタ倫理学上の論争はこれら道徳語彙が何を指すのかという言語現象以上の哲学的諸問題に関わることが主であったが、和泉はまず義務様相表現の言語現象にその考察の範囲を限定する。その上で、和泉は言語学分野において標準的な義務様相表現の理論だと考えられているアンゲリカ・クラッツァー（Angelika Kratzer）の理論を紹介する。和泉はクラッツァー理論の骨子となる考えとして、義務様相表現の意味は文脈によって与えられる（1）関連する可能性、及び、（2）関連する基準によって決まる、というアイデアを紹介する。和泉はクラッツァー理論がなぜ単純な可能世界意味論よりも優れていると見なされるのか、前者がチゾムのパラドックスを回避できることなどを指摘し、説明する。クラッツァーの理論は近年メタ倫理学においても盛んに論じられており、今後、言語哲学方面からメタ倫理学的考察を進める上では避けて通ることができないものであり、その意味においても、和泉によるクラッツァー理論の日本語での紹介は意義の大きなものであろう。和泉はクラッツァー理論の問題点とそれを克服することを目指した近年の研究を紹介し、さらに、日本語の義務様相表現に関する若干の考察も提示し、今後の研究への見通しを示している。

太田紘史による「我々は客観主義者なのか？——メタ倫理学への実験哲学的アプローチ」では、近年、大きな注目を集めている経験的な知見に訴えて哲学的諸問題を考察する実験哲学というアプローチが紹介されている。メタ倫理学上の論争においては、しばしば、われわれが日常的に抱いている道徳に関する考えが引き合いにだされることがある。このような道徳に関する一種の常識はわれわれが抱く「素朴メタ倫理学」と呼ぶことができるものだが、メタ倫理学ではこの素朴メタ倫理学が客観主義的なものだと想定され、理論構築において重要な役割が与えられてきた。太田はこのようなメタ倫理学における背景を丁寧に説明した上で、素朴メタ倫理学を客観主義であると見なす想定に対して、経験的知見から様々な仕方で疑義が投げかけられている現状を解説する。ニコルズ（Shaun Nichols）による先駆的な仕事によって道徳的不一致への反応を実験的に調査するという方法が確立されていったことを解説しつつ、太田は実験

哲学から示される三つの重要な論点について説明していく。一点目は、これまでメタ倫理学において素朴メタ倫理学が客観主義であると主張するために持ち出されてきた道徳上の発話や行為などが証拠としては「ほとんど無力である」という点である。二点目は、経験的知見に照らして考えると、素朴メタ倫理学は客観主義とは異なる相対主義的な考えである可能性が浮上してくる点である。三点目は、近年の研究動向では、われわれが抱く素朴メタ倫理学が一貫性を持つものか、それとも不整合を来しているか、もしくは、ある規則性に基づいて変動するものであるのか、これらの問いを巡って研究が進められているという点である。最後にメタ倫理学と実験哲学の関係について若干の考察が試みられ、太田は後者によって前者が取って代わられるというよりも、後者の研究成果・手法が活用される形で、前者の研究の幅がより良い形で幅広いものになる可能性を示唆する。

　本書の末尾を飾る二つの論文が示していることは、メタ倫理学という学問が、哲学諸分野はもとより、関連する諸学問における知見をも取り入れながら進展する学際的（interdisciplinary）な営みであるということである。そのような側面を持つメタ倫理学研究の進展のためには、今以上に、関連する諸学問に従事する研究者たちが活発に意見を交換し、新たな研究への道筋を探っていく必要があるのかもしれない。

第Ⅰ部　哲学史におけるメタ倫理学説

第1章　アリストテレスともう一つのメタ倫理学[1]

立花幸司

1　はじめに

　メタ倫理学とは何か。これを教科書的にいえば、「われわれはどのように感じ、判断し、行動すれば良いのか」という社会や人生の〈規範〉にかんする問題をあつかう規範倫理学、および「そうした良い規範を実現するためには、現実の社会や人生において生じる諸問題にどう対処すれば良いのか」という実社会や実生活に直結した〈応用〉問題をあつかう応用倫理学と対置され、規範倫理学や応用倫理学が前提としている「良い」という事柄そのものに注目し、「そもそも何かを良いと語るとはどういうことなのか」という問いをたて、〈俯瞰した立場（メタ）〉から問題をあつかう倫理学の一領域だと言えるだろう。

　こうした俯瞰的なアプローチが「メタ」と呼ばれるのは、本人の与り知らぬかたちではあるもののアリストテレスに由来する。第3節で詳しく述べるが、アリストテレス全集の編纂をおこなったとされる人物に、ロドスのアンドロニコスという人がいる。彼は、アリストテレスの著作の編纂に際して、現在では「形而上学（metaphysics）」と呼ばれている一群の諸巻──アリストテレス自身はこれを「第一哲学（prōtē philosophia）」と呼んでいた──を、自然学関係著作群の後に置いた。そして、そのように置かれたことにより、それら諸巻は「Ta meta ta physika」すなわち「自然学（ta physika）の後（meta）に置かれた諸巻」と呼ばれるようになった。このギリシア語の呼称が、冠詞のないラテン語に音写される際に「metaphysica」と縮まったのである。この由来からわ

---

[1] 本稿の第2節および第3節は、それぞれ立花（2013）、立花（2019a）を下敷きにして、そこに大幅な加筆等を加えたものである。また、本稿は日本学術振興会海外特別研究員制度（28-885）および科研費（17K13318）の支援による研究成果の一つである。

かるように、「メタ」という言葉には、もともとは「〜の後」という水平的な意味合いしか含まれていなかった。しかし、その内容から「上」ないし「超」という垂直的意味合いが読み込こまれ、そしてそうした理解を背景に、「メタレベル」「メタ倫理」「メタ論理」など、「超越した」「高次の」という意味合いが定着するようになった（神崎2006）。それゆえ、たとえば「メタ」を「一歩後ろから眺める」とする意訳などは（佐藤2017: 6）、水平的な表現を用いながらも垂直的意味合いを保っており、言い得て妙だといえる。

さて、規範倫理学、応用倫理学、メタ倫理学の三つの領域の境界は曖昧なところもあるものの、それらが倫理学という一つの確立された学問分野のなかにあることについては、メタ倫理学の入門書などでは話の前提とされている（佐藤2017）。しかし、われわれが現在こうして「規範倫理学」や「応用倫理学」と対比して理解しているところの「メタ倫理学」というものを、アリストテレスのなかに明示的に見いだすことは難しい。その理由の一つとして、倫理学という学問分野がそうした規範・応用・メタという三領域からなるということは所与のものではなかったことを指摘できる。これは、歴史的にみればある意味では当然のことである。なぜなら、「メタ倫理学」という学問領域の登場は比較的最近の、20世紀初頭にムーアが著した『倫理学原理』（1903）にその始まりをみることが多いからである。しかし問題はそれに留まらない。というのも、「メタ倫理学」どころか、そもそも「倫理学」という一つの学問分野があるという現代ではさらに自明の前提さえも、アリストテレスにとっては所与ではなかったからである。このことは、あとであらためてみるように、「倫理学」という学問分野そのものを打ち立てたのがアリストテレスその人だったということと関係している。つまり、アリストテレスの倫理学関係著作群、とりわけその主著とされる『ニコマコス倫理学』は、彼の倫理学説を述べたものであると同時に、倫理学という学問分野が成り立つことそのものを論じたものでもある。したがって、アリストテレスのメタ倫理学説とは何かという問題以前に、そこからさらに一歩後ろに身を引き俯瞰して、そもそも倫理学とは何か、倫理学という一つの確立した学問分野が可能だとすればそれは何をどう営む学問なのかという問題――いわばもう一つのメタ倫理学上の問題――が、アリストテレスの倫理学には含まれているのである。では、アリストテレスにとって倫理学と

は何であったのか。本稿はこのもう一つのメタ倫理学的な問いに着目し、この問いに取り組む上で重要であるが比較的検討されてこなかった側面をとくに取り上げて論じるものである。

2　アリストテレスの倫理学説

　まずは、アリストテレスの倫理学説を、その中心的概念である「幸福」と「徳」の観点から概観しておくことにしよう。『ニコマコス倫理学』（以下 *NE* と略記）は「どのような技術も研究も、そして同様にしてどのような行為も選択も、なんらかの善を目指しているように思われる」という一文で始まる（*NE* I1, 1094a1-3）[2]。広義の学問（学術）であれ個々の行為であれ、あらゆる人間的営為はその目的として何かしら〈善いもの〉を目指しており、この目的としての善はヒエラルキー構造をなしている。つまり、下位の人間的営為の目的は上位の人間的営為の目的の統制下にあるというヒエラルキーである。そして、このヒエラルキーの最上位に位置するもの、つまり、何か他のためではなくそれ自体として目指され、他のあらゆる営為がそれを目的とするような、そうした目的としての〈善〉が〈最高善〉とされる。最高善とは「幸福（eudaimonia）」であり「よい人生を送」り「立派にやっていくこと」だとする点では人々の意見は一致するものの、その具体的な内実となると意見は一致していない（*NE* I4, 1095a14-22）。そこでアリストテレスは「機能・働き」という概念に注目することで幸福の定義を試みる（*NE* I7, 1097b22-28）。「機能論法（function argument）」と呼ばれるこの議論は二段階からなる論法である。第一段階は〈善さ〉を〈機能〉によって明らかにする段階である。或る対象 X の〈善さ〉は X の〈機能〉から明らかになる。そして、或る X が〈善い〉といえるのは X がその〈機能〉をしっかり備えている場合である。第二段階は、〈機能〉を

---

[2] アリストテレスからの引用に際して、『ニコマコス倫理学』はアリストテレス（2015/2016）、『エウデモス倫理学』はアリストテレス（2017）の翻訳をそれぞれ用いたが、一部訳語を変えたところもある。アリストテレスのそれ以外の著作からの引用は筆者本人による訳出であり、アリストテレス以外の著作からの引用はその都度明記している。アリストテレスの著作からの引用の頁行数についてはベッカー版に、その他の著者からの引用はそれぞれの慣例に従った。

〈性質〉によって明らかにする段階である。Xの〈機能〉はXに固有の性質（XとしてのXの性質）を探ることで明らかになる。たとえば、大工の〈機能〉の場合を考えてみよう。大工には、性別、肌の色、既婚／未婚など様々な性質が備わっているが、どれも大工としての大工の性質ではない。それと対照的に、その性質なくしてはもはや大工とはいえないような性質がある。それは「建物を建てること」である。したがって、大工の機能とは「建物を建てること」である。したがって、大工の〈善さ〉はしっかり「建物を建てる」こととなる。

　機能論法の特徴は、〈善さ〉という評価的概念を、〈機能〉という概念を経由させることによって〈性質〉という事実的概念によって特定している点にある。この論法を「人間」の場合に当てはめるならば、人間の〈善さ〉は、人間に固有の、人間を人間たらしめている〈性質〉が見いだせれば明らかとなる。アリストテレスは、人間の生のあり方として三つの性質——栄養摂取し生長する生、感覚する生、理性がある部分による行為にかかわる生——を挙げる。栄養摂取し生長する生は動植物にも共通してあるため、また感覚する生は動物にも共通してあるため、それぞれ人間に固有な生のあり方ではない。反対に、理性（およびそれに基づいた行為）が人間に固有であるため、「理性がある部分による行為にかかわる生」が人間に固有な生のあり方となる（*NE* I7, 1098a4-5）。

　「理性がある部分」と「行為にかかわる生」という規定のそれぞれがさらに分析され、もっとも人間らしい生のあり方が析出される。まず、「理性がある部分」は「理性に従う部分」と「まさに理性をもち思考する部分」に分けられ、後者のほうがより理性的である。また、「行為にかかわる生」についても、実際に行為活動している場合（現実態）と、行為できる状態の場合（可能態）とに区別することができるが、単に可能な状態に留まっているよりも実際に活動しているほうがよりいっそう行為にかかわっている。したがって、「理性がある部分による行為にかかわる生」のなかでも、〈まさに理性をもち思考する部分による実際に行為し活動していること〉がもっとも人間らしい生のあり方となる。それゆえまた、人間の〈機能〉とは、〈まさに理性をもち思考する部分を駆使して実際に行為し活動すること〉となる。これが人間の〈善さ〉である。アリストテレスはこれを、「理性に基づく、もしくは理性ぬきにはないような、魂の活動」と表現するが（*NE* I7, 1098a7）、この表現もまたさらに分析が加え

られる。「理性に基づく、もしくは理性ぬきにはないような」については、人間の機能が発揮されているといっても、十人並みにではなく卓越して発揮し活動しているほうが善いので、そのよう卓越して発揮されている場合に〈卓越した理性に基づいて〉と言いうる。彼はこれを省略して「徳に基づいて」と述べる。また、「魂の活動」については「魂の活動および行為」と言い換えられ、「魂の活動」には人間らしい行為と観想の両方を射程に入れていることがわかる。こうして、人間の善さ（幸福）とは「徳に基づく魂の活動」と規定される（NE I7, 1098a16-17）。

　幸福をめぐる問いは「徳とは何か」という問いへとつながる。魂の活動が善くあるために基づいていなければならないとされるのが〈徳〉だからである。徳を考察する上で手がかりとなるのが、上述の生のあり方の三分類とも関係する、魂の部分と能力という考え方である。人間の魂には非理性的部分と理性的部分の二つの部分があり、栄養摂取・欲求（感情を含む）・理性という魂の三つの能力が割り振られる。栄養摂取はあらゆる生物に共通し、眠っているときでも働いている非理性的能力である。欲求・感情は非理性的部分と理性的部分にまたがる能力であり、理性に聞き従うこともあればそれに反対して身体を動かすこともある。理性は理性的部分の能力であり「まさに理性を持つ部分」と言われ、理性に従うこともあれば反することもあるとされた欲求・感情とは対比させられる。機能論法により、人間に固有の性質は理性的な部分であるとされていたので、この分類から徳の二つのタイプが導かれる。すなわち、理性に従うとされた魂の部分に関する「性格の徳」と、理性を持つとされた部分にかかわる「思考の徳」である。ここまでの分類を図示すれば以下のようになる（図1）[3]。

　性格の徳とは、教育（訓育・陶冶）により備わる或る種の性向とされ、その具体的なあり方はふたたび機能論法によって導かれる。まず、徳はその担い手を善きものにする。或る対象の善さはその対象の機能の発揮であるから、徳と

---

[3] 欲求は非理性的部分と理性的部分にまたがるが、非理性的部分として「理性に反する」部分が欲求にあり、理性的部分として「理性に従う」部分が欲求にある、ということをこの図は意味していない。そうではなくて、「またがる」とは「理性に反する」こともあれば「理性に従う」こともある、ということを意味している。

(図1)

魂の部分：	≪────非理性的部分────≫≪────理性的部分────≫
魂の能力：	≪──栄養摂取──≫≪────欲求・感情────≫≪──理性──≫
理性との関係：	≪─理性に反する─≫≪─理性に従う─≫≪─理性を持つ─≫
人間の徳：	≪────性格の徳────≫≪──思考の徳──≫

はその担い手が素晴らしく機能するようにするものである。人間の場合でいえば、人間にとっての徳は人間を善くし、人間が素晴らしく機能するようにするものとなる。上述のように、性格の徳は欲求や感情、そしてそれによって引き起こされる行為にかかわる。行為と欲求・感情には不足と超過があるから、性格の徳とは、不足でもなく超過でもない「中庸」を保たせるものだといえる。それゆえ、性格の徳を備えることによって人間が素晴らしく機能している善い状態にあるとき、その人は中庸を選び取ることができる。こうして、性格の徳とは、状況において適切な感情と行為を選び取れるような、そうした魂の性向とされる。アリストテレスはこれを「〔性格の〕徳とは選択を生む性向」と表現する（*NE* II6, 1106b36）。

では、個別の状況における感情や行為の中庸は何によって定まるのか。アリストテレスの説明に拠れば、それは「思慮深い人ならば中庸だと定めるような定め方」によってである（*NE* II6, 1107a1-2）。ここで、思考の徳としての思慮深さが登場する。思考の徳の座である魂の理性的部分を彼は三つの観点（役割、部分、最善の状態）から分析する。まず、理性的部分の役割は真理を把握することである。しかし、理性的部分はさらに二つの部分に分けることができる。一つは、原理が普遍妥当的（他ではありえない）な領域における真理を把握するための「学問的に知る部分」であり、もう一つは原理が普遍妥当的でない（他でもありうる）領域における真理を把握するための「推理して知る部分」である。これら二つの部分に応じて、最善の状態は「技術、学問的知識、思慮深さ、知恵、知性」の五つに分けられる（*NE* VI3, 1139b14-17）。

思慮深さの内実を吟味するためには、学問的知識と技術の二つの思考の徳と比較することが有益である。一方で、学問的知識は学問的に知る部分に座し、

その作動形式は「論証」である。それゆえ、学問的知識は「論証にかかわる性向」ともいわれる。この作動領域は原理が普遍妥当的な領域、たとえば、永遠的なものや必然的なものがあり、生成消滅するものがない領域である。他方で、思慮深さと技術は推理して知る部分に座し、その作動形式は「思案」である。この作動領域は原理が普遍妥当的でない領域、たとえば、物事の成立の是非が我々の知覚によって確かめられたり、その是非が我々次第であったりするようなものから成り立つ領域である。

　さらに、技術と思慮深さのあいだにも作動領域の違いがある。アリストテレスの考えでは、偶然性が含まれる領域では、製作によって生じるものと行為によって生じるものがあり、両者は相いれない（NE VI 4, 1140a5-6, 16）。技術は前者の領域で作動し、思慮深さは後者の領域で作動する。しかし、両者の間に作動形式の違いついて、アリストテレスの議論は見当たらない。それゆえ、どちらも思案という仕方で作動すると考えられる。しかし、両者の作動形式のあり方について、彼は思慮深さが技術を「統制する」という関係が成り立つという（NE VI 2, 1139a35-b1）。ここではおそらく先にみた学術およびその目的のヒエラルキーのことが念頭に置かれている。以上から、思慮深さとは、真理を把握するが、その真理の領域とは原理が普遍妥当しないものの領域の中でも行為によって事物が成立する領域であり、そこでの作動形式である思案は、技術という仕方で遂行される思案をその目的の観点から統制するものである。アリストテレスの言葉でいえば、「思慮深さとは、人間の善にかかわる行為の領域における、理性をそなえた真なる性向」となる（NE VI 5, 1140b20-21）。

　以上が、アリストテレス倫理学説の概要である。彼の理説によれば、行為の繰り返しという習慣づけによって陶冶されることで中庸を狙い当てる性格の徳と、その中庸を判定する思考の徳によって規定された人間らしい生き方こそが人間にとっての善であり幸福であるとされる。ここから、単なる行為ではなく人間の生き方や性格育成もまた倫理的トピックであるとする徳倫理学の主張が導かれることになる。しかし、彼が実演してみせた倫理学という学問的営みとは一体何なのかという問いへの答えは、こうした概説の前提となっており、それゆえその概説によっては答えが与えられていない。そこで、この問題を考えるために、アリストテレスという「人」に立ち戻ることにしよう。

3 アリストテレスの履歴書

　現代の学術業界の慣例に従えば、ある研究者を理解するためにはその人の履歴書（研究歴と業績一覧の二つ）を参照することが有益だとされている。アリストテレスもまたその例外ではない。そこで本節では、前述の倫理学説の概説では登場することのない、一人の研究者としてのアリストテレスの姿をみていくことにする。

　紀元前384年、アリストテレスはギリシアの北方にあるマケドニアのスタゲイラに生まれた。父ニコマコスはマケドニア王アミュンタスに仕える侍医であり、母パイスティスも医師の家柄であった。アリストテレスが幼少期に受けた教育についてはまったく不明であるが、後の彼の著作に見られる動物や人体の仕組みや働きなど対する生物学的な関心は、こうした家庭環境の影響もあったと推察される。現在伝わっている資料からは、その後のアリストテレスの研究歴は大きく三つの時期に分けられる。すなわち、修業時代、遍歴時代、学頭時代である。順番に見ていこう。

　17歳の時、当時60歳になるプラトンの学園アカデメイアに入学し、そこで20年間を過ごす。この20年間はアリストテレスの「修業時代」と呼ばれているが、ちょうど現在の学部生から大学院生、そして博士課程修了後のオーバードクターの時期に概ね該当していることや、師であるプラトンの当時の年齢もまた概ね現役の大学教授から名誉教授の頃にあてはまる年齢であることも、両者の関係を想像する上で興味深い。さて、アカデメイアに入学した彼はめきめきと頭角を現し、学園随一の読書家（蒐集家）にして学園の頭脳として名を馳せたという。この頃のアリストテレスは、後にローマの政治家・弁論家・哲学者であるキケロが「黄金のような弁術の流れ」と評した、初期のプラトンを模倣した流暢で華麗な対話篇を著していた（Cicero 1933: II-xxxviii-119 [pp. 620-621]）。また、細身で眼は小さく、派手な衣服をまとい、指輪をはめ、髪は短く刈り込んでいたらしい（Diogenes Laertius 1925: VI）。

　前347年、プラトンが80歳で死去し、その甥のスペウシッポスが第二代学頭となるのと前後して、アリストテレスは学友にして後にリュケイオンの三代

学頭となるクセノクラテスとともにアテナイを離れ、遍歴の旅に出る。「遍歴時代」と呼ばれる約12年間にわたる時代の始まりである。さて、アリストテレスがアテナイを離れたのは、プラトンの死んだ後に自身がアカデメイアの二代目の学頭になれなかったからだとも、そうではなくプラトンが死ぬ前であるとも言われているが、はっきりしたことはわかっていない。37歳となっていたアリストテレスはまず、僭主ヘルミアスの招聘で小アジアのアッソスに移ったらしい。彼はそこで結婚し、息子ニコマコスを授かる。それから、アリストテレスの学友にして友人であり、リュケイオンの二代学頭となるテオフラストスの故郷であるレスボス島に移住する。そこでかれは大規模な生物学研究に従事し、その成果は動物学関係の著作群のなかにみられる。ともに研究に従事したテオフラストスもまた、後に『植物誌』や『植物の原因について』など、植物学の礎を築きそののち約千年ものあいだ教科書となる書物を著すことになる、観察や分類に秀でた人物である。前343年になると、マケドニア王フィリッポス二世の招聘で当時13〜14歳の皇太子（後のアレクサンドロス大王）の家庭教師となり、前340年までの約3年間務める。アリストテレスの父であるニコマコスが侍医として仕えたマケドニア王アミュンタスはアレクサンドロス大王の祖父にあたるが、孫のアレクサンドロス大王は、この数年後、父フィリッポス二世の暗殺にともない20歳で即位し、後にギリシア全土のみならずペルシアやインドまで支配下に治め、世界に覇を唱えることになる。アレクサンドロス大王とアリストテレスの関係は生涯続いたと言われている。真相は不明であるものの、アリストテレスが帝王学にかんする著作を送り、アレクサンドロス大王は各地から動植物をアリストテレスに送ったと古来より伝えられている。各地を渡り、当地の僭主や王から支援を受けながらその土地で研究に勤しむ姿は、現在のポスドク研究者の姿とどこか似たところを彷彿とさせるのではないだろうか。

　約12年におよぶ遍歴を経て49歳となったアリストテレスは、マケドニアの支配下にあったアテナイに戻る。フィリッポス二世の暗殺の前年となる紀元前335年のことである。そして、アテナイの東の郊外にあるリュケイオンという地に自身の学園を設立し学頭となる。「学頭時代」の始まりである。リュケイオンは、そこに集った研究者たちが散歩をしながら議論をしたことから「逍遙

学派（ペリパトス派）」とも呼ばれ、動植物の生態から国制に至るまで、大規模な資料収集と調査に基づいた実証的研究を得意とする研究機関であった。またアリストテレスは、選抜された生徒たちには朝に講義をし、一般の人々には夕方に講義をしていたと言われている。定住し安定した環境で研究教育に勤しむ姿は、さながらPI研究者のそれである[4]。しかし残念なことに、この時代は長くは続かなかった。前323年、アレクサンドロス大王の死去に伴いアテナイでも反マケドニアの気運が高まり、マケドニアと近しいアリストテレスは不敬神の罪で訴えられたのである。学園をテオフラストスに託し、自身は難を逃れてアテナイを去る。その時アリストテレスは、「アテナイ人たちが再び哲学を冒瀆することのないように」と言ったと伝えられているが、ここで「再び」ということで暗示されているのは、かつて同じ罪状で殺されたソクラテスのことである。国外退去の翌年の前322年、母親の故郷エウボイア島にて62歳で死去する。現在の大学教員であればまだ定年前の年齢でもあり、また80歳でこの世を去ったプラトンに比べても、あまりに早い死だといえよう。

　さて、古代の報告に拠れば、アリストテレスには140以上の著作（360巻以上、約20通におよぶ書簡、2つの詩、合計44万5270行）があったとされる（Diogenes Laertius 1925, V1）。しかし、現存するのはそのうちのごく一部にすぎない。たとえば、先に触れた初期の著作とされる対話篇などは、少なくともキケロが生きた紀元1世紀の頃までは流通していたようであるが、いまは散逸し僅かな断片しか残っていない。また、現在まとまって残っているものも、刊行用ではない講義ノートである。アリストテレスが詳細な講義ノートを用意していたのは、彼自身に吃音があり、話すのがあまり得意ではなかったためとも言われるが、詳しいことはわかっていない。また、彼自身の手によるノートなのか、聴講した学生らのノートなのか、それらを合わせたものであるのか、そうした点も不明である。いずれにせよ、現在残されている講義ノートは、アリストテレスの死後約300年経った紀元前30年頃に、ロドスのアンドロニコスによっ

---

[4] 「PI」は「Principal investigator」の略であり、研究室の主宰者のことである。詳しくは文部科学省の解説（http://www.mext.go.jp/b_menu/shingi/gijyutu/gijyutu4/037/attach/1358880.htm）を参照。

て「アリストテレス全集」として編集されたと言われているものであり、今日わたしたちが手にしているのはこの「アリストテレス全集」である。プラトンの著作が彼の死後の直後からほぼ完璧なかたちで伝えられたこととは対照的である。

　また、アリストテレスの「著作」はその執筆スタイルの点でもプラトンと対照的である。プラトンが技巧や比喩を駆使しながら（後期の著作のようにほとんど独白のような場合もあるものの）一貫して対話というかたちで著作を著したのに対して、アリストテレスの場合は調査を元にした実証研究や先行研究のサーヴェイに基づいた問題点の指摘からはじまり、その問題を乗り越えるための自身の議論を簡潔な表現と論理的な展開でもって示すという、現在の標準的な学術研究の体裁で書かれている。先に見たようにアリストテレスもかつては対話篇で、しかも流暢な対話篇で習作を執筆していた。では、いつどのような理由から我々が知るようないわゆる論文調の執筆スタイルに変化したのか。同様に論文に近いスタイルを採っていたアナクサゴラスやメリッソスなどの哲学者とのあいだには影響関係があるのか。そうした事情についても不明である。また、先に述べたテキスト編纂の経緯に由来するテキスト自体の不安定さや、あるいは非刊行用のノートであったことに由来すると記述の不親切さはあるものの、古典ギリシア語としての語学的な難易度としては比較的平易な文章であることや、また執筆スタイルが現在のわれわれと近い体裁であることもあり、単純に読みやすさという点でみれば、古代ギリシア哲学の著作のなかではもっとも読みやすい部類に入るさえといえる。

　「万学の祖」と呼ばれたアリストテレスは、文字通り学問体系そのものを作り出した人であり、その思想は広大である。アリストテレスの――および後代の人々によって「アリストテレスの」とされた――学問分類では、学問は大きく三つに分けられる。まず、あらゆる学問に共通する「オルガノン（道具）」として、論理学関係の著作群がある。そこには、主語と述語に位置する個々の名辞の分類をおこなった『カテゴリー論』、名辞の結合による様々な命題の検討をおこなった『命題論』、命題を繋げてなされる推論の形式化と妥当な推論の分類による論証の分析、そして各々の学問にとって必要とされる論証のあり方を分析した『分析論（前書・後書)』などが含まれる。

オルガノンを探究の土台（道具）として、アリストテレスは学問のあり方を、それゆえまた求められる知識のあり方を、大きく二つに分ける。一つめは理論学（理論知）である。理論学は、他の仕方ではあり得ない事象を対象とした観想の学であり、自然学と数学と神学の三つからなる。数学には関係著作が現存していないが、自然学には、生成消滅や運動の原理を考察した『自然学』、生物を生物たらしめている原理を考察した『魂について』、そしてレスボス島での調査が大いに活かされたと考えられる『動物誌』を含む動物学的著作群（『動物部分論』『動物運動論』『動物進行論』など）がある。神学は、存在を存在として探求する第一の哲学とされた『形而上学』（以下 Metaph.）が担っている。また、存在としての存在と並んで善もまた、そうした第一哲学の対象とされる（*Metaph.* A2, 982b2-10）。

そしてもう一つの学問領域が、他の仕方でありうる事象を対象とする実践学（実践知）である。実践学には、「為す」ことにかかわる狭義の実践学と「作る」ことにかかわる制作学が含まれる。狭義の実践学には、円熟した壮年期の著作とされ、人生経験を積まねば倫理学は分からないというスタンスのもと、最も善い生（幸福）のあり方を考察した『ニコマコス倫理学』、より以前の若い頃の著作とされる『エウデモス倫理学』などがあるが、両書の関係や成立経緯については議論が多い（荻野 2017）。また、そうした善い生のあり方を実現するための国・制度のかたちを考察した『政治学』も狭義の実践学に含まれる。他方で、制作学には説得の方法を研究した『弁論術』と、悲劇および叙事詩を扱い未完に終わった『詩学』が含まれる。

アリストテレスにとって倫理学という学問の位置づけを考察する上で『政治学』との関係は注目に値する。『政治学』は、アリストテレスの実践学の体系において、他のあらゆる学術を統制下におく最上位の学術分野であり、それゆえまた人間にとっての善を扱う学問とされる。両者の関係は現代のメタ倫理学ではほぼ等閑視されているが、重要な点である。というのもアリストテレスは、倫理学を政治学の一部として扱っているからである。たとえば『ニコマコス倫理学』は「それでは、最初から議論を始めよう」という一文で締めくくられ、議論が『政治学』に引き継がれている。また、その議論の中でも、人々を「立法によって善き人々にする」ことが政治学の目的の一つとして触れられている

(NE I13, 1102a9-10)。さらに『弁論術』ではより明瞭に、「倫理学は政治学と呼ばれるのがふさわしい」という発言もみられる（Rhet. I2, 1356a26-27)。倫理学は政治学の「原理論」のような位置づけをもつのである。

　上述のオルガノン・理論学・実践学の三分法から『倫理学』を次のように特徴付けることができるだろう。すなわち、倫理学とは、他の仕方でもありうる事柄にかかわる知、なかでも「為す」ことにかかわる知をあつかう学問として、どのように為し生きるのが最も善いのかを考察し、政治学の一部として位置づけられる学問である。実際アリストテレスは、こうした大抵の場合に当てはまるが他の仕方でもありうる事柄を扱う倫理学には、数学のような厳密な分析や主張を求めてはならないとして、倫理学の位置づけをそのように定めている（NE I3, 1094b19-22)。アリストテレスによるこうした位置づけは、現在でも当てはまるものであろう。しかし、以下で見るように、倫理学という営みにはさらなる特徴がある。

4　経験的知見の重視

　およそ学問の体系そのものを作り出したアリストテレスの思想は、その後の学問の進展と無縁ではいられなかった。これは、イデア論を頂点とするプラトンの思想が2500年ものあいだほぼ無傷のままでいられたことと対照的である。とりわけアリストテレスの自然学説は、14世紀以降に進展する経験科学の知見との相剋のなかで、さまざまなかたちで批判を受け、退けられながらも、それゆえ同時に自然科学の進歩に寄与してきた。現在では棄却されている彼の主張は枚挙にいとまがないが、たとえば天動説、心（理性）の座は心臓であって脳は血液を冷やすものに過ぎないとする主張、そして男性（精液/精子）が子の形相を与え女性（子宮/卵子）は質料を与えるのみであるとする主張などは、その典型的な例といえるだろう。他方で、アリストテレスの洞察が現代になって見直された例もある。たとえば、雄ダコの八本の腕のうちの一本が交接の役割をもつというアリストテレスの記述の正しさが19世紀中期になって確認されたり、『動物誌』に記載されていたもののその存在が確認されておらず奇談とされていたナマズの一種が、20世紀に入りギリシア北西部のアケロオス川

にて発見され、Aristotle's catfish（Silurus aristotelis）という名で新種に認定されたりした例がある（金子・金澤 2015）。

アリストテレスの自然学説に対するこうした否定や肯定が可能となるのは、彼の自然学説のもつ多分に経験的な特徴のためである。ここで、アリストテレスの研究の方法論を描いた一つの逸話を見ておこう。

アリストテレスは調査を行う科学者だった。そして彼は自らの人生の大半を実地の一次研究に費やした。彼は自らが観察したものを記録し、自ら解剖・分析を行った。しかし、彼の多様な記述のすべてが彼個人の調査研究に基づいてなされたわけではない。知を求める人であれば誰もがそうであるように、彼もまた他人が観察したことを取り入れたり、他人の成果を摘み集めたりした。では、彼の研究方法とは何だったのか。彼は自分の研究にどのようにアプローチしたのか。

こういった面白い話がある。「動物の自然本性を知りたいという欲求に駆られた」アレクサンドロス大王がこう指示したのである──「ギリシア全土と小アジアじゅうから数千の人間を集めて、アリストテレスの好きなようにさせよ。狩猟であれ鷹狩りであれ漁業であれ何かを狩って暮らす者、庭園であれハーブであれ養蜂であれ生け簀であれ養鶏であれ何かを世話して暮らす者、何人たりともアリストテレスの関心から漏れることがないように」と。アレクサンドロス大王が本当にこんなことをしたということはなさそうではあるが、この話の背後にあるのは、およそ調査研究というものにおいて、アリストテレスは養蜂家や漁師、猟師や畜産家、そして農耕や畜産に携わるあらゆる人たちの報告を頻繁に参照しているという事実である。養蜂家は蜂の扱いに長けているから、アリストテレスは彼らの専門性を頼りにする。漁師は陸で暮らす者たちが見たことのないものを知っているので、そうした人たちから情報を集める。そしてアリストテレスは、そうした人たちの情報を利用する際にはきちんと注意していた。魚が交尾することを否定する人たちもいるが彼らは間違っている、とアリストテレスは言う。「そうした魚の交尾は素早く、多くの漁師がその交尾を観察し損ねてしまう。なぜなら、彼らの誰一人として、知識のためにそうしたこ

とを観察しているわけではないからである。そうだとすれば、彼らの過ちはより一層おこりやすいものとなるのだ。」それにもかかわらず、アリストテレスの著作の大部分が、そうした専門家たちの証言に部分的には依拠しているのである。(Barnes 2000, 24-25)

先に見たアリストテレスの研究の来歴や成果をふまえると、こうした逸話もあながち間違いとは思われない。この逸話が象徴しているアリストテレスの精神を鑑みるとき、現在使用されているような狭い意味での「哲学者」という枠におしこめて彼を理解することは難しい。彼は、自他の手によって得られた経験的知見を尊重した。生物のあり方から国制のあり方に至るまで、思弁のみによって議論を構築することを避け、事実を収集しそれに基づいて議論を構築し、それに基づいて対抗理論を批判した。理説の構築に際して経験的知見を尊重したがゆえに、アリストテレスの理説もまた後代の研究によって否定されたり、肯定されたりすることが可能となっている。これらが意味するのは、後代の経験的な研究成果に基づいたアリストテレス批判は、たんなるアナクロニズムに陥るものではなく、むしろその精神においてアリストテレスの理説に対してフェアなアプローチだということである。

こうした方法論を採用する精神を持ち合わせていたアリストテレスが、生物の一種である「人間」を理解する際に、生物体としての人間にかんする、おもに生物学研究に依拠した経験的知見を無視してよいと考えていたとは想定しにくい。実際、アリストテレスは、倫理学の対象である人間をイデアのような単なる抽象的な存在ではなく、生物学的な構成をともなった「結合体 (sunolon)」として捉えるよう述べている (*Metaph.* E 1, 1025b28-1026a6、『自然学』II 2, 194a6)。彼が『ニコマコス倫理学』のなかで自然(科)学者に言及するとき、倫理学という営みに対するそうした生物学的・経験科学的態度が背景にあると考えられる(立花 2007)。たとえば、七巻三章では、意志の弱さの原因を説明する際には、意志の弱い人が無知から解放され回復する仕方は人が酩酊から回復する仕方を理解することで解明できる部分があるため、意志の弱さの原因については「自然学者たち (physiologoi) に訊かねばならない」と述べる。また、八巻一章では、友愛についてもまた「自然学により近い立場からこれ〔友愛〕

を検討する者たちがいる」ことに触れ、自然学的探求で友愛にかんする問題のすべてに答えがだせるわけではないが、しかし友愛という倫理学の対象が同時に自然科学の対象でもあることに注意を促している。経験的知見を重視するアリストテレスにとって、生物としての人間を扱う倫理学は経験的知見に基盤をもつこと、それゆえまた、経験的知見に基づいた倫理学説の批判や修正、さらには当該の倫理的事象にかんする理解の促進が可能だということは、ある意味で当然のことだったのである[5,6]。

アリストテレス倫理学を受け継いだ現代の徳倫理学研究にも、そうした経験的知見の批判を受け入れる土壌があり、実際そうした批判を受けながら理説の修正ないし精緻化が進んでいる。その顕著な例が、20世紀末から現在までつづく、社会心理学およびパーソナリティ心理学の知見に基づいた批判であろう（立花 2016）。これら心理学の知見によれば、人はさまざまな状況のあいだで一貫して安定した性格特性（たとえば正直さ）などを備えてはいない。このことは、伝統的な徳倫理学が前提としてきた性格の徳という考え方が、経験的に根拠がないことを示しており、それゆえ徳倫理学説は不適切である。こうした批判をうけ、徳倫理学の側でも「徳」概念の精緻化がすすみ、活発な議論がつづいている。ほかにも、人間に固有の機能としての徳を人間の進化から捉えようとする研究（James 2011, Chap. 12）、有徳者を経験的に同定してそこから徳の

---

[5] 当時の「自然学者」は現代の「自然科学者」と同程度に厳密な観察・解剖・実験をおこなっていたわけではなく、思弁的考察を多分に含んでいたが、そのことはアリストテレスが観察・解剖・実験の結果を参照することを軽視していたことにはならないだろう。これはとりわけ、自然学関係の作品（『自然学』『生成と消滅について』『魂について』『自然学小論集』、さらには動物関係著作群など）を著した後のアリストテレス（つまり、倫理学に取り組む学頭時代のアリストテレス）にとって、当てはまることだろう。そうした彼の「自然学」は、近似的には「自然科学」の範囲をカヴァーするものだといえる（内山 2017, 489, 512）。また同時に、現代の自然科学の営為においても思弁的考察は陰に陽にさまざまなかたちで組み込まれていることに注意することも有益だろう。

[6] 後代の研究成果に基づいたこうした批判的検討は、自然学説以外では倫理学だけが例外的に当てはまるというわけではない。たとえば彼の論理学説は、19世紀末のフレーゲ以降の進展により、少なからず修正が行われている。また、形而上学についても、20世紀中期以降の哲学の自然化のなかで厳しい批判にさらされてきた。たとえば、自然科学とは独立したものとしての第一哲学の放棄という、クワイン（W. V. O. Quine）に代表される分析哲学の潮流がそれにあたる。これは同時に、アリストテレス主義の立場からの応答も呼び起こし、自然化されず、自然科学に先行する学問の可能性として、アリストテレス主義的形而上学が唱えられるなどしている（Tahko ed. 2012）。

理論を構築しようとする研究（Zagzebski 2017；シカゴ大学実践知センター）、また、筆者自身の取り組みではあるが、脳神経科学の知見を用いて徳理論を書き換えようとする研究（Tachibana 2017a; Tachibana 2017b; Tachibana 2018; Tachibana 2019a; Tachibana 2019b）や、有人宇宙開発の知見を用いて徳を構成する諸要素を再検討しようとする研究（Tachibana et al. 2017; Tachibana 2019c; Tachibana 2019d）もあり、非常に多岐にわたっている。

　こうした相互に独立した試みの焦点として示されているのは、アリストテレスの倫理学およびその流れを汲む現代の徳倫理学は経験的知見と親和性が高いということである。この親和性の高さは、これらが経験的知見に耐える理論であるということではない——実際、耐えきれず棄却される論点もある。そうではなく、経験的知見による批判を等閑視することなく誠実に向き合うような理論のつくりになっているということである。経験的知見に対するこの誠実さは、アリストテレスが倫理学における人間を結合体として捉え、そうした生物学的背景をもった人間という観点から、徳を中心に据え、欲求や感情、性格や発達といった概念を用いて倫理学（いわゆる徳倫理学）を構築したことによって生まれたものである。ここで本質的に重要な点は、アリストテレス的な徳倫理学が強調する性格や発達といった諸概念は、哲学の専売特許ではなく、現代であれば心理学、精神医学、遺伝学、神経科学、そしてほかのさまざまな生命科学の分野がそれぞれの仕方で研究してきた主題でもあるということである。人間のこうした生物学的側面を重視することで、倫理学というものは、当初は、さまざまな分野の経験的知見を受け入れるつくりをした学問領域となっていた。別の言い方をすれば、アリストテレスにとって、倫理学とは、その学説を構成する徳や性格といった諸概念が経験的な基盤をもったものでなければならないとする点で存在論的に自然化された学であると同時に、そうした諸概念にかんする経験的な探究の成果を取り入れ、それらと整合しながら探究しなければならないとする点で方法論的にも自然化された学だったのである[7]。

---

[7] 存在論的自然主義も方法論的自然主義も自然化の程度にはさまざまな強弱がある。アリストテレス流の徳倫理学をどの程度自然化しうるのかについては、立花（2019b）を参照。

5 実効性の重視

　アリストテレスのこうした自然主義的傾向が、実証的で地に足の着いた理論を重視する傾向、言い換えれば、抽象的で思弁的な考察による実効性を伴わない理論を拒否する傾向へと繋がっていったことは自然なことである。彼のこの実効性を重視する視点は、プラトンのイデア論に対する批判の文脈のなかにもっとも顕著にみることができる。『ニコマコス倫理学』の第一巻第六章の冒頭で、アリストテレスはプラトンへの批判を次のように開始する。

　　ここでわれわれは、普遍としての善を考察し、それがどのような意味で語られるのかという問題に立ち入るのがよいだろう。ただ、イデアを導入した人々がわれわれの親しい人々なので、こうした探求は気乗りしにくいものではある。しかし、おそらく、真理を救い守るためには、われわれに非常になじみのものであっても放棄した方がよいのであり、またそうすべきだと思われる。とりわけ知恵を愛する哲学者であるならばそうである。真理と友のどちらも愛すべきであるが、真理の方をより尊重するのが敬虔なことなのである。(*NE* I6, 1096a11-16)

プラトンに反旗を翻したアリストテレスのイデア論批判のポイントは、イデア論は倫理学的に実効性がない、というものである。次の一節をみてみよう。

　　もし〔さまざまな善いものに対して〕共通して述べることができる或るひとつの善があるとしても、あるいは、それ自体であるものとしてほかから独立してありうるような或るひとつの善があるとしても、それが人間が為しうる善でも、人間が獲得できる善でもないことは、明らかだろう。そして、今探求されているのは、こうした人間が獲得できて為しうる何かなのである。(*NE* I6, 1096b31-35)

この一節につづけてアリストテレスは、われわれが為しうる善もまた善のイデ

第1章　アリストテレスともう一つのメタ倫理学　　　35

アを認識することによって知りうるのだというプラトン主義的な反論がありうることを認める。しかし彼は、「この説明は一定の説得力をもっているが、諸学問の実情とは一致しない」として退ける。もしイデア論が正しいとしたら、「それほど助けになるものをどの技術者も知りもしなければ探し求めもしないということは、説明がつかない」からである。さらにつづけて、仮にそうした善のイデアを知っていたとしても、それを知っている者が倫理的にどう熟達するのかという具体的なところがまったく不明であるとして、善におけるイデア論を実効的な理論ではないとして退けるのである。善のイデアによって人がどうして善くなることができるのか。実効性を重視するアリストテレスのプラトン批判は〈われわれが実際に善くなること〉という一点に凝集されていく。

　これにより、アリストテレスが一つの学問分野として成り立つとした「倫理学」の学問としての目的もまた明確となる。のちの第二巻第二章で、アリストテレスは倫理学の目的を次のように述べる。

> いまわれわれがおこなっている探求は、ほかのさまざまな探求のように理論研究のためではない（というのも、われわれがいま考察しているのは「徳とは何か」を知るためではなく、われわれ自身が善き人になるためだからである。事実、もし知るための探求であったなら、それから得られる利益など、なにもないであろう）。(NE II 2, 1103b27-29)

「徳とは何か」を知るために探求している人たちとは、プラトンおよびその遺志を継いだアカデメイアの仲間たちのことである。ここでアリストテレスは、倫理学とはプラトンらが取り組んだような仕方で取り組む学問ではないことを明確に宣言している。そうではなく、倫理学とは実効性をともなった仕方で取り組むべき学問、すなわち実際にわれわれ人間を善くすることができるような学問でなければならないのである。このことは、より若い頃の著作と考えられている『エウデモス倫理学』のなかですでに、以下のようなソクラテス批判というかたちをとって指摘されていた。

> 老ソクラテスは、徳を認識することが〔人間的生の〕目的であると考え

〔…〕それゆえ徳とは何であるかを探求したが、徳がどのようにして生じるのか、そしてまた何から生じるのかを探求しなかった。〔…〕だがしかし、少なくとも徳については、それが何であるかを知ることが最も尊いのではなく、それが何から生じるのかを知ることが最も尊いのである。(*EE* I5, 1216b2-21)

　徳の定義を知ることではなく、徳は何からどのようにして生じるのかを知ることこそが倫理学において最も重要とされるのは、それがわれわれが善き人になることにとって最も重要な知識だからである。倫理学が〈徳の習得〉についての実効的な学であるとする主張は、アリストテレスがかなり長い間一貫して考えていたものだったのである。
　プラトンは紛れもなく、徳あるいは人間にとっての善について徹底的に思考しつづけ、そして語りつづけた哲学者である。しかし、アカデメイアに入学した十代の頃よりその大哲学者を身近で見ていたアリストテレスは、師のそうした姿に強烈な違和感を抱いていたのだろう。有徳な行為を繰り返し習慣づけることによって有徳になると主張するアリストテレスは、自らの習慣づけテーゼと絡めながら次のような辛辣な言葉を残している。

　　多くの人々はすぐれたことを為さないまま〔ただの言葉による〕議論へと逃れて、自分は知恵を愛している〔つまり哲学をしている〕と思い、そんなやり方ですぐれた人間になれると思っているのである。(*NE* II4, 1105b12-16)

　イデア論に対する一連の激しい批判をみてきたいま、この一節もまた、ソフィストばかりでなく、言葉を費やして徳（善）について哲学したプラトンを含めていることがわかるだろう。アリストテレスが繰り返して述べているように、徳（あるいは倫理）についてどんなに言葉を費やして語っても、そう語る人が倫理的に立派な人間になれていることを何も保証しない。たしかに、われわれもそのことをよく知っている。公の場で、政治家や学者など一般に「先生」と呼ばれる立派な（？）肩書きのもとに立派なことを語る人たちが、実は往々に

してそうではないことを。あれほど立派なことを語っていた人がなぜこんなことができるのかと、ニュースや報道に接して（あるいは人づてに聞いたり、現場を目撃したりして）戸惑うことも少なくない。なぜこんなにも言葉と行動が乖離するのか。そして、そんなにも乖離していることに当人はなぜ何の戸惑いもないのか。アリストテレスの現場感覚はここにある。アリストテレスに言わせれば、善いこと（立派なこと）を語る（書く）ことによって人は自分が善い人間（立派な人間）だと思い込むが、しかし善いこと（立派なこと）について語る（書く）ことと善い人（立派な人）になることは別物なのである。

　プラトンの善のイデア論に対する一連の批判は、一体どうしたのかと思うほど痛烈なものである。これが講義ノートであるならば、実際の講義中はもっと激しい口調であったという想像も難くない。アテナイ社会のエリート家系に生まれ生粋のアテナイ人として育ったプラトンとは対象に、居留外国人として常に不安定な立場にいた（そしてそれゆえアテナイから逃亡せざるを得なかった）アリストテレスにとって、アテナイ社会で生き抜くことはプラトンよりもずっと困難であっただろう。それゆえまた、そうしたアリストテレスにとっては、当時世界最高水準の文化を備えた都市として人間的な徳が花開く場であったアテナイ社会に対しても、（プラトンはプラトンなりに現実社会に対する挫折があったことを差し引いても）プラトンとは異なる景色を見ていたことであろう。アリストテレスにとって、倫理学における理説とは、抽象的な思弁的考察による実効性を伴わない理論や地に足の着かない空論を立てて、ただ言葉だけでそれらを弄ぶ学ではない[8]。そうではなく、人間にかんする経験的知見を尊重し、実効性を重視し、実際に人間を善くする理論でなければならないのである。こうした立場に立つと、なぜ倫理学が政治学の一部とされているのかを理解することもできる。すなわち、人を善き人にするためにはそうしたことを可能とする社会制度、政治体制が必要であり、それゆえ、倫理学は政治学を必要とするし、政治学がなくては完成しないのである。

---

[8] ただし、ソクラテスもプラトンもこうした評価を受け入れはしないだろう（たとえば納富（2015）を参照）。

6 おわりに

　アリストテレスにとって倫理学とは何であったのか。本稿では、アリストテレスのメタ倫理学説とは何かという問題からさらに身を引いて俯瞰して、そもそも倫理学とは何か、倫理学という一つの確立した学問分野が可能だとすればそれは何をどう営む学問なのかという、アリストテレスが倫理学を一つの学として描く際に取り組んでいたもう一つのメタ倫理学上の問題に取り組んだ。そして、倫理学という学問には二つの特徴があることを描き出した。すなわち、(1) 経験的探求と協同しながら取り組まれ経験的知見を重視する自然主義的傾向をもった学問であること、そして (2) 言葉を弄した机上の空論ではなく、現実に立脚した実効性をもった理論を提供する学問であること、の二つである。こうした二特徴の背後には、倫理学とは生物の一種であるわれわれ人間を実際に善い人にするための学問だというアリストテレスの主張がある。

　こうしたメタ倫理学的主張は、通常、アリストテレスの倫理学説が記述される際に表面化されることはない。しかし、一歩後ろに下がって彼の議論をみてみると、倫理学とは安楽椅子にゆったり腰を掛けて思弁的に考察することではないことがわかる。むしろ、近視眼的な枠組みからは距離をとり、人間に関するさまざまな学問（政治学・心理学・生物学・経済学など）に目を配り、そうした諸学問の知見を考慮しながら、われわれ人間が善くなるということの実現を目指して考察を進め理説を提出すること、これこそが倫理学という学のあり方だと彼は述べているのである。

　冒頭で、倫理学には規範・応用・メタの三領域があることを確認した。しかしながら、この現在のように比較的整理された三つ組みのかたちでアリストテレスが「倫理」を考察していたのかどうかは、明らかではない。このことは、彼の倫理学的考察が未分化であることを意味するかもしれない。しかし、それは未熟でもあることを意味するとは限らない。拙速に切り分けられたアボカドはそののち熟することなくただ腐ってゆくしかないように、分化することで成熟が阻害されることもあれば、成熟させるために切り分けないことが必要な場合もある。同様に、アリストテレスの倫理学が未分化に見えることが未熟を意

味するのか、あるいは切り分けないままにしておく何らかの意義があるのか、さらにあるいはわれわれが手にしているのとは異なる仕方での区別がすでにあるのか、こうしたことをあらためて考察する必要があるだろう。たとえば、先に触れたように、アリストテレスは、善は形而上学の対象でもあると述べていた。該当箇所の解釈は一筋縄ではいかないが、もしかしたらいわゆる現在メタ倫理学と呼ばれている議論の大半は、アリストテレス的な意味では倫理学よりむしろ形而上学に属する話題であり、それゆえそれに相応しい厳密さで取り組むことがふさわしいのかもしれない。他方で、そうではないもう一つのメタ倫理学として、アリストテレスが考察していたような倫理学の方法論をめぐる研究を倫理学の一部として組み入れることも考えてみる必要があるのかもしれない[9]。

最後に、アリストテレスのプラトン批判へと話を戻そう。次のプラトンの文章をみるとき、友人よりも真理を優先するというアリストテレスの態度は、プラトンへの反目であると同時に、その精神を引き継いだものだといえるだろう（中畑 2008：納富 2015、序章）。

> 「話さなければならない」とぼくは言った。「子どものころからぼくを捉えているホメロスへの愛と畏れとが、話すのを妨げるけれども。――じっさいホメロスこそは、あの立派な悲劇作家たちすべての最初の師であり指導者であったように思えるからね。しかしながら、ひとりの人間が真理よりも尊重されるようなことがあってはならない。いや、いま言ったように、話さなければならない。」（プラトン 1976、595b-c）

プラトンやアリストテレスのこうした態度は、たとえば、紀元6世紀にオリュ

---

9 アリストテレスの倫理学の方法論を扱った研究も、研究規模としては大きくないものの、メジャーな雑誌の範囲では、第二次世界大戦後以降は平均して二年に一本ほどのペースで論文が刊行されている（立花 2017）。議論の切り口としては、本稿が扱ったプラトンとの対比とならんで、アリストテレスの倫理学の方法論研究としてはよく知られた論点の一つである、人々に広く受け入れられた見解を用いて議論を構成する弁証法的手法の位置づけの研究などがある。なお、倫理学のあり方を試みる日本の書籍としては、たとえば蝶名林（2016）や植原（2017）が、また、アリストテレスの試みを検討したものとしては、たとえば中畑（2010）がある。

ンピオドロスが彼の師アンモニオスの逸話として次のように語っているのをみるとき、たしかに哲学的な態度としてその後も引き継がれていったことがわかる（Barnes 2003, 29 ［邦訳 46 頁］）。

> プラトン自身は、私たちに、ただやみくもに彼を信じるのではなく、自分で真理を探し求めることを勧奨している。哲学者アンモニオスは、次のように言っている。「私は、誤っているかもしれない。でも、ある者が私に語りかけ、『プラトンはこう言っている』と言ったとき、私はその人に向かって、次のように言ったものだ。『プラトンはそうは言ってはいない。そしてとにかく、もし彼がほんとうにそのように言っていたとしても、それが論証されていないのなら——プラトンよ、許したまえ——私はプラトンを信じない』。」（オリュンピオドロス『プラトン「ゴルギアス」注解』xli9）

アリストテレスによるプラトンの善のイデア論批判とは、それが正しいということが示されない限りいかにプラトンの理説であろうとも検討の余地があるというアンモニオスの言を身をもって「実演」してみせたものだったといえる。そしてアリストテレスのこの「実演」は、個々の論点のみならず、倫理学という学が何を目指したものなのかという一層広い論点にもわたるものであった。既存の各々のメタ倫理学説やさらには倫理学におけるメタ・規範・応用という三つ組みの構図そのものについて、あらためて吟味されることなく前提にして「倫理（学）」が語られがちな昨今、アリストテレスの倫理学からだけでなく彼の倫理——生き方——からも現代の倫理学研究者が学べることはあるかもしれない。

文献

アリストテレス（2015/2016）『ニコマコス倫理学（上/下）』渡辺邦夫・立花幸司翻訳、光文社古典新訳文庫。
アリストテレス（2017）『アリストテレス全集 16 大道徳学・エウデモス倫理学』新島龍美・荻野弘之翻訳、岩波書店。

Barnes, J. (2000). *Aristotle: A very short introduction.* Oxford: Oxford University Press.
Barnes, J. (2003). "Argument in ancient philosophy." In: *The Cambridge Companion to Greek and Roma Philosophy.* Edited by D. Sedley. Cambridge: Cambridge University Press, pp. 20-41. (ジョナサン・バーンズ「古代哲学における議論の方法」木下昌巳翻訳、所収『古代ギリシア・ローマの哲学』D・セドレー編著、京都大学学術出版会、内山勝利監訳、2009年、pp. 29-67)
シカゴ大学実践知センター (Center for Practical Wisdom, The University of Chicago)。http://wisdomresearch.org
Cicero, M. T. (1933). *De natura deorum; Academica.* Translated by H. Rackham. London: W. Heinemann (Loeb Classical Library 268. Cambridge, MA: Harvard University Press, 1933.)
蝶名林亮 (2016) 『倫理学は科学になれるのか——自然主義的メタ倫理説の擁護』勁草書房。
Diogenes Laertius. (1925). *Vitae philosophorum.* Translated by R. D. Hicks. London: W. Heinemann. (Loeb Classical Library 184. Cambridge, MA: Harvard University Press, 1933. ディオゲネス・ラエルティオス『ギリシア哲学者列伝 (中)』加来彰俊翻訳、岩波文庫、1989年。)
James, S. (2011). *An Introduction to Evolutionary Ethics.* Oxford: Wiley-Blackwell. (スコット・ジェイムズ『進化倫理学入門』児玉聡翻訳、名古屋大学出版会、2017年。)
金子善彦・金澤修 (2015)「『動物誌』解説」、所収『動物誌 (下)』アリストテレス著、金子善彦・伊藤雅巳・金澤修・濱岡剛訳、岩波書店、pp. 245-299。
神崎繁 (2006)「形而上学」、所収『現代倫理学事典』大庭健ほか編、弘文堂、pp. 227-229.
中畑正志 (2008)「プラトンとアリストテレス——逸話と真実」、所収『哲学の歴史 第一巻 哲学の誕生』内山勝利編、中央公論新社、pp. 640-644。
中畑正志 (2010)「アリストテレスの言い分：倫理的な知のあり方をめぐって」、『古代哲学研究』42号、pp. 1-30。
納富信留 (2015)『プラトンとの哲学：対話篇をよむ』岩波新書。
荻野弘之 (2017)「『エウデモス倫理学』解説」、所収『アリストテレス全集16 大道徳学・エウデモス倫理学』新島龍美・荻野弘之翻訳、岩波書店、pp. 443-467.
プラトン (1976)『国家』藤沢令夫翻訳、所収『プラトン全集11 クレイトポン・国家』プラトン著、田中美知太郎・藤沢令夫翻訳、岩波書店、pp. 17-758。
佐藤岳詩 (2017)『メタ倫理学入門』勁草書房。
立花幸司 (2007)「アリストテレスにおける酔っ払い——ソクラテスのパラドックス

とアクラシア」『哲学・科学史論叢』9号、pp. 91-122.
立花幸司（2013）「アリストテレスの教育思想――教育の目的」『成城大学共通教育論集』5号、pp. 75-91.
立花幸司（2016）「徳と状況――徳倫理学と状況主義の論争」、所収『モラルサイコロジー――心と行動から探る倫理学』太田紘史編、春秋社、pp. 373-411.
立花幸司（2017）「アリストテレス倫理学と現代自然主義」、日本科学哲学会第50回大会・公募ワークショップ「現代自然主義とアリストテレス」、2017年11月19日、於東京大学本郷キャンパス。
Tachibana, K. (2017a). "Neurofeedback-based moral enhancement and the notion of morality." *Annals of the University of Bucharest: Philosophy Series*, 66(2): 25-41.
Tachibana, K. (2017b). "Neurofeedback-based moral enhancement and traditional moral education." *Humana Mente: Journal of Philosophical Studies*, 11(33): 19-42.
Tachibana, K. (2018). "The dual application of neurofeedback technique and the blurred lines between the mental, the social, and the moral." *Journal of Cognitive Enhancement*, 2(4): 397-403.
Tachibana, K. (2019a). "Nonadmirable moral exemplars and virtue development." *Journal of Moral Education*. 48(3): 346-357.
Tachibana, K. (2019b). "Neurofeedback-based moral enhancement and moral reasons." In: *Utility, Progress, and Technology*. Edited by M. Schefczyk and C. Schmidt-Perti. Karlsruhe, Germany: KIT Scientific Publishing. (Forthcoming.)
Tachibana, K. (2019c). "Workplace in space: Space neuroscience and performance management in terrestrial environments." In: *Organizational Neuroethics: Reflections on the contributions of neuroscience to management theories and business practice*. Edited by J. Martineau and E. Racine. New York: Springer. (Forthcoming.)
Tachibana, K. (2019d). "A Hobbesian qualm with space settlement." *Futures: Journal of Policy, Planning and Future Studies*, 110: 28-30.
立花幸司（2019a）「アリストテレス」、所収『よくわかる哲学・思想』納富信留・檜垣立哉・柏端達也編、ミネルヴァ書房、pp. 18-19.
立花幸司（2019b）「自然科学と徳」、所収『徳と政治――徳倫理学と政治哲学の接点』菊池理夫・有賀誠・田上孝一編、晃洋書房、pp. 170-186.
Tachibana, K., Tachibana, S. and Inoue, N. (2017). From outer space to Earth―The social significance of isolated and confined environment research in human space exploration. *Acta Astronautica*, 140: 273-283.

Tahko, T. (Ed.) (2012). *Contemporary Aristotelian Metaphysics*. Cambridge: Cambridge University Press.（トゥオマス・E・タフコ編 2015『アリストテレス的現代形而上学』、加地大介・鈴木生郎・秋葉剛史・谷川卓・植村玄輝・北村直彰翻訳、春秋社）

内山勝利（2017）「『自然学』解説」、所収『アリストテレス全集 4 自然学』内山勝利翻訳、岩波書店、pp. 487-518.

植原亮（2017）『自然主義入門』勁草書房。

Zagzebski, L. (2017) *Exemplarist Moral Theory*. New York: Oxford University Press.

第2章　ヒューム道徳哲学の二つの顔

萬屋博喜

1　はじめに

　現代のメタ倫理学において大きな影響力をもつ哲学者として、デイヴィッド・ヒュームの名前を挙げる人は少なくないだろう。メタ倫理学においてヒュームが受容されてきた歴史に目を向ければ、ヒュームの道徳哲学はさまざまな種類のヒューム主義（Humeanism）として特徴づけられてきたと言える[1]。メタ倫理学におけるヒューム主義に共通しているのは、ヒュームのテクストを読解することでメタ倫理学上の見解を抽出するという精神である。こうしたヒューム主義は、メタ倫理学上の理論として肯定的に評価されることもあれば、否定的に評価されることもある。たとえば、マイケル・スミスの言うように、動機づけのヒューム主義[2]は「哲学的心理学におけるドグマであり、そのドグマは根本的に間違っているから、哲学的心理学において、もっと信憑性のある動機づけに関する理論に取って代わられるべきだ」（Smith 1994: 92: 邦訳 122）という否定的な評価を受けてきた。それに対して、スミスは動機づけのヒューム主義の擁護を試み、それが哲学的心理学の理論として説得力があることを示そうとしたのである。

　さて、本章で論じたいのは、「道徳的判断は何らかの事実や性質の認知にも

---

[1] 林誓雄の整理を参考にすると、メタ倫理学におけるヒューム主義には少なくとも五つの意味がある（林 2015：126）。(a) 道徳的行為の動機づけについて、人間心理に関する信念・欲求モデルを採用する立場。(b) 道徳的判断の非認知主義。(c) 実践理性の道具主義。(d)「である」と「べきである」に関して何らかのギャップを認める立場。(e) あらゆるものに「間」を認める建設的哲学。本章では特に (b) での意味でのヒューム主義に焦点を当てる。なお、(e) は中村隆文によって提案されたものである（中村 2008）。

[2] 動機づけのヒューム主義について、詳しくは本書第4章を参照。また、林（2015: 113-129）では動機づけのヒューム主義がヒューム解釈の観点から詳細に検討されている。

とづくのか」という問題に対して提示された、道徳的判断のヒューム主義という見解である。道徳的判断のヒューム主義には、道徳的判断に関する非認知主義（non-cognitivism）もしくは主観主義（subjectivism）として受容されてきた歴史がある。初期のメタ倫理学者によってヒューム主義として受容された非認知主義と主観主義について、その基本的な主張を定式化しておけば次のようになるだろう[3]。

　道徳的判断の非認知主義
　（N1）道徳的判断は、真でも偽でもない。
　（N2）道徳的判断を表す道徳的言明は、道徳的な事実や性質を記述していない。
　道徳的判断の主観主義
　（S1）道徳的判断は、真か偽のいずれかでありうる。
　（S2）道徳的判断を表す道徳的言明は、道徳的な事実や性質に対するわれわれの反応や態度を記述している。

　まず、（N1）は「窃盗は不正である」という道徳的判断が真理値をもたないという主張であり、（N2）は「窃盗は不正である」という道徳的言明が、「不正な行為がなされたこと」や「不正さ」といったいかなる道徳的な事実や性質も記述していないという主張である[4]。また、（S1）は「窃盗は不正である」という道徳的判断が真理値をもつという主張であり、（S2）は「彼女の窃盗は不正である」という道徳的言明が「私は彼女の窃盗を否認する」といった心的態度を記述しているという主張である。

　以上のような道徳的判断のヒューム主義は、唯一の整合的なテクスト解釈を

3　本章での「非認知主義」や「主観主義」といったメタ倫理学上の立場の定式化は、あくまでもヒューム解釈にかかわる限りでのものであり、唯一のものではないことに注意されたい。現代のメタ倫理学における非認知主義の定式化をめぐる論争については、佐藤（2012）と鈴木（2013）を参照。
4　（N1）と（N2）の定式化は、佐藤（2012）と van Roojen（2015）に負っている。マーク・ファン＝ロージェンによれば、（N1）は道徳的判断が真理適合的（truth-apt）ではないという意味論的主張であり、（N2）は道徳的判断が何らかの事実や性質の認知にもとづく信念ではないという心理学的主張である（van Roojen 2015: 142）。

目指して提示されたわけではない。実際、ジョン・マッキーやニコラス・スタージョンが指摘するように、道徳的判断に関してヒュームが残したテクストには曖昧で多義的な表現が数多く含まれているため、テクスト全体の中で整合的な解釈を無理やり読み込もうとしてもどこかに綻びが生じる可能性が高い（Mackie 1980: 52; Sturgeon 2001: 513）[5]。むしろ、道徳的判断のヒューム主義者が目指しているのは、メタ倫理学において説得力をもつ理論を構築することにある。

その一方で、ヒュームのテクストを解釈する作業が、道徳的判断のヒューム主義の発展に寄与してきたことも確かである。奥田太郎によれば、ヒューム自身の見解がメタ倫理学におけるヒューム主義と異なるものであるとしても、そのことはヒューム研究とメタ倫理学研究を独立に行うべきだということを意味しない。なぜなら、メタ倫理学によって明確化された主張や議論がヒューム研究に影響を与えるかもしれず、また、ヒューム研究によって発掘された哲学的遺産がメタ倫理学上の論争を一変させるかもしれないからだ（奥田 2004：1-2）。そして実際、のちに詳しく見るように、メタ倫理学者が個々のテクストをどのように解釈したかに応じて、道徳的判断のヒューム主義者の主張が変化していったのである。以上のことを背景としながら、本章では道徳的判断の非認知主義と主観主義を基軸としつつ、テクストの選択と解釈の変化に着目しながら、メタ倫理学におけるヒューム主義の受容史について論じたい[6]。

本章の目的は、メタ倫理学の歴史において道徳的判断のヒューム主義がどのように受容されてきたのかを整理した上で、そうしたヒューム主義の理解に関する合意がどこまで存在しているのか、そして、そこにはいかなる問題がある

---

[5] さらに言えば、ヒュームの道徳哲学に対してメタ倫理学の観点から解釈を与えることに否定的な論者もいる。たとえば、ドン・ギャレットはヒューム道徳哲学を一種の認知心理学として解釈することを提案している。それによれば、ヒュームは初期の非認知主義者が想定していたような道徳的言明の意味論的分析を行っておらず、むしろ道徳的判断がいかなる心理的要因によって生じるのかを説明しているだけである（Garrett 1997: 202-204）。

[6] 道徳的判断に関するヒュームの議論をめぐる解釈論争について、非認知主義と主観主義を対立させる視点はスタージョンに負っている（Sturgeon 2008）。ただし、スタージョンの力点は、どちらかと言えば両者がテクスト解釈として妥当かどうかということにあり、両者がメタ倫理学においてどのように受容されてきたかということにはない。

と考えられているのかを明らかにすることにある。あらかじめ結論を述べれば、道徳的判断の認知性という主題に限ったとしても、ヒューム主義という言葉で一括りにされてきた見解には幅があること、そして、極度に単純化されたヒューム主義、特に初期の非認知主義や主観主義は、歴史上の遺物として扱われるべきだということが確認されるだろう。

以上の目的を達成するため、本章は以下のような構成をとる。まず第2節では、メタ倫理学における初期のヒューム受容がどのようなものだったかを確認する。続く第3節と第4節では、最近の非認知主義者と主観主義者がどのようにヒュームを解釈してきたのか、また、そこからわれわれが何を読み取るべきかについて明らかにする。最後に第5節では、本章の議論全体を整理した上で、今後の展望を述べる。

2 メタ倫理学における初期のヒューム受容:非認知主義と主観主義

メタ倫理学の歴史において、ヒュームの道徳哲学は一種の非認知主義を代表する見解として紹介されることが多かった。特に、初期の非認知主義者であるアルフレッド・エアは、ヒュームの立場を情動主義(emotivism)として特徴づけたことで知られている。それによれば、「アメリカで奴隷制は廃止された」という事実的判断は何らかの事実を記述しており真偽を問いうるのに対して、「奴隷制は悪い」という道徳的判断は何らかの情動や心情を表出しており真偽を問いえない。こうした見解をヒュームが採用しているというのである。

以上の解釈の背景には、20世紀初頭のイギリスを中心に、メタ倫理学者の間で非認知主義の立場が人気を誇ったという事情がある[7]。しかし、スタージョンの指摘するように、当時の非認知主義者は自らの立場の先駆者としてヒュームの名前を挙げつつも、そうした解釈の根拠となるテクストを明確に示しているわけではない(Sturgeon 2008: 515)。まず、エアは『言語・論理・真理』においてヒュームの名前を挙げているが、ヒュームが道徳的判断に関する情動

---

[7] 初期のメタ倫理学において非認知主義が流行した要因については、テレンス・アーウィンと佐藤岳詩による優れたサーベイを参照してほしい(Irwin 2009: 692-700;佐藤 2012:42-43)。

主義者であることを示すテクスト上の根拠を示してはいない（Ayer 1946: 104-126; 邦訳 122-151）[8]。また、「道徳的判断が指令的で普遍化可能である」とする指令主義（prescriptivism）の提唱者として知られるリチャード・ヘアは、『道徳の言語』においてヒュームが一種の指令主義者だという可能性を示唆している。だが、そこではヒュームがアリストテレスやイマニュエル・カントと同様の立場でありうるという点が述べられているだけであり、ヒューム自身のテクストに対する解釈が試みられているわけではない（Hare 1952: 29-31; 邦訳 35-40）。以上のスタージョンの指摘をふまえれば、歴史的な順序としては情動主義や指令主義というメタ倫理学的な立場がまずあって、その後でヒュームが実際に非認知主義者だったかどうか吟味されたというのが実情だろう。

　テクスト研究の観点から見れば、エアの非認知主義解釈はどちらかと言えば異端であり、多くのヒューム研究者はチャーリー・ブロードの提示した主観主義解釈が標準的であると考えていた[9]。エアの解釈は、情動主義の理論的発展に伴って、テクストによる裏付けが試みられたのである。その試みの一例は、アンソニー・フルーの非認知主義解釈だろう。フルーによれば、ヒュームは『道徳原理研究』補遺において、事実的判断と道徳的判断を対比させながら、道徳的判断が一種の情動や心情の表出であることを明確に述べている（Flew 1963: 68）。

> あらゆる状況とあらゆる関係が知られた後では、知性はもはや働く余地を持たず、自らを適用しうるいかなる対象も持たないことになる。そこで生じる是認や非難は、判断ではなく心が働いた結果でしかあり得ない。そして、是認や非難は、思弁的命題や肯定命題（a speculative proposition or affirmation）ではなく、能動的な感じや心情（an active feeling or sentiment）

---

[8]　ただしエアは、ア・プリオリな分析命題とア・ポステリオリな総合命題の区別が、ヒュームの『人間知性研究』における「観念の関係（Relations of Ideas）」と「事実（Matters of Facts）」の区別に由来することを明言している（Ayer 1946: 9; 邦訳 1）。
[9]　ブロードのヒューム解釈は、Broad (1930: Chapter 4) で展開されている。当時のヒューム研究におけるブロードの影響については、Norton (1975: 525) も参照してほしい。以上の指摘は岡本慎平氏による。

である。……そして、われわれが彼〔ネロ〕への強い憎しみを表出する (*express*) とき、……われわれは、彼の知らない何らかの関係を見ているのではなく、彼が冷酷であることに反対する心情を感じている。(EPM App 1.11-12; 強調・補足引用者)

以上の引用では、次のような仕方で事実的判断と道徳的判断が対比されている。たとえば、「ネロがアグリッパを殺害した」という判断は、ネロやアグリッパという歴史上の人物についての事実を記述しようとしており、真や偽でありうる。これに対し、「ネロの殺害行為は悪い」という判断は、ネロの行為に対して是認や否認の感情を表出するということであり、真でも偽でもない。後者の判断で用いられている文は、「殺人絶対反対！」という否認の呻きを表しているにすぎず、「いいぞいいぞ！」や「くたばれ！」といった文と同じように真偽を問うことができない。こうしたフルーの解釈は、根強い支持者を集めてきたのである（Bricke 1991; Snare 1991）。

しかし、ジェフリー・ハンターによれば、非認知主義の立場を読み込もうとする解釈では、『人間本性論』第三巻第一部第一節における以下の叙述を理解できなくなってしまう。

悪徳だと認められる行為を挙げてみよ。たとえば、故意の殺人である。それをあらゆる観点から吟味し、あなたが悪徳と呼ぶような事実あるいは現実の経験を見つけられるかどうか確かめてみよ。……あなたが対象を考察する限り、悪徳は完全にあなたの目を逃れてしまう。あなたはけっして悪徳を見出せない。しかし、あなたが自らの胸のうちに反省を向ければ、あなたの内に生じる、その行為に対する否認の感情を見出すだろう。……それゆえ、あなたがある行為や性格を悪徳だと宣言するとき、あなたの意味するところは、あなたの本性の構造によって、あなたがその性格や行為に関する考察から非難の感じや感情をいだく、ということになる。(T 3.1.1.26)

ハンターの解釈では、ヒュームはまさにこの箇所で、道徳的判断が自らの心的

状態に関する事実を記述した判断である、ということを主張している（Hunter 1962: 60）。このことを理解するために、セレーナという人物がネロの殺害現場を目撃したとしよう。セレーナが「ネロの殺害行為は悪い」という道徳的判断を下すとき、セレーナの胸のうちにはネロの殺害行為を否認する感情が生じている。そして、セレーナがネロに向かって「あなたのやったことは悪い」という道徳的言明を行ったとすれば、セレーナは「私の胸のうちに否認感情が生じた」という事実を報告していることになる。こうしたハンターの解釈は、基本的にはブロードの理解を踏襲したものであり、ヒュームのテクストに忠実な多くの論者によって支持されてきたのである（Harrison 1976: 110-25; Stroud 1977: 180-92）。

以上のようなフルーとハンターの論争は、テクスト解釈としての整合性に拘泥するがあまり、一種の泥沼状態に陥ってしまったと言える[10]。しかし、この論争によって道徳的判断のヒューム主義の発展が妨げられたわけではない。むしろ、フルーやハンター以後のヒューム主義者は、彼らとは異なるヒュームのテクストに着目することで、それぞれの見解を練り上げ発展させていったのである。そこで以下では、道徳的判断のヒューム主義者がどのような仕方で非認知主義と主観主義を発展させていったのかということに焦点を当てて、議論を進めていくことにしよう[11]。

10　フルーとハンターの論争は、「である」と「べきである」のギャップに関してヒュームが残した記述をどう理解すべきか、ということを背景として生じた（Hudson 1969）。都築貴博によれば、「事実的言明から価値的言明を論理的に導出することは不可能である」というテーゼ、つまり「イズ・オート・テーゼ」をヒュームに帰することができるかどうかは、「ヒュームが道徳的判断の非認知主義者か、それとも主観主義者か」という問いと密接に結びついている（都築 1999: 58）。しかし、都築の指摘するように、「イズ・オート・テーゼ」は事実と価値の区別に関して中立的であるため、ヒュームのメタ倫理学的立場を解釈する上での決め手とはならなかったのである（都築 1999: 67-72）。
11　レイチェル・コーンは、正確に言えば非認知主義解釈と主観主義解釈のいずれにも与さない解釈を与えている（Cohon 2008）。コーンによれば、ヒュームは、われわれが道徳感情をいだく際に道徳的性質を経験した上で、それについての信念、つまり真偽を問える道徳的信念を形成しているのだ、と論じる。コーンはこの立場を「道徳感覚説（*the moral sensing view*）」（Cohon 2008: 100）と呼んでいる。

3 非認知主義解釈の変遷と展開

　エアがヒュームを非認知主義者として理解しようとした背景には、感情の行為指導性（action-guidingness）に関する議論がある。感情の行為指導性とは、われわれの感情がある種の行為を導く性質をもつ、ということを意味する。これは、ヒュームが『人間本性論』第三巻第一部第一節で主張したとされている見解である。引用しておこう。

　　そのため、道徳は行為と感情に影響をもつのだから、理性から引き出されえないことが帰結する。理性だけでは、すでに立証したとおり、そのような影響を与えることができないからである。道徳は情念を引き起こし、行為を生み出したり抑えたりする。理性だけではこの点についてまったくの無力である。道徳の規則は、それゆえ、われわれの理性による結論ではない。（T 3.1.1.6）

　スミスによれば、以上の箇所は「ヒュームに由来する人間心理に関する標準的な見方」（Smith 1994: 8; 邦訳12）を示している。この「標準的な見方」によれば、信念は、それ単独では心や行為に影響を与えることがない。むしろ、われわれの心や行為に影響を与えることができるのは、われわれの心の中にある欲求や感情だけである。たとえば、「冷蔵庫のドアを開ければ麦茶がある」という信念だけでは、実際にドアを開けて麦茶を取り出すという行為は導かれない。その信念と「麦茶が飲みたい」という欲求がセットになってはじめて、われわれはドアを開ける行為へと動機づけられるのである。

　しかし、ヒュームの道徳哲学から引き出せる論点は、感情の行為指導性に限られるわけではない。実際、初期の非認知主義解釈は『人間本性論』や『道徳原理研究』で展開されている議論の中に、道徳的価値の存在論に関する論点が含まれている可能性を見落としたのである。これは、初期の非認知主義解釈では道徳的判断の非認知主義と道徳的価値の反実在論（anti-realism）とが十分に区別されていなかったことを意味する[12]。以下では、こうした区別を意識した

解釈として、ヒュームが非認知主義者であることを否定するユーナス・オルソンの錯誤説（error theory）解釈と、ヒュームが初期の解釈とは異なるタイプの非認知主義者であることを主張するサイモン・ブラックバーンの投影説（projectivism）解釈を紹介することにしよう[13]。

オルソンは、ヒュームが道徳的判断の錯誤説を採用していると解釈する（Olson 2011）。錯誤説はマッキーに由来する見解のため、まずはマッキーの議論を確認しておこう（Mackie 1977）。マッキーによれば、道徳的価値がわれわれの心や行為への動機づけの力をもつとすれば、道徳的価値は実在しないという結論が導かれる。というのも、道徳的価値が実在するものであるならば、それはわれわれの心や行為から独立したものであるはずだが、そのように独立して実在するものがどのようにして認識されうるのか、また、それがどのようにしてわれわれの心や行為に影響を与えるのかが、不可解なものとなってしまうからである[14]。

マッキーによれば、以上の議論は、われわれの道徳的判断が常に誤っているという錯誤説の見解を導く。われわれの道徳的判断は、すべて道徳的価値の実在を認知することにもとづいている。しかし、道徳的価値は実在しないので、そうした判断は誤った認知にもとづいており、判断としても間違っている。そのため、われわれの道徳的判断は常に誤っていることになる。錯誤説は、客観的な道徳的価値が実在しないと主張する点では反実在論の立場をとるが、道徳的判断が（誤った仕方であるとはいえ）認知にもとづくと主張する点では認知主義の立場をとるのである。

以上のことから、マッキーの言う道徳的判断の錯誤説は次のように定式化で

12　本章では、ヒュームの道徳哲学にかかわる限りでの非認知主義と道徳的反実在論の見解を紹介する。現代のメタ倫理学における諸相については、本書第7章（第1節）や第8章、第9章を参照。
13　フランシス・スネアは、道徳的価値の存在論とは異なる観点から、道徳判断の非認知主義解釈を洗練させようとしている（Snare 1991: 24）。特に、スネアは「自己批判的ヒューム主義者（self-critical Humean）」（Snare 1991: 7）の観点に立ち、ヒューム主義から距離を測りつつ道徳的判断に関するヒュームの議論の定式化と評価を試みている。
14　マッキーは、以上の議論を奇妙さからの論証（argument from queerness）と呼んでいる。さらに彼は、道徳がわれわれにとって相対的であることから道徳の非実在性を導く、相対性からの論証（argument from relativity）を提示している（Mackie 1977: 37; 邦訳38）。

きるだろう。

道徳的判断の錯誤説
(E1) 道徳的判断は、真か偽のいずれかでありうる。
(E2) 道徳的判断を表す道徳的言明は、本当は実在しないにもかかわらず、誤って実在するかのように認知されている道徳的な事実や性質を記述している。

ここで重要なのは、道徳的判断の錯誤説が（E2）において道徳的判断の認知主義、すなわち道徳的判断が何らかの事実や性質の認知にもとづくという見解を認めている、ということである。この点において、マッキーの立場は非認知主義と袂を分かつ。それでは、われわれは錯誤説をとることで、道徳に対していかなる立場をとることになるのだろうか。マッキー自身の見解は、次のようなものである。

　　道徳は発見されなければならないものではなく、作られなければならないものである。すなわち、どのような道徳上の見解を取り、どのような道徳上の立場を取るのかを決めなければならない。〔道徳を作り出すことの〕本来の目的はむしろ、何をしなければならないか、何を支持し何を非難しなければならないか、そしてわれわれ自身の選択と、またおそらく他の人々の選択を導き規制するどんな行為原理を受け入れ、そして育てなければならないかを決めることである。（Mackie 1977: 123; 邦訳 154-155; 補足引用者）

マッキーによれば、道徳的価値はわれわれが創造するものであって、何らかの事実として発見されるものではない。われわれが自ら生み出した道徳的価値によって自らの心や行為に影響を与えるのは、それが人間の福利を高めたり文明を発展させたりすることに繋がる有用な虚構として機能しているからである[15]。

なお、マッキーもヒュームが錯誤説を採用した可能性を示唆しているが、その典拠となるテクストを具体的に提示してはいない（Mackie 1980: 51-52）。そ

れに対して、オルソンはヒュームのさまざまなテクストを挙げながら、ヒューム主義としての道徳的判断の錯誤説をテクストから抽出しようと試みている（Olson 2014）。特に、オルソンが着目するテクストは「懐疑派」というエッセイである。

　ヒュームは「懐疑派」において、道徳的性質に関するわれわれの日常的な信念が誤っていることを述べている（EMPL 165）。ヒュームによれば、「美に関しては、自然的美や道徳的美を問わず、事情は異なると普通は想定されている。その快適な性質は、感情のうちにではなく対象のうちにあると考えられている」（EMPL 165）。ここで強調されているのは、道徳的性質が対象の側に存在するという信念はわれわれにとって日常的なものだということである。しかし、この信念は「対象の知覚」（EMPL 165）と道徳感情が混同されることによって生じる。「その理由はただ、その感情が対象の知覚と明らかな仕方で区別できるほど波風を立てず激しくないからである」（EMPL 165）。オルソンによれば、こうした混同が生じるのは、対象の知覚と道徳感情が現象の上できわめてよく似ているという理由によっている。オルソンは他にもさまざまな論拠を挙げているが、ここでテクスト解釈の詳細を追うことはしない[16]。ここで重要なのは、オルソンの解釈にもとづく錯誤説が理論としてどれくらい説得的な見解であるのか、ということである。道徳的判断の錯誤説解釈をさらに推し進めるのであれば、われわれはマッキーの錯誤説とオルソンの解釈にもとづく錯誤説の違いに注目した上で、どちらがより説得的なヒューム主義になっているのかを慎重に検討する必要があるだろう。

　では、ブラックバーンの解釈に移ろう。ブラックバーンは、オルソンとは異なる仕方で、ヒュームの道徳哲学から読み取るべき論点を次のように説明している（Blackburn 1984: 167-171; cf. Blackburn 1993: 273-274, 287）。ブラックバー

15　こうした説明は、道徳的虚構主義（moral fictionalism）と呼ばれる見解を想起させるかもしれない。ただし、マッキーの道徳的反実在論が道徳的虚構主義を含意するかどうかは議論の余地がある。道徳的反実在論と道徳的虚構主義の関係について、詳しくは本書第9章、ならびに佐藤（2017: 79-84）を参照せよ。
16　オルソンのヒューム解釈に関しては相松2017、オルソン自身の錯誤説に関しては本書第9章をあわせて参照せよ。

ンによれば、ヒュームは道徳的性質がわれわれの感情や態度を世界の側に投影したものだという考え方をとっている。『道徳原理研究』補遺では、次のように述べられる。

> 一方〔すなわち理性〕はさまざまな対象を本来あるがままの姿で発見するのであり、何かを付け加えたり差し引いたりすることはない。他方〔すなわち趣味〕はある種の産出能力を持っており、内的な心情から借りた染料を使って、あらゆる自然的対象に金メッキを施したり汚れた染みをつけたりする。言うなれば、新たな創造物をもたらすのである。(EPM App. 1)

たとえば、われわれはサフランに希少価値を投影することで、あたかもサフランそのものに価値があるかのごとくみなすようになる。これと同様に、窃盗に帰される道徳的悪さに関して、われわれは窃盗という行為に対して否定的な態度を投影することで、あたかも窃盗そのものが道徳的な悪さを備えているかのごとくみなすようになるのである。とはいえ、ブラックバーンによれば、ヒュームは道徳的性質が世界の側に実在しないという反実在論を採用しているが、かといって道徳的判断が真偽を問いえないものだったり、何らかの錯誤にもとづいていたりすると考えているわけではない。むしろ、ヒュームが投影説と呼ばれる見解を採用しているというのがブラックバーンの解釈である。

　われわれが日常生活において道徳的判断を下すとき、道徳的判断は「何かが道徳的によい・悪いということが実在する」という実在論的な直観を支持するように思われる。たとえば、セレーナが「ネロの行為は悪い」という判断を下すとき、彼女は「悪さ」という道徳的性質が世界の側に実在するという直観をもっているかもしれない。こうした是認や否認の態度は、世界の側に投影されることで、あたかも実在する性質であるかのように語られることになる。ブラックバーンによれば、道徳的性質は世界の側に実在していないにもかかわらず、われわれはそれを生活や社会の中であたかも実在するかのように語り、道徳的判断や道徳的行為を動機づけたりする機能をもつものとして扱うことが現にできている。道徳的性質は、われわれの態度の投影に由来するという意味では「実在」とは言えないが、それが実在するときと機能を同じくするという意味

で「準実在」と言うことができる。これは、投影説にもとづいた準実在論 (quasi-realism) と呼ばれる見解である (Blackburn 1998: 77-83)。

　以上のことから、ブラックバーンが提示した道徳的判断の投影説を次のように定式化しておこう。

　道徳的判断の投影説
　　(P1) 道徳的判断は、真か偽のいずれかでありうる。
　　(P2) 道徳的判断を表す道徳的言明は、いかなる道徳的な事実や性質も記述しておらず、われわれによって投影された価値に対する肯定的あるいは否定的態度を表出している。

このように、投影説は初期の非認知主義と異なって、道徳的判断が真理値をもつと主張する[17]。また、投影説は錯誤説とも異なって、われわれによる価値観の投影が錯誤にはもとづいていないと主張するのである。こうした投影説は、初期の非認知主義の欠点を補いながら、道徳的判断のヒューム主義を進化させた魅力的な見解としてみなせるだろう。

　さて、ここまでは、ヒューム道徳哲学の非認知主義解釈が、どのように道徳的判断の非認知主義の展開に寄与してきたのかを確認してきた。オルソンやブラックバーンの解釈は、ヒュームの道徳哲学から情動主義しか読み取ろうとしないメタ倫理学者へのカウンターとして機能しており、より良いヒューム主義者であるための指針を与えようとしている。しかし、メタ倫理学の歴史において発展を遂げたのは非認知主義だけではない。道徳的判断に関する主観主義についても同様の動向が見られる。そこで次節では、ヒューム道徳哲学の主観主義解釈の展開を追うことにしよう。

17　「道徳的判断はいかにして真あるいは偽たりうるか」という問いに関するブラックバーンの見解について、詳しくは大庭 (2004) による整理を参照。

4 主観主義解釈の変遷と展開

　初期の主観主義解釈は、ヒュームのテクストに忠実であろうとした一方で、解釈の対象となるテクストは限定的なものだった。そのため、それ以後の主観主義解釈は、ヒュームの浩瀚な著作に残された多くのテクストを手がかりに、従来とは異なるタイプの主観主義をヒュームに帰属させようと試みたのである。そうした試みによって抽出された論点は、(1) ヒュームが観察者に対して一定の制約や条件を課していること、また、(2) ヒュームが道徳実践の説明において独自の方法を採用していることである。まずは (1) の論点に着目した理想的観察者理論（the ideal observer theory）解釈を紹介しよう。

　理想的観察者理論は、ロデリック・ファースやリチャード・ブラントが提唱した見解として知られている（Firth 1951; Brandt 1979）。理論的観察者理論はさまざまな定式化が可能であるが、その一例は以下のようになるだろう。

　道徳的判断の理想的観察者理論
　　(I1) 道徳的判断は、真か偽のいずれかでありうる。
　　(I2) 道徳的判断を表す道徳的言明は、道徳的な事実や性質に対する理想的観察者の心的状態を記述している。

ギルバート・ハーマンによれば、「理想的観察者」とは、「公平で、情報に通じており、関連する諸事実をありありと意識している等々という人」（Harman 1977: 44; 邦訳 77）のことである。理想的観察者理論によれば、道徳的判断を下す観察者は、関連する事実全体を適切に把握していて、しかも当面の事態について誤った信念をもっていないという条件を満たさねばならない。そうでなければ、各々の観察者に応じて道徳的な正しさの基準が変わってしまうことになり、われわれの日常的な道徳実践に見られるはずの客観性を確保することが困難になってしまうからである。

　こうした理想的観察者理論は、アダム・スミスが提示した公平な観察者（the impartial spectator）という概念と結びつけて語られることが多い。なぜな

ら、スミスの『道徳感情論』の議論には理想的観察者理論の原型が明確に見出されるからである。以下、島内明文の整理に従って、「公平な観察者」に関するスミスの議論を概観しておこう（島内 2009: 8）。スミスは『道徳感情論』第三部第二章において、自分自身に対する道徳的判断を分析する上で「公平な観察者」を導入する。スミスによれば、われわれは自分自身の性格と行為について判断しようとするとき、自己愛によって当の判断が歪められてしまうことがある。たとえば、自己利益と見知らぬ他人の利益が同じくらい重要だったとしても、われわれは自分自身にとって身近な自己利益を優先することが多い。こうした自己愛による判断の歪みは、当事者の利益を適切に比較できる人物の視点、すなわち「公平な観察者」の視点に立つことで訂正される（Smith 1759/1976: 134-137）。こうした「公平な観察者」は「事情に通じた（well-informed）」（Smith 1759/1976: 130）第三者でなければならない。このように、スミスの言う「公平な観察者」は、理想的観察者理論の原型を与えている。

しかし、フランク・シャープの解釈によれば、ヒューム道徳哲学にもスミスの「公平な観察者」に通じる議論がある（Sharp 1921）[18]。まず、『人間本性論』第二巻第三部第二節において、ヒュームが「観察者（spectator）」について述べている箇所を見てほしい。

> しかし、観察者はふつう、われわれの持つ動機や性格から、われわれの行為を推理できる。また、たとえ推理できない場合ですら、観察者は次のような一般的結論を下すのである。すなわち、仮に自分がわれわれの状況や気質に関するすべての事情や、われわれの様子や気質の最も内奥に隠された源泉について完全に精通していたとすれば、そうした推理ができただろう、と。（T 2.3.2.2）

---

18 シャープの解釈は、ヒュームの道徳哲学を理想的観察者によって特徴づけようとしている点で先駆的である。だが、メタ倫理学の歴史においては、ファースやブラントが改めて取り上げるまで、彼の解釈に対する正当な評価が与えられてこなかったように思われる。たとえば、ファースは「倫理的絶対主義と理想的観察者」という記念碑的な論文の注で、シャープの研究に言及しながらスミスだけでなくヒュームも理想的観察者理論の先駆者であることを指摘している（Firth 1951: 318）。

この引用での「仮に自分が……完全に精通していたとすれば、そうした推理ができただろう」という説明は、理想的観察者の「情報に通じており、関連する諸事実をありありと意識している」という条件を示していると言える。それでは、観察者が公平であるという条件についてはどうだろうか。

　理想的観察者に要求される公平性の条件について、シャープが注目しているのは共感の偏りを訂正する心理的プロセスに関するヒュームの説明である。ヒュームによれば、共感（sympathy）は、「他人の精神の傾きや心情を伝達によって受け取る傾向性」（T 2.1.1.12）であり、他人の表情や行動から他人の感情を受け取る原理である。こうした共感の原理は、観察者としてのわれわれが行為者に対して下す道徳的判断の源泉となる。しかし、われわれの道徳的判断は他人への共感を必要とするが、それだけでは十分ではない。われわれは一般的観点（general points of view）に立つ必要がある。

> 人と事物の両方に対して、われわれの位置は絶え間なく不安定な状態にある。……それゆえ、仮にすべての個人が、性格や人物を、各々に特有の観点から現れるものとしてのみ考察しようとするならば、理にかなった言葉で一緒に会話することなど、われわれには不可能だっただろう。したがって、そうした絶え間ない不一致（*contradictions*）を防ぎ、事物についてのいっそう安定した（*stable*）判断に達するために、われわれは何らかの安定した一般的な観点（*steady* and *general* points of view）を定める。そして、われわれが何かを考えるときには、自らの目下の位置がどのようなものであろうとも、常にそうした観点に自らを置くのである。（T 3.3.1.15）

シャープによれば、一般的観点は、共感によって生じる偏りや変化を訂正する視点であり、こうした視点があってはじめて道徳的判断の公平性が確保される（Sharp 1921: 54-55）。具体的には、自分が共感する人物についての評価に食い違いが生じたとき、理想的な評価の視点を参照することで、必要があれば自分の評価を修正するということである。これはまさに理想的観察者理論の原型だと言えるだろう。以上の議論は、情動主義解釈をとらない論者、たとえばチャールズ・スティーヴンソン、ジョン・ロールズ、あるいはジョナサン・ハリソ

ンによって、ヒューム道徳哲学を整合的に理解する有望な解釈としてみなされたのである（Stevenson 1944; Rawls 1971; Harrison 1976）[19]。

だが、ヒュームが理想的観察者理論を支持しているという解釈に対しては、次のような問題点が指摘されている。たとえば、ジェフリー・セア＝マッコードによれば、ヒュームの言う「一般的観点」は、ある人物 A が他の人物 B の行為を評価するとき、自らの評価の歪みを訂正するために採用される、人物 B と親しい間柄にある身近な人々の視点を意味している（Sayre-McCord 1994）。こうした視点の採用において、理想的観察者理論が要求する完全情報などの理想性は必要とされない。むしろ、観察者が自らの心の中で生じる「絶え間ない不一致」（T 3.3.1.15）を防ぐために、自らの利害関心から独立に採用する参照枠の一つにすぎないのである[20]。

以上のことをふまえ、最近のメタ倫理学者は、理想的観察者理論をヒュームのテクストから読み取れる説得的なヒューム主義の一形態とみなすのには無理があるということをおおよそ認めつつある。しかし、われわれは理想的観察者理論ではなく、別のタイプの主観主義の支持者としてもヒュームを解釈することができる。たとえば、デイヴィッド・ウィギンズは、理論的観察者理論とは異なる視点から主観主義解釈を推し進めようとしている。ウィギンズが着目するのは、本節の冒頭で述べた（2）の論点、つまり道徳実践の説明においてヒュームが採用する独自の方法である。

ウィギンズは、ヒュームが「趣味の基準について」というエッセイで展開している議論に着目する（Wiggins 1998a）。ヒュームによれば、価値言明、特に美的価値や道徳的価値に関する言明の正しさの基準は、健全な判定者（sound judge）の評決に求められる。そうした判定者相互の合意にもとづいて下された評決が、「趣味と美に関する真の基準」（EMPL 241）となるのである。健全

---

[19] たとえば、スティーヴンソンは「言語を強調したことを別にすれば、わたくしのアプローチはヒュームのそれに似ていないことはない」（Stevenson 1944: vii; 邦訳 i）とまで述べている。この点は岡本慎平氏の指摘による。
[20] 同様の解釈として、Radcliffe 1994 と Driver 2004 がある。シャープの解釈は、一般的観点が道徳的判断の成立条件であるという暗黙の前提に立っている。しかし、林が指摘するように、そうした前提には議論の余地がある（林 2015：57-59）。林によれば、ヒューム自身のテクストに揺れがあることを認めたとしても、一般的観点は道徳的判断の成立にとって必要でないと解釈した方がよい。

な判定者とは、きわめて冷静に、偏見が少ない状態で、最も完全な情報にもとづいて評決を下す理想的な人物のことを意味する。ヒュームの言葉を用いれば、「繊細な感情と結合し、訓練によって改善し、比較によって完全にされ、あらゆる偏見が払拭されている強靭な感覚」（EMPL 241）の持ち主である。こうした路線で考えるならば、われわれは美的判断や道徳的判断の正しさについて議論するとき、自らの判断の正しさをそうした理想的な判定者の判断へと近づけようと試みていることになる。

　ここで、ウィギンズは理想的観察者理論解釈の擁護を試みているように見えるかもしれない。しかし、ウィギンズによれば、以上のようなヒュームの議論は理想的観察者理論として解釈できるかもしれないが、そうした解釈にもとづくヒューム主義はあまり魅力的な立場ではない。第一に、美的判断や道徳的判断の正しさを判定する基準として「判定者」だけに着目してしまうと、何が理想的な判定者を構成するのかを説明することが困難になってしまう。第二に、理想的な判定者の条件が当の判定者によって現に満たされている何らかの「事実」として記述される限り、主観主義が主観的ではない基礎の上に置かれてしまうことになる。そうした基礎が要求されるならば、ヒュームの見解を「主観主義」として解釈する必要がなくなるだろう（Wiggins 1998a: 192-193; 邦訳 245-246）。

　そのため、ウィギンズは理想的観察者理論解釈を推し進めようとしているわけではない。むしろ、ウィギンズが注目するのは、ヒュームが道徳に関して論じる際に採用していたと思われる方法である。ウィギンズによれば、「伝統的主観主義者がほんとうにやりたかったのは、定義というよりむしろ注釈である。……主観主義者は、価値の概念を感情との実際のかかわりにおいて提示することで詳明（elucidate）したいと望んでいる」（Wiggins 1998a: 238-239; 邦訳 238-239）。詳明とは、価値が脱色された世界を自然科学的手法によって記述する手法ではなく、むしろわれわれが現に営んでいる実践そのものを手がかりに、その状況や条件を詳しく明るみに出す手法である。ウィギンズは詳明の適用例として、「可笑しさ」という価値が「笑う」という反応とペアになっており、それは特定の共同体の歴史の中で確立されたことを挙げている[21]。

　以上のような詳明という手法を基軸とする見解に対して、ウィギンズは道徳

的判断の賢明な主観主義（sensible subjectivism）という名称を与えている。賢明な主観主義は、以下のように定式化できるだろう。

道徳的判断の賢明な主観主義
（SS1）道徳的判断は、真か偽のいずれかでありうる。
（SS2）道徳的判断を表す道徳的言明は、道徳的性質とペアになるわれわれの反応を詳明している。

賢明な主観主義のポイントは、（SS2）において従来の主観主義とは異なる「記述」の意味を与えていることにある。つまり、道徳的言明は、われわれの反応から独立した事実や性質を自然科学的手法によって「記述」するのではなく、われわれの反応と性質が相互依存的であることを一種の人文学的手法によって「詳明」する役割を担っている。こうした主張をヒューム道徳哲学から読み取ることによって、ウィギンズは「主観主義」や「反実在論」といった単純なレッテルからヒュームを解き放ち、道徳的判断に関するより複雑な見解をヒュームのテクストから読み取ろうとしたのである。

私の見るところ、ウィギンズの賢明な主観主義は、ヒュームの『イングランド史』の読解を経ることで、ヒューム主義としてさらなる発展を遂げる可能性を秘めている。アネット・ベイアーが晩年に注目したように、『イングランド史』は哲学的観点から再評価されるべき多くの論点を含んでいる（Baier 2008）。ここで注目すべきポイントは、『イングランド史』に登場する歴史上の人物が、抽象的で偶像的な仕方ではなく、どこまでも具体的で通俗的な視点から描かれているということである。とりわけ注目に値するのは、そうした人物が辿った生の歴史にスポットライトが当てられているという点だろう。ヒュームにとって、歴史叙述の重要なポイントは、登場人物の生を具体的な事情に即して明るみに出すことだと言える。こうした叙述の方法は、われわれが営む実践の状況

---

21 ウィギンズ自身は、詳明について明確な定義を与えていない。ただし、彼の言う詳明がゴットロープ・フレーゲやルートヴィヒ・ウィトゲンシュタインのアイデアに由来するものであることは明言されている。ウィギンズの詳明とフレーゲ＝ウィトゲンシュタインの解明（Erläuterung）との関係については、Wiggins (1998b) の注4を参照。

や条件とのかかわりの中で価値を理解しようと試みる、ウィギンズの賢明な主観主義と相性が良い。たとえば、『イングランド史』第四巻末尾の付録には、テューダー朝のエリザベス一世に関する歴史記述が収められている（H IV, 416）。そこでは、世間一般のイメージするエリザベスではなく、むしろ彼女が生きた時代のありように定位した彼女の生が描かれているのである。こうしたヒュームの考察は、歴史性との関係でウィギンズの主観主義を深化させる方向性を示唆していると考えられる。

5 おわりに

　本章の議論をまとめよう。まず、初期のメタ倫理学において、ヒュームは非認知主義者として受容されがちだったが、テクスト解釈の観点から主観主義者として理解すべきだとする論者の議論を確認した。その結果として、メタ倫理学におけるヒューム受容には、非認知主義解釈と主観主義解釈という二つの大きな潮流があることを見た。次に、初期の非認知主義解釈の影響下で、ヒュームの道徳哲学から反実在論の見解を読み取ろうとする論者の解釈を紹介した。そこでは、錯誤説と投影説という二つの道があることを確認した上で、両者が情動主義者というレッテルからヒュームを解放しつつ、メタ倫理学における新たな遺産を発掘しようとしている点で共通していることを見た。さらに、初期の主観主義解釈の影響下で、ヒュームの道徳哲学から客観性や歴史性に関する見解を見出そうとする論者の解釈を紹介した。そこでは、理想的観察者理論と賢明な主観主義という二つの道があることを確認した上で、特に後者がヒュームのテクスト解釈を経ることでさらなる発展を遂げる可能性があるということを見た。

　以上の議論からは、われわれがヒュームを藁人形化した上で評価していないかどうか注意すべきだ、という教訓を得ることができるかもしれない。理論の観点から言えば、われわれはヒューム主義という名の下に過度の単純化を行うことで、ヒュームの議論に対する安易な論破や超克を図るべきではないだろう。また解釈の観点から言えば、われわれは特定の範囲のテクストを整合的に読み解くことばかりに終始して、宗教や批評や歴史に関してヒュームが残した膨大

なテクストを脇に置くべきではない。われわれは、非認知主義と主観主義というヒューム道徳哲学の二つの顔に対して、常に理論と解釈を往復しつつ適切な評価を与えねばならないのである[22]。

参考文献

　邦訳については既存の訳書を適宜参考にさせていただいたが、必要に応じて変更したところがある。また、引用文中の〔　〕は筆者による補足である。

(1) ヒュームの著作
　ヒュームの著作からの引用については、以下の略号を用いて表記する。

T: *A Treatise of Human Nature: A Critical Edition*, 2 vols., edited by David F. Norton and Mary J. Norton, Oxford: Oxford University Press, 2007.〔石川徹・中釜浩一・伊勢俊彦【訳】『人間本性論第二巻情念について』法政大学出版局 2011 年；伊勢俊彦・中釜浩一・石川徹【訳】『人間本性論第三巻道徳について』法政大学出版局 2012 年〕

EPM: *An Enquiry concerning the Principles of Morals*, edited by Tom. L. Beauchamp, Oxford: Oxford University Press, 1998.〔松村文二郎・弘瀬潔【訳】『道徳原理の研究』春秋社 1949 年〕

EMPL: *Essays, Moral, Political and Literary*, edited by Eugene F. Miller, Indianapolis: Liberty Fund, 1987.〔田中敏弘【訳】『ヒューム道徳・政治・文学論集』名古屋大学出版会 2011 年〕

H: *The History of England*, edited by William B. Todd, Indianapolis: Liberty Classics, 1983.

(2) その他の文献

相松慎也（2017）「ヒュームにおける道徳的錯誤説」『駒沢大学文化』第 35 号、pp. 96-117。
Ayer, A. (1946). *Language, Truth and Logic*. Revised Edition. New York: Dover.

---

[22] 本章の草稿を作成する段階で、相松慎也氏、井上彰氏、岡本慎平氏、笠木雅史氏、佐藤岳詩氏、滝沢正之氏、蝶名林亮氏、林誓雄氏、鴻浩介氏、宮園健吾氏、八重樫徹氏、米本高弘氏から有益なコメントを頂いた。ここに記して感謝の意を表したい。

〔吉田夏彦【訳】『言語・真理・論理』岩波書店 1955 年〕
Baier, A. (2008). *Death and Character: Further Reflections on Hume*. New York: Harvard University Press.
Blackburn, S. (1984). *Spreading the Word: Groundings in the Philosophy of Language*. Oxford: Oxford University Press.
Blackburn, S. (1993). "Hume on the Mezzanine Level," *Hume Studies* 19(2): 273-288.
Blackburn, S. (1998). *Ruling Passions: A Theory of Practical Reasoning*. Oxford: Clarendon Press.
Brandt, R. (1959). *Ethical Theory: The Problems of Normative and Critical Ethics*. Englewood Cliffs, N.: Prentice-Hall.
Bricke, J. (1996). *Mind and Morality: An Examination of Hume's Moral Psychology*. Oxford University Press.
Broad, C. (1930). *Five Types of Ethical Theory*. London: Kegan Paul.
Cohon, R. (2008). *Hume's Morality: Feeling and Fabrication*. Oxford: Oxford University Press.
Driver, J. (2004). "Pleasure as the Standard of Virtue in Hume's Moral Philosophy", *Pacific Philosophical Quarterly* 85(2): 173-194.
Firth, R. (1951). "Ethical Absolutism and the Ideal Observer", *Philosophy and Phenomenological Research* 12(3): 317-345.
Flew, A. (1963). "On the Interpretations of Hume", Reprinted in Hudson, W. (ed.), *The Is/Ought Question*. London: MacMillan, 1969, 64-69.
Garrett, D. (1997). *Cognition and Commitment in Hume's Philosophy*. Oxford: Oxford University Press.
Hare, R. (1952). *The Language of Morals*. Oxford: Oxford University Press. 〔小泉仰・大久保正健【訳】『道徳の言語』勁草書房 1982 年〕
Harman, G. (1977). *The Nature of Morality: An Introduction to Ethics*. Oxford: Oxford University Press. 〔大庭健・宇佐美公正【訳】『哲学的倫理学叙説――道徳の"本性"の"自然"主義的解明』産業図書 1988 年〕
Harrison, J. (1976). *Hume's Moral Epistemology*. Oxford: Clarendon Press.
林誓雄 (2015) 『襤褸を纏った徳――ヒューム社交と時間の倫理学』京都大学学術出版会。
Hudson, W. (ed.) (1969)。 *The Is/Ought Question*. London: MacMillan.
Hunter, G. (1962). "Hume on is and ought", Reprinted in Hudson, W. (ed.), *The Is/Ought Question*. London: MacMillan, 1969, 59-64.
Irwin, T. (2009). *The Development of Ethics*, Volume 3: From Kant to Rawls. Ox-

ford: Oxford University Press.
Mackie, J. (1977). *Ethics: Inventing Right and Wrong*. New York: Viking Press.〔加藤尚武【監訳】『倫理学　道徳を創造する』哲書房 1990 年〕
Mackie, J. (1980). *Hume's Moral Theory*. London: Routledge and Kegan Paul.
中村隆文 (2008)「ヒューム主義であるとはどのようなことか？」『千葉大学人文社会学研究』No. 17、千葉大学大学院人文社会系研究科、pp. 1-17。
Norton, D. (1975). "Hume's Common Sense Morality", *Canadian Journal of Philosophy* 5 (4): 523-543.
奥田太郎 (2004)「マイケル・スミスのヒューム主義とヒューム道徳哲学の比較検討の試み」『実践哲学研究』第 27 号、京都倫理学会、pp. 1-28。
大庭健 (2004)「道徳的言明はいかにして真あるいは偽たりうるか？　20 世紀の道徳実在論・反実在論をめぐって」『思想』第 961 号、岩波書店、pp. 5-37。
Olson, J. (2011). "Projectivism and Error in Hume's Ethics", *Hume Studies* 37(1): 19-42.
Radcliffe, E. (1994). "Hume on Motivating Sentiments, the General Point of View, and the Inculcation of "Morality"", *Hume Studies* 20(1): 37-58.
Rawls, J. (1971). *A Theory of Justice: Original Edition*. New York: Belknap Press, 2005。〔川本隆史【編訳】『正義論』紀伊國屋書店 2010 年〕
佐藤岳詩 (2012)「メタ倫理学における「非認知主義」の展開」『実践哲学研究』35 号、京都倫理学会、pp. 41-74。
佐藤岳詩 (2017)『メタ倫理学入門──道徳のそもそもを考える』、勁草書房。
Sayre-McCord, G. (1994). "On Why Hume's "General Point of View" Isn't Ideal and Shouldn't Be", *Social Philosophy and Policy* 11(01): 202-228.
Sharp, F. (1921). "Hume's Ethical Theory and Its Critics", *Mind* 30(117): 40-56.
島内明文 (2009)「スミスの道徳感情説における共同性の問題」『倫理学研究』第 39 巻、関西倫理学会、pp. 3-13。
Smith, A. (1759). *The Theory of Moral Sentiments*. Raphael, D. and MacFie, A. (eds.), Oxford: Clarendon Press, 1976.〔村井章子・北川知子【訳】『道徳感情論』日経 BP 社 2014 年〕
Smith, M. (1984). *The Moral Problem*. Wiley-Blackwell.〔樫則章【監訳】『道徳の中心問題』、ナカニシヤ出版 2004 年〕
Snare, F. (1991). *Morals, Motivation and Convention: Hume's Influential Doctrines*. Cambridge University Press.
Stevenson, C. (1944). *Ethics and Language*. New Haven: Yale University Press.〔島田四郎【訳】『倫理と言語』内田老鶴圃 1976 年〕
Stroud, B. (1977). *Hume*. Routledge.

Sturgeon, N. (2008). "Hume's Metaethics: Is Hume a Moral Noncognitivist?", in Radcliffe, E. (ed.), *A Companion to Hume*. Oxford: Wiley-Blackwell, 513-528.

鈴木真 (2013)「非認知主義の本性と意義」『実践哲学研究』36号、京都倫理学会、pp. 31-69。

都築貴博 (1999)「ヒュームの Is-Ought 問題、再考」『哲学』第 35 号、北海道大学哲学会、pp. 57-75。

van Roojen, M. (2015). *Metaethics: A Contemporary Introduction*. London: Routledge.

Wiggins, D. (1998a). "A Sensible Subjectivism?", in his *Needs, Values, Truth*. 3rd edition, amended. Oxford: Oxford University Press, 2002, 185-214.〔萬屋博喜【訳】「賢明な主観主義?」『ニーズ・価値・真理──ウィギンズ倫理学論文集』勁草書房 2014 年〕

Wiggins, D. (1998b). "Truth, and Truth as Predicated of Moral Judgments", in his *Needs, Values, Truth*. 3rd edition, amended. Oxford: Oxford University Press, 2002, 139-184.

第3章　カントの倫理学とカント主義のメタ倫理学

永守伸年

1　はじめに

　メタ倫理学においては「理性」に大きな期待をかけ、「理性」によって道徳の営みを説明しようとする立場がある。たとえば道徳の価値は理性をもって認知されるとか、理性による反省によって構成されるといった説明、あるいは道徳的な行為は理性によって動機づけられるとか、そこには感情が影響してはいないといった説明である。そしてこれらの立場をとるものは、しばしば自分たちの発想の始祖としてイマヌエル・カント (Immanuel Kant) に言及し、ときには「カント主義者 (Kantian)」を自称してきた。だからこそ、このように理性主義的なメタ倫理学に対する批判、反論もまた、カントの思想に抗する仕方で表明されることが少なくない。この意味において、メタ倫理学においてカントはいまなお論争の中心にある。

　ただし注意したいのは、この論争の状況におけるカント主義と、カント自身の主張のズレである。もちろん、すぐれた哲学者の例にもれず、カントのテキストから現在のメタ倫理学にかかわる洞察や、論証を見出すことはけっして不可能ではない。「カント主義のメタ倫理学」の可能性もまた否定されるべきではない。しかし、そのようにして抽出されてきた従来の「カント主義のメタ倫理学」が、果たして「カントの倫理学」に含まれていたはずの豊かな思想を十分に引き出すことに成功しているかどうかは、再考の余地がある。本章はこの論点を批判的に検討し、最終的には「カント自身の思想に立ち戻ることで、カント主義のメタ倫理学はいっそう魅力的な立場となる」という結論を引き出してみたい。

　このような見通しのもと、本章の目的は二つある。第一に、「カントの倫理学」と「カント主義のメタ倫理学」のズレを確認しつつ、それぞれの内容を整

理すること(第2節、第3節)。第二に、これまでメタ倫理学においては見落とされがちだった「カントの倫理学」の知見、とりわけその啓蒙思想としての側面に光をあてることによって、「カント主義のメタ倫理学」の新たな可能性を見定めることである(第4節)。(本章のこうした構成上、従来の「メタ倫理学におけるカント主義」の見取り図を得たいという読者は第4節を読まず、第2節と第3節だけを検討してもらって構わない)。メタ倫理学のトピックとしては、第3節において道徳的判断と行為の動機づけの問題が中心的に論じられるが、第4節では実践理性と欲求、そして実践理性と制度の関係についても考察を加える。

2 カントの倫理学

2.1 カントの倫理学の多層的構造

「カント主義のメタ倫理学」の前に、「カントの倫理学」の内容を整理することから始めよう。カントの倫理学、と聞けば、定言命法と呼ばれる道徳性のテストによってふるいにかけかけられた道徳的義務を、どのような状況であれ適用しようとする厳格な倫理学というイメージが浮かぶかもしれない。だがこのイメージは道徳性に関するカントの思想のごく一部を、それも相当に歪曲して取り出してみせたものに過ぎない。対して、本章ではカントの倫理学をもっと広い観点から、つまりは行為に関するカントの実践的諸学の構想を見渡すことのできる展望から捉えなおすことを目指す。それは、現代の倫理学において見過ごされがちなカントの実践的諸学の全体像と、その多層的な構造を概観する試みである。

この展望を得るために有効なのは、カントの倫理学を「義務論」のような現代の倫理学の区割りではなく、まずもって啓蒙思想という哲学史の文脈に置き戻してみることである。一言でいえば、「啓蒙 (Aufklärung)」とは「自分自身の悟性を用いる勇気を持て」という標語によって表現される (8: 35)[1]。カントによれば、啓蒙は他人の権威、他人の思考におもねるのをやめ、パターナリス

---

[1] カントからの引用ページの表記は、アカデミー版の巻数を記したのちに頁数を示す。ただし『純粋理性批判』からの引用は一版をA、二版をBとしてページ数を示す。

ティックに押しつけられる「歩行車（Gängelwagen）」から独立して「自立的な思考（Selbstdenken）」を獲得することを目指すものである。さしあたりこの目標にそくして、カントの倫理学の思想的な背景を、(1) 理性の公的使用、(2) 非社交的社交性、(3) 理性の自己批判という三つの論点から特徴づけてみよう。

(1) 理性の公的使用：啓蒙は一人で、一世代で達成されるようなものではない。それは長い時間をかけた、人間の歴史的な協働によってはじめて可能となる (8: 36)。この場合、啓蒙に貢献する協働とは「自分の思考を公的に伝達する」相互行為を意味するとされるが (8: 36, 144)、それは自分の意見をやみくもに他人に語りかけることではない。「公的に伝達する」ということはすなわち、理性以外のいかなる「私的な権力」にも服従することなく「本来の公衆」に対して意見を表明することにほかならない (8: 37)。つまり、家族、教会、企業、国家といったどのような共同体、いかなる組織の「私的な」利害にもとらわれず、それらから独立して、人々のあいだに「公的に」交わされる思考の表明が「自立的な思考」を促す。

したがって、「自分自身の悟性を用いる勇気を持て」という啓蒙思想の標語は独りよがりな思考を勧めるものではなく、その反対の主張として理解されなければならない。それは「公的に」思考すること、すなわち自分の思考がそれに向けて表明されうるような「他のあらゆる人の立場に立って考えよ」ということである。カントの倫理学における普遍性の要請は、この思想に根ざしていると言ってよい。

(2) しかし他方では、この (1) 理性の公的使用を阻害する要因もまた、文明社会に「芽生えて」くるとカントは考えている (6: 27)。その要因とは「非社交的社交性（ungesellige Geselligkeit）」と呼ばれる傾向性、自他の幸福を「比較する自己愛」に基づき、人々のあいだに苛烈な「敵対関係（Antagonism）」をもたらす傾向性である。この傾向性によって、わたしたちは「一緒にいるのは嫌だけれど、放ってもおけない仲間のもとで、名誉欲、支配欲、あるいは所有欲に駆りたてられひとつの地位を手にするよう促される」(8: 20)。ここには、カントがジャン＝ジャック・ルソー（Jean-Jacques Rousseau）から継承した文明批判の洞察がある。

注意したいのは、非社交的社交性が理性をそなえた社会的存在者としての人

間に特有の傾向性であることである。人間理性は各人それぞれの目的を設定するだけでなく、社会関係においてお互いの目的を比較し、諸目的の体系的な把握を目指す。カントによれば、こうした社会関係において「他人と比較することでのみ自分の幸・不幸を判定する自己愛」が芽生え、「他人の意見において自分に価値を与えようとする傾向性」が促される。この傾向性には、「自分に対する優位を他人が獲得したがっているという懸念がたえず結びついており、ここから、他人に対する優位を得ようとする不当な欲望が次第に生じてくる」(6: 27)。なるほど、社会関係を結ぶことは人間の理性的な本性にかなっており、文明社会の原動力をなす (8: 21)。ところが、この社会関係は独りよがりな自己愛を煽りたて、「他人に対する優位を得ようとする不当な欲望」を生み出すものでもある。この「不当な欲望」こそ、「他のあらゆる人の立場に立って考える」普遍性の要請を妨げる。

　(3) 理性の自己批判：さて、(1) と (2) には明らかなギャップがある。それは (1) 啓蒙思想によって目指される理想的な公共空間と、(2) 人間が直面する現実的な文明社会のギャップとも言い換えられる。そしてひとまず、カントの倫理学はこのギャップに対する応答としての役割を果たす。このギャップは埋められなければならないという要請が、カントの実践的諸学に規範的性格を与えるのである。

　ただし、この要請に応答することは容易ではない。というのも、(1) 啓蒙をおしすすめるのが人間理性ならば、(2) 非社交的社交性を促すのもまた人間理性だからである。ここから、カントの倫理学の特徴として少なくとも二点を指摘することができる。第一に、それは理性による理性の自己批判という批判哲学の構造をそなえる。そこでは (2)「不当な欲望」にとらわれつつも、なお (1) その理性の行使において自由とみなされうる行為者の可能性が「批判的に」見定められる。第二に、この批判の段階を踏まえたのち、はじめて啓蒙に貢献する実践的諸学の構想が示される。それは一枚岩ではない。具体的には、理性的な行為者に課せられる法的ないし道徳的規範が体系的に導かれ、さらにこれらの規範を実現するための人間学的、歴史哲学的、あるいは美学的知見が加えられることになる[2]。

　まとめよう。カントの実践的諸学は、歴史的かつ社会的におしすすめられる

啓蒙思想を背景としてはじめてその全体像を捉えることができる。それは文明社会の堕落を理性によって克服しようとする批判的プロジェクトであり、このプロジェクトはいくつかの段階を経て遂行される。以下、本章が「カントの倫理学」と呼ぶのはこのような実践的諸学の構想の全体であり、ここにはいわゆる規範倫理学やメタ倫理学だけでなく、法哲学や政治哲学、ひいては美学や人間学に属する知見、洞察も含まれうる。カント自身はほとんど煩雑とも思われる仕方で実践的諸学の下位区分を語っているが（たとえば「合理的部門」としての道徳学と「経験的部門」としての「実践的人間学」の区分（4: 388）、あるいは「純粋実践理性批判」と「道徳形而上学」の区分（4: 391））、この構想は「カントの倫理学」のきわめて多領域にわたる、多層的な構造を反映しているのである。

2.2　理性主義の倫理学

　もちろん、だからといって、近年のカント主義が論じてきた狭義の「カントの倫理学」を考察できないわけではない。それは実践的諸学の構想のうち道徳的規範の自律的な立法の可能性、そしてこの規範の体系的導出をめぐる議論に焦点をしぼり、『道徳形而上学の基礎づけ』に代表されるカントの主著から（現代の倫理学で言うところの）規範倫理学に相応する道徳理論を抽出するということである。本章はメタ倫理学の議論のための準備作業として、狭義の「カントの倫理学」の内容を確認したい。

　まず指摘できるのは、実践的諸学の構想から啓蒙思想の歴史哲学的、社会哲学的な要素を捨象したとしても、(1) 理性的な行為者という理想と (2) 人間的な現実にはギャップがあり、(3) これを埋めるべく規範が要請されるという構図は変わらないことである。

　(1) では、あらためて「理性」とは何かを考えることから始めよう。カントにとって理性とは能力であり、人間は「理性能力を付与された動物（mit Vernunftfähigkeit begabtes Thier）」とされる（7: 321）。カントは理性能力をさまざ

2　この点について、御子柴善之は「カント実践哲学」が「「批判」、「形而上学」、「人間学」の三層」を持つことを指摘している（御子柴 2011: 62）。カントの倫理学と人間学との関係については、アレン・ウッドの研究も参照（Wood 1999）。

まな仕方で特徴づけているが、とりあえずこの能力を規範にしたがって考え、行為する能力として理解したい。ここで規範とは、このわたしにだけあてはまるものではなく、他人によっても受け入れられうるような性格を持っている（「禁煙」が規範として理解されるならば、それは「わたしはここでタバコを吸ってほしくない」という私的選好の表明とは区別される）。したがって行為を実践するにあたっては、規範はこのわたし、あなたの私的なありようを超えて、何らかの行為のタイプを超個人的に指令する力を持つ。このように、行為者を客観的に拘束する規範をカントは「原理（Prinzip）」と表現する。「理性的存在者だけが、法則の表象にしたがって行為する能力を、すなわち原理にしたがって行為する能力を、言い換えれば意志を所有している」(4: 412)。そして「意志とは実践理性にほかならない」(ebd.)。

　(2) ところが、こうした実践理性の行使を阻害するものがある。理性だけでなく身体もまたそなえた人間の欲求（Begehren）、そしてそれが習慣化された傾向性（Neigung）である (6: 212)。2.1節では啓蒙思想を背景として非社交的社交性という傾向性に焦点をしぼったが、いかなる傾向性も「原理」の要求する客観性に反する点では変わらない。傾向性は、一方では他人を各人の目的のためのたんなる手段として用いようとする外的な強制として、他方では各人自身を独りよがりな行為に動機づけようとする内的な強制として行為者に働きかけうる。この働きかけを前提とするならば、実践理性は傾向性の強制にもかかわらず行為者を客観的な規範、すなわち「原理」へと拘束するべく迫る「命法」として発揮されるほかはない (4: 413)。規範は傾向性の外的な強制に対しては法的規範として、内的な強制に対しては道徳的規範として立法される[3]。後者こそカントが「義務（Pflicht）」と呼ぶものである。義務は傾向性の実質的内容から独立して、行為者を形式的に制約する。

　(3) こうして、(1) 客観的な規範にしたがう実践理性を有しながら、(2) 主観的な傾向性の影響もこうむる人間に課せられる形式的制約として道徳がある。すでに述べたように、ここでは広義の、つまり実践的諸学の全体としての「カ

---

[3] カントの実践的諸学における法と道徳の位置づけについては、石田 (2013) が明晰な見取り図を与えてくれる。

ントの倫理学」に含まれる人間心理に関する人間学的な洞察や、義務の適用をめぐる歴史哲学的な考察をいったん脇において考えたい（これらの問題は本章の第4節において検討する）。暫定的に浮かびあがるのは、(a) 理性主義的かつ (b) 義務論的かつ (c) 形式主義的に導出される道徳的規範の体系である。

これら、狭義の「カントの倫理学」の特徴から「カント主義のメタ倫理学」に進む前に、古典的な誤解のいくつかに触れておこう。まず、(a) 理性主義的であることは感情を排除することを意味しない。たしかにカントの倫理学は行為者に「義務から（aus Pflicht）」行為することを要請するが、この要請は行為に感情が伴ってはならないことを含意しない。また、カントは親切心や愛情に関して「真正な道徳的価値」を認めないまでも「賞賛と称揚には値する」とは考えており (4: 398)、何より（現代の道徳心理学者には受け入れられないだろうが）一種の理性的感情、すなわち道徳的規範に対する「純粋な尊敬」という特殊な感情の余地を認めている (4: 403)。加えて行為者間の社会的相互作用を論じるとき、カントが「共感（teilnehmende Empfindung）」を積極的に評価することも強調しておこう (5: 355, 6: 456)。

続いて、(b) 義務論的であることは行為の帰結を考慮しないことを意味しない。もちろんカントの倫理学においては、ある行為のタイプが「義務から」なされるべきかどうかは、その行為のタイプがいかなる帰結をもたらすかという問題から独立している。ただし、だからといって現実の行為者がいかなる帰結も無視して振る舞うわけではない（それは規則功利主義において、行為者がつねに行為の帰結を配慮しなければならないという主張が引き出されないのと同様である）。たとえば「義務から」なされるべき行為のタイプには自己の完成、あるいは他人の幸福の促進が含まれており、これらの義務を遂行するためには具体的な行為の局面においてその帰結に注意を払う必要がある。この点を無視して、現実ばなれした実践的推論をカントの想定する行為者に帰属させるのは誤っている。

最後に、(c) 形式主義的であることは内容空疎であることを意味しない。前節から述べてきたとおり、カントは人間本性の不安定そして文明社会の堕落を前提とするために、「道徳性の最高原理」を探求するにあたって人間の実質的な感情、あるいは共同体の具体的な慣習を参照することはできないと考えた

(4: 392)。だが、このように「形式主義」とも形容される方法は「道徳性の最高原理」の可能性を論じる段階、カントの言葉を用いるならば道徳形而上学の「基礎づけ（Grundlegung）」の段階で採られているに過ぎない。ひとたびこの「基礎づけ」がなされたならば、「経験によってのみ認識される人間の特殊な本性を対象として取りあげ、それにそくして普遍的な道徳原理からの帰結を導かなければならない」(6: 217)。ここでもまた、カントの倫理学の多層性を思い出しておこう。

2.3 定言命法と仮言命法

　以上の整理を踏まえた上で、「カント主義のメタ倫理学」とは何かを考えていきたい。まず見通しだけを述べるならば、それは (a) 理性主義的かつ (b) 義務論的かつ (c) 形式主義的な規範倫理学の構想にあって、とりわけその (a) 理性主義的な主張に基づくメタ倫理学上の立場である。もちろん一言で「理性主義」といってもさまざまな立場があり、その内容は「理性」が言及されるのが道徳的判断と行為の動機づけの文脈なのか、道徳的規範の正当化の文脈なのか、あるいは道徳的事実の認知や構成の文脈なのかによって異なる（近年の英語圏のカント研究に限ると、論争の中心にあったのは最後の論点、すなわちジョン・ロールズ（John Rawls）の弟子筋の主張する構成主義的解釈と、アレン・ウッド（Allen Wood）の提示する実在論的解釈の対立だった）[4]。

　だが、さしあたって「カント主義のメタ倫理学」と呼ばれる立場の一般的特徴を考えるならば、多くの場合、その理性主義は道徳的判断と行為の動機づけの問題にそくして提起され、論じられてきたと言ってよい。動機づけに関する理性主義の主張は次のような手順を踏む。(a)「虚偽の約束をしてはならない」といった道徳的判断は、なすべき事実に関して判断者が抱く信念である。(b) 判断者が理性的であるならば、必然的に、その人はその道徳的判断によって動機づけられる。よく知られているように、この考え方は「動機づけに関する内

---

[4] カント主義において実在論を代表する著作として Wood (1999)、構成主義を代表する著作として Reath (2006) を挙げておきたい。両者の特徴づけ、とりわけ構成主義についての詳細な検討はすでに福間 (2007) によってなされているため、本章では主題としない。

在主義」とも言われており、道徳と呼ばれる営みの理性的な側面をうまく説明してくれる。

　ただし、実のところ、このように行為の動機をめぐる現代の道徳心理学的関心を、行為の格率の正当性をめぐるカントの道徳形而上学的関心から直接に読みとることができるかといえば、かなり難しいと言わざるをえない。だが、本節ではカントとカント主義の違いにはこれ以上は踏みこまず、むしろ後者が前者からどのようなアイデアを抽出したかに注意を払うことにしよう。おおまかには、それは「わたしたちの理性は行為の実践においてどのような役割を担っているか」という問い、いわば「実践理性」の働きについてのメタレベルの問いに関わる。カントのテキストをめぐってはさまざまな解釈上の論争が続いており、実際さまざまな立場がありうるが、この問いがカントの論述に含まれていることは疑いない。

　では、行為の動機づけに関するカント主義の主張を検討するために、「実践理性」についてのカントの見解を簡単に確認しておこう。2.2節で述べたように、実践理性は規範を定め、また規範にしたがって行為する能力として理解できる。ただし、行為者を拘束する諸規範はその根拠やそれが妥当する範囲において異なり、それらに対応して、実践理性の働きもまたいくつかに区別されることになる。

　カント自身は実践理性の働きを三つに区別する。第一に、「熟練の命法」として行為者を拘束する道具的実践理性がある（4: 415）。「熟練の命法がいかにして可能であるかは、特別な解明を必要としない」。なぜなら「目的を意欲するものは誰であろうとも、その目的のために必要不可欠であり、その人が行使できる手段をも（理性がその人の行為に決定的な影響を与える限り）意欲する」からである（4: 417）。この記述は「あなたがビールを飲みたいと欲求するならば、そのための手段として、冷蔵庫をあけようと欲求することは当然である」と主張しているのではない。ここでは「理性がその人の行為に決定的な影響を与える限り（so fern die Vernunft auf seine Handlungen entscheidenden Einfluß hat）」という但し書きに注目しよう。欲求だけでは十分ではない。むしろカントは、ある任意の目的との関係において適切な手段（「冷蔵庫をあけること」）を定め、この手段としての行為に規範的拘束力を与えるためには、実践理性の

働きが必要で・・・・あると主張する。

　第二に、「賢慮の命法」が挙げられる（4: 416）。カントが賢慮な「実用的素質（pragmatische Anlage）」に言及するとき、念頭に置かれているのは体系的な全体性を志向する実践理性の要求である。こう言うとややこしいが、賢慮（Klugheit）とは過去を思い出し、将来を想像しながら、他人とともに社会をつくりあげてゆく人間のありようとして理解してほしい。たとえば、わたしたちは「幸福」のためにあらゆる諸目的が充足された理想をイメージし（4: 418）、あるいは「社会関係」において自他の諸目的を比較しようと試みる（7: 323-324）。前述の「熟練の命法」が目的のための手段を指令する一方、「賢慮の命法」は諸目的の体系的な把握を目指しつつ、その実現を指令すると考えることもできるだろう。これらの命法はいずれも、ある特定の目的あるいはその集合を条件として、それらを実現するための行為を指令する「仮言命法」の形式をとるとカントは主張する（4: 414）。

　第三に、道徳的実践理性とも表現できる働きがある（4: 416-417）。カントはこの実践理性の働きを「定言命法」として提示する。さきの二つの実践理性が何らかの目的を仮言命法の条件とするのに対し、道徳的実践理性はいかなる目的にも条件づけられていない。それはいかなる「主観的で偶然的な条件」からも独立して、「無条件的に」行為を遂行するよう指令する。定言命法のいくつかのバリエーションの異同、あるいはその関係については立ち入らないが、道徳的実践理性の規範的拘束力は「目的それ自体」としての理性的存在者の価値に根拠づけられており、それゆえそのような存在者を「たんなる手段」として用いようとする独りよがりな行為を禁止することを確認しておこう。行為者が「義務から」行為する場合は、こうした規範にしたがって行為する場合に限られる。

3　カント主義のメタ倫理学

3.1　実践理性の捉え方

　これまで本章は「カント主義のメタ倫理学」の検討にあたり、それが「カントの倫理学」の内容に対して、いわば限定に限定を重ねる関係にあることを確

認してきた。カントの実践的諸学は啓蒙思想を背景として十分に理解されるものであり、本来の「カントの倫理学」は複数の学問領域にまたがる多層的な規範理論として考察される必要がある (2.1 節)。ただし、あえてその規範倫理学としての側面に注目すると、理性主義的かつ義務論的かつ形式主義的な倫理学を抽出することは不可能ではない (2.2 節)。この場合、規範倫理学が実践理性に基づき導出される規範の体系を対象とするならば、メタ倫理学はそもそも実践理性とは何かという問いに関与し、カント主義は後者の問いを現代のメタ倫理学のトピックに適用することによって自身の理性主義的主張を打ち出そうとする (2.3 節)。

　以上を踏まえ、「カント主義のメタ倫理学」の具体的な主張とは何か、そしてこの主張がいかにして独自の立場を形成しうるかを示そう。「独自の立場」ということで考察されるのは、「実践理性の働きについてのメタレベルの反省」に関するカント主義とヒューム主義の違い、あるいはアリストテレス主義との違いである。

　まず、ヒューム主義とのコントラストにおいてカント主義を特徴づけることから始めたい。本章の第3節では動機づけをめぐる道徳心理学的問題に焦点をしぼるため、問われるのは「動機づけのヒューム主義」ということになる[5]。この立場は (a) マイケル・スミス (Michael Smith) が「目的論的論証」と呼ぶものと (Smith 1987)、(b) R・ジェイ・ウォレス (R. Jay Wallace) が「欲求を入れなければ欲求は出てこない原理 (desire-in, desire-out principle)」と呼ぶものの組み合わせにそくして説明することができる (Wallace 1990)。(a) によれば、(1) 行為は行為者の目標の観点から目的論的に説明される。(2) この目的論的説明は、行為者の目標志向的な心理状態によって構成されなければならない。(3) 信念は世界を表象することを目的とする心理状態であり、目標志向的なものではない。(4) 他方、欲求は目標志向的な心理状態である。(5) したがって、目的論的説明は欲求に対する言及を含んだものでなければならない。

---

[5] メタ倫理学におけるヒューム主義にはさまざまな立場があり、本章で検討されるヒューム主義はその一つの様態に過ぎない。ヒュームとヒューム主義についてのより詳細な分析は、本著の第2章を参照。

ただし、トマス・ネーゲル (Thomas Nagel) の研究が示唆するように (Nagel 1970)、たとえ (a) の論証を受け入れて「動機づけをめぐる説明がどこかで欲求に対する言及を含まなければならない」ことを認めるとしても、そのような欲求そのものが実践理性によって生み出されている可能性は排除されていない（たとえば「レストランに行くのは望ましい」という評価的信念から、レストランに行こうとする欲求が生み出されると主張する余地が残される）。そこで、ヒュームの情念論から出発するヒューム主義者は、(b) の原理を加えることによって動機づけに関する実践理性の役割をさらに制限する。すなわち、欲求をアウトプットとして生み出すいかなる熟慮のプロセスも、他の欲求のインプットを持たなければならないという原理である。(a) と (b) をともに採用すると、行為の動機づけをめぐる説明の究極的な根拠としてインプットとしての欲求を、つまり「動機づけられないが動機づける」欲求を理論的に措定することになる。たとえば「なぜあなたはレストランに行くのか」という問答の果てに空腹の欲求を持ち出し、しかも、この欲求は何らかの他の信念から生み出されたものでもないと主張するわけである。

対して、カント主義は (a) の論証を受け入れても (b) の原理は退ける。詳細は後述するが、さしあたり二点をおさえておきたい。第一に、カント主義はヒューム主義とは異なり、動機づけの説明において「動機づけられないが動機づける」欲求の想定は必要ではないと考える。第二に、だからといって説明を放棄するわけではない。カント主義によれば、動機づけを説明するにあたっては、それだけで行為を動機づける実践理性を想定すれば十分であるような場合がある。ここで説明の究極的な根拠として理論的に措定されるのが、いわゆる純粋実践理性である。

ただし、ヒューム主義とカント主義はいずれも行為に関する基礎づけ主義的なアプローチを共有していることに注意しよう。つまり、前者は所与の欲求、後者は実践理性を、それぞれ行為を説明するための理論的な基礎として想定している。だが、いわゆるアリストテレス主義からすると、このように行為者の置かれる特殊な個別的状況から独立して、行為をジェネラルに捉えようとする説明のモデルこそが批判されなければならない[6]。もしこのモデルが所与の欲求、あるいは実践理性の想定から出発して行為の一般的原理を提示するにとど

まるならば、それはおよそ「まっとうな大人の道徳的見識（reasonably adult moral outlook）」（ジョン・マクダウェル（John McDowell））の複雑さから遠ざかることになるだろう（McDowell 1979: 336）[7]。アリストテレス主義の検討は本著の第1章に委ねるが、ここではカント主義がその基礎づけ主義的なアプローチにおいて批判を受けることを確認しておきたい。

こうした批判に対して想定されるカント主義の応答は、ざっと次のようになる。第一に、マクダウェルやロザリンド・ハーストハウス（Rosalind Hursthouse）の批判を受け入れ、積極的にアリストテレス主義との和解を目指す立場がある。感受性理論を援用するバーバラ・ハーマン（Barbara Herman）や（Herman 1993）、フロネーシスの概念に注目するオットフリート・ヘッフェ（Otfried Höffe）を挙げておこう（Höffe 1990）。第二に、基礎づけ主義的ではないカント主義を想定することもできる。たとえばトマス・スキャンロン（Thomas Scanlon）の契約論的なアプローチを挙げておきたい（Scanlon 2000）。第三に、カントのテキストに忠実であることによって個別主義の批判に応えようとする立場がある。『判断力批判』における反省的判断力の理論を実践の局面に認めようとするオノラ・オニール（Onora O'Neill）の解釈はその一例である（O'Neill 1989）。（第二の立場の余地はあるが、ひとまずカント主義は基礎づけ主義的傾向があるとして本章の議論を進めていきたい）[8]。

3.2 規範性の根拠

まとめよう。「カント主義のメタ倫理学」と呼ばれる立場はその理性主義によってヒューム主義から、基礎づけ主義によってアリストテレス主義から区別される。すなわち、この立場は行為の動機づけを説明するにあたって、実践理

---

6 本章はカント主義とアリストテレス主義の違いを論じるにあたって、ジェイ・ウォレスの論文「徳・理由・原理」の説明を参考にしている（Wallace 2006: 241-262）。
7 カント主義に対する同様の批判は、ロザリンド・ハーストハウスの「強い意味の成文法化可能性のテーゼ」によってもなされている（Hursthouse 1999）。後述するように、これらのタイプの批判に対するカント主義からの応答としては、バーバラ・ハーマンの研究を参照（Herman 1993）。また、ハーマンのカント主義については田原（2015）がゆき届いた検討をおこなっている。
8 ただし、本章は第3節においてカント主義の実践理性と社会制度の関係に触れ、実践理性についての異なる捉え方にも言及したい。

性という基礎づけの拠点を想定する傾向にある。なるほど行為の局面において、実践理性の想定は少なくともわたしたちの直観にかなっているように見える。たとえばスタジアムに行くという目的を持っており、その目的を達成するためにはチケットを買えばいいとわかっているのに、チケットを買おうとしない人のことをわたしたちは「不合理だ（理性的ではない）」と言いたくなる（話を単純にするために、その人が他人をおちょくっているとか、一時的な混乱状態にあるといった可能性は除外しよう）。

　しかし、たとえ実践理性の想定を認めるとしても、さらに次のような問いを重ねることができる。どうしてそれが不合理とまで言えるのだろうか。この問いは、カントが実践理性の働きとして道具的理性だけでなく、道徳的理性も含めていることを考えればより深刻なものとなる。つまり、カント主義をつらぬくならば、実践理性は（ⅰ）目的に対する手段としての行為だけでなく、（ⅱ）道徳的な行為をも動機づけると主張しなければならない。とすると、ある人が道徳に反する行為をおこなったならば、わたしたちはその人のことを「不合理だ」とみなす場合があるということになる。この場合、どうして不合理とまで言えるのだろうか。

　よく知られた研究として、クリスティーン・コースガード（Christine Korsgaard）の解釈にそくしてこの問いを考えてみよう。まず検討されるのは、（ⅰ）道具的実践理性における「規範的コミットメント」の論証である。「理性的存在者は自分自身に対して目的を設定するという点において、他の存在者から特に区別される」というカントの記述が出発点となる（4: 437）。コースガードによれば、「目的を意志することは自分自身をその目的の実現にコミットさせることである。言い換えれば、目的を意志することは本質的に一人称的かつ規範的な行為である」（Korsgaard 2008: 57）。こうして目的の設定が欲求の受容ではなく、規範的判断を伴う能動的なコミットメントであるとすれば、以下の説明が可能となる。(1) スタジアムに行くという目的を設定するとき、行為者は必然的に「わたしはスタジアムに行くべきである」という規範的判断を下す。(2) また、行為者は「スタジアムに行くためには、その手段としてチケットを買う必要がある」ことを知っている。(3) (1) と (2) を前提とすると、行為者は「わたしはチケットを買うべきである」という規範的判断を下す。(4) 行

為者が理性的であるならば、(3) の規範的判断にしたがって行為にコミットする（したがってチケットを買うことに動機づけられる。さもなければ行為者は不合理である）。

　この論証にはさまざまな検討がなされてきたが、再考の余地を残すのは (1) の前提である。ジェイ・ウォレスが指摘するとおり、わたしたちはある目的を設定しながら、それをおこなうことの規範的判断を下さない場合があるからである（たとえば「本当は家で勉強しなければならず、それゆえ行くべきでないとわかっているのに、スタジアムに行こうとしてしまう意志の弱い行為者」を思い浮かべてほしい）(Wallace 2006: 86)。道具的実践理性についてはジョン・ブルーム（John Broome）、成田和信、キーラン・セティヤ（Kieran Setiya）らによって検討が続けられているが、本章ではこれ以上踏みこまない (Broome 2001; 成田 2014; Setiya 2007)。

　続いて（ii）道徳的実践理性はどうだろうか。影響力があったのは「条件の遡及（regress upon the conditions）」と形容される議論である。ここでは（i）の規範的コミットメントの前提を受け入れた上で、次のように論証を再構成してみよう。(1) 行為者は目的を設定するとき、その目的の実現に対して規範的にコミットしており、積極的な価値評価をおこなっている。(2) この場合、行為者は規範的コミットメントを可能にする条件として、行為者自身の「理性的な選択能力（power of rational choice）」、すなわち実践理性にも価値を認めざるをえない（仮にこの能力がそなわっていなければ、いかなる目的の設定も不可能となるだろう）(Korsgaard 1996: 123)。(3) 設定される個々の目的とは異なり、設定する能力そのものはそれ以上条件を遡及することのできない「規範性の源泉」である。それはあらゆる価値の源泉として「無条件的な」、それゆえに「絶対的な」価値を有する「目的それ自体」にほかならない。(4) そしてこの条件の遡及は、同様に目的を設定するほかのあらゆる行為者にも妥当する。(5) (3) と (4) を受け入れるならば、行為者は「自他の実践理性を尊重するべきである（たんなる手段として扱うべきでない）」という規範的判断を下す。(6) 行為者が理性的であるならば、(5) の規範的判断にしたがって行為にコミットする（したがって道徳的行為に動機づけられる。さもなければ行為者は不合理である）。

こちらの議論もさまざまに批判の余地があるが、「価値」という概念の内容は一つの係争点となるだろう（Wood 1999: 128）。というのも、「条件の遡及」がなされるためには「目的」に帰属される価値が主観的なものにとどまっていてはならないように思われるからである。仮にわたしの設定するいかなる目的も、わたし自身の欲求に基づく主観的な価値しか持ちえないとしよう。この場合、わたしはそのような目的を設定するわたしの能力を「価値の源泉」として尊重することができるとしても、あなたがわたしの能力を同様に尊重する理由があると言えるだろうか。

　たしかに道具的実践理性に限るならば、わたしの目的の手段としての行為をわたし自身が実践するのだから、設定される目的の価値は主観的なものであって構わない。言い換えれば、目的の規範はわたしにだけ妥当するものであってよい。だがカント主義によれば、道徳的実践理性の規範はわたしたちに対して客観的に妥当するものでなければならない。そのような客観的規範をみずから定め、それにしたがって行為することができる行為者こそ「自律的（autonomous）」であるとされる。コースガードが「行為者と行為の特別な関係」は「少なくとも法則や普遍性の要求がなければ確立されえない」と述べるとき、念頭に置かれていたのはこの意味での自律的行為者にほかならない（Korsgaard 1996: 228）。

3.3 道徳と自由

　こうして道徳的実践理性の客観的価値、あるいはその動機づけをめぐる議論の成否は最終的に「自律」の可能性にかかってくる。だが、この帰着点は相当に厳しいものに見える。果たして行為者が自律的でありうること、すなわち欲求から独立して規範にしたがうだけの「自由」がありうることを正当化することなどできるのだろうか。おそらく、カント主義の応答として考えられそうなのは、「そのような自由があるということを理論的に証明することはできない。にもかかわらず、わたしたちはこの自由の可能性を前提せざるをえない」というものだろう。

　しかし、どうして自由の可能性を前提せざるをえないのだろうか。アンドリュース・リース（Andrews Reath）が指摘するように、ここで問われている自

由はたんなる欲求からの自由ではないことに注意しよう（Reath 2006: 154）。示されなければならないのは、独りよがりな欲求の力から独立して客観的な規範にしたがうことのできる能力である。この能力の可能性を考えるために、多くのカント主義はカント自身のテキストに手がかりを見つけようとしてきた。これまで論争の中心にあったのは、知性界と現象界、意志と選択意志、純粋な理性的存在者と人間、あるいは積極的自由と消極的自由といった二項の区別やその関係をめぐるトピックである。これらを詳細に検討するだけの見識は著者にはない。だが、ここでは一つの応答として次のような考え方を提示してみたい。「わたしたちは通常の経験においてすら、客観的な規範にしたがう能力の可能性を前提せざるをえない」[9]。

　まずは、カントの『純粋理性批判』も参照しながらこの考え方を整理していこう。「通常の経験」とは、さしあたって「雨が降っている」とか「ソクラテスは死ぬ」といった判断を下し、対象を秩序立てて理解しようとする認識の営みとして考えてほしい。カントによれば、このように判断を下すためには理性によって与えられるさまざまな規範を使いこなさなければならない（A795-797 / B823-825）。たとえば、感覚的に把握されるものを概念的な対象として把握するための規範（ある視覚情報を「雨」として理解する概念の規則）、あるいは判断と判断の論理的な関係を定めるための規範（三段論法に代表される推論の規則）といったものである（A103-106）。これらの規範はこのわたしにだけ妥当するものではなく、およそ判断を下すあらゆる人に妥当する客観的性格を持っている。したがって「通常の経験」において対象を秩序立てて理解し、判断を下すことができるならば、その人は客観的な規範にしたがう能力が自分自身にあると前提せざるをえない。

　それだけではない。アレン・ウッドによれば、そのような能力の可能性をわたしたちはお互いに前提とせざるをえない（Wood 2007: 133）。「通常の経験」において、わたしたちは何らかの事柄について他人と語らい、同意し、反論し、

9　この考え方は、著者がジョン・サール（John Searle）とアレン・ウッドの研究を援用しつつ、行為と規範をめぐる議論を再構成したものである（Searle 2001, Wood 2007）。直接的には、『純粋理性批判』における「理性の現存」に関するウッドの解釈に影響を受けている（Wood 2007: 132-134）。

あるいは約束を交わす。仮に前述のような能力をわたしたちがお互いに前提とすることができなければ、これらの言語行為、社会的相互作用のいっさいは不可能になってしまうだろう。したがって、この能力の前提は一人称的な自己理解にとどまるものではない。むしろ、お互いが規範にしたがうだけの能力を認めあい、自由に意見を交し合うことは「理性の現存」の必要条件なのである（A738／B766）。

　もちろん、このように述べたからといって、規範にしたがい損ねる可能性や、あえて規範に反する可能性を排除しているわけではない。ここに示した議論の素描は、「理性的な経験と規範的な制約の内的な関係を考えるならば、自分自身が、あるいは自分と社会的関係を結びうる他人のいっさいが、規範にしたがって行為する能力をまるで持っていないと主張することは不可能である」ことを示すに過ぎない。

　また、たとえこの譲歩を認めるとしても、判断や推論において課せられる規範のタイプと、道徳的行為において課せられる規範のタイプは根本的に異なると主張することもできるかもしれない。すなわち、理性的行為者が前者の規範だけを尊重して、後者の規範をまるで尊重しないという可能性を提起するのである。この可能性については、ジョセフ・ヒース（Joseph Heath）が類似した問題について進化論に基づく反論、そして言語使用に関するプラグマティズムに基づく反論の二つの観点から否定的な見解を示しているが（Heath 2008: 220-221、邦訳：375-378）、これらの検討は本章の主題を大きく超えていくものになる。ここではヒースとともに、前述の見通しを繰り返すにとどめよう。本章が退けているのは「判断や推論において課せられる規範的制約を受けながら、道徳的規範の大部分を拒否する行為者の可能性」ではない（明らかにそのような行為者は存在する）。そうではなく、「そもそも道徳的規範の規範的制約を受:・:・:・:・けえない行為者の可能性」である。

　その他にも課題は山積しているが、これまでの議論から「カント主義のメタ倫理学」の一般的特徴はひとまず示されただろう。まず、本章は狭義の「カントの倫理学」を理性主義的かつ義務論的かつ形式主義的な規範倫理学として整理した。「カント主義のメタ倫理学」はこのうち理性主義的な側面を、行為の動機づけに関して主張するものである（3.1節）。すなわちカント主義によれば、

実践理性はそれだけで道具的に、あるいは道徳的に行為を動機づけるのに十分であるような場合がある（3.2 節）。ただし、そのような動機づけの説明を貫徹しようとするならば、最終的には自律的な行為者の想定に帰着せざるをえない。カント主義の一つの立場としては、「わたしたちは通常の経験においてすらこの想定をとらざるをえない」という仕方でこの問題に応答することができる（3.3 節）。

4　カント主義の可能性

4.1　「カントの倫理学」再訪

　さて、ここでもう一度「カントの倫理学」と「カント主義のメタ倫理学」の違いに立ち戻りたい。これまで、カント主義は実践理性には道具的な働きか、道徳的な働きの二種類しかないかのように論じる傾向にあった。だが、カント自身はそれらに加えて実践理性の賢慮な働きも考えていたことに注意してほしい（2.3 節）。賢慮の「実用的素質」は、「いまだに道徳的とは言えないとしても（wenn gleich noch nicht sittliches）」、「社会関係において（im gesellschaftlichen Verhältnisse）」行為者間の相互理解に貢献するとされる（4: 416-417, 7: 323-324）。この点、本章はカントの倫理学が多層的な構造を有しており、そこには歴史的かつ社会的な啓蒙思想の層が含まれていることを確認していた（2.1 節）。この層においては賢慮の働き、すなわち実践理性の社会的次元はきわめて重要な役割を担うことになる。

　実践理性の賢慮の働きと、道徳的な働きは異なる。賢慮な行為者はそれぞれの目的を定め、それにしたがって行為するが、これらの行為者は「社会関係」において自分のために他人を利用しようとさえする（4: 416）。独りよがりな幸福をイメージし、自他の目的を比較することは自分たちを「敵対関係」に置くことにほかならない（8: 20）。しかし、にもかかわらず、賢慮は「開化によって文明化する（Civilisirung durch Cultur）」ための必要条件でもある（7: 323）。というのも、カントによれば、類としての人間は孤立していてはみずからを啓蒙することができず、他人と「社会関係」を結ぶことによってはじめて「高次の段階」に至ることができるからである（ebd.）。カントの小論「世界市民的

見地における普遍史の理念」に示唆されるように、このような「社会関係」の産物としては、討議を通じて考案される社会制度、芸術家のつくりだす表現様式、戦争やその調停を介してもたらされる国家体制などが含まれるだろう。これらはそれ自体として道徳的であるとは限らないが、少なくともそれを準備することができる（8: 21）。

　また、カントはこのように制度的な次元だけでなく、より感情的な次元において「社会関係」を論じることもある。手短に確認しておこう。一見すると、客観的な規範を主張するカントの倫理学と、主観的な感情の次元には関わりがない。だが、『判断力批判』をはじめとするカントの晩年の思想は、感情の社会的伝達の有する道徳的意義についていくつかの手がかりを与えてくれる。たとえば美的経験において、わたしたちは対象のイメージを受動的、身体的に受け取るだけではなく、むしろ想像力（Einbildungskraft）を能動的に働かせ、対象のありようを把握することによって感情を喚起する（5: 217）。同様に、行為者間の共感もまた「たんなる感受性」ではない。それは互いの感情を伝達しようとする「能動性」によって特徴づけられる。カントは、賢慮な行為者が「想像力を介して」互いの快と不快の感情をともにすることができると考える（8: 457）。この考えにしたがうならば、行為者は「共感（Mitgefühl, teilnehmende Empfindung）」によって「ともに喜び（Mitfreude）、ともに苦しむ（Mitleid）」ことで自他の幸福を同じように表象し、その充足を「ともにする」可能性にひらかれる（8: 456）。ここでは、自己愛に由来する「敵対関係」からの脱却の余地が共感によって示されている。

　このように、「カントの倫理学」として包括されるカントの実践的諸学の多層的構想には、実践理性の社会的次元がたしかに含まれている。こうも言えるだろう。賢慮な行為者の社会的相互作用は、なるほど一方では道徳を脅かす「敵対関係」をもたらすが、他方ではそれを克服するだけの感情的交流や、社会制度も与えてくれる。本章が最後に提示したいのは、この社会的次元に注目することによってカント主義の可能性を拡張することである。以下、そのヒントを与えてくれる研究をいくつか検討し、「カント主義のメタ倫理学」の今後の展望を考えてみよう。

　まず、カントの倫理学における社会的次元への着目については、前節を通じ

て批判的に検討したコースガードの研究にも見出されることに言及しておきたい。近年、コースガードが注意を促しているのはカントの小論「人間の歴史の憶測的始元」の記述である。カントによれば、わたしたち人間は本能的な衝動に動かされるだけでなく、対象のイメージからさまざまな欲求を呼び起こし、欲求にとらわれて行為する (8: 111-112)。他方、賢慮な行為者はこれらの欲求を消去しようとはせず、むしろそれらを実践理性のコントロール下に置くことができる (8: 113)。前述の「共感」と同じように、ここでも行為者は対象のありようを想像力によって「能動的」に把握し、本能の直接性から反省的な距離を取るとされる (ebd.)。この距離によって、はじめて行為者は「礼節」をもって「社会関係」に踏み出すことができるとカントは考える。「礼節とは、よい作法（軽蔑の念を引き起こしかねないものの秘匿）によって、わたしたちに対する尊敬の念を他の人々に懐かせようとする傾向性であり、あらゆる真の社交性の本来的な基盤である」(8: 113)。

この記述から、コースガードは「欲求の捉えなおし」とも表現されるべき論点を抽出してくる。従来、少なからぬメタ倫理学の研究は行為の説明にあたって「信念」と「欲求」という素朴心理学の概念を用いてきた (Smith 1987)。そしてヒースが指摘するように、メタ倫理学におけるヒューム主義の伝統においては欲求に関する非認知主義の傾向がある (Heath 2008)。すなわち、欲求のあるクラスはわたしたちの認知的、理性的評価の対象とはなりえず、ただ行為者を動機づける力を持つに過ぎないとする考え方である。この考え方を前提とするならば、理性主義者はそのような欲求を行為者にとって「外的な邪魔者」とみなし、道徳的実践理性との対立関係に置かざるをえない (Korsgaard 1996: 228, 2009: 120-121)。

対して、賢慮をめぐるカントの洞察が示唆するのは動物的な衝動と人間的な欲求を区別し、後者を実践理性の「所産 (products)」とみなす捉え方である (Korsgaard 2009: 121)。ここでは、ヒューム主義の「欲求を入れなければ欲求は出てこない原理 (desire-in, desire-out principle)」とは異なるカント主義の提案をみることも可能だろう。カント主義が注目するのは、欲求が「本能と理性の複雑な相互作用から生まれる」可能性である。「相互作用」においてはすでに実践理性が能動的に働いており、この能動性に自律的な行為者性の萌芽が見

出される。

4.2 賢慮の実践理性

続いて、コースガードとは異なる観点から実践理性の社会的次元を追究する立場として、デヴィッド・ヴェルマン（David Velleman）の一連の研究を参照しよう。ヴェルマンは、従来のカント主義との違いをユーモラスに表現して、自分の立場を「カント主義っぽいメタ倫理学（kinda Kantian metaethics）」と呼ぶ。それは従来のカント主義と同様、道徳性を実践理性によって支えられ、説明されうるものとみなす点において理性主義的なアプローチをとる（Velleman 2009: 2）。他方、それは従来のカント主義とは異なり、実践理性が道徳的であることを前提とはしない。むしろ、より抑制された実践理性のモデルを提案しつつ、「道徳性が発生する社会的次元（social level where morality originates）」に光をあてようと試みる（Velleman 2009: 3）。

これまでの本章の議論にしたがうならば、この違いは必ずしもカント主義からの決定的な逸脱を意味してはいない[10]。なぜなら、ヴェルマンのメタ倫理学はたんなる道具的実践理性でも、道徳的実践理性でもない、その中間に位置づけられる賢慮の「実用的素質」の可能性を明らかにしうるプロジェクトだからである。ここではその全貌を検討することはできないが、その特徴を以下の三点において整理したい。(1) まず、ヴェルマンのメタ倫理学が依拠するのは「普遍化可能性（universalizability）」を指令する道徳的実践理性ではない。より抑制された、「理解可能性（intelligibility）」としての実践理性である。「理解可能性」とは、素朴心理学の観点から整合的に説明されうるものを指し示すような認知的概念として定義される（Velleman 2009: 13）。ある行為が「理解できる」と言えるのはその行為と行為者の志向的システムがフィットする場合、すなわち行為をもたらす諸信念、諸欲求の項を行為からうまくたどる（trace）ことができる場合に限られる（ibid.）。

---

[10] 本章はカント主義の倫理学を特徴づける決定的な要件として、「合理性（rationality）から規範性（normativity）を導出できるという主張」を想定している。この主張は、カントの道徳形而上学のアプリオリズムを捨象したとしても保持しうる。

（2）そして主体は、理解可能性に対する欲求に動機づけられて行為する。それは「自分の行為を理解可能なものとしたい」という自己理解の欲求である[11]。自己理解の欲求は実質的な内容をそなえた欲求ではない。それら一階の欲求を自分の欲求として整合させ、統制する高階の欲求であるとされる（Velleman 2009: 15）。この高階の欲求に動機づけられ、主体は自分の志向的システムを反省して理解しがたい行為を抑制し、理解できる行為にしたがおうとする傾向を示す（Velleman 1989: 35-37）。ヴェルマンによれば、ここでは主体の内にあって（ⅰ）反省者に対して理解可能な行為をしようとする行為者と、（ⅱ）行為者を理解しようとする反省者の相互関係が問われており、この関係がうまくいくと理性的行為者という人格に収束する。

（3）こうした理性的行為者にとって、実践理性とは自分の行為によって真理を最大化する理性の営みである。ヴェルマンによれば、（ⅱ）反省者としての主体は一階の欲求を反省しつつ、自分が何をするかを行為に先立って予期する（Velleman 1989: 47-49）。そして（ⅰ）行為者としての主体が理性的である限り、この予期は自己理解の欲求にしたがって「おのずと」真になるだろう。つまり、理性的行為者は自分で予期したことをみずから遂行することによって、自分の行為を理解できるものにしようと（あるいは前もって予期していなかった「自分らしくない」行為を抑制しようと）努める。ここでは、行為者性は欲求を「外的な邪魔者」とみなし、それから独立して行為することにあるのではない。むしろ自分の欲求をモニタリングし、それらを抑制、あるいは促進する能動性に行為者性の核心がある。

これら（1）から（3）によって特徴づけられる行為論を踏まえた上で、近年、ヴェルマンのメタ倫理学は「道徳性が発生する社会的次元」の考察に踏み出している（Velleman 2009: 3）。一例を挙げると、ヴェルマンは即興演技の行為論を援用しつつ、いわゆる「社会的シナリオ」にそくした説明を提示する（Velleman 2009: 70）。社会的シナリオとは特定の状況においていかに振る舞うべきか

---

11 ただし、ヴェルマンはアンスコムに対する批判を経由しつつ、自己知の問題をより精密に検討しており、そこでは自己理解（self-understanding）と自己気づき（self-awareness）が区別されつつ、それぞれの「行為の知識」としての身分が論じられる。本章にはその詳細を論じるだけの余裕がないが、この点については Velleman（1989）の第1章と第2章、また Velleman（2000）の第2章を参照。

をおおまかに指定したものであり、相互行為において実効化される規範の記述を含んでいる。ヴェルマンによれば、複数の行為者はこのシナリオを共有し、このシナリオにしたがって行為することによって、みずからを理解可能なものにしようと試みる。たとえばウェイターとしての自分にとって理解可能な行為を予期し、それをみずから充足することは、レストランに関する社会的シナリオに指定された規範にしたがって行為することで達成される。もしそのウェイターが理性的であろうとするならば、かれは自分に対して、そして他人に対して自分自身を理解可能なものとするために、指定された規範にしたがって行為しなければならない（Velleman 2009: 75）。

　もちろん、この説明を受け入れたとしても、そこから行為者が道徳的に振る舞うことは直接的には帰結しない（このことは、たとえば自分自身を理解可能なものとするために、マフィアのコミュニティにおいて相互行為を継続する殺し屋、といった想定が可能であることからも明らかである）。むしろヴェルマンのメタ倫理学は、「自分がどのような人間であるか、そして何をしようとしているか」を知ろうとする行為者間の相互行為から、社会的協調の芽が生じてくる地点を指し示そうとする。そのような行為者は自分の欲求、そして欲求に根ざした目的を把握しながら、社会的シナリオにしたがってそれらを促し、あるいはそれらを抑制することで理性的に振る舞う。それは行為者が道徳的であることをアプリオリに保証するものではないが、少なくともそれを準備する。ヴェルマンによれば、ここには「前・道徳的（pro-moral）」な理性がある（Velleman 2009: 3）。

4.3　実践理性と制度

　以上をまとめよう。本章の第4節はカントの倫理学における社会的次元に光をあて、その手がかりを与えてくれるメタ倫理学の研究を検討してきた。かなり混みいった議論が続いたが、これらの研究からカント主義が得られる知見はいくつかある。

　まず、賢慮であることと、道徳的であることの関係を考えることができる。あらためて引用すると、カントは賢慮であることを次のような「実用的素質」において特徴づけていた。「他人との交流のありよう（Umgangseigenschaften）

に関する素質、そして社会関係において自分の実力だけの野蛮な状態を脱して協調（Eintracht）を本質とする礼儀正しい（いまだに道徳的とは言えないとしても）存在者となるという人間的性向は、高次の段階のものである」（7: 323）。では、賢慮な実践理性は「いまだに道徳的とは言えない」にもかかわらず、どうして「高次の段階」に位置づけられるのだろうか。近年のコースガード（4.1節）やヴェルマンの研究（4.2節）を参照しつつ、次のように答えることができる[12]。行為者を動物的な衝動と、道徳的な理性に引き裂かれた存在者とみなすことはない。少なくとも賢慮に実践理性を働かせることができるならば、行為者は欲求の全体をモニタリングし、それを制御しようと試みる。この制御において、自律的な、それゆえ道徳的な行為者性の萌芽を認めようとするのが「賢慮」に基づくアプローチである。

そして、このように能動的な制御によって、行為者は「社会関係」を結ぶことができる。カントによれば、社会関係とは動物的な衝動にしたがった同種間の結合とは区別される（6: 26-27）。人間にとっての社会関係は、賢慮な行為者の自己コントロール、すなわち「礼儀正しさ」や「礼節（Sittsamkeit）」においてはじめて可能となるのである。それは「わたしたちに対する尊敬の念を他の人々に懐かせようとする傾向性であり、あらゆる真の社交性の本来的な基盤である」（8: 113）。

ここに至って、カント主義はエチケット、慣習、社会的役割といった社会制度の規範に考察を進めることもできるだろう。4.2節で述べたように、行為者は「自分がどのような人間であるか、そして何をしようとしているか」を知ろうとする限り、これらの社会制度の規範にしたがって行為するだけの理由がある（わたしはウェイターとしての社会的役割、あるいはウェイターに期待されるエチケットや慣習にコミットすることで、自他にとって理解可能な自分であろうとする）。既存の社会制度は、それが普遍化可能であるという強い意味において道徳的であるとは限らない。だが社会制度に対するコミットメントは、とりもな

---

[12] ただし、コースガードとヴェルマンのメタ倫理学はいくつかの点で根本的に異なる。両者はウィリアムズ流の懐疑論に対する応答を試みているが、コースガードの訴える「実践的アイデンティティ」が規範的な概念であるのに対し、ヴェルマンの「理解可能性」はあくまで認知的な概念である（Velleman 2009: 16）。

おさず行為者が何らかの規範を通じてみずからを制御し、理解しようとする理性的な営みに踏み出したことを意味する。カントの言葉を借りるならば、この営みは「社会関係において自分の実力だけの野蛮な状態を脱して協調（Eintracht）を本質とする礼儀正しい（いまだに道徳的とは言えないとしても）存在者となるという人間的性向」にとって、「高次な段階」に位置づけられるのである。

　もちろん、カント主義はこのように賢慮の観点ではなく、あくまで道徳的な観点から社会制度を考えることができる。たとえばオノラ・オニールは、カントの定言命法の理論から導出される道徳的規範として、暴力、強制、虚偽といった行為のタイプを禁止する抽象的原理を挙げる。これらの抽象的原理は行為者の行為を規範的に制約する一方、さまざまな社会制度や社会的役割に「埋めこまれる（embodied）」こともできる（O'Neill 1996: 146-152; O'Neill 2000: 61-62）。オニールによれば、道徳的規範はそれ自体としては抽象的だが、社会制度に埋めこまれることによって特殊化され、より具体的な行為を導くための指針となる（たとえば虚偽を禁止する規範は、医療の諸制度においてはインフォームド・コンセントの指針として特殊化される）。こうして、人々は特殊化された社会制度の規範に服しつつ、デモクラシーの原理にしたがって新たな制度を立案し、共生の可能性を探りあててゆく。いずれにせよ注意したいのは、社会制度や社会的役割に「埋めこまれる」べき規範が、あらかじめ道徳的観点から定められることである。

　このような制度論がトップダウン式のものであるとすると、いわば、ボトムアップ式の制度論を展開するのが賢慮に基づくアプローチである。従来、カント主義はもっぱら前者のような制度論にそくして論じられ、また批判されてきた。そうした批判はヘーゲル主義と対比される場合に顕著なものとなるだろう（Pippin 2008: 91、邦訳：149））。トップダウン式の（ロバート・ピピン（Robert Pippin）の表現によれば「演繹的な（deductive)」）制度論には、社会制度をめぐる「発展史的な（developmental)」観点が希薄だからである。

　しかし第2節において強調したように、カントの倫理学にはアプリオリな「基礎づけ」がある一方、社会関係の形成を通じて歴史的に前進する啓蒙の主張もまた、含まれている。カントによれば、社会関係の継続によって「あらゆ

る才能が少しずつ伸ばされ、趣味が形成され、たえざる啓蒙によって思考様式の構築が始まる」。そして「この思考様式が［…］生理的心理的に強制された社会との合致を、最終的には道徳的全体に変えうる」という (8: 21)。このように歴史的かつ社会的なカントの倫理学の側面に、カント主義はボトムアップの制度論を通じて迫ることもできるだろう。すなわち賢慮な行為者がエチケット、慣習、社会的役割といった社会制度を認知し、それらの規範にしたがうことによって社会関係を継続し、相互理解を深めてゆくプロセスである。それはミクロな社会的相互作用の局面から、社会制度の規範に服してゆく集団的なプロセスとも表現できる。

　以上、本章は賢慮に基づくアプローチを検討し、最後にはカント主義の制度論に言及した。いずれの制度論をとるにせよ、それは「実践理性の働きについてのメタレベルの反省」に新たな考察を加えるものになるだろう。一言で表現するならば、それは社会制度をもたらし、また社会制度によって支えられる実践理性という捉え方をカント主義に許容する。もちろん、このアイデアを展開するためには社会制度に関する徹底した分析が不可欠であり、そこにはカント自身が明確には論じていなかった論点（一例を挙げるならば、エチケットの規範性の解明）にも踏みこむ必要があるだろう。それは本書とは別の機会に委ねたい。

5　おわりに

　本章は二つの目的を持っていた。一つは、「カント主義のメタ倫理学」と「カントの倫理学」のズレに注意しつつ、それぞれの内容を整理すること。もう一つは、後者の倫理学に立ち戻ることによって、前者のメタ倫理学の可能性を拡張することである。

　第 2 節では、啓蒙思想を背景として「カントの倫理学」の多層的な内容を整理した。そこには理性によるアプリオリな基礎づけの層に加えて、社会的、歴史的、あるいは制度的な層が含まれる。第 3 節では、従来のカント主義がもっぱら「カントの倫理学」の理性主義的な主張を抽出する傾向にあったことが確認された。この理性主義が道徳的判断と行為の動機づけ、道徳的規範の客観性

といったメタ倫理学のトピックにおいて主張されるとき、ヒューム主義、アリストテレス主義とは区別される「カント主義のメタ倫理学」が見出される。実のところ、これら両者のズレが見過ごされることは少なくはなく、カントの倫理学に対する批判は、しばしばデフォルメされたカント主義に基づいてなされてきた。

　たとえば、サイモン・ブラックバーン（Simon Blackburn）はカントの想定する道徳的行為者として、人間的な欲求、感情からいたずらに切り離され、幸福を犠牲して義務に服するような人物像を描写してみせる（Blackburn 1998: 246-248）。本章の第２節で述べたとおり、こうした記述は「カントの倫理学」に対する典型的な誤解に基づいている。だが、それはそれとして、ブラックバーンが同じ著書において次のように指摘していることは興味深い。「分析的な道徳哲学には多くの欠点があるが、この道徳哲学のほとんどは、個人の行為と動機を決定する特性としての社会的なものに十分な注意を払うことなく、議論を進めてしまっている」（Blackburn 1998: 30-31）。

　しかし、本章の見立てが正しいならば、このような懸念はむしろ「カントの倫理学」の誤解を払拭し、本来の構想に立ち戻ることによって緩和されるだろう。第４節では、多くのカント主義が看過してきた啓蒙思想としての「カントの倫理学」の着想、とりわけ実践理性の賢慮の働きを検討することによって、ブラックバーンの示唆する「社会的なもの」に光をあてようと試みた。そこで言及された賢慮、共感、制度といった問題は「カント主義のメタ倫理学」だけでなく、「分析的な道徳哲学」の可能性にとっても検討に値するはずである。

参考文献

Allison, H. (1990). *Kant's Theory of Freedom*, Cambridge University Press.
Blackburn, S. (1998). *Ruling Passions*, Cambridge University Press.
Broome, J. (2001). Normative Practical Reasoning, in *Proceedings of Aristotelian Society*, 75: 175-193.
Cassirer, E. (1932). *Die Philosophie der Aufklärung*, Tübinen: Morh.〔中野好之【訳】『啓蒙主義の哲学』紀伊國屋書店 1997 年〕
福間聡（2007）『ロールズのカント的構成主義』勁草書房.

Heath, J.（2008）. *Following the Rules. Practical Reasoning and Deontic Constraint*, Oxford University Press〔瀧澤弘和【訳】『ルールに従う―社会科学の規範理論序説』NTT 出版 2013 年〕.
Herman, B.（1993）. *The Practice of Moral Judgment*, Harvard University Press.
Hursthouse, R.（1990）. *On Virtue Ethics*, Oxford University Press.
Höffe, O.（1990）. "Universalistische Ethik und Urteilskraft. ein aristotelischer Blick auf Kant". in *Zeitschrift für philosophische Forschung*, 44: 537-563.
石田京子（2013）「カント実践哲学における「法」と「道徳」」『エティカ』第 1 号、pp. 53-83。
Kant, Immanuel（1910-）. *Kant's gesammelte Schriften*, Königlich-Preußische Akademie der Wissenschaften（Hg.）, Berlin: G. Reimer.
Kersting, W.（1984）. *Wohlgeordnete Freiheit. Immanuel Kants Rechts- und Staatsphilosophie*, de Gruyter.〔舟場保之、桐原隆弘、寺田俊郎、御子柴善之、小野原雅夫、石田京子【訳】『自由の秩序カントの法および国家の哲学』ミルヴァ書房 2013 年〕
Korsgaard. C. M.（1996）. *Creating the Kingdom of Ends*, Cambridge.
Korsgaard, C. M.（2008）. *The Constitution of Agency: Essays on Practical Reason and Moral Psychology*, Oxford University Press.
Korsgaard, C. M.（2009）. *Self-Constitution: Agency, Identity, and Integrity*, Oxford University Press.
McDowell, J.（1979）. "Virtue and Reason". *The Monist*, 62: 331-50.
御子柴善之（2011）「カントにおける規範的人間学の可能性」『生命倫理研究資料集 V：生命・環境倫理における「尊厳」・「価値」・「権利」に関する思想的的・規範的研究』、pp. 61-83。
Nagel, T.（1970）. *The Possibility of Altruism*, Princeton University Press.
成田和信（2014）「道具的な実践的要請の根拠」『日本カント研究』第 15 号、pp. 54-69。
O'Neill, O.（1989）. *Constructions of Reason: Explorations of Kant's Practical Philosophy*, Cambridge University Press.
O'Neill, O.（1996）. *Towards Justice and Virtue: A Constructive Account of Practical Reasoning*, Cambridge University Press.
O'Neill, O.（2000）. *Bounds of Justice*, Cambridge University Press.
Pippin, R. B.（2008）. *Hegel's Practical Philosophy: Rational Agency as Ethical Life*, Cambridge University Press.〔星野勉【監訳】『ヘーゲルの実践哲学　人倫としての理性的行為者性』法政大学出版局 2013 年〕
Reath, A.（2006）. *Agency and Autonomy in Kant's Moral Theory: Selected Essays*,

Clarendon Press.
坂部恵・有福孝岳・牧野英二（1999-2006）『カント全集』全22巻岩波書店。
Scanlon, T. M. (2000). *What We Owe to Each Other*, Harvard University Press.
Searle, J. (2001). *Rationality in Action*, The MTT Press.
Setiya, K. (2007). "Cognitivism about instrumental reason". *Ethics* 117: 649-673.
Setiya, K. (2016). *Practical Knowledge: Selected Essays*, Oxford University Press.
Smith, M. (1987). "The Humean Theory of Motivation". *Mind*, 96: 36-61.
田原彰太郎（2015）「カント的行為者を文脈に位置付ける―バーバラ・ハーマンの道徳的熟慮論を手がかりとして―」『現代カント研究13 カントと現代哲学』、pp. 68-83。
Velleman, D. (1989). *Practical Reflection*, Princeton University Press.
Velleman, D. (2000). *The Possibility of Practical Reason*, Princeton University Press.
Velleman, D. (2009). *How we get along*, Cambridge University Press.
Wallace, R. J. (1990). "How to Argue about Practical Reason". *Mind*, 395: 355-385.
Wallace, R. J. (1998). *Responsibility and the Moral Sentiments*, Harvard University Press.
Wallace, R. J. (2006). *Normativity and the Will: Selected Essays on Moral Psychology and Practical Reason*, Oxford University Press.
Wood, A. (1999). *Kant's Ethical Thought*, Cambridge University Press.
Wood, A. (2006). "Kant's Philosophy of History". in *Toward Perpetual Peace and Other. Writings on Politics, Peace, and History*, edited and with an introduction by Pauline Kleingeld, Yale University Press.
Wood, A. (2008). *Kantian Ethics*, Cambridge University Press.

第Ⅱ部　現代メタ倫理学における一つのトレンド
「理由」の概念への注目

第4章　行為の理由についての論争

杉本俊介

1　はじめに

　今日のメタ倫理学は 1950 年代、60 年代から二つの重要な点で変化している（Scanlon 2014: 1）。一つは行為の理由（reasons for action）が注目されるようになったことである。当時は道徳とは何かが議論の中心だったが、今日では実践的推論や規範性全般に関心が移ってきている。そこで話題になるのは行為の理由である。

　もう一つは、動機づけ（motivation）がさかんに議論されるようになったことである。たとえば、人は道徳的判断によって動機づけられるのかが問われる[1]。今日のメタ倫理学では動機づけもまた行為の理由との結びつきから議論されている。

　では、メタ倫理学において、行為の理由はどのような論争を巻き起こしているのか。本章ではこの問いに答えてゆく。

　そのために、マイケル・スミス（Michael Smith）の 1994 年の著作『道徳の中心問題』を起点にしたい。なぜ今さらこの著作なのか、と思われるかもしれない。それは、この著作のなかでマイケル・スミスが錯綜したメタ倫理学の状況を「道徳の中心問題」と呼ばれるトリレンマとして整理し、〈行為の理由〉概念に注目することでこのトリレンマの解消を試みたからである。このトリレンマを起点にし、1994 年以降の〈行為の理由〉をめぐる対立や論争を見てゆくことで、今日のメタ倫理学での〈行為の理由〉概念の位置づけが明らかにな

---

[1] ここでの「動機づけ」は因果関係の一種である。ある行為へと動機づけられるとは、結果としてその行為を実現することである。ただし、動機づけを行為への傾向性として捉える論者もいる（Alvarez 2010: 53-55）。

るだろう。

　本章のおおまかな流れは以下のとおりである。まず、「道徳の中心問題」を通して、〈行為の理由〉概念に注目する意義と、規範理由と動機づけ理由の区別を紹介する。次いで、〈規範理由とは何か〉という問いを、還元主義と非還元主義の対立、そして理由の内在主義と外在主義の対立を整理しながら明らかにしてゆく。さらに、動機づけ理由をめぐってはヒューム主義と反ヒューム主義の対立、その背景にある心理主義とそれに対抗する反心理主義の論争を見てゆく。

2 〈行為の理由〉概念に注目する意義

2.1 道徳の中心問題

　メタ倫理学が扱う問題は錯綜している。道徳的事実は存在するのか、それは科学の主題になりうるのか、道徳的判断と動機づけとの間には必然的な結びつきがあるのか、道徳的要求は理性による要求なのか、道徳は客観的であり唯一の「真なる」道徳が存在するのか。マイケル・スミスは 1994 年の著作のなかでこのように錯綜した状況をうまく整理してみせた[2]。スミスによれば、「道徳の中心問題（the moral problem）」は次のトリレンマとして表現できる（Smith 1994: 12、邦訳 18）。

　　命題 1.「私が φ することは正しい」という形式の道徳的判断は、客観的な事実、すなわち、ある行為者が何を行うのが正しいのかに関する事実についてのその行為者の信念を表わす。（認知主義）
　　命題 2. ある行為者が、自分が φ することは正しいと判断するならば、他の条件が等しければ（ceteris paribus）、その行為者は φ するよう動機づけられる。（動機づけの内在主義）

---

[2] スティーヴン・フィンリー（Stephen Finlay）とマーク・シュローダー（Mark Schroeder）は、スミスとは別の仕方で現在のメタ倫理学の「中心問題」を整理している（The Central Problem）(Finlay and Schroeder 2017)。

命題3. ある行為者が一定の仕方で行為するよう動機づけられるのは、その行為者が一組みの適切な欲求と目的-手段に関する信念とをもっている場合であり、その場合にかぎる。このとき、信念と欲求とは、ディヴィッド・ヒューム（David Hume）の言葉を借りるならば、別個の存在である。（動機づけのヒューム主義）

　これらの命題はどれも直観的に正しいと思われるものだが、すべてが同時に正しいということはありえない。命題1によれば、道徳的判断が表わすのは信念だが、命題2によれば、その信念だけで人は行為するように動機づけられることになる。ところが、命題3によれば、人は信念だけでは行為するようには動機づけられない。したがって、三つの命題は不整合に陥ることになる。このトリレンマを回避する最も直接的な方法は、いずれかの命題を否定することである。どの命題を否定するかによって、メタ倫理学上の諸立場が区別されることになる。非認知主義は命題1を否定する[3]。動機づけの外在主義は命題2を否定する[4]。動機づけの反ヒューム主義は命題3を否定する[5]。このようにして、メタ倫理学上の立場の相違は、このトリレンマの回避の方法の相違として整理できる。

2.2　規範理由と動機づけ理由の区別

　スミスはどの命題を否定するのか。興味深いことに、どの命題も否定しない。スミスによれば、このトリレンマは〈行為の理由〉概念の多義性から生じている。規範理由と動機づけ理由という二種類の理由を区別することで、どの命題も否定することなく、スミスは道徳の中心問題を解決しようと試みるのである[6]。

3　非認知主義に関しては本書第8章を参照されたい。
4　動機づけの外在主義に関しては Björnsson et al. (2015) を参照されたい。
5　動機づけの反ヒューム主義に関しては本書第2章を参照されたい。
6　規範理由と動機づけ理由の区別は古くからなされている。ただし、ジョナサン・ダンシー（Jonathan Dancy）によれば、フランシス・ハチソン（Francis Hutcheson）やウィリアム・フランケナ（William Frankena）はこの区別をしているように見えて、規範理由を二つに区別しているだけだという（Dancy 2000: 20-25）。

二種類の理由の相違を理解するために、二つの例を考察してみよう。一つは、おかしな行為をなす場合である。たとえば、ある行為者が衝動的にペンキを飲みたくなったとしよう。その行為者にはペンキを飲む理由があるだろうか。通常の状況下では、ペンキを飲むという行為を正当化するような理由はないだろう。その行為者はペンキを飲むべきではない。これは行為の規範的評価にかかわる理由なので、規範理由（normative reasons）と呼ばれる。だが、その行為者が実際に衝動的にペンキを飲んだとすれば、別の意味での理由はあるはずである。その行為者は衝動に駆られ、ペンキを飲むように促された。衝動が行為を動機づけたのであり、行為を説明する理由である。これは動機づけにかかわる理由なので、動機づけ理由（motivating reasons）と呼ばれる。この場合、その行為者にはペンキを飲む規範理由はないが動機づけ理由はあると言える。

もう一つの例は、バーナード・ウィリアムズ（Bernard Williams）によるものである（Williams 1981: 102）。今度は、ある行為者がジントニックを飲みたくなったとしよう。そして、その行為者は目の前にある液体がジンだと信じているが、実際にはガソリンだとしよう。その行為者にはトニックと混ぜたこの液体を飲む理由があるだろうか。通常の状況下では、その行為を正当化するような理由はないだろう。だが、その行為者が実際にこの液体を飲んだとすれば、別の意味での理由はあるはずである。その行為者は〈ジントニックを飲みたい〉という欲求をもち、〈この液体はジントニックである〉と誤って信じていた。この欲求と信念の組が行為を動機づけたのであり、行為を説明する理由である。この場合も、その行為者にはこの液体を飲む規範理由はないが動機づけ理由はあったと言えるように思える。

スミスは規範理由について次のように説明している（Smith 1994: 95、邦訳127）。

> 「ある人にφする規範理由がある」と言うことは、「その人がφすべきという何らかの規範的要求が存在する」と言うことであり、したがって、「その要求を生み出す規範システムの観点から、その人がφするということが正当化される」と言うことである。〔中略〕規範理由は真なる命題（truths）、すなわち、「Aがφすることは望ましい、あるいは、Aはφす

るよう要求されている」という一般形式をもつ命題であると考えるのが最もふさわしい。

スミスはまた動機づけ理由について次のように説明している（Smith 1994: 96、邦訳127）。

> 動機づけ理由を区別する特徴は、φする動機づけ理由をもつことによって、少なくとも他の条件が等しければ、行為者はφすることに説明を与える特定の状態にあるということである。〔中略〕φする動機づけ理由をもつ行為者は、その行為者がどうしてφするのかを今述べたような意味で潜在的に説明を与える状態にあるのだとすれば、行為者の動機づけ理由それ自体は心理的に実在する（psychologically real）と考えるのが自然である。〔強調は原文通り〕

スミスは、規範理由と動機づけ理由の区別によって、上述のトリレンマを回避しようと試みる（Smith 1994: 182-185、邦訳246-250）。スミスによれば、このトリレンマに現れる「私がφすることは正しい」とは、「私にはφする規範理由がある」と言い換えることができる[7]。たとえば「私が飢餓救済団体に寄付することは正しい」とは「私には飢餓救済団体に寄付する規範理由がある」と言い換えることができる。そこで、このトリレンマの命題1は、規範理由に関する行為者の判断が信念であることを指している。また、命題2はその信念だけで人は動機づけられることを指している（規範理由の反ヒューム主義）。ところが、スミスによれば、命題3は規範理由でなく動機づけ理由についての命題だという。動機づけ理由は、その行為者がもつ一組みの適切な欲求と目的-手段に関する信念で構成される（動機づけ理由のヒューム主義）。したがって、三つの命題が不整合に陥ることはない。スミスはこのようにトリレンマを回避

---

7 ただし、この言い換えでは、φの内容は制限されなければならない。たとえば、私には自分の掲げた目的に対して適切な手段を選ぶ規範理由があっても、私がそれをすることは道具的に合理的だとは言えるが、道徳的に正しいとは言わないだろう。

してゆく。

スミスは規範理由を次のように分析する（Smith 1994: 151-152、邦訳 203-204）。望ましさに関する我々の常識的真理（望ましいことは我々が完全に合理的であるならば望むだろうことである）に照らせば、ある行為者にはφする規範理由があるのは、もしその行為者が完全に合理的であるならば、その行為者がφすることを自分自身が欲求するだろう場合にかぎる。したがって、信念と欲求とは別個の存在だが、次のような結びつきがある（Smith 1994: 148、邦訳 199）。

> ある行為者が自分にはφする規範理由があると信じるならば、その行為者は、合理的な観点から、φすることを欲求するべきである。

このようにして、規範理由に関する信念が適切な欲求を生み出し、それらが動機づけを構成する。たしかに動機づけには欲求が必要だが、その欲求のなかには行為者の信念によって生み出されたものがある。これが、規範理由に関する信念だけで人は動機づけられるというテーゼ（規範理由の反ヒューム主義）の内実である。

以上から、規範理由と動機づけ理由を区別し、トリレンマを構成する三つの命題は、次のように捉え直される。

> 命題1.「私にはφする規範理由がある」という信念は、客観的な事実、すなわち、ある行為者が何を行うのが正しいのかに関する事実についてのその行為者の信念を表わす。（認知主義）
> 命題2. ある行為者が、自分にはφする規範理由があると信じるならば、他の条件が等しければ、その行為者はφするよう動機づけられる。（動機づけの内在主義）
> 命題3. ある行為者がもつ動機づけ理由は、その行為者がもつ一組みの適切な欲求と目的-手段に関する信念から構成される。このとき、信念と欲求とは、ヒュームの言葉を借りるならば、別個の存在である。（動機づけのヒューム主義）

先に述べたように、スミスの分析によれば、「φする規範理由がある」とは〈もしその行為者が完全に合理的であるならば、自分がφすることを欲求するだろう〉ということである。規範理由が主観的な欲求によって分析されるため、命題 1 について、規範理由の信念は本当に客観的な事実のことがらに関するものなのかを疑問に思うかもしれない。スミスは、規範理由は「行為者が完全に合理的である」可能世界で、その行為者が何を欲求するのかは画一的に決定される、と主張する（Ibid. 173-174、邦訳 233-234）。この意味で規範理由は客観的だと言う（Ibid. 174-175、邦訳 236）。

本章では、スミスによるトリレンマの解消法の妥当性を検討することはしない[8]。むしろ、メタ倫理学において行為の理由概念、そして規範理由と動機づけ理由の区別が重要であることを押えておきたい。

3 規範理由とは何か

3.1 還元主義と非還元主義

前節で示したように、スミスは行為の正しさを規範理由によって分析しようと試みた[9]。それ以外にもたとえば、ロジャー・クリスプ（Roger Crisp）はこれ以上「なぜ」とさかのぼれない規範理由を究極的理由（ultimate reasons）と呼び、これこそが規範倫理学の本来の主題であると主張する（Crisp 2006: 8-9）。ところが道徳はこの究極的理由を与えないという（Ibid. 9-20）。そこで、道徳概念を避け、究極理由となる規範理由によって規範倫理学上の立場を記述し直している（Ibid. 26）。たとえば、道徳概念を用いて定式化されてきた従来の功利主義は規範理由によって次のように言い換えられる。

　　道徳的功利主義：効用を最大化しないのは不正である。
　　規範的功利主義：いかなる行為者も、効用を最大化する究極的理由〔ある

---

[8] たとえば、Ethics, Vol. 108（1997）での Symposium on Michael Smith's "The Moral Problem" を参照されたい。また、スミスのトリレンマについては本書第 9 章も参照されたい。
[9] スミスに代表されるような理由への関心の高まりを、誤った方向転換（a wrong turn）だとする意見もある（Väyrynen 2011）。

種の規範理由〕をもつ。

　このような再定式化が成功するかは、もちろん規範理由というものが何であるのかに依存する。ほとんどの論者は、規範理由を「行為を支持する考慮（a consideration that counts in favor of the action）」だと考える点では軌を一にしている（Markovits 2014: 2）。しかし、この単純な特徴づけを超えて規範理由に実質的な定義を与えられるかどうかという点について、哲学者たちの見解は異なっている。

　たとえば、T. M. スキャンロン（T. M. Scanlon）やデレク・パーフィット（Derek Parfit）は規範理由が〈行為を支持する考慮〉以上には分析できない基礎的なものだとしている（Scanlon 1998: 17, Parfit 2011a: 31）。彼らの立場は、規範理由が他の概念によって還元できないと考えるため、規範理由の「非還元主義」（あるいは「理由基礎づけ主義」）と呼ばれる[10]。

　非還元主義の問題点は、規範性の問いに十分答えられないというものである（Korsgaard 1996: 9、邦訳11。cf. Scanlon 2014: 8-10）。クリスティーン・コースガード（Christine Korsgaard）によれば、規範性の問いとは「なぜ私は道徳的であるべきか」という問いである。私には道徳的に行為する規範理由があるとして、その規範性の源泉は何か。コースガードは言う。「我々は、理由〔規範理由〕それ自体が存在すること、あるいは我々がなす理由をもつことに関する真理が存在すること、それを信じさえすればよい。〔中略〕しかし、それは確信の表明であって、それ以上のものではない」のである（Korsgaard 1996: 40-41、邦訳45-46）。

　そこで、規範理由すなわち〈行為を支持する考慮〉を他の概念によって分析しようという試みもある。

　たとえば、コースガードは、それをイマヌエル・カント（Immanuel Kant）が描くような「自律的で道徳的な行為者の熟慮を特徴づける思考過程」として

10　こうした立場は非自然主義的な道徳的実在論として理解されることもある（佐藤 2017: 144-155）。非自然主義に関しては本書第5章を参照されたい。また、道徳的実在論に関しては本書第9章を参照されたい。

分析する（Ibid. 89、邦訳 103）。そして、規範性の源泉とは自分が何者であるかというアイデンティティだと主張する（Ibid. 113、邦訳 132-133）[11]。

> 人間の意識の反省的な構造が、我々にこの問題を提起する。反省にとって我々の衝動（impulses）から距離をとることで、どの衝動に基づいて行為するのかを決定することが可能になり、また必然的になる。この反省的距離のせいで、我々は理由〔規範理由〕に基づいて行為せざるをえないのである。同時にそれと関連して、反省的距離のせいで、我々は自分自身のアイデンティティに関する理解をもたざるをえないが、その理解によって行為の理由の源泉に自分のアイデンティティを認める。このようにして、我々は自分自身にとって法則となる。

規範的理由を還元的に分析しようとする試みとしてはまた、ジョン・ブルーム（John Broome）の分析がある。ブルームは規範理由を、他の理由によって優越や凌駕されえない「pro toto な理由」と、他の理由によって優越や凌駕されうる「pro tanto な理由」に区別する。そして前者のタイプの φ する規範理由は、φ すべきだという事実（規範的事実）の説明として定義できると主張する（Broome 2013: 50）[12]。

> 定義：ある行為者にとって φ することの pro toto な理由とは、なぜその行為者が φ すべきかの説明である。

つまり、ブルームはこのタイプの規範理由を「べし（ought）」と「説明」によって定義している。ここで「べし」は規範的要求を表し、「説明」は説明項を指す。ブルームは、規範理由を与えることが〈支持する〉ことである以上には分析できないとしてしまうと、φ することを〈支持する〉が φ する規範理由を

---

[11] コースガードによる分析に関しては、たとえばトマス・ネーゲル（Thomas Nagel）から異論が出されている（Nagel 1996: 206、邦訳 249-250）。また、本書第 3 章も参照されたい。
[12] ブルームは、pro tanto な理由を、秤が傾くこととアナロジカルな「計量的説明（a weighing explanation）」によって定義している（Broome 2013: 51-54）。

与えるわけではない例を説明できないと論じる (Ibid. 53)。たとえば、風が強いことはある選手が試合で優勝することを支持するが、優勝する規範理由を与えるわけではない。その選手が優勝すべきだという規範事実の説明こそが優勝する規範理由を与える[13]。

他方で、規範理由を欲求によって定義しようという試みもある。こうした立場は「欲求基底的理由（Desire-Based Reasons, DBR）テーゼ」あるいは規範理由の欲求基底説と呼ばれてきた（Darwall 1983, Dancy 2000: 17）。前節でのスミスの分析はそうした試みの一つとして捉えることができる[14]。

> 行為者が自分にはφする規範理由があるのは、その行為者が完全に合理的であるならば、自分がφすることを欲求するだろう場合であり、かつその場合にかぎる。

ウィリアムズが1979年の論文「内在的理由と外在的理由」で擁護した立場もこの種の説明として解釈されることがある。ウィリアムズが「準ヒュームモデル」と呼ぶそれは以下のように規範理由を分析する（Williams 1981: 101）

> 行為者がφする理由〔規範理由〕をもつのは、その行為者が自分がφすることでその充足に貢献するだろう何らかの欲求をもつ場合であり、かつその場合にかぎる。

ウィリアムズはさらに、ここでの「欲求」を「主観的動機づけ群」に拡張し、「健全な熟慮の過程」を追加することで、このモデルを修正してゆく（Ibid. 102-106）[15]。

---

13 ブルームによるこの定義には、私の知るかぎりクリスプとダンシーから異論が出されている（Crisp 2015: 144; Dancy 2015: 177-179）。
14 ただし、スミスが強調するように、彼の分析自体は規範性の自然主義的還元ではなく、非還元的な要約的分析である（Smith 1994: 161-164, 邦訳 218-221）。
15 スミスやウィリアムズの定式は必要十分条件で表現されるが、このままではどちらからどちらに還元されるのかがはっきりしない。両者とも右辺によって左辺の規範理由を還元しようという意図があることに注意したい。

第4章 行為の理由についての論争

　欲求基底説にはどんな異論があるが。ここでは三つ挙げる。

　第一の異論は、規範理由がないことでも我々は欲求するという数多くの反例である。すでに挙げた、ペンキを飲みたいというおかしな欲求やこの液体をトニックに混ぜて飲みたいという誤った信念に基づく欲求がその例である。こうした反例に対して欲求基底説は、スミスのように、「その行為者が完全に合理的であるならば」という条件を追加する。ところがこれは完全に合理的な行為者だからもつ欲求であって、合理的でない現実の我々の欲求と乖離してしまう。たとえば、我々は合理的でありたいと欲求するし、それを目指す規範理由をもつが、我々が完全に合理的ならばそんな欲求をもつはずがない（この問題は後述するように「条件的誤謬」として知られている）。

　第二の異論は、より根本的である（Scanlon 2014: 6）。規範理由概念を規範的でない欲求概念に基づけることができたなら、それは規範性の消去にほかならない。そのとき、ある人がそうしない（たとえば、ペンキを飲まない）規範理由をもつという事実は、何らかの欲求を充足するという事実に等しい。それは、なぜその規範理由を信じることがそれをする（たとえば、ペンキを飲む）ことを不合理にさせるかを説明できないだろう[16]。

　第三の異論は、欲求のほうが規範理由に基づくことを指摘するものである（Dancy 2000: 36-37）。欲求が規範理由に基づくのであれば、欲求それ自体は規範理由として機能しない。もちろん、規範理由に基づかない欲求もある。たとえば、今日はこの服を着たいという性向（inclinations）や、この飲み物を飲みたい衝動（urges）が考えられる。しかし、ダンシーによれば、性向は規範理由に基づいている。この服を着る理由と、あの服を着る理由がどちらも決め手とならず、自分の性向がそれを決めるとしよう。この場合、性向はむしろ、決め手にならない規範理由（pro tanto な理由）に基づいている、と言える。衝動には規範理由に基づかないものもあるが、そうした衝動はそもそも行為の規範理由とならない（ペンキを飲みたいという衝動にかられる例を思い出せばよいだろう）。この反論も強力であるように思える。

　ここまで還元主義と非還元主義の対立を見てきた。規範理由概念が他の概念

---

[16] その規範性は他の欲求との不整合性で説明できるかもしれない。

に還元可能かどうかは引き続き論争中であり、本章ではどちらかにコミットするつもりはない[17]。しかし、二点確認しておきたい。

一つ目として、非還元主義は還元する試みが失敗したあとに取るべき消極的な立場である。規範理由概念が基礎的で定義不可能だとする積極的議論をこの論争からは読み取れない。

二つ目は、上のようなウィリアムズの立場に対する解釈から、パーフィットは後述する理由の内在主義と外在主義の対立が〈「規範理由」とはどんな意味か〉という言葉の問題にすぎないと診断している（Parfit 2011b: 275-277）。そうであれば、言葉の意味を明確にすることでこの対立は解消されるだろう。ただし、ジュリア・マーコヴィッツ（Julia Markovits）は、理由の内在主義が規範理由の意味についての立場だと認めつつ、それは定義に終わる話ではなく指示対象（reference）の問題として対立し続けると言う（Markovits 2014: 9）。マーコヴィッツは、定義でなく指示対象を問う分析的な問いとしての「理由とは何か」（what reasons are）を、実質的な問いとしての「どんな理由があるか」（what reasons there are）から区別し、前者に対して内在主義、後者に対してカント主義の擁護を試みている（Ibid. 1-4）。

3.2　理由の内在主義と外在主義

ここまで、規範理由とは何かと問い、還元主義と非還元主義の対立を見てきた。しかし、理由の内在主義と外在主義の対立は、規範理由の意味でなく、必要条件をめぐる対立と捉えるべきである。内在主義によればその条件には動機づけが含まれるが、外在主義によればそうではない。もし規範理由と動機づけ理由のあいだで何らかの概念的なつながりがあれば、規範理由の必要条件に動機づけが含まれることも容易に示されるかもしれない。

実際、ウィリアムズの試みはこのように理由の内在主義を擁護する試みだったと解釈すべきだろう[18]。ウィリアムズは「準ヒュームモデル」を修正して、概ね次のような規範理由の必要条件を提示する（Williams 1981: 101-102; Wil-

---

17　規範理由の還元可能性については鴻（2014）も参照されたい。
18　ただし、ウィリアムズは規範理由と動機づけ理由を明確に区別しているわけではない。

liams 1995: 35)。

> ある行為者がφする理由〔規範理由〕をもつならば、その行為者がすでにもつ動機づけ〔主観的動機づけ群〕から健全な熟慮の過程によってφする結論にたどり着くことができなければならない。

ウィリアムズは行為者の主観的動機づけ群を必要条件とする理由言明の解釈を「内在的解釈」と呼び、そうでない解釈を「外在的解釈」と呼んでいる。そしてそれぞれの解釈における理由を「内在的理由」、「外在的理由」と呼んでいる（Williams 1981: 101）。ウィリムズは外在的解釈を否定し、上のような内在的解釈のみが擁護できると論じる。今日ではこの立場が「理由の内在主義」と呼ばれる。反対に、理由の外在主義は、規範理由をもつために動機づけを必要としない。

> ある行為者がφする理由〔規範理由〕をもつならば、その行為者は、すでにもつ動機づけ〔主観的動機づけ群〕からの健全な熟慮の過程を踏まずとも、φする結論にたどり着くことができる。（理由の外在主義）

理由の内在主義はどのように擁護されるのだろうか。ウィリアムズがどのような論証を提示しているのかは解釈の可能性が複数あるが、ここではもっとも知られた解釈を取り上げたい（Finlay and Schroeder 2017）。それによれば、ウィリアムズは規範理由に次のような要請を課している[19]。

> 〔1〕ある行為者がφする規範理由をもつならば、その理由がその行為者を

---

[19] この要請が「説明的要請」と呼ばれるのは、ウィリアムズの「もし行為の理由があるならば、人々はその理由から行為することがなければならず、そして、もしその理由から行為するならば、その理由はその行為についての何らかの正しい説明のなかに現れていなければならない」（Williams 1981: 102）に基づくからである。ただし、動機づけ理由と説明理由を区別する論者もいるので、「動機づけ要請」と呼んだほうが良いかもしれない。実際、動機づけ要請からの論証と説明的要請からの論証は区別されることがある（Heathwood 2011: 82-83）。

φするよう動機づけることが可能でなければならない。（説明的要請）

ウィリアムズはまた、動機づけのヒューム主義を採用する[20]。

　〔2〕ある行為者を一定の仕方で行為するよう動機づけることが可能なのは、その行為者が一組みの適切な欲求と目的‐手段に関する信念とをもっている場合にかぎるが、信念と欲求とは、ヒュームの言葉で言えば、別個の存在である。

ところで、ウィリアムズによれば、この動機づけのヒューム主義をより説得力のあるものにするためには、欲求を主観的動機づけ群に拡張し、健全な熟慮の過程を追加する必要がある。

　〔2'〕ある行為者を一定の仕方で行為するよう動機づけることが可能なのは、その行為者がすでにもつ動機づけ〔主観的動機づけ群〕から健全な熟慮の過程によってφする結論にたどり着くことができる場合にかぎる。

〔1〕と〔2'〕から、理由の内在主義が導かれる。

　ある行為者がφする規範理由をもつならば、その行為者がすでにもつ動機づけ〔主観的動機づけ群〕から健全な熟慮の過程によってφする結論にたどり着くことができなければならない。（理由の内在主義）

　しかし、この論証に対して〔1〕と〔2'〕から理由の内在主義への導出には飛躍があり、外在主義的解釈の余地があると反論されてきた。その飛躍とは何か。
　説明的要請は行為者を動機づける可能性についてのものだから、その可能性が実現される特定の条件Cのもとでは行為者を動機づける。したがって、そ

20　前節での動機づけのヒューム主義を若干改変した。

れは次のように言い換えられる。

〔1〕ある行為者がφする規範理由をもつならば、特定の条件Cのもとで、その理由がその行為者をφするよう動機づけなければならない。

たとえば、コースガードは、ウィリアムズの議論ではこの条件Cとして「その行為者が合理的であること」が想定されていると指摘する（Korsgaard 1986: 11）。コースガードはそれを「内在主義の要請」と呼んでいる。

〔1'〕ある行為者がφする規範理由をもつならば、もしその行為者が合理的であるならば、その理由がその行為者をφするよう動機づけなければならない。（内在主義の要請）

ところが、コースガードは、合理性の実質まで考えれば、この内在主義の要請は理由の内在主義を導かないと論じる。すでに挙げたように、コースガードにとって「自律的で道徳的な行為者の熟慮を特徴づける思考過程」を踏むことが規範理由をもつために欠かせない。自律的で道徳的な行為者は、その行為者が主観的動機づけ群からの健全な熟慮の過程によらずとも、φする結論にたどり着くことができるからである。

ジョン・マクダウェル（John McDowell）による反論も同じ方向性にある（McDowell 1995: 73、邦訳 80-85）。マクダウェルはこの条件Cとして「その行為者が有徳であること」を挙げる[21]。そのとき、ウィリアムズの「健全な熟慮」は物事を適切に考慮する一つの仕方にすぎない。別の仕方として道徳教育など「まっとうにしつけられること」（properly brought up）、場合によっては回心を入れてもよいはずだ、とマクダウェルは言う。こうして徳を積んだ行為者は、その行為者が主観的動機づけ群からの健全な熟慮の過程によらずとも、φする結論にたどり着くことができるという。

彼ら外在主義者側の指摘は結局、〔1〕と〔2〕で言及される「可能性」が同

21　この背景にあるのは、アリストテレスの倫理学説である。本書第1章を参照されたい。

じ意味でなく、すなわち、合理的あるいは有徳な人物が動機づけられようと、その人物の動機づけは適切な欲求と信念によって構成されるわけではないので、この論証が多義性の誤謬に陥っていることを示すものだと言える（Finlay and Schroeder 2017）。そこで、ウィリアムズの議論から別の論証を読み取ろうとする試みもある（Finlay 2009）。

ところで、パーフィットが指摘するように、以上のような内在主義と外在主義の違いは、規範理由にとって行為者の主観的動機づけ群から健全な熟慮の過程をたどる手続き的合理性だけが必要とされるか、それとも「もし自律的で道徳的な行為者なら」あるいは「もしまっとうにしつけられたら」など何らかの実質的合理性までもが必要とされるかの見解の相違として理解できるし、そうした理解が今日のメタ倫理学では標準的であるように思われる（Parfit 1997: 101; Markovits 2014: 51-52; cf. 鴻 2016: 34-38）。

では、理由に関して内在主義と外在主義のどちらが優勢なのだろうか。理由の内在主義には三種類の反例が出されている（Markovits 2014: 38-49）。それらはどれも内在主義の要請に基づくがゆえの反例である[22]。

第一の反例は、内在主義は条件文の定式化にまつわる「条件的誤謬（conditional fallacy）」に陥っていることを示すものである（Ibid. 38）[23]。条件的誤謬とは、被分析項が分析項である条件法の前件と独立でない場合に失敗するという誤謬である。内在主義の要請は、「ある行為者がφする規範理由をもつならば、もしその行為者が合理的であるならば、その行為者をφするよう動機づけられる」である。ここで、被分析項は「ある行為者がφする規範理由をもつ」であり、分析項は「もしその行為者が合理的であるならば、その行為者が動機づけられる」という条件文である。条件的誤謬は、規範理由をもつことと、行為者の合理性、すなわち主観的動機づけ群からの手続き的合理的な熟慮が独立でないことを指摘する。

例えば、ある大学生が自分の合理性を鍛えるために「推論と批判的思考」の

---

[22] マーコヴィッツは内在主義の要請を「動機づけ直観（Motivating Intuitions）」と呼んでいる（Markovits 2014: 38）。
[23] 理由の内在主義が条件的誤謬を犯しているかについては拙論を参照されたい（杉本 2011）。

講義をとるべきだと思い、そうしたとしよう。そのとき、彼がこの講義をとる規範理由をもっていることは明らかである。だが、内在主義に従って「この学生が自分の主観的動機づけ群から手続き的合理的に熟慮したならば」と仮定すると、彼はそもそも手続き的合理的に考える力をもっていることになり、それゆえに講義をとるよう動機づけられないだろうから、そうする規範理由をもたないことになってしまう。

この反例が内在主義の要請に由来するのは明らかだろう。内在主義の要請に含まれる「もしその行為者が合理的であるならば」という条件は、合理的でないがゆえに規範理由をもつ現実の我々の状況を無視してしまっている。そこで、この条件を削り、「もし現実のその行為者が合理的であるならば」とする対処方法が提案されてきた。

> ある行為者が φ する規範理由をもつならば、もし現実のその行為者が合理的であるならば、その行為者が φ するよう動機づけられなければならない。

しかし、現実の我々がいくら合理的であったとしても、規範理由によっては動機づけられることが不可能だと言える例がある。これが第二の反例である (Ibid. 42-44)。核抑止を例として挙げてみよう。いま、他国による核攻撃を抑止するために、合理的な我々は核攻撃による報復を意図する規範理由をもつとしよう。φ には「核攻撃による報復を意図する」が入る。しかしながら同時に、いざその時が到来したとしたら実際には決行しない規範理由ももち合わせている。抑止とはそう意図するだけであり本来決行するものではない。どんなに現実の我々が合理的であったとしても核攻撃をしようと動機づけられることはありえない。ところが修正された内在主義の要請に従えば、現実の合理的な我々が核攻撃へと動機づけられないならば、それを意図する規範理由までもがないことになってしまうので、この例は再び内在主義の要請に対する反例となる。

さらに、行為者が合理的であることに加えて、我々が動機づけられることが可能だったと仮定しても、それによって動機づけられるべきでないような理由が存在する。これが第三の反例である (Ibid. 46-49)。2009 年の「ハドソン川の奇跡」はその一例である (Ibid. 48)。旅客機を操縦していたサリーことチェ

スリー・サレンバーガー（Chesley Sullenberger）は不可能に近い緊急着水を成功させ、乗客155人全員の命を救う偉業を成し遂げた。彼が言うには、乗客の命を救う（規範）理由があることは明らかであるものの、困難な着水を成功させるためにはむしろこの（規範）理由を意識しないようにする必要があった。つまり、規範理由によって動機づけられてはいけなかったというのだ。内在主義の要請に従うなら、乗客を救う規範理由そのものによってサリーは動機づけられるべきではなかったので、そのような規範理由をもたないことになってしまう。

　これらの反例は内在主義の要請に基づいているがゆえの反例である。マーコヴィッツが指摘するように、理由の内在主義を内在主義の要請とは別のルートで導くことができれば、これらの反例は理由の内在主義を脅かさない。じっさい、マーコヴィッツは内在主義の要請を前提にせずに理由の内在主義を擁護しようと試みている（Ibid. 51-54）。

　理由に関して内在主義と外在主義を比較した場合、前者のほうが優れている点を二つ挙げたい。一つは、理由の外在主義のほうが内在主義よりも多くの説明を必要とする立場だという点である（Ibid. 54-58）。合理性に関して、内在主義は手続き的な基準しか求めないが、外在主義は実質的な基準まで求める。その実質的基準とは何か。コースガートによれば、それは自律的で道徳的な行為者の熟慮を特徴づける思考過程を踏んでいるかどうかである。マクダウェルによれば、その行為者が有徳であるかどうかである。いずれにせよ、何をもって自律的な道徳的な行為者か、あるいは有徳な行為者かはっきりしない。この点で内在主義のほうが穏健だと言えるだろう[24]。

　もう一つは、理由の外在主義は、合理的説得が不可能な場合を認めざるをえないという点である（鴻2016: 39-41. cf. Williams 1981: 111）。合理的説得とは、「相手の熟慮を促すことを目的として行われる助言や推奨」のことであり、理由の内在主義なら、これに訴えて主観的動機づけ群をもつ行為者に対して規範

---

[24] マーコヴィッツによれば、理由の内在主義はまた、信念の理由とのアナロジーからも擁護できる（Markovits 2014: 58-65）。しかし、行為の理由と信念の理由のあいだにどこまでアナロジーが成り立つかは異論も多い。

理由に動機づけられた行為へ導くことが可能になる。ところが、理由の外在主義によれば、主観的動機づけ群をもたない行為者に対しても規範理由に動機づけられた行為へ導くことが可能でなければならない。そのため、外在主義者は時には動機づけを獲得するところから始めなければならないが、それは合理的説得が可能である場合とは限らない。合理的説得が不可能な場合でも、規範理由に動機づけられた行為へ導くが可能だと言うだろう。そのとき問題は、「ある行為者がφする規範理由をもつ」という指摘が脅し文句（bluff）になりかねない、ということである。

以上から、理由の内在主義のほうがやや優勢であるように思える。外在主義者に課せられた課題は、実質的な基準まで求める積極的な根拠を提示することができるかどうか、にあるだろう。

4 動機づけ理由をめぐる論争

4.1 動機づけ理由のヒューム主義と反ヒューム主義

動機づけ理由とは何だったかを振り返ろう。「φする動機づけ理由をもつことによって、少なくとも他の条件が等しければ、行為者はφすることに説明を与える特定の状態にある」ということだった（Smith 1994: 96、邦訳127）。そして、動機づけ理由のヒューム主義によれば、「行為者がもつ動機づけ理由は、その行為者が一組みの適切な欲求と目的-手段に関する信念から構成される。このとき、信念と欲求とは、ヒュームの言葉を借りるならば、別個の存在である」。スミスはなぜ動機づけ理由のヒューム主義を支持するのか。それは〈行為者がもつ動機づけ理由に欲求は必要ない〉と考える反ヒューム主義が、規範理由と動機づけ理由の区別をしていなかったり、理由による説明が目的論的であるという事実を見落としていたり、欲求を適切に捉えていなかったりするためだという（Smith 1994: 93、邦訳124）。順に説明してゆこう。

まず、ジントニックの例を挙げれば、行為者は目の前の液体に関する信念（この液体はジントニックである）と欲求（ジントニックが飲みたい）をもっている。ここでは、この行為者には、ガソリンをトニックに混ぜて飲む理由は実際にはないと言っても適切だろう[25]。これが動機づけ理由のヒューム主義の反例

に見えるのは、規範理由と動機づけ理由の区別がなされていないためである（Ibid. 98、邦訳130）。

　また、マクダウェルによれば、ヒューム主義では、理由による説明が水力学もどきの誤った考え方になってしまっている（McDowell 1981: 155、邦訳244）。欲求が水圧のように理解され、そこから行為が噴出されると考えられているというのだ。ところが、スミスはヒューム主義なら水力学もどきの考え方どころか因果論的な考え方すらとらないと応じる（Smith 1994: 102、邦訳136）。理由による説明が因果論的だと考えられがちなのは、「行為者がφする理由をもち、かつ（and）、φする」と「行為者がφする理由をもち、だから（because）、φする」（理由による説明）を比較したとき、後者の理由は行為者がφすることの原因だと考えられるからである。しかし、スミスによれば、「だから」はφする理由によって行為者がφすることを因果論的に説明しているわけでなく、目的論的に説明している（Ibid. 103、邦訳137）。もちろん、目的論的説明を因果論的に言い換えることができる余地はある。しかし、そう言い換えられるかどうかはヒューム主義をとるかどうかとは別の論点だと言う。ここで論点なのはむしろ、何によって理由による説明が目的論的であることを適切に理解できるかである（Ibid. 103-104、邦訳137-138）。

　スミスによれば、それは欲求を適切に捉えることによってである。この点で、欲求を身体的な感覚と同様に直接感知できるものとして現象論的に捉えるのでなく、行為へのある種の傾向性の集合として捉えるべきだという（Ibid. 104-116 邦訳139-154）。現象論的な捉え方では、欲求が命題的内容をもつことや、誤認しうること、現象的内容を欠く場合があることを説明できないからである。傾向性として捉えるならば、欲求をもっていることは、目的を実現する傾向性として理解される。そこで動機づけ理由のヒューム主義から、理由による説明が目的論的であることを適切に理解できるという（Ibid. 116-125：邦訳154-166）。

　ところで、スミスの議論では動機づけ理由は心理的状態であるということが前提されている。スミスは規範理由と動機づけ理由は存在論的カテゴリーを異

25　もちろん、スミスに反して、この例では「この液体はジンに見える」、「この液体はジンのボトルに入っていた」、「バーテンがジンだと言った」といった真なる理由が挙げられる。

第一に、動機づけ理由と規範理由は、まったく異なる〔存在論的〕カテゴ
・・
リーに属する。というのは、動機づけ理由は心理的状態であるが、規範理
由は「A が φ することは望ましい、あるいは、A は φ するよう要求され
ている」という一般的形式をもつ命題だからである。

　近年の反ヒューム主義が挑戦するのはまさにこの点である。規範理由も動機
づけ理由も共に「理由」であるなら、存在論的カテゴリーも同じではないか。
反ヒューム主義はそれを心理的状態でなく、事実や事態だと考える[26]。

4.2　心理主義と反心理主義

　動機づけ理由が心理的状態だと考えられてきたわけははっきりしている。行
為者がなぜ行為したのかを説明するのは、信念や欲求などの行為者の心理的状
態であると考えられたからである。60 年代、70 年代のドナルド・デイヴィド
ソン（Donald Davidson）の仕事は結果的にこの考えを強めた。デイヴィドソン
によれば、我々が行為する原因は心理的状態であり、その原因がその行為の理
由でもある。すなわち、行為の理由は真なる命題や事実でなく、心理的状態だ
という（たとえば、Davidson 1963）。

　動機づけ理由が心理的状態であることを支持する別の論証もある。それは偽
なる命題の場合から導かれる（Alvarez 2010: 37-38）。再び、ジントニックの例
を見てみよう。ある行為者は目の前にある液体がジンだと信じているが、実際
にはガソリンだった。その行為者はジントニックを欲求している。もしその行
為者にトニックと混ぜたこの液体を飲む理由があるとしたら、それは何だろう
か。

　動機づけ理由のヒューム主義によれば、それはその行為者の〈この液体はジ

---

[26]　規範理由が事実だという点は多くの論者によって共有されている（たとえば Raz 1975, Darwall 1983; Scanlon 1998）。ただし、ダンシーは成立していない事柄も規範的理由となると認めるため、事実ではなく、事態だと考える（Dancy 2000）。

ントニックである〉という信念と〈ジントニックを飲みたい〉という欲求から構成される。しかし、その信念の内容は偽である。つまり、この液体はジントニックであるという命題は偽であり、それに対応する事実は存在しない。それでもその行為者がその命題を信じて行為するかぎり、事実以外の心理的状態がその行為を動機づけると考えざるをえない。したがって、動機づけ理由が事実でなく心理的状態であるという考えは強い支持を与えられる。この考えは「心理主義」と呼ばれる（Dancy 2000: 14-15）。それに対して、動機づけ理由が事実や事態だという考えは「反心理主義」と呼ばれる（Ibid.）。

　心理主義には強い支持が与えられるが、反心理主義はどのように支持されるのだろうか。それは、同一の理由が、行為の正当化と行為の動機づけという二つの役割を果たすことが可能であると考えられるからである。たとえば、嘘が不正であることは私が嘘をつかないことを正当化する規範理由であるし、適切な欲求を伴って正直に言うよう私を動機づけるし、なぜ人々が嘘をつくべきでないことを説明する（Alvarez 2010: 36-37）。この理由が正当化をする場合は事実や事態であり、動機づけや説明をする場合は心理的状態になると考えるのは不自然だろう[27]。もし嘘が不正であるという理由がこれらの役割を皆果たすのであれば、その理由は事実や事態であると考えざるをえない。

　逆に、ダンシーは、あらゆる動機づけ理由は規範理由になることが可能でなければならない、とする[28]。ダンシーはそれを動機づけ理由に対する「規範的制約」と呼んでいる（Dancy 2000: 103）。

> この制約が要求するのは、人がそれを考慮して行為する（in the light of which one acts）動機づけ理由はそう行為するほうを支持する諸理由のうちの一つになることが可能な種類のものでなければならない、というもの

27　動機づけ理由と説明理由を区別する論者もいる。マリア・アルヴァレズ（Maria Alvarez）によれば、あらゆる動機づけ理由は動機づけられた行為を説明するので説明理由だが、その逆は成り立たない（Alvarez 2010: 36）。たとえば、ある人がパーティに行かず家で勉強していたことを説明する理由として、その人がパーティを忘れていたということが挙げられるとしよう。しかし、その理由がその人にパーティへ行かずに家で勉強することを動機づけたわけではない。

28　したがって、規範理由と動機づけ理由の同一性も問題になる（Mantel 2014）。

である。つまり、それはこの意味で良い理由によって行為することが可能でなければならない。

　ダンシーによれば、「私はφする良い理由をもっているか」という問いに人は事実や事態を挙げて答える。よって規範理由は事実や事態である。だが、もし動機づけ理由が心理的状態であれば、規範的制約によってそれが規範理由になりうるということを説明できなくなってしまう。

　それでも、心理主義を取りたくなる誘惑は大きい。たとえ嘘が不正であることが事実だとしても、それを私が信じていたり、欲していなければ、正直に言うよう私を動機づけないのではないか。反心理主義者のアルヴァレズは、これに答えるため、作用と対象の区別を行う（Alvarez 2010: 45）。「信念」は信じているという作用と信じられている対象をどちらも指す表現である。反心理主義によれば、正直に言うよう私を動機づけているのは、私が信じているという作用でなく、信じられている対象、つまり嘘が不正であるという事実だという。ところが、作用と対象が混同されることで、信じていることが動機づけているような印象を我々に与えてしまっている。これは欲求についても言える。そう応答するのである。

　では、反心理主義は偽なる事柄に動機づけられるようにみえる事例をどう扱うのだろうか。たとえば、アルヴァレズは、人を動機づけることは偽であるような何かでありうることを認める。しかし、人を動機づけるものがすべて動機づけ理由であるわけではない。そこで、それが偽であるかぎり事実でなく、したがって動機づけ理由でもない、という。いわば、見かけ上の（apparent）動機づけ理由がその人を動機づけたのである（Ibid. 51）。

　心理主義はスミスが言及した動機づけ理由のヒューム主義と反ヒューム主義の対立の前提であり、デイヴィドソンの行為論に大きく影響されていた。以上のように、反心理主義も今では有力な立場としてその妥当性が検討されている。

5　おわりに

　本章のタイトルは「行為の理由についての論争」であるが、紹介しきれない

論点もある。たとえば、価値の規範性は理由に責任転嫁できるか（岡本 2018）、理由の全体論から道徳的個別主義が導かれるのか（蝶名林 2015）、などである[29]。

行為の理由は行為の哲学とメタ倫理学が交叉するところで議論されてきた。今や〈行為の理由〉概念は、認識論、形而上学、言語哲学、科学哲学、法哲学でも盛んに議論される。行為の理由について考えてゆく理由はまだまだ尽きない[30]。

参考文献

Alvarez, M. (2010). *Kinds of Reasons: An Essay on the Philosophy of Action*, Oxford: Oxford University Press.
Björnsson, G., Strandberg, C., Olinder, R. F., Eriksson, J., and Björklund, F. (2015). *Motivational Internalism*, Oxford: Oxford University Press.
Broome, J. (2013). *Rationality Through Reasoning*, Oxford: Wiley-Blackwell.
鴻浩介（2014）「規範理由は還元不能な概念なのか」東京大学哲学研究室『論集』第 33 号、pp. 130-143。
鴻浩介（2016）「理由の内在主義と外在主義」『科学哲学』第 49 号（2）、pp. 27-47。
蝶名林亮（2015）「道徳的個別主義を巡る論争――近年の動向」Contemporary and Applied Philosophy 第 6 巻、pp. 1001-1026。
http://openjournals.kulib.kyoto-u.ac.jp/ojs/index.php/cap/issue/view/17〔2018 年 8 月 3 日閲覧〕
Crisp, R. (2006). *Reasons and the Good*, Oxford: Oxford University Press.
Crisp, R. (2015). "Keeping Things Simple", Hirose, I. and Reisner, A. (eds.) *Weighing and Reasoning: Themes from the Philosophy of John Broome*, Oxford: Oxford University Press, 140-155.
Dancy, J. (2000). *Moral Reality*, Oxford: Oxford University Press.
Dancy, J. (2015). "Reasons for Broome", Hirose, I. and Reisner, A. (eds.) *Weighing and Reasoning: Themes from the Philosophy of John Broome*, Oxford: Oxford University Press, 177-188.
Darwall, S. (1983). *Impartial Reason*, Ithaca, NY: Cornell University Press.

---

29 行為の理由についての多くの論点については Star（2018）でカバーされている。
30 本研究は JSPS 科研費 16K16691 の助成を受けたものである。本稿の草稿に対しては、笠木雅史氏、佐藤岳詩氏、蝶名林亮氏、より貴重なコメントを多くいただいた。謝意を表わしたい。

Davidson, D. (1963). "Actions, Reasons, and Causes", *Journal of Philosophy*, 60(23): 685-700.〔河島一郎【訳】「行為・理由・原因」門脇俊介・野矢茂樹【編・監修】『自由と行為の哲学』春秋社 2010 年第 5 論文〕

Finlay, S. (2009). "The Obscurity of Internal Reasons", *Philosophers' Imprint*, 9(7): 1-22.

Finlay, S. and Schroeder, M. (2017). "Reasons for Action: Internal vs. External", Zalta, E. N. (ed.) *The Stanford Encyclopedia of Philosophy (Fall 2017 Edition)*. https://plato.stanford.edu/archives/fall2017/entries/reasons-internal-external/〔2018 年 7 月 31 日閲覧〕.

Heathwood, C. (2011). "Desire-Based Theories of Reasons, Pleasure, and Welfare", Shafer-Landau, R. (ed.) *Oxford Studies in Metaethics*, Vol. 6, Oxford: Oxford University Press.

Korsgaard, C. (1986). "Skepticism about Practical Reason", *Journal of Philosophy*, 83(1): 5-25.

Korsgaard, C. M. (1996). *The Sources of Normativity*, Cambridge: Cambridge University Press.〔寺田俊郎・三谷尚澄・後藤正英・竹山重光【訳】『義務とアイデンティティーの倫理学——規範性の源泉』岩波書店 2005 年〕

Mantel, S. (2014). "No Reason for Identity: on the Relation between Motivating and Normative Reasons", *Philosophical Explorations*, 17(1): 49-62.

Markovits, J. (2014). *Moral Reason*, Oxford: Oxford University Press.

McDowell, J. (1981). "Non-cognitivism and Rule-following", Holtzman, S. & Leich, C. M. (eds.), *Wittgenstein: To Follow A Rule*, London: Routledge, 141-162.〔荒畑靖宏【訳】「非認知主義と規則遵守」大庭健【編・監訳】『徳と理性マクダウェル倫理学論文集』勁草書房 2016 年第三章〕

McDowell, J (1995). "Might There Be External Reasons?", Altham, J. E. J. and Harrison, R. (eds.) *World, Mind and Ethics: Essays on the Ethical Philosophy of Bernard Williams*, Cambridge: Cambridge University Press, 68-85.〔村上友一【訳】「外在的理由はありうるか」大庭健【編・監訳】『徳と理性マクダウェル倫理学論文集』勁草書房 2016 年第七章〕

Nagel T. (1996). "Universality and the Reflective Self", Korsgaard, C. M. *The Sources of Normativity*, Cambridge: Cambridge University Press, 200-209.〔「普遍性と反省する自己」寺田俊郎・三谷尚澄・後藤正英・竹山重光【訳】『義務とアイデンティティーの倫理学:規範性の源泉』岩波書店 2005 年第 7 講〕

岡本慎平 (2018)「T. M. スキャンロンと価値の責任転嫁説明——「理由への展開」の里程標」『フィルカル』Vol. 3、No.1、42-80。

Parfit, D. (1997). "Reasons and Motivation", *Proceedings of the Aristotelian Society*,

Supplementary Volume 71, 99-130.
Parfit, D.(2011a). *On What Matters*, Vol. 1, Oxford: Oxford University Press.
Parfit, D.(2011b). *On What Matters*, Vol. 2, Oxford: Oxford University Press.
Raz, J.(1975). *Practical Reasoning and Norms*, London; Hutchinson and Co.
Ridge, M.(2017). "Reasons for Action: Agent-Neutral vs. Agent-Relative", E. N. Zalta(ed.) *The Stanford Encyclopedia of Philosophy (Fall 2017 Edition)*. https://plato.stanford.edu/archives/fall2017/entries/reasons-agent/〔2018 年 7 月 31 日閲覧〕
佐藤岳詩（2017）『メタ倫理学入門――道徳のそもそもを考える』勁草書房。
Scanlon T. M.(2014). *Being Realistic about Reasons*, Oxford: Oxford University Press.
Smith, M.(1994). *The Moral Problem*, Oxford: Blackwell Publishing.〔樫則章【監訳】『道徳の中心問題』ナカニシヤ出版 2006 年〕
Star, D.(2018). *The Oxford Handbook of Reasons and Normativity*, Oxford: Oxford University Press.
Väyrynen, P.(2011). "A Wrong Turn to Reasons?" Brady, M.(ed.) *New Waves in Metaethics*, Palgrave-Macmillan, 185-207.
杉本俊介（2011）「条件的誤謬からの内在的理由説批判」『実践哲学研究』第 34 号、pp. 51-69。
Williams, B.(1981). *Moral Luck*, Cambridge: Cambridge University Press.
Williams, B.(1995). *Making Sense of Humanity and Other Philosophical Papers*, Cambridge: Cambridge University Press.

第Ⅲ部　道徳的実在論に関する論争

第5章 自然主義と非自然主義の論争について
——自然主義と道徳の規範性からの反論を中心に

蝶名林亮

1 論争の背景

【タロウ事例】:

　タロウは配偶者の足を踏んだ。配偶者の足に激痛が走り、痣が残るほどの事態となってしまった。タロウは可能な範囲で常識的な注意さえ払っていれば、配偶者の足を踏まずにすますことができた。誰かに強制されて配偶者の足を踏んだわけではなく、彼の行為を正当化する背景は何もない。このようなタロウの行為は悪い行為であると言えるだろう。

　【タロウ事例】について、タロウの行為は悪いものであり、それは、悪さという性質がタロウの行為によって例化されているからであり、さらに、この例化はわれわれの判断に依存していない[1]という考えを想定しよう。これは、「道徳的判断は真偽が問えるものであり、その真偽はわれわれの判断とは独立して決まるものであり、さらに、実際にわれわれの多くの道徳的判断は真である」という道徳的実在論に、「道徳的判断を真にするものは、この世界の対象によって例化される道徳的性質である」との形而上学的な主張を加えたものである。

---

[1]「この靴は赤い」という文を、靴が赤さという性質を持つことを述べている文であると考えよう。この文で赤さという性質が語られているように、ある対象によってある性質が持たれることを「例化(property exemplification/instantiation)」と言う。性質の例化に関して、その種類や構造について種々の理論的な問題があるが (Lowe 2006)、道徳的性質の例化について考える場合もこれらの理論的な問題を考察する必要があるのかもしれない（タロウの特定の行為という個物によって悪さという性質が例化される場合と、残虐さという性質によって悪さという他の性質が例化される場合の違いについて、など）。本章ではこうした問題にはあまり立ち入らず、現実の対象による道徳的性質の例化はその性質の存在を認めることができる現象であると想定して（つまり、道徳的性質の例化は、創作上の魔女によって魔力が例化されている、といった類のものではないと想定して）、議論を進める。

上記の考えによると、タロウの行為はそれが配偶者に痛みを与えているが故に悪い行為なのであるが、では、タロウの行為が悪いことと、彼の行為が配偶者に痛みを与える性質を持つことは、同じことだろうか。それとも、違うことだろうか。

この問題は現代のメタ倫理学の論争の端緒を開いた G. E. ムーアが『倫理学原理』(*Principia Ethica*) で投げかけた善 (good) とそれを成立させる諸性質 (欲求の対象であること、快楽を与えるものであること、など) の関係に関する問いと類似的に理解することができる。ムーアの関心は善がそれ以外の自然的性質と同一であるか否かという問題であった。現在のメタ倫理学においては、探究の対象は善だけではなく、正しさや悪さなども含む道徳的性質一般 (もしくは規範的性質一般) となっている。さらに、道徳的性質と自然的性質の間の同一関係という問題だけではなく、ここで問題となっている道徳的性質の本性は何か、その本性を自然的性質は持つことができるか、道徳的性質は関係する諸性質によってどのように実現するのか、などその他の関連する問いも立てられるようになった。

ムーアの問題関心に戻って考えてみよう。ムーアは道徳的性質とそれを成立させる諸性質の関係について議論していたわけだが、このムーア的な問いは現代の文脈に沿って理解すると次のようにまとめることができる。

【道徳的性質の本性についての問い】:
　善、悪、正しさ、不正、徳、悪徳などの道徳的性質は、何らかの意味で、自然的性質と見なせるものか。それとも、道徳的性質は自然的性質とは種類の異なる性質であるのか。

この問いに対して、道徳的性質は自然的性質であると見なす立場は総称して自然主義 (naturalism) と呼ばれ、自然主義を否定する立場は非自然主義 (non-naturalism) と呼ばれる。「自然主義」という言葉には様々な意味が与えられるが、本章ではこの言葉は「道徳的性質は自然的性質であり、そのような性質が、われわれの判断には重要な仕方で依存しないで、この世界の対象によって例化されることがある」という考えとして使用する。これに従うと、自然主義者で

あるならば【タロウ事例】について、「タロウの行為は、われわれの道徳的判断に依存しない仕方で悪さという性質を例化している」という上述の道徳的実在論の主張に加え、この性質は自然的性質であると主張することになる。「非自然主義」という言葉はこの自然主義の主張を何らかの仕方で否定しつつも道徳的実在論を保持する立場を指すものとして使用する[2]。

本章ではこの【道徳的性質の本性についての問い】を巡って、現代の自然主義者、非自然主義者がそれぞれどのような主張・議論を展開しているのか、その一部を概観する。はじめにこの二つの立場の違いについて、少し立ち入って検討する。次に、両者の間で議論がなされている一つの問いを考える。それは、道徳的性質が特有に持つ規範性（normativity）についてどのように考えるかという問いである。この問題は、非自然主義の側から自然主義の側へ投げかけられている問いとして理解できる。この問題に関して主に自然主義の側からどのような考えが提出されているのか見ていき、現代のメタ倫理学における主要な論点の一つである自然主義と非自然主義の論争を概観していく。

2 論争の整理

自然主義と非自然主義の論争の性格を理解するためには、この論争が道徳的実在論を支持する論者の間で発生しているものであることを理解する必要がある。自然主義者も非自然主義者も道徳的実在論を受け入れている。では、その道徳的性質なるものはどのような本性を持つものか。道徳的性質がこの世界の対象によって例化されるという事態は科学的世界観から考えると奇妙なことであり受け入れることができない、との非実在論的な論法を考慮すると（Mackie 1977）、実在論の擁護のためにはこの点に成功裡に答える必要が出てくる。道

---

[2] 近年の自然主義の支持者としては Sturgeon（1985, 2003, 2006）、Boyd（1988）、Brink（1989）、Railton（1989, 2004, 2017）、Jackson（1998, 2017）、Copp（2007）、Schroeder（2007）、Finlay（2014）、Manne（2015, 2017）などが、非自然主義者としては Dworkin（1996）、Shafer-Landau（2003, 2006）、Dancy（2005）、Huemer（2005）、Wedgwood（2007）、FitzPatrick（2008, 2014, 2018a, 2018b）、Parfit（2011）、Enoch（2011）、Scanlon（2014）などが挙げられる。ムーア以降の自然主義、非自然主義を巡る議論の歴史的経緯については Darwall et al（1992）、Little（1994a, b）や Dancy（2013）などを参照。

徳的実在論の内実の説明、つまり、道徳的性質が例化するとはどういう事態なのか説明し、非実在論への回答に向けた見通しをつけるという点に、自然主義と非自然主義の論争の一つの意義があると考えられる。

現在、自然主義と非自然主義はそれぞれに細分化が進んでおり、大まかには以下の四つの立場に分類できる。

強固な非自然主義 (Huemer 2005; Enoch 2011; FitzPatrick 2008, 2014, 2018a, 2018b)	道徳的性質は自然的性質とは別種の非自然的なものであるが、そのような非自然的性質は自然的性質と同様に、世界の中に存在するという存在論的地位を持つ。
穏健な非自然主義 (Dworkin 1996; Parfit 2011; Scanlon 2014)	道徳的性質は自然的性質と同一関係にはないが、強固な非自然主義が想定しているような特殊な性質の存在を想定する必要はない。
還元的自然主義 (Jackson 1998, 2017; Railton 2004; Schroeder 2007; Manne 2017)	道徳的性質は何らかの自然的性質に還元できる。
非還元的自然主義 (Sturgeon 1985, 2003, 2006; Brink 1989)	道徳的性質は何らかの自然的性質に還元できるものではないが、道徳的性質自体は自然的性質と呼べる特徴を持っている。

まずは強固な非自然主義と穏健な非自然主義の違いについて、簡単な解説を試みる。

便宜上、「強固な非自然主義」という言葉を使用したが、この立場はしばしば「強固な実在論 (robust realism)」などと呼ばれる。強固な非自然主義によると、道徳的性質は自然的性質ではなく、自然的性質とは別種の非自然的なものであるとされる (Enoch 2011: 7; FitzPatrick 2018: 549)。一方で、本章が「穏健な非自然主義」と呼ぶ立場は、たとえば「非形而上学的認知主義 (non-metaphysical cognitivism)」(Parfit 2011: 475) などと呼ばれる[3]。穏健な非自然主義者は強固な非自然主義とは一定の距離を取り、彼らの立場は何か特殊な性

---

[3] パーフィットは自身の立場を「非形而上学的非自然的規範的認知主義 (non-metaphysical non-naturalist normative cognitivism)」(Parfit 2011: 486)「非実在論的認知主義 (non-realist cognitivism)」(Parfit 2017: 60) とも表現している。

質の存在を想定しているわけではないと主張する (Parfit 2017: 60; Scanlon: 30; Dworkin 1996: 104)。

両者の立場の違いについて、たとえば穏健な非自然主義に組するデレク・パーフィット (Derek Parfit) は次のように説明する (2017: 60)。「人身売買は悪い」という道徳的言明について考えてみよう。両者ともに、ここで提示されている悪さという性質は、自然的性質に還元できるものではないとする。その上で、強固な非自然主義によると、このような道徳的言明を真にする、自然的性質とは明らかに別種の特殊な (*sui generis*) 悪さなる性質が世界の一部として存在する。一方で、穏健な非自然主義者は強固な非自然主義が想定している存在論的に重い意味を持つ (ontologically weighty) 非自然的性質が存在するわけではないと主張する。穏健な非自然主義者は、たとえば上の道徳的言明で言及される悪さという性質は、自然的性質の例化のように時空間を占める形で存在しているものではないし、それ以外の時空間外で存在しているわけでもないと考える (Parfit 2011: 486)[4,5]。

本章では紙幅の関係上これら二種の非自然主義に関する考察にはこれ以上立ち入らないが、二種の非自然主義について近年提起されている問題をいくつか指摘しておく。強固な非自然主義者は、悪さなどの道徳的性質の特殊性を認めつつもそれがどのようにこの世界に存在するのか、何らかの説明をする必要がある。それは、上述したように、そのような特殊性を持つ道徳的性質の存在に

---

[4] 穏健な非自然主義者の中には、道徳的性質の存在論的含意は認めるが、それは他の自然的性質や数学的性質などとは領域 (domain) が異なるものであり、存在の仕方が異なるとする論者もいる。ただ、このような論者も、道徳的性質が自然的性質のような仕方で世界の一部を構成するものであるとの存在論的主張を否定するため、強固な非自然主義とは一定の距離を取ろうとしている (Scanlon 2014: 24)。

[5] 非自然主義の歴史上の代表格であるムーアの考えが強固な非自然主義に分類されるのか、それとも穏健な非自然主義に分類されるのか、はっきりしない。『倫理学原理』には強固な非自然主義を伺わせる記述もあるが (1903: section 10)、数字が存在しないように善も存在はしないとの穏健な非自然主義を伺わせる記述も見られる (Moore 1903: 110-111 Section 66)。また、善は他の自然的性質にのみ依存しているものであり、それを否定する「非自然的性質」の存在を提案しようと考えていたわけではないとも後の著作で述べているが (Moore 1942: 588)、この主張は穏健な非自然主義的な主張に見える。この点について、ハーカ (Thomas Hurka) は現代の論者が問題にしている非自然主義と存在論的なコミットメントに関する問題をムーアは主題的に論じていなかったと指摘している (Hurka 2015)。

対して、それが科学的世界観と一致しないという理由から、疑義が向けられているためである。一方で、穏健な非自然主義者は、道徳的性質は自然的性質ではないとしながらもそれがこの世界の一部を構成するものとして存在するとは主張はしないため、強固な非自然主義者に求められる説明責任を免れることができるように思える。しかしながら、自然主義を否定しながら強固な非自然主義が想定する存在論的な想定を受け入れないで済むことが本当にできるのか、いくつかの疑義が向けられている（Enoch 2011; McPherson 2011; McGrath 2014; Enoch & McPherson 2017）。

　次に自然主義の二つの立場について見てみる。自然主義には、道徳的性質がそれ以外の自然的性質に還元できるという還元的自然主義と、還元はできないが道徳的性質自身は自然的性質であるという非還元的自然主義の二種類がある。

　還元的自然主義は、典型的には、道徳的性質と何らかの自然的性質との同一性に訴えて、前者の後者への還元関係を主張してきた。この考えによると、たとえば「道徳的善は最大多数の最大幸福と同一である」と考え、前者は後者に還元できると主張するということになる。ムーア自身が考えていた自然主義とはまさにこのようなタイプの還元主義であったが、このような道徳的性質と自然的性質との間の単純な同一関係を主張する還元主義者は現在では少ない。現在の還元主義者は道徳的性質と自然的性質の同一関係はもう少し複雑なものであると考える。

　現在の還元主義者の説の中でも代表的なものを一つ紹介する。正しさという道徳的性質について考えてみよう。ある行為が正しいのであれば、たとえば約束の遵守や他者の尊重、危機にある人への援助などの自然的性質も伴うはずである。そこから、全ての可能世界における正しい行為はそれに伴う自然的性質の例化も伴う、と考えることができる。この自然的性質の例化は相当に多種多様であるはずだが（上で見ただけでも既に三つの異なる自然的性質が挙げられる）、「正しい」という述語によって指示される行為は、そのような多種多様な自然的性質のいずれかを必ず伴うはずである。このことから、「正しい」などの道徳的述語は、そのような多種多様な自然的性質を指す選言と必然的に同じ行為を指示するはずであり、そのような言葉によって指される道徳的性質と選言的な自然的性質は同一であると考えることができるかもしれない（Jackson 1998,

2017)。

　他には、道徳的性質を理由など規範的性質と関係する自然的性質の組み合わせによって説明し、両者の間の還元関係を主張するという提案もある（Schroeder 2005, 2007）。この提案については以下で詳述する。

　非還元的自然主義は道徳的性質と自然的性質の間の還元関係を否定する。この立場を支える典型的な論法は次のようなものである。道徳的性質は他の自然的性質では果たすことができない説明的役割を果たすことがある。たとえば、「ある地域の奴隷解放運動が他の地域よりも早く起こったことは、その地域の奴隷に対する扱いがより悪いものであったからである」という具合に、道徳的な悪さによって出来事やその関係を説明することができる。もしこのような道徳的性質による説明が他の説明では果たすことができない独自の説明的役割を果たしているのであれば、そのような重要な説明的役割を果たす道徳的性質は他の自然的性質には還元できないと結論できるだろう[6]。

　自然主義と非自然主義との論争を考える上で避けては通れない問題の一つが自然的性質をどのように理解するかという問いである。自然主義者は、還元主義者であれ、非還元主義者であれ、道徳的性質は自然的性質であると主張する。一方で、非自然主義者はこれを否定する。そうなると、この論争が意義あるものであるためには、自然的性質がどのようなものか、両者の間で一定の理解が共有されている必要がある。ところが、自然的性質の特徴づけは容易くない。たとえば、自然的性質を経験科学の探究の対象となるような性質と見なす考えがあるが（Moore 1903: 40）、この特徴づけだけではそもそも経験科学の探究の対象となる性質がどのような特徴を持つものか明らかにならないため、必ずしも満足のいく提案とはならない。自然的性質を因果的（causal）な役割を果たす性質として理解するという考えもあるが（Lewis 1983: 347; Sturgeon 2006: 100-1）、以下のような困難が指摘されている。神は超自然的な力を持つと考えられるが、そのような超自然的な力は自然的性質には分類されないはずである。しかしながら、神の超自然的な力によって世界の存在の原因が作られたと考えることは可能であろう。だがそうなると、神が持つ超自然的な力を因果的なも

---

[6] この論法については本書第6章を参照。

のとみなすことが可能となってしまい、因果性によって自然的なものと超自然的なものを区別することが困難になる（Copp 2007: 38; McPherson 2015: 127-128）。自然的性質を経験的な方法によって発見される性質として理解するという考えもあるが（Copp 2007: 39-41）、神の存在証明のためのいくつかの論法は（この世界では規則性が見いだされるという経験的事実に基づいて神の存在を推論する、という論法など）経験的な方法を用いていると理解することもできるため、この提案も無傷ではすまない（McPherson 2015: 127-128; Paakkunainen 2018: 2）[7]。

自然的性質の特徴づけは上記のように容易ではないが、筆者の見立てでは以下の理由でこの問題は特に非還元的自然主義者が答えなければならない問いであるように思える。

①還元主義者は非自然主義者であっても自然的性質と見なすようなものに道徳的性質を還元できると主張するため、「自然的性質とは何か」という問いに直接的に答える必要がない。たとえば、快楽は心理的性質であり、非自然主義者であってもこれを自然的性質と見なすだろう。このような前提に立った上で、還元主義者は、たとえば、なぜ快楽に道徳的性質を還元できるのか、説明しようとする。非自然主義者はこのような説明を受け入れないかもしれないが、快楽が自然的性質であるという点については受け入れるだろうから、ここでの自然主義者と非自然主義者の対立において自然的性質とは何かという問題は、問

---

[7] 自然的性質の特徴づけに関する他の提案として、科学的説明において言及される性質（Little 1994b: 226）、世界の科学的な理解（the scientific conception of the world）において世界の一部であるとされる性質（Crisp 2012: 59）などもあるが、これらはいずれも「科学的」なものが何か、さらなる説明を与えなければ十分な説明とはならない。他に、自然的性質を非価値的な語彙（non-evaluative terms）によって指示される性質とする提案もあるが（Huemer 2005: 66）、この説明では自然的性質は価値的な語彙以外のものでしか指示されないことになるが、これは非還元主義的な自然主義に対する不当な論点先取になってしまうだろう。それは、非還元的な自然主義者ならば、道徳的性質は価値的な語彙でしか指示されないが、それでもそれらは自然的性質であると主張することができるからである。他の説明として、関連する判断を説明できる性質（茶色の犬は白い犬よりもなぜ茶色の猫により色という観点では似ているのか、など）（Hirsch 1993）、自然法則において一定の役割を与えられる性質（Vallentyne 1998）、デイビッド・ルイス（David Lewis）が提唱した豊富な性質（abundant properties）とまばらな性質（sparse properties）の区別を導入し（Lewis 1986）、道徳的性質は、水曜日にはじめて行われたという性質、などのようなまばらなものではないと考えるのが自然主義者の主張であると理解する方針も提案されている（McPherson 2015）。

われる必要がないように思える。

②非還元主義者は、「道徳的性質は自然的性質に還元はできないがそれ自体は自然的性質である」と主張するが、この主張を擁護するためには、「道徳的性質はPという特徴を持っているが故に、自然的性質と見なせる」という形式の主張をしなければならない。実際に、非還元主義の主唱者たちは、たとえば、道徳的性質は因果的なものであるが故に自然的性質と見なせる（Sturgeon 1985, 2006）などと主張してきた。そのため、非還元主義を擁護する場合は、自然的性質の特徴づけに関する問いを回避できない。

②の点について、もし非還元主義者がこの点を成功裏に説明することができなかった場合、非還元主義者は「道徳的性質がなぜ自然的性質であるか説明することはできないが、とにかく道徳的性質は他の自然的性質には還元できるものではなく、だが、自然的性質でもある」と主張することになる。このような主張は結局のところなぜ道徳的性質が自然的性質でありかつ他の自然的性質に還元できないかほとんど説明できていないため、道徳的性質は特殊なものであると主張する非自然主義にかなり近いものになるだろう。本章ではこの点についてはこれ以上検討せずに、（結局、自然的性質とは何かという問題には何も答えていないが）われわれはある程度信頼のおける自然的性質とそうでない性質の区別に関する判断を下すことができると想定し、また、自然的性質の特徴づけをそれほど積極的に行う必要のないように思える還元的な自然主義に焦点を絞り、議論を進めていく。

3　道徳の規範性に関する問い

非自然主義者から自然主義者に対する反論として、しばしば以下のような問題が挙げられる。

【規範性からの反論】：
　自然主義者は道徳的性質が自然の性質であると主張するが、自然的性質が、

道徳的性質が特有に持つと考えられている道徳の規範性を持つとは思えない。このことを考慮すると、道徳的性質が自然的性質であると考えることはできない。

再び【タロウ事例】を考えてみよう。この事例について、たしかに、タロウの行為が悪いことと、タロウの行為が配偶者に痛みを与えることには、違いがあるように思える。次の二つの言明を考えてみよう。

【1】タロウの行為は、配偶者に痛みを与える行為であり、そうであるが故に、悪い行為である。
【2】タロウの行為は、配偶者に痛みを与える行為である。

一見したところ、【1】と【2】には違いがあるように見える。【1】ははっきりとタロウの行為は悪いと主張しているが、【2】は単にタロウの行為は配偶者に痛みを与えるということしか言っていない。そのため、【1】で表現されていることと、【2】で表現されていることの間には、何らかの差異があることが伺われる。この違いは、【1】で言及されている悪さという道徳的性質には道徳の規範性なるものが含まれている一方で、痛みを与えるという自然的性質にはそのようなものが含まれていないことに由来するのかもしれない。そうであるとすると、悪さなどの道徳的性質が持つ規範性は、どのような自然的性質であってもそもそも持てないのではないかという疑念が湧いてくる。このように考えると、道徳的性質を自然的性質であると考える自然主義を否定する余地が生まれる。そして、そのような道徳の規範性なるものを持つことができるものは自然的性質とは別種の特殊な非自然的性質であると考える非自然主義の方が理に適っていると論じられるのである（Dancy 2005; Enoch 2011; FitzPatrick 2014）。

さて、上述したように、自然主義と言っても還元的自然主義や非還元的自然主義などいくつかの異なる立場が現代の論争においては提案されている。では、【規範性からの反論】はこれら異なる自然主義的諸説に対して同程度の反論力を持つのだろうか。

還元的自然主義は、悪さを何らかの自然的性質に還元する立場である。前述

第 5 章　自然主義と非自然主義の論争について

したように、現代の論者たちの多くは、道徳的性質を自然的性質に還元するといっても、ある一つの道徳的性質とある一つの自然的性質の間の同一関係に訴えるという方針をあまり採用しないが、最終的には何らかの複雑な自然的性質の集合と道徳的性質の間に同一関係を見いだそうとする試みであることには変わりない。【規範性からの反論】はこのような試みが道徳の規範性を失わせるという主張であるから、還元的自然主義はこの問題の射程に入ることになる。

　一方で、非還元的自然主義にとってこの問題がどのような意義を持つのか、はっきりしないところがある。非還元的自然主義によると、道徳的性質はそれ自身を除くどのような自然的性質とも同一ではない。この考えによると、【タロウ事例】におけるタロウの行為の悪さとタロウの行為が持つ自然的性質（他者に痛みを与える、など）との間に同一関係はないことになる。つまり、非還元的自然主義者は、たとえば悪さという自然的性質でもある道徳的性質は、他の自然的性質とは異なる特徴を持つことを認めているということである。もしここで言われている「異なる特徴」が、自然的性質としての特徴も道徳の規範性としての特徴も含むものであれば、このタイプの自然主義は【規範性からの反論】から逃れることができる[8]。この点を考慮して、たとえば、デイビッド・コップ（David Copp）は【規範性からの反論】について論じる際に、自然主義の代表として還元的自然主義を想定して議論を進めている（Copp 2012: 30-31）。本章でもこの点についてはこれ以上深く立ち入らず、【規範性からの反論】を還元的自然主義に向けられたものと理解して議論を進めていく。

　【規範性からの反論】の考察に際してもう 1 つ考慮すべき問題がある。それは、ここで議論の対象になっている道徳の規範性とはそもそも何か、という問題である。フィリッパ・フット（Philippa Foot）の言葉を借りれば、道徳が持つ規範性とは一種の拘束力（binding torce）である。しかし、この拘束力がつ

---

[8]　ダンシー（Jonathan Dancy）はこの点を考慮した場合、非還元主義的な自然主義者と非自然主義者の論争は、双方が「自然的性質」という言葉で何を指しているのか明確にしない限り、進まないと指摘する（Dancy 2005: 139）。一方で、フィッツパトリック（William FitzPatrick）は非還元的な自然主義者であるコーネル実在論を批判する文脈において、非還元主義者は最終的には規範性を因果的役割などの自然的性質によって説明するが、そこで説明の際に引き合いに出された自然的性質を持つ道徳的性質がなぜ規範的な重要性を持つのか、自然主義の枠組みでは説明できないと主張する（FitzPatrick 2008: 181-182, 2014: 576）。

まるところ何なのか、われわれはそれから逃れることができないように感じるという以上のことを説明することは難しい（Foot 2002: 162）。道徳の規範性とはわれわれに定言的に課されるものとする考えは、カント的な道徳哲学の伝統において一般的である。ここで言うところの定言的とは、われわれが偶然に意志する目的などに関わらず無条件で課されるもの、と理解できる（Johnson & Cureton 2016）。だが、たとえばエチケットに関する様々な規範も定言的に表現されることにフットは注目する。エチケット上の規範は、たとえば「音を立ててパスタを食べるべきではない」という仕方で表現されるが、これは一見したところ、定言的である。この命法は「もしエチケットを重視するならば、音を立ててパスタを食べるべきではない」という仮言的命法とは、少なくとも見かけ上は、異なる。前者は、エチケットを守る気がない人であっても、エチケットの観点から考えると、音を立ててパスタを食べるべきではないという規範を表現している（Foot 2002: 160）。しかしながら、状況によってはエチケット上の規範を守らない理由はいくらでも挙げることができる（病み上がりでエチケット上の規範に従って食事をすることが身体的に困難である場合、など）。一方で、道徳上の規範は、基本的にはどのような場合でも、遵守されるべきものだろう。つまり、道徳の規範性を上述のような仕方で定言的に課されるものと理解しても、道徳とは明らかに異なるエチケット上の規範なども定言的に表現されることを考慮すると、不十分な説明にしかならないということである。

　他にも、道徳の規範性は他の規範性よりも常に優先されるものであり、道徳の規範性をこのような他の規範性との優先性という観点から理解できるとの主張もある。だが、あらゆる場合で道徳的考慮が自分の福利に関する考慮よりも優先されると考えることは困難であるとの指摘や（Wolf 1982: 96-98）、他の規範よりも常に道徳規範が優先されるのであればそのことを要求する他のレベルの規範性を想定する必要が発生し、そのような最終的にわれわれの行為の価値を決めることができる規範性を想定することは難しいとの指摘など（Copp 2007: 284-308）、いくつかの疑義がある。道徳の規範性を動機という観点から説明しようとする試みもあるが（Mackie 1977: 40; Brink 1984）、道徳の規範性は動機とは形而上学的に独立している全ての行為者に与えられる不可避性として理解されるべきとの提案もある（Joyce 2001: 31; Garner 1990: 146）。ただ、こ

こで言及される不可避性を説明することは、必ずしも容易ではない。「道徳的であることに興味がない人であっても道徳の規範は不可避的に与えられている」という言明が言う「不可避」とは、結局どういうことなのか不明瞭である（Joyce 2001: 32）。

このように、道徳の規範性の内実を明らかにすることは容易ではないが、たとえばゲームの規則のような形式的なものではなく、何らかの意味でより強いものであるということについては同意できるだろう（McPherson 2011: 232; Shackel 2014a: 405）。「将棋において桂馬の駒は歩の駒と同じ動きはできない」という規則は、将棋というゲームをやっている人に対しては一定の制約をかけるが、そうでない人にはそのような制約をかけない（指の運動のために将棋盤の上で馬の駒を歩兵の駒と同じように動かしても特に問題はないだろう）。しかしながら、幼児虐待が悪さという性質を持つことは、道徳的に生きることに興味を持つ人だけではなく、全ての人に対してこのような行為を禁じているように見える。このことは、幼児虐待が持つ悪さという性質は、偶然に持つ性格や考え、環境に関わらず、われわれに虐待をしない理由を与えると理解することもできる（Foot 2002: 161; Parfit 2011: 268）。つまり、道徳の規範性は、ある規範が道徳的であるという性質を持つことのみによって、われわれがその規範に従う理由を与える性質として理解できるかもしれないということである。

再びエチケットと道徳を比較してみよう。「パスタは音を立てて食べるべきではない」というエチケット上の規範は、上述したように、全ての人に適用されるだろう。しかしながら、それがエチケット上の規範であるということだけで、それに従う理由がわれわれに与えられるわけではないだろう。エチケットに興味がない人にもこの規範は適用されているかもしれないが、そのような人にはエチケットに従う強い理由は与えられないだろう。一方で、ある行為が道徳的に悪いということは、それが道徳的に悪いということのみによって、われわれにその行為を控える（少なくとも阻却可能な）理由を与えるように思える。たとえば、嘘をついてはならないという規範は、それが道徳上の規範であるという性質を持つことによって、どのような人に対してもこの規範に従う理由を与えているように思える。

このように見てくると、【規範性からの反論】において自然主義者に課され

ていることは、道徳がそれに従う強い理由をわれわれに与えることを自然主義の枠組みにおいて説明すること、ということになる。ここで注意したいのは、【規範性からの反論】に対してこのように答えようとする場合、自然主義者は自然主義と比較的相性が良いように見える理由の内在主義[9]を採用しにくいように見えるという点である。理由の内在主義とは、ある人にとってφする理由があることは、その人自身の心理的な側面に内在的な性質、たとえばその人の考えや欲求などによって、説明できるとする諸説を指す。この考えによると、もし私が妻との約束を守る理由があるのであれば、この理由は私が持つ何らかの心理的な側面によって説明されるはずである（私は妻との約束を守りたいと考えている、妻との約束を守ることで私が持つある欲求が促進される、など）。もしそのような説明が与えられない場合、私には妻との約束を守る理由はないということになる。内在主義と自然主義の相性がよいのは、内在主義が上述したような仕方で理由を心理的な側面という自然的性質によって説明しようとする立場であるからである（Harman 1985; Schroeder 2007）。

　内在主義に対して典型的になされる反論は、この説では道徳的理由などが持つ強い規範性を説明できないとの主張である。もし私に妻との約束を守る道徳的理由があるのであれば、この理由は私が持つ考えや欲求の内容とは関わりなく私に与えられているように思える。たとえば、たとえ私が妻との約束を守ろうとする意志がなかったとしても、他の重要な理由がなければ、私には依然として妻との理由を守る理由が与えられるだろう。ところが、内在主義ではこのような道徳的理由の特徴を説明できないように見える。それというのも、内在主義は、行為の理由は行為者が持つ心理的側面と結びつけることでしか説明できないとする説であるからである。もし私が妻との約束を破ることを何とも思わない人間であったら、私が妻との約束を守る理由があることを、私の心理的側面に訴えて説明することは困難だろう。理由の外在主義であれば、私に妻との約束を守る理由があることを、私の心理的側面以外の事柄、たとえば、妻との約束を破ることで両者の関係が危うくなる、悪い結果が招かれる、などに訴えて、説明することができる。

---

[9] 理由の内在主義とその対抗馬である理由の外在主義については本書第4章を参照。

内在主義者はこの反論を受け止め、行為の理由に関する正しい考えは内在主義であり、その帰結として、われわれが偶然持つ考えや欲求に依存しない道徳的理由なるものは存在しないと結論することもできる。一方で、内在主義を維持しつつも、行為者が偶然持つ考えや欲求に依存しない道徳的理由の存在を肯定できると主張する論者もいる。

　この方針をとる近年の論者として、マーク・シュローダー（Mark Schroeder）を挙げることができる。シュローダーはまず、規範性を理由に還元する（2007: 81）。この提案に従うと、たとえばタロウが配偶者の足を踏むことの悪さは、つまるところ、配偶者の足を踏むことを避ける理由として説明される[10]。規範性を理由に還元できるものとすると、自然主義者に次に課される課題は、理由に自然主義的な説明を与えることができるか否かということになる。

　理由を説明する際にシュローダーが持ち出すものが欲求である。シュローダーは欲求の促進という観点から、理由に関する還元的な説明を与える（詳細は次節を参照）。欲求は（異論の余地があるかもしれないが）われわれが内観を含めた知覚経験によって知ることができるものであり、自然的性質の1つと考えられるが、それによって理由を説明しようとする方針は自然主義と相性が良い。また、この欲求によって理由を説明しようとする方針は、それほど無理のない試みであるようにも思える。私が食事をしたいという欲求を持っていた場合、キッチンに食べ物があるという事実は、私がキッチンへ行く理由になるだろう。このことは、私が持つ理由とは、私が欲求を満たすことと密接な関係を持つことを示唆しており、理由を欲求とそれに関係する他の事柄によって説明することができる可能性を示している。

　ここまでの話をまとめると以下のようになる。当初、ムーアが投げかけた問いは、たとえば善や悪さなどの道徳的性質は、福利の増進や痛みの助長などの、ある単一の自然的性質と同一であるか否かという問題であった。このような問いかけに対して、たとえばシュローダーなどは、自然主義者はある道徳的性質が他の自然的性質と同一であると主張する必要はないと応じる。そして、道徳

10　ここで問題になっているのは行為の正当化に関わる規範理由である。規範理由と動機づけ理由の区別については本書第4章を参照。

的性質が特徴的に持つ規範性は規範的な性質である理由によって説明することができ、理由自体は欲求とその充足に関連するいくつかの自然的性質の組み合わせによって説明することができる、と主張する。【タロウ事例】に即して考えると、近年の自然主義者は単にタロウの行為の悪さとタロウの行為が痛みを発生させたことを同定しようとするのではなく、まずはタロウの行為の悪さを理由によって説明し、さらに、その理由を欲求とそれに関連する自然的性質で説明するという、当初ムーアが想定していたものよりもより複雑な自然主義的な提案を試みているということである。さらに、近年の自然主義者の中には、自然主義と相性のよい理由の内在主義をとりながらも、われわれには偶然持つ考えや欲求に依存しない形で道徳的である理由が与えられていると主張する論者もいる。この主張は、自然主義に対して向けられる【規範性からの反論】への応答を提供し得る可能性を秘めている。次節ではこの方針をとる代表的な例であるシュローダーの議論に焦点を絞り、検討していく[11]。

4 シュローダーの仮言主義

理由の内在主義をとりつつも道徳が持つ強い規範性を説明するという試みを、シュローダーは彼が「仮言主義（hypotheticalism）」と名付ける自然主義的な理

---

[11] 紙幅の関係上、本章では扱うことができなかったが、レイルトン（Peter Railton）による認知上の規範性と行為の規範性の類似に訴える自然主義的な説（2004）、コップによる多元的・目的論的な性格を持つ還元的自然主義の擁護（Copp 1995, 2007, 2009, 2012, 2015）、フィンリー（Stephen Finlay）による分析的な還元的自然主義の擁護（Finlay 2006, 2009, 2014）、マーコビッツ（Julia Markovits）による手続き的合理性に訴えた提案（Markovitz 2014）、マン（Kate Manne）による他者の欲求も行為の理由の基盤となることを許容する「民主的ヒューム主義（Democratic Humeanism）」からの提案なども（Manne 2015, 2017）自然主義的に道徳の規範性を説明する試みとして理解することが可能であり、注目に値する。

[12] シュローダーは自身の考えを還元的実在論（reductive realism）とは呼ぶが、還元的自然主義（reductive naturalism）とは呼ばない。この点について、典型的に自然主義者と呼ばれる論者たちが持つ考えの多くを彼自身は受け入れておらず、そのため、「自然主義」という言葉で彼自身の立場を分類することは無用な混乱を招くと考えている様子である（Singer 2017: 218n, 222n; McPherson 2015: 131 も参照）。ただ、本章で問題にしている「道徳的性質は自然的性質であるか」という問いに対して、シュローダーは肯定するであろうから、本章で彼の立場を自然主義に分類することは問題がないだろう。この点について、たとえばシャケル（Nicholas Shackel）も最終的にシュローダーが擁護を目指している立場は「自然主義（naturalism）」であると述べている（Shackel 2014b: 632）

由に関する内在主義の一形態[12]を提示し、実行に移す。

【仮言主義】：

　命題 R が行為者 X にとって行為 A する理由であるとは以下のようなことである。即ち、X の欲求の対象である何らかの事態 P があり、なぜ X が A をすることによって P を促進（promote）できるのか、R が真であることによって部分的に説明される（Schroeder 2007: 59）。

　【仮言主義】は理由に関する還元的な説である。それは、理由という規範的な性質は、つまるところ、欲求とその促進に関する種々の性質の組み合わせであるとする提案だからである。

　【タロウ事例】において、タロウは配偶者を苦しめたくない欲求（P）を持っているとしよう。配偶者の足を踏まないようにすることが配偶者に苦痛を与えない（R）ならば、タロウが配偶者の足を踏まないようにするという行為（A）が、なぜ彼の欲求を促進するのか、説明するように見える。このことから、【仮言主義】によると、（R）はタロウにとって（A）の理由であるということになる。

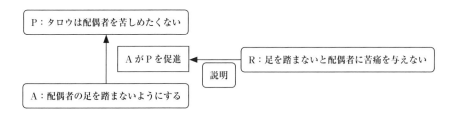

　上のような構造を提示する【仮言主義】は道徳的性質を自然的性質であると見なす自然主義者には受け入れやすい説である。P の位置にくる様々な欲求が A の位置にくる様々な行為によって促進されることは自明であるし、そのことを R の位置にくる様々な命題が説明するということも受け入れやすいだろう。

　では、この説からどのように道徳の規範性が説明できるのか。この点を説明するために、シュローダーは道徳的理由が持つべき特徴として行為者中立性

(agent neutrality) と強い様相的地位 (the strong modal status) という二つの特徴を強調する (2007: 105-106)。ある理由が行為者中立的であるとは、その理由は全ての人にとってある特定の行為をする理由になるということである。全ての人にとっての理由ということになるので、行為者中立的な理由は普遍的な理由でもある (2007: 106)。また、道徳的理由が強い様相的地位を持つとは、道徳的理由はどのような欲求にも依存せずに成立するという特徴を持つということである[13]。

では、最終的には欲求によって理由を説明する仮言主義は、われわれがこのような二つの特徴がある理由を持つことを説明できるのだろうか。この点の説明が、シュローダー流の自然主義(＋理由の内在主義)からの【規範性からの反論】への応答の肝ということになる。

この点に答えるために、シュローダーは仮言主義が以下のことしか言っていないことを強調する。

【仮言主義の含意】：
　もしある人が行為する理由を持つならば、その理由を説明する何らかの欲求をその人は持っているはずであるが、このことは、その行為の理由を説明する欲求はたった1つであることを含意しない (2007: 108-109)。

この点について例を用いて考えてみよう。仮言主義によると、私が7時に家を出る理由があるならば、この理由を説明する何らかの欲求を私は持つはずである。たとえば、私が「9時からの約束の前に職場を少し整理したい」との欲求を持っていたとすると、この欲求は7時に家を出れば8時前に職場に到着す

13　シュローダーは弱い様相と強い様相を区別し、弱い様相は道徳的理由がわれわれ個々人が偶然に持つ欲求に依存しないとの考えであり、強い様相は、たとえどのような欲求であったとしても道徳的理由はその欲求に依存しないとの考えであるとする (Schroeder 2007: 105-106)。もし道徳的理由が弱い様相だけでなく強い様相も持つのであれば、たとえわれわれが道徳に関わる欲求を必然的に持つとしても(次世代を大切にしようとする欲求、など)、そのような欲求の有無に関わらず、道徳的理由はわれわれに与えられることになる。もし人間が誰しも同じような道徳に関連する欲求を持つのであれば、そのような欲求に訴えて道徳的理由の普遍性を内在主義的に説明することができるが、シュローダーの試みは内在主義では説明が困難に見える強い様相をも説明しようとするものである。

るという事実が私にとって7時に家を出る理由であることを説明するように見える。ただ、この理由は私が持つ他の欲求によっても説明される。私が「時間的な余裕を持って9時からの仕事に臨みたい」とも思っていた場合、この欲求も、8時前に職場に到着するという事実が私にとって7時前に家を出る理由であることを説明するだろう。つまり、ある行為の理由は一つ以上の欲求によって説明されることがあるということである。このことをシュローダーは理由に関する多重決定（overdetermination）と名付ける（2007: 108-109）。

シュローダーはこの理由の多重決定が行為者中立性と強い様相的地位を持つ理由の説明の鍵であると考えている。それは、ある命題が理由としての機能を果たすためにわれわれ全員が何か一つの特殊な欲求を持つ必要はなく、各人が異なる欲求を持っていてもその命題が理由としての役割を果たすことが論理的には可能であることを理由の多重決定が示しているからだ。つまり、誰のどのような欲求であっても、ある特定の命題が行為中立性と強い様相的地位を持つ理由としての機能を果たすことが可能であるということである。

シュローダーは道徳的理由を大規模な形で多重決定された理由であると説明する（2007: 108-117）。つまり、道徳とは何の関係もない欲求であっても、その欲求が道徳的な行為をすることによって促進されることが説明できる可能性を【仮言主義】は確保できるとシュローダーは主張する。このあたりのシュローダーの議論は、他の評者も指摘しているように（Enoch 2011: 428-429）それほど明瞭ではないが、この点を説明するために、シュローダーは徳（virtue）に関する考えや道徳教育に関する提案を試みる（2007: 115-117）。ここでは彼の道徳教育に関する記述に絞って説明する。

「困っている人には親切にするべきだ」「他人を傷つけてはならない」などの実質的な道徳的言明を想定しないで、【仮言主義】の内容である「欲求の実現が促進される行為をする理由がある」とだけ教える道徳教育を想定してみよう。この場合、はじめは、被教育者は自己中心的に振る舞う理由のみが自分にはあると考えるかもしれない。ただ、理由の多重実現を考慮にいれ始めると、どのような欲求であってもそれを成功裡に充足させるためには道徳的な考慮をする必要があることが徐々にわかり、道徳的理由に対して敏感になるかもしれない。もしこのようなプロセスが現実的に可能であるならば、偶然持っている欲求を

促進するという出発点であっても、最終的には道徳的に行為する理由を受け入れることができるということになる。このことは、道徳的理由がわれわれが現実的に持つ欲求によって多重決定されていることを示すだけでなく、少なくない人々はこの点に気がつくことができ、道徳的であろうとさえすることをも示す（2007: 116）。これらが示唆することは、シュローダーが擁護を目指す、仮言主義と理由の行為中立性及び強い様相的地位との両立性である。

さて、シュローダーのこれらの提案はどれほど自然主義を利するものだろうか。

シュローダーが理由の多重決定について強調することは重要な点であろう。たしかに、理由の多重決定を考慮にいれると、どのような欲求から出発したとしても、われわれには等しく道徳的に振る舞う理由があることが最終的には示されるかもしれない。このことは、少なくとも理論上は、仮言主義のようにわれわれが偶然に持つ欲求に訴えて規範性を説明しようとする試みが、道徳の規範性が持つ客観性や普遍性を否定する必要がないことを示している。欲求によって道徳の規範性を説明しようとする試みに対しては、欲求に依存せずとも成立しているように見える道徳的理由などが説明できなくなるという、いわゆる「少なすぎる理由の問題（too few reasons problem）」がしばしば挙げられるが（Schroeder 2007: 103-122; Shafer-Landau 2012: 436）、理由の多重決定に訴えることで、何らかの欲求さえ持っていれば、われわれには道徳的である理由があると主張できる仮言主義は、一応はこの問題に応答している。これは、自然主義的な道徳の規範性の説明の試みとしては、大きな前進であると言えるだろう。

ただ、たとえわれわれには仮言主義が言うような仕方で道徳的理由が与えられているとしても、それらに従うことが他の行為の理由と衝突することは十分に考えられる。たとえば、自分勝手に生きることを強く望む人にとっては、道徳的理由よりも自分の利益に関する行為の理由の方が優先されるように思える。ただ、道徳の規範性が持つ強さはこのような形で個人の欲求によって覆されるものではないはずである。この点を説明できなければ、仮言主義はやはり道徳の規範性を十分に説明できない説であるように思えてくる。

この問題に対して、シュローダーは、強い欲求を満たす理由の方が他の欲求を満たす理由よりも常に優先されるべきだとする「理由の比例主義（reason proportionalism)」を否定する。その上で、ある理由が他の理由よりも強度を持つ（have weights）ことを説明するための、理由の集合とそれに対抗する理由の集合の重要性の比較に訴える説の提示を試みる（Schroeder 2007: 123-145）。紙幅の関係でこの点についての彼の説を検討することはここではできないが、理由の強度及び理由の比較に関する彼の説に対して次のような反論が寄せられている。

　シュローダーが言うように、もし理由が大規模に多重決定されているものであれば、われわれには道徳に従う理由と共に、それに逆らう理由も与えられるように見える。たとえば、約束を破ることを望んでいない人であっても、理由の多重決定を考慮すると、約束を破ることで最終的には促進される欲求を少なくとも一つは持っており（道徳的に悪いとされる行為をした人の支えになりたいという欲求を持っており、この欲求を果たすためには悪人の心持ちを知る必要がある、など）、その意味で、われわれには約束を破る理由があると考えることができる。では、シュローダーはこのような形で与えられる道徳的である理由と道徳に逆らう理由を比較した時に、どのように前者の方がより重要な理由であると説明することができるのだろうか（Shafer-Landau 2012: 441）[14]。

　さらに、たとえシュローダーの主張を受け入れたとしても、彼が本当に【規範性からの反論】において問題となっている道徳の規範性を説明できているのか、疑問は残る。たしかに、私が偶然に持ったありふれた欲求は、たとえ私が妻との約束を守りたいという欲求を持っていなかったとしても、私に妻との約束を守る理由が与えられていることを説明するかもしれない。しかしそれは、上で見たように、非常に回りくどい形での説明である。そのような形でしか与えられない規範が道徳の規範性が持つとされる形式的なものを超えた強い拘束力のようなものを持つのか、不明瞭であろう（Manne 2017: 15）。

　これらの論点は、本人もなかば認めているように、シュローダーの提案には不十分な点があることを示している（Schroeder 2007: 115-117; Schroeder 2012）。ただ、これらの提案は自然主義では道徳の規範性は説明しきれないとする非自

14　シュローダーの理由の比較に関する説を主題的・批判的に検討した他の研究として、Shackel (2014b) が挙げられる。

然主義への一つの応答には少なくともなっている。

5 おわりに

　以上、自然主義と非自然主義の論争を、特に道徳の規範性の説明という問題に焦点をあてて、概観した。ムーアが想定していた自然主義とは道徳的性質を他の自然的性質と同一視するという立場であったが、本章で見た通り、現在の自然主義的な説の中には還元的なものと非還元的なものがあり、当初のムーアの想定よりも自然主義的な説は多様化している。また、還元的な諸説の中にも、両者の同一関係を主張するというよりも、道徳的性質の構造をより基礎的な規範的性質と関連する自然的性質の組み合わせによって説明しようとする試みも表れている。そのような説によって本章が焦点をあてた道徳の規範性に関する説明が試みられているが、問題点も様々に指摘されている。それらを精査し、自然主義陣営と非自然主義陣営のそれぞれのさらなる理論構築の可能性を見定めるというのが、論争の現在地点ということになると思われる[15]。

文献表

Brink, D. (1984). "Moral Realism and the Sceptical Arguments from Disagreement and Queerness". *Australasian Journal of Philosophy*, 62, 111-125.
Brink, D. (1989). *Moral Realism and the Foundations of Ethics*. Cambridge: Cambridge University Press.
Boyd, R. (1988). "How to be a Moral Realist", in Sayre-McCord, G. (ed.) *Essays in Moral Realism* (Ithaca: Cornell University Press).
Copp, D. (1995). *Morality, Normativity and Society*. Oxford: Oxford University

---

15　本章の草稿を日吉哲学倫理学研究会で発表した際に、成田和信、森庸、弓削隆一、真船えり、冨田絢矢、米倉悠平の各氏より貴重なコメントを頂いた。また、笠木雅史、横路佳幸の両氏より、本章の草稿に対してコメントを頂いた。本章の一部は創価大学での哲学特講Ａや八王子哲学研究会において発表し、それぞれの参加者から質問やコメントを頂いた。これらの参加者の中でも特に吉良貴之、清田俊介、東口美紀、佐佐木ひな、伊藤輝、松本健太、山下勇也、高亀洋一、本田沙也香、青柳祐輔、宮内誠一の各氏より貴重なコメントを頂いた。この場を借りて感謝申し上げる。また、本稿は科研費（19K12938）の支援による研究成果の一つである。

Press.
Copp, D. (2007). *Morality in a Natural World*. Cambridge: Cambridge University Press.
Copp, D. (2009). "Toward a Pluralist and Teleological Theory of Normativity", *Philosophical Issues*, 19, 21-37.
Copp, D. (2012). "Normativity and reasons: five arguments from Parfit against normative naturalism", in Nuccetelli, S & Seay, G. (eds.), *Ethical Naturalism: Current Debates*, Cambridge: Cambridge University Press, 24-57.
Copp, D. (2015). "Explaining Normativity". *Proceedings and Addresses of the American Philosophical Association*, vol. 89, 48-73.
Crisp, R. (2012). "Naturalism: Feel the Depth", in Nuccetelli, S & Seay, G. (eds.), *Ethical Naturalism: Current Debates*, Cambridge: Cambridge University Press, 58-69.
Dancy, J. (2005). "Nonnaturalism", in Copp, D (ed.), *Oxford Handbook of Ethical Theory*. Oxford: Oxford University Press, 121-144.
Dancy, J. (2013). "Meta-Ethics in the Twentieth Century", in Beaney, M. (ed.), *The Oxford Handbook of The History of Analytic Philosophy*, Oxford: Oxford University Press, 729-749.
Darwall, S, et al. (1992). "Toward *Fin de siècle* Ethics: Some Trends". *The Philosophical Review*, 101: 115-189.
Dworkin, R. (1996). "Objectivity and Truth: You'd Better Believe it". *Philosophy and Public Affairs*, vol. 25: 87-139.
Enoch, D. (2011). *Taking Morality Seriously: A Defense of Robust Realism*. Oxford: Oxford University Press.
Enoch, D. & McPherson, T. (2017). "What do you mean "This isn't the question"?". *Canadian Journal of Philosophy*, 47: 6: 820-840.
Finlay, S. (2006). "The reasons that matter". *Australasian Journal of Philosophy*, 84: 1, 1-20.
Finlay, S. (2009). "Oughts and ends". *Philosophical Studies*, 143, 315-340.
Finlay, S. (2014). *Confusion of Tongues: A Theory of Normative Language*. Oxford: Oxford University Press.
FitzPatrick, W. (2008). "Robust Ethical Realism, Non-Naturalism and Normativity", in Shafer-Landau, R. (ed), *Oxford Studies in Metaethics*, vol. 3, Oxford: Oxford University Press, 159-205.
FitzPatrick, W. (2014). "Skepticism About Naturalizing Normativity: In Defense of Ethical Nonnaturalism". *Res Philosophica*, vol. 91, No. 4: 559-588.

FitzPatrick, W. (2018a). "Ontology for an Uncompromising Ethical Realism". *Topoi*, vol. 37, 537-547.
FitzPatrick, W. (2018b). "Representing ethical reality: a guide for worldly non-naturalists". *Canadian Journal of Philosophy*, vol. 48, 548-568.
Foot, P. (2002). *Virtues and Vices: and Other Essays in Moral Philosophy*. Oxford: Oxford University Press.
Garner, R. T. (1990). "On the Genuine Queerness of Moral Properties and Facts". *Australasian Journal of Philosophy* 68, 137-146.
Harman, G. (1985). "Is there a single true morality?", in Copp, D. & Zimmerman, D. (eds.), *Morality, Reason and Truth*, Totowa, NJ: Rowman and Allanheld, 27-48.
Hirsch, E. (1993). *Dividing Reality*. Oxford: Oxford University Press.
Horgan, T. & Timmons, M. (eds.). (2006). *Metaethics after Moore*. Oxford: Oxford University Press.
Huemer, M. (2005). *Ethical Intuitionism*. Houndmills: Palgrave Macmillan.
Hurka, T. (2015). "Moore's Moral Philosophy", in Zalta, E. (ed.), *Stanford Encyclopedia of Philosophy*, https://plato.stanford.edu/entries/moore-moral/
Jackson, F. (1998). *From Metaphysics to Ethics: A Defence of Conceptual Analysis*. Oxford: Clarendon Press.
Jackson, F. (2017). "In Defence of Reductionism in Ethics", in Singer, P. (ed.) *Does Anything Really Matter?: Essays on Parfit on Objectivity*, Oxford: Oxford University Press.
Johnson, R. & Cureton, A. (2016). "Kant's Moral Philosophy". in Zalta, E. (ed.) *Stanford Encyclopedia of Philosophy* (https://plato.stanford.edu/entries/kant-moral/#CatHypImp [2019年3月27日にアクセス])
Joyce, R. (2001). *The Myth of Morality*. Cambridge: Cambridge University Press.
Lewis, D. (1983). "New Work for a Theory of Universals". *Australasian Journal of Philosophy*, 61: 4, pp. 343-377.
Lewis, D. (1986). *On the Plurality of Worlds*. New York: Wiley-Blackwell.〔出口康夫【監訳】『世界の複数性について』2016年名古屋大学出版会〕
Little, M. (1994a). "Moral Realism I: Naturalism". *Philosophical Books*, 35 (3), 145-153.
Little, M. (1994b). "Moral Realism II: Non-Naturalism". *Philosophical Books* 35 (4), 225-233.
Lowe, J. (2006). *The Four-Category Ontology: A Metaphysical Foundation for Natural Science*. Oxford: Clarendon Press.

Mackie, J. (1977). *Ethics: Inventing Right and Wrong*. London: Penguin Books.〔加藤尚武【監訳】『倫理学――道徳を創造する』1990 年哲書房〕

Manne, K. (2015). "Democratizing Humeanism", in Maguire, B. & Lord, E. (eds.), *Weighing Reasons*. Oxford: Oxford University Press, 123-140.

Manne, K. (2017). "Locating Morality: Moral Imperatives ad Bodily Imperatives", in Shafer-Landau, R. (ed.), *Oxford Studies in Metaethics*, vol. 12, Oxford: Oxford University Press, 1-26.

Markovits, J. (2014). *Moral Reason*. Oxford: Oxford University Press.

McGrath, S. (2014). "Relax? Don't Do It! Why Moral Realism Won't Come Cheap", in Shafer-Landau, R. (ed). *Oxford Studies in Metaethics*, vol. 9, Oxford: Oxford University Press, 186-213.

McPherson, T. (2011). "Against quietist normative realism". *Philosophical Studies*, vol. 154, No. 2, 223-240.

McPherson, T. (2015). "What is at Stake in Debates among Normative Realists?". *NOUS* 49: 1, 123-146.

Moore, G. E. (1903). *Prinpicia Ethica*. Oxford: Clarendon Press.〔泉谷周三郎、寺中平治、星野勉【訳】『倫理学原理（付録：内在的価値の概念/自由意志』2010 年三和書籍〕

Moore, G. E. (1942). "Reply to my Critics", in Schilpp, P. (ed.), *The Philosophy of G. E. Moore*, LaSalle, Ill.: Open Court, 535-554.

Paakkunainen, H. (2018). "The "Just Too Different" Objection to Normative Naturalism". *Philosophy Compass*, 13 (2).

Parfit, D. (2011). *On What Matters, vol. 2*. Oxford: Oxford University Press.

Parfit, D. (2017). *On What Matters, vol. 3*. Oxford: Oxford University Press.

Railton, P. (1989). "Naturalism and Prescriptivity". *Social Philosophy and Policy*, vol. 7, 151-174.

Railton, P. (2004). *Facts, Values and Norms: Essays Toward a Morality of Consequence*. Cambridge: Cambridge University Press.

Railton, P. (2017). "Two Sides of the Meta-Ethical Mountain?", in Singer, P. (ed.), *Does Anything Really Matter?: Essays on Parfit on Objectivity*. Oxford: Oxford University Press, 35-60.

Scanlon, T. M. (2014). *Being Realistic About Reasons*. Oxford: Oxford University Press.

Schroeder, M. (2005). "Realism and Reduction: the Quest for Robustness". *Philosophers' Imprint*, vol. 5, No. 1.

Schroeder, M. (2007). *Slaves of the Passions*. Oxford: Oxford University Press.

Schroeder, M. (2012). "Reply to Shafer-Landau, McPherson, and Dancy". *Philosophical Studies*, vol. 157, No. 3, 463-474.
Shackel, N. (2014a). "A problem for the unity of normativity". *Analysis*, vol. 74, 404-411.
Shackel, N. (2014b). "Still waiting for a plausible Humean theory of reasons". *Philosophical Studies,* vol. 167, No. 3: 607-633.
Shafer-Landau, R. (2003). *Moral Realism: A Defense*. Oxford: Clarendon Press.
Shafer-Landau, R. (2006). "Ethics as Philosophy: A Defense of Ethical Nonnaturalism", in Horgan, T. & Timmons, M. (eds.), 209-232.
Shafer-Landau, R. (2012). "Three problems for Schroeder's hypotheticalism". *Philosophical Studies*, vol. 157, No. 3: 435-443.
Singer, P. (ed.). (2017). *Does Anything Really Matter?: Essays on Parfit on objectivity*. Oxford: Oxford University Press.
Smith, M. (1994). *The Moral Problem*. Oxford: Blackwell.〔樫則章【監訳】『道徳の中心問題』ナカニシヤ出版、2004年〕
Sturgeon, N. (1985). "Moral Explanations", in Copp, D. and Zimmerman, D. (eds.), *Morality, Reason and Truth*. Totowa, NJ: Rowman & Littlefield, pp. 49-78, Rachels, J. (ed.) 1998., *Ethical Theory 1*. Oxford: Oxford University Press, 180-210 に再収録。
Sturgeon, N. (2003). "Moore on Ethical Naturalism". *Ethics*, vol. 113, 528-556.
Sturgeon, N. (2006). "Moral Explanations Defended", in Dreier, J. (ed.), *Contemporary Debates in Moral Theory*. Oxford: Blackwell, pp. 241-262.
Vallentyne, P. (1998). "The Nomic Role Account of Carving Reality at the Joints". *Synthese*, 115: 171-198.
Wedgwood, R. (2007). *The Nature of Normativity*. Oxford: Clarendon Press.
Wolf, S. (1982). "Moral Saints". *Journal of Philosophy*, 79, 419-439.

第6章　道徳的説明についての論争

秋葉剛史

1　はじめに

　一般に、あるものが実在するかどうかを判断しようとする場合、私たちはどのような手がかりに訴えるだろうか。おそらく、そうした場合の主要な手がかりの一つは「説明的役割」の有無という点だろう。つまり、問題となる当のものが、この世界の現象を説明する上で何か重要な役割を果たすかどうかという点である。例えば、電磁場や引力などのものは、直接は観察できないにもかかわらず、私たちが経験する様々な現象（砂鉄の振舞いや天体の運動等々）の説明に欠かせないことからその実在性が認められる[1]。反対に、呪力や燃素などのものは、かつてそれらが説明するとされていた現象（疫病や燃焼等々）の説明にとって実際は必要ないことから、今では実在しないものとみなされる。このように、何かを説明する力をもつかどうかは、あるものが実在するかどうかを判断するための基準としてごく一般に通用しているわけである。

　このことを背景としてみれば、メタ倫理学（とりわけ道徳存在論）の中で、道徳的説明——道徳的事実を用いた他の事実の説明——というテーマが大きな関心を集めてきたことに不思議はない。なぜなら上述のことからして、道徳的事実と呼ばれるものが実在するかどうかという（道徳存在論の中心的な）問いへの答えは、それが説明的役割をもつかどうかによって大きく影響されるはずだからである（後でみるように現実の事情はもう少し複雑だが）。実際メタ倫理学の歴史においても、道徳的説明に関する議論は、1970年代に始まるG・ハーマンとN・スタージョンの論争をきっかけに大きな盛り上がりをみせ、多様な

---

[1]　本来の意味で何かを説明するのは電磁場や引力でなくその表象（理論やモデル等）だと言うべきかもしれないが、本章では簡略化してこのような語り方をする。

論点を巻き込みながら今日まで続いてきた。このテーマについては、メタ倫理学上の各立場（反実在論、自然主義、非自然主義[2]）がそれぞれ語るべきことをもち、それらは現に大いに語られてきたのである。

本章の目的は、道徳的説明というテーマに関して行われてきたこの論争を概観することである[3]。先に大枠を示しておくと、この論争は大きく次の二つの争点に関わるものとして整理できる。すなわち、(a) 道徳的事実は説明的役割をもつのかどうかという点と、(b) 道徳的事実の説明的役割の有無から実際にどのような帰結を導けるのかという点だ。この二つのうち、(a) が論争の的になることは上述の内容からも明らかだと思うが、実はもう一方の (b) に関しても近年議論が活発化している。筆者のみるところ、この活発化には主に二つの要因（非自然主義の復興、数学の哲学の議論への注目）が関係しており、本章の後半部ではその辺りの事情にもふれることになるだろう。

本章の構成は次のとおりである。まず第2節では、以下で主題とする論争の全体像を得るため、上記二つの争点の内容を明確化し、各立場の態度を整理する。次に、第3節と第4節ではそれぞれ、争点 (a) と (b) に関して各立場から行われてきた議論を紹介する（この二節が本章の本体部分になる）。最後に第5節では、ごく簡単に現状をまとめ今後を展望する。

先に進む前に注意を一つ。本章では、説明的役割を担うものとしてもっぱら「事実」を問題にする[4]。説明的役割の担い手としてはよく「性質」がもち出されるが、その場合も、何か特定の現象を説明するのはあくまで《性質が特定の対象によって例化されること》であるという点は認められており、これは「事実」（ないし「性質個別例」や「出来事」）と言い換えられるからである。いずれ

---

[2] 本章ではこれらの立場についての基本的理解は前提する。自然主義と非自然主義の関係については本書の第5章を、道徳的実在論と反実在論の関係については本書の第7章（第1節）と第11章（第2節）を参照のこと。なお、道徳的実在論は通常、道徳的判断の真理適合性と真理性についての主張も含んだ立場として定義されるが、本章では主としてその存在論的主張――道徳的判断を真にする事実が存在するという主張――に即してこの立場（およびそれと対立する反実在論）を検討する。
[3] このテーマに関する日本語文献としては、蝶名林 (2016: ch. 3)；福間 (2004)；大庭 (2006: ch. 3)；林 (2007: 129ff)；佐藤 (2017: ch. 4) を参照（最初の二つは特に詳しい）。英語文献の中では、特に Majors (2007) と Sinclair (2013) を全体の構成に関して参考にした。
[4] ここで「事実」は、私たちの判断や態度等から独立した（「客観的」ないし「頑健な robust」）実在の一部として理解されている。

にせよ、この語り方は主に便宜上のものなので、お好みなら以下の「事実」は必要な変更の上で適宜「性質」と読み換えても構わない。

2　論争の見取り図

本節では、以下で主題とする論争の全体的な見取り図を描く。そのために、まず前述の争点（a）と（b）の内容をテーゼの形で表現した上で、それらテーゼに対するメタ倫理学上の各立場の態度をまとめる。

争点（a）から始めよう。この点に関してメタ倫理学で行われてきた議論は、次のテーゼの真偽をめぐるものとして理解できる：

> A：道徳的事実は、ある種の自然的事実に関する因果的説明において、本質的な役割を果たす。

このテーゼは、主に自然主義（なかでも「コーネル実在論」と呼ばれる非還元的自然主義）をとる論者たちにより支持されてきた。彼らは、上のAが真であるということを根拠に、「道徳的事実は実在する」という結論を導こうとするわけである。一方、この結論に反対する反実在論者、および、この結論自体には必ずしも反対でないがその導き方には賛成しない非自然主義者は、Aに反対してきた[5]（これら議論の内容は次の第3節でみる）。

ただしテーゼAについては二つほど注意点がある。一つ目は、Aが問題にしている「被説明項」と「説明の種類」に関するものだ。見てのとおりこのテーゼは、道徳的事実がある種の被説明項に対して説明的役割を果たすという主張だが、そこで想定されている被説明項はあくまで「自然的」（道徳外的、非評価的）な事実であり、またそこで考えられている説明の種類は「因果的」なそれである。つまりAが問題にしているのは、《道徳的事実による自然的事実の

---

[5]　もっとも非自然主義者は、「道徳的事実が実在する」という結論がもっぱら自然的事実としての道徳的事実に関するものであるならそれに反対するだろう（cf. 蝶名林 2016: 42ff, 66）。また例外的に、非自然主義（直観主義）をとりながらAを認める者もいる（Shafer-Landau 2003; Tropman 2012）。

因果的説明》(具体例は後ほどみる)であり、このタイプの説明は、道徳的事実
・・
を被説明項とする説明や、非因果的(構成的)と呼ばれる種々の説明とは区別
　　　　　　　　　・
されるべきものである[6]。道徳的事実の説明的役割が特にこのタイプの説明に
即して論じられてきた理由は、次のように理解できる(Sayre-McCord 1988a:
269; Loeb 2005: 194; Shafer-Landau 2007: 316; Enoch 2011: 52; Sinclair 2013: 4)。
前述のように、そもそも道徳的事実が説明的役割をもつという主張は、道徳的
事実が実在するという主張の根拠になるものとして意図されていた。だがそう
　　　　　　　　　　　　・・
である以上、そこでもち出される被説明項自体は、さしあたり道徳的事実の実
在性を信じていない者(反実在論者)であってもその実在を認めるようなもの
――つまり自然的事実――でなければならず、そこで引き合いに出される説明
も、何かの実在性の証拠になることが一般に承認されている種類のもの――本
章冒頭でみたように通常それは因果的説明――でなければならないだろう[7]。
要するに、前述のタイプの説明への注目は、説明的な根拠から道徳的事実の実
在性を導く議論が中立的な出発点を得るための手段として動機づけられるので
ある。

　テーゼ A についての二つ目の注意点は、道徳的事実がある事実の因果的説
明において「本質的な役割を果たす」とはどのようなことかに関わる。実のと
ころこの部分については、論者によって微妙に異なるいくつかの定式化が与え
られている(道徳的事実は「最良の説明を与える」、「説明上消去不可能である」、
「説明的に有能である」等々[8])。こうした定式化の違いは、もちろん文脈によっ
ては重要になりうるが、以下ではこの点にはあまりこだわらず、A に類した
主張を検討する論者たちの理解には一定の共通内容があるとみなした上で、そ
の内容を「本質的な役割を果たす」という言い方で代表させることにしたい。

6　関連する様々なタイプの説明については Zangwill (2006: 267f.) を参照。本章の中では、「自然的事実による道徳的事実の非因果的説明」は第 3 節の付随性に関する議論と関連し、「道徳的事実による道徳的事実の非因果的説明」は 4.2 節の道徳的事実の存在意義についての議論と関連する。特に後者のタイプの説明を主題的に論じたものとしては Shafer-Landau (2003); Leibowitz (2011); Schroeder (2014) を参照。

7　以下の 4.2 節でみるように一部の非自然主義者はこの点に異を唱える。

8　これらの表現は、Harman (1977); Sturgeon (1985); Sayre-McCord (1988a); Leiter (2001); Miller (2003); 蝶名林 (2016) 等にみられる。

本章の主目的は、個々の立場の厳密な評価というよりも論争の大局的な把握にあるからである[9]。

争点（b）に移ろう。直前のテーゼAが道徳的事実の「因果的説明役割」を主張するものだったのに対し、争点（b）は、このテーゼの真偽から道徳的事実の「実在性」について何が帰結するかに関わるものだ。この争点は二つのテーゼからなるものとして理解できる。一つ目は、道徳的事実の因果的説明役割をその実在性の十分条件とする次の主張だ：

> B-S：もし道徳的事実がある種の自然的事実に関する因果的説明において本質的な役割を果たすならば、道徳的事実は実在する。

これを支持するのは、典型的には前述のような自然主義者（Aとあわせて道徳的事実の実在性を主張する論者）だが、反実在論者の多くもこのB-S自体は受け入れる（その場合彼らが反対するのはA）。一方でこのテーゼへの反論も、特に近年、一部の反実在論者や非自然主義者によって提起されている（4.1節を参照）。

争点（b）を構成するもう一つのテーゼは、道徳的事実の因果的説明役割をその実在性にとっての必要条件とする次の主張だ：

> B-N：もし道徳的事実が実在するならば、道徳的事実はある種の自然的事実に関する因果的説明において本質的な役割を果たす。

これは（対偶の形で述べれば）、説明に必要ないものは実在世界の一部として認めるべきでないという「オッカムの剃刀」の一例とも言える主張だ。このB-Nは典型的に、Aの否定から道徳的事実の非実在性を導くため反実在論者が

---

[9] やや細かくなるが第三の注意点として述べると、この論争においてAは道徳存在論における独立の争点として扱われる（Sturgeon 1985: 56f; 2006: 245; Majors 2003: 123; Sinclair 2011: 3）。すなわち、何か別の理由からすでに道徳的事実の非実在性を確信している者はまさにその確信に基づきAを否定できるが、そのようなAの否定の仕方は（他の理由に依存しているため）ここでは検討しない。

支持してきたテーゼだが、同時にこれは自然主義者にとっても拒否することの難しいものだと言える。というのも、自然主義によれば道徳的事実は自然的事実の一種である（少なくともそれを超えるものではない）が、一般に自然的事実に対しては、その実在性の要件として因果的説明役割を課すことは妥当だと考えられるからである。一方でB-Nに対する反論も、主に非自然主義者たちから提起されている（4.2節を参照）。

　さて以上で、本章で検討していくべきテーゼは出揃った。ここで少し角度を変え、以上で述べてきたことを「論証」および「各立場の態度」という観点から整理し直してみよう。まず確認したいのは、上記のテーゼを組み合わせることで、道徳的説明に関連した次の二つの論証が構成できるという点だ（以下で「¬A」は「Aの否定」の意味）[10]：

・論証①：AとB-Sを前提として、「道徳的事実は実在する」という結論を導くもの。
・論証②：¬AとB-Nを前提として、「道徳的事実は実在しない」という結論を導くもの。

そしてメタ倫理学の各立場の論者は、これら二つの論証（およびそれを構成する各テーゼ）に対し、それぞれ次のような態度をとることになる：

・自然主義者：論証①を自らの支持根拠として利用できる。一方で、論証②には反対する必要がある（二つの前提のうちB-Nは受け入れるので、実質的には¬Aに反対する（＝Aを擁護する）必要がある）。
・反実在論者：論証②を自らの支持根拠として利用できる。一方で、論証①には反対する必要がある（多くの場合B-Sは認めた上でAに反対するが、B-S否定派もいる）。
・非自然主義者：論証②には反対する必要がある（多くの場合B-Nに反対す

---

[10] ①と②のような形の論証の整理については、Miller（2003: 140f）; Majors（2007）; Sinclair（2013）を参照。

る)。一方で、論証①に対しては中立的でよい(が実際にはこれにも批判的な者が多い。Cf. 前註5)。

次節からは、以上のような見取り図をふまえ、上記三つのテーゼの擁護ないし批判のために各立場からなされてきた議論を具体的にみていこう[11]。

3 道徳的事実に因果的説明役割はあるのか

本節では、前述のテーゼAに関して行われてきた議論を概観する。最初に、この議論の大きなきっかけとなったG・ハーマンとN・スタージョンによる論争の一部を紹介し(3.1)、続いて、その後に展開された議論をAの肯定側と否定側に分けて紹介する(3.2-3)。

3.1 ハーマン=スタージョン論争[12]

ハーマンは1977年の著作で、テーゼAへの反論として後に広く論じられることになる議論を展開した(Harman 1977: ch. 1)[13]。彼が注目するのは、ある状況の知覚的な認知に基づき、意識的な推論過程なしに下される直観的な判断(「観察」とも呼ばれる)である。通常の経験的事例では、この種の判断の生起を説明するため、その判断が対象とする事実の存在を引き合いに出す必要がある。例えば、霧箱の中に飛跡が発生したのを見て、物理学者が「箱の中を陽子が通った」と判断する場合、この判断がなぜ生じたかについての説明は、最終

---

[11] 本章ではもっぱら道徳存在論に焦点を当てるが、道徳的事実の因果的説明役割の有無(=Aの真偽)という論点は、道徳認識論および道徳意味論に関しても一定の含意をもちうる(Harman 1977; Sayre-McCord 1988a: 263ff; Sinclair 2013: 2f)。例えば、信念の正当化に関する因果説的な見方(Harman 1977: ch. 1; Boyd 1988: 189ff; Sturgeon 2006: 243f)の下では、道徳的信念の正当化可能性はAの真偽により影響を受けることになるだろう。(ただし因果説への反対意見として Thomson (1996); Audi (1997); Shafer-Landau (2003); Tropman (2012) も参照。)
[12] この論争についてより詳しくは、本人たちの論文に加え、Johnson (1998); Slowik (1999); Miller (2003: 141-9); Majors (2003: 122-7); 福間 (2004) も参照。
[13] Loeb (2005) は、本段落で紹介するハーマンの議論を「倹約性」による議論と呼び、「因果性」に訴える議論——この後の3.2節でメカニズムによる議論と呼ぶもの——と区別している(cf. Majors 2003)。

的に《箱の中を陽子が通った》という事実に訴える必要があるだろう。しかしハーマンによると、これに対応する直観的な道徳的判断（「道徳的観察」）の場合にはまったく事情が異なる。例として、路地裏で少年たちが猫にガソリンをかけ火をつけている場面を目撃したあなたが、「彼らのやっていることは悪い」と判断したとしよう。この判断が生じたという事実——これは一つの心理学的な（それゆえ自然的な）事実であることに注意——を説明するため、《彼らのやっていることは悪い》という道徳的事実に訴える必要はあるだろうか。ハーマンによればその必要はない。なぜならこの判断が生じたという事実は、単にあなたの心理に関する事実（どんな道徳原理や感受性をもっており、それらがこの判断にどう反映されたか等に関する事実）だけによって十分説明できるからである。つまり道徳的事実なるものは、たとえその存在を仮定しても実際の因果的説明では何の役割も果たさないのである[14]。

　こうした議論に対し、テーゼAを支持するスタージョンは1980年代からの一連の論文で応答している（Sturgeon 1985; 1986; 1998; 2006）。彼の応答は（ハーマンの議論と同様）様々な論点を含んでいるが、ここでは二つのポイントに注目しよう。その一つは、道徳的説明の実例はハーマンが想定しているよりもずっと豊富だという指摘である。今みたように、ハーマンはもっぱら「直観的な道徳的判断の生起」というタイプの事実に注目し、その説明のために道徳的事実は必要ないと論じていた。しかしスタージョンによれば、たとえこの点に関してはハーマンが正しいとしても[15]、道徳的事実による自然的事実の説明の例はこれ以外にいくらでもある（1985: 63ff）[16]。例えば、ある人が現になした行為をその人の性格に関する道徳的事実に訴えて説明する場合（e. g.「ヒトラーが大量殺戮を命じたのは、彼が道徳的に腐っていたからだ」）や、ある社会で生じた事実をその社会の道徳的性質に訴えて説明する場合（e. g.「19世紀の北米でかつてない規模の奴隷制廃止運動が起こったのは、当時の奴隷制が以前のものと比べては

14　ただしこの主張には「道徳的事実が自然的事実に還元されるのでない限り」という留保がついている点には注意が必要である（Harman 1977: 13ff）。以下の3.3節も参照のこと。
15　実際のところスタージョンは、この点についても以下の「反事実条件テスト」に基づき反論している（1985: 66f）。
16　Sayre-McCord（1988a: 275）; Brink（1989: 186f）等でも類似の例が挙げられている。

るかに道徳的に悪質だったからだ」）等である。私たちは通常、この種の説明を問題なく正しいものとして受け入れており、それを視野に入れていない点でハーマンの議論は一面的である。

　この主張を裏づけるべく、スタージョンはさらに、あるものが因果的説明役割を果たすのはどういう場合かに関するより一般的な考察を行っている。これが彼の応答の第二のポイントだ。前述のようにハーマンは、道徳的事実は自然的事実に対する因果的説明役割[17]をまったくもたないと主張していた。だがスタージョンによると、この「因果的説明役割」の概念については次の原則が成り立つと考えるのが自然である。すなわち、《もし事実 F が事実 G に対して何の説明的役割ももたないならば、仮に F が成り立っていなかったとしても G は変わらず成り立っていただろう》という原則である（Sturgeon 1985: 65)[18]。「反事実条件テスト」とも呼ばれるこの原則は、たしかに多くのケースで因果的説明役割の有無をうまく判定してくれるもっともらしい原則だ。そして重要なことに、この原則を上のような道徳的説明の例に適用すると、その後件部分は成り立たない（例えば、「ヒトラーが道徳的に腐っていなかったとしても彼はやはり変わらず大量殺戮を命じていただろう」は真でない)[19]。つまりそれらの例において、道徳的事実が因果的説明役割をもつという主張は少なくとも一定の推定根拠 presumption をもつわけである。よって A を否定しようとする者は、この推定根拠を覆すのに足る、より積極的な理由を与えなくてはならない。

　だが一方、多くの論者（Sturgeon 1985: 75 n. 21 自身を含む）が指摘するよう

17　ハーマン自身の言葉では「説明的関連性 explanatory relevance」だが、ここでは本章の用語法に合わせる。以下の部分も同様。
18　スタージョンによる実際の定式化は次のとおり。「もしある仮定がある事実の説明に対してまったく関連性をもたない completely irrelevant ならば、たとえその仮定が偽であったとしても、当の事実は成り立っていただろうし、私たちはその事実を同様にうまく説明できただろう」（Sturgeon 1985: 65)。
19　もちろんこの主張は、道徳的性質と行動傾向を結びつける背景的な道徳理論の正しさに依存しているが、スタージョンによると、この種の理論を拒否する場合ハーマンの議論は実在論への独立した反論でなくなるので彼はそれを拒否すべきでない（Sturgeon 1985: 67ff）。ただしこのスタージョンの議論に対し、蝶名林（2016: 75ff）は道徳理論の「悲観的帰納法」に関する問題を提起している。ここでは詳論できないが、これは以下でみる A 肯定派からの積極的な理由にも当てはまる重要な問題かもしれない。

に、上の反事実条件テストは必ずしも因果的説明役割の存在を決定的に確立するものではないという点にも注意が必要だ（Harman 1986: 62f; Quinn 1986: 536f; Thomson 1996: 80ff; Zangwill 2006: 269）。例えばこのテストは、共通の原因から生じた二つの結果（e. g. ウイルス感染から生じた《高熱》と《発疹》）や、原因と結果の順序を逆にした事実のペア（e. g.《川の氾濫》と《豪雨》）などによっても満たされるが、それらの間に「一方が他方を（この順で）因果的に説明する」という関係は成り立たない。また、ある事実が他の事実に対し後述する付随性関係に立つケース（Majors 2007: 6; Sinclair 2013: 6f）や、ある事実の因果的効力の欠如が明白なケース（Thomson 1996: 81ff）なども同様の問題を提起する。これらの例が示すのは、反事実条件テストはせいぜい A の一見した̇ ̇ ̇ ̇ところの理由にしかならない̇ ̇ ̇ ̇ということであり、このテーゼを確立するにはより説得力のある理由が必要になる。

　このように、テーゼ A の肯定側と否定側はどちらもさらなる補強を必要としている。そこで次に、その必要性を満たすべく、双方の側（ハーマンとスタージョン自身を含む）から提示されてきた議論をより詳しくみていこう。

3.2　道徳的事実の説明的役割を否定するための議論

　A の否定側から始めると[20]、その第一の、そして最も主要な理由は、しばしば「付随性論証」と呼ばれるものだ[21]。現代のメタ倫理学者はほぼ例外なく、道徳的事実は自然的事実に付随するという原理（以下「付随性原理」）を受け入れている。これはつまり、道徳的特徴に関して違いのある事物の間には必ず、その違いの根拠となるような自然的特徴の違いがなければならない、という主張だ。あるいは少し違った言い方（A の支持者が認める言い方）をすれば、事物

20　A を否定する議論としては以下の三つ以外にも、Thomson（1996: 84ff）（その批判的検討は Sturgeon（1998: 205f）; Loeb（2005）を参照）; Dworkin（1996: 104f）; Majors（2003: 142）によるものもある。また註 19 と 24 で言及する議論も数え方によってはここに入れられる。

21　ただし「付随性論証 Supervenience Argument」という名称は、非自然主義へのある反論——非自然主義では自然的事実と道徳的事実の間の付随性がなぜ成り立つかを説明できない——を指すこともある（Shafer-Landau 2003: 82ff; Enoch 2007: 140ff）ので注意が必要である。これとの混同を避ける意味では、ここで紹介する論証は「排除論証」と呼ぶ方がよいかもしれない（例えば Wedgwood（2007: 193ff）; Zhong（2016）がそうしているように）。

第6章 道徳的説明についての論争

がある道徳的性質をもつという事実は常に、その事物が何らかの自然的性質をもつという事実によって「実現 realize」され、その基盤の上ではじめて成り立つということである。しかしこの原理をふまえると、心の哲学でもおなじみの次のような論証により、道徳的事実の因果的説明役割を認めることは難しくなるように思われる（Harman 1986: 63; Quinn 1986: 529-37; Thomson 1996: 83-90; Audi 1997: 113-9。心の哲学での議論は Kim (1993) を参照）。

　道徳的事実による自然的事実の説明とされるものの任意の例として、「社会Sで反乱が生じたのは、Sが不公正な社会だったからだ」というものを考えよう。そして、その説明項である《Sは不公正な社会だった》という事実に注目しよう。上述の付随性原理より、この道徳的事実は、社会Sについて成り立つ何らかの自然的事実——例えば、Sの法律がある肌の色の人々だけを優遇していることや、Sの財分配システムが人々の貢献や負担の程度をまったく反映していないこと等——に付随していることが言える。だがここで注目すべきは、ひとたびこのような自然的事実が与えられると、いま問題の被説明項（Sで反乱が生じたこと）の説明にとって必要なものはすでにすべて与えられているようにみえることだ。というのも、Sでの反乱は結局のところある具体的で自然的な出来事に他ならず、それがなぜどのように生じたかは、まさにSの具体的で自然的な側面——その法・経済・政治システム等に関する事実——に遡って十全に説明されるはずだからである。要するに、ここで必要とされる因果的役割は、問題の自然的事実によってすでに余すところなく果たされており、それに加えて不公正さという道徳的事実が果たすべき役割などはもはや何もないように思われるのだ。

　この論証に対しては、Aの肯定側からいくつかの反論が示されてきた。なかでも最も早くからみられるのは、上の論証は「証明しすぎ prove too much」だという反論である（Sturgeon 1985: 77 n. 28, 1998: 200, 2006: 249ff; Railton 1986: 183f; Majors 2003: 133）。これによると、上の論証でもち出される「付随性」は決して道徳的事実と自然的事実の間にだけ成り立つ特殊な関係ではない。むしろ一般に、生物学や地質学、心理学、経済学といった「特殊科学」が主題とする高次の事実も、それぞれより低次の何らかの事実（最終的には基礎物理学が主題とする諸事実）に付随している。よってもし上の論証が正しいとすれば、こ

れらの特殊科学で扱われる事実までもが一般に因果的説明役割を欠くという受け入れがたい帰結が導かれてしまう。

これは一見もっともな反論だが、付随性論証の擁護者（Aの反対者）の一部は、ここで主張される「道徳と特殊科学の並行性」に異を唱えることでこれに再反論してきた[22]。彼らによると、道徳的事実には特殊科学が扱う事実にはない例外的な特徴があり、道徳的事実の説明的無能性は部分的にその例外的特徴にも拠っているため、付随性に訴える論証が「証明しすぎる」ことはない。例えばR・アウディによると、道徳的事実は（特殊科学の事実とは違って）、その付随性基盤の事実に対して単に存在論的にだけでなく認識論的にも依存している。つまり前者についての認識は、常に後者についての認識を基礎としてはじめて成り立つ。そのため前者に訴える説明は、後者に訴える説明によって何の損失もなく取り換えられる（Audi 1997: 117）[23]。またB・ライターによると、道徳的説明は（特殊科学の説明とは異なり）、十分堅固な規則性によって支えられていない。そのためそれは、真正な説明に求められる予測裏づけ能力（類似した新たな事例に適用されたとき正しい予測を生み出す能力）を欠いている（Leiter 2001: 94ff）[24]。

こうした再反論にもAの支持者からのさらなる応答があるが[25]、そのことからもわかるように、「証明しすぎ」の論点はそれだけでは付随性論証への十分な反論にならないと思われる。しかしAの支持者には別の反論の道もある。それは大まかに言って、付随性論証で比較的無造作に用いられている「因果的説明役割」の概念を分析することで、たとえ道徳的事実が自然的事実に付随するとしても前者には一定の説明役割が残される、と主張するものだ。これは今

---

22 あまり見かけないが別の再反論として、この反論で受け入れがたいとされる還元主義は必ずしも受け入れがたくはない、というものもありうる（Majors (2003: 133) は一種の方法論的決定により拒否するが）。

23 同様の議論は Quinn (1986: 529-34); Thomson (1996: 75); Zangwill (2006: 270ff) も参照。

24 この他にも、道徳（規範）的付随性の特殊さに関するGibbard (2003: 212ff) の議論や、道徳的事実の「説明的狭さ」に訴える Wright (1992: 191-9); Leiter (2001: 81-8) の議論は、道徳と特殊科学の並行性への疑義になりうる。

25 例えば認識論的依存に訴える議論への応答は、Brink (1989: 192f); Majors (2003: 143-5, 2007: 10); Sturgeon (2006: 250ff); Zhong (2011: 139ff)、規則性に訴える議論への応答は Majors (2003: 139ff, 2007: 8) を参照。

みた反論と比べるとより手間のかかるものだが、その分より効果的かもしれない。とはいえこれは、Aの肯定側の積極的な議論として扱うのが適切だと思われるので、次の3.3節で改めて考察しよう[26]。

さて以上でみたのは、Aを否定する議論の一つ目としての付随性論証だった。他の議論にも目を向けておくと、その二つ目として、道徳的説明とされているものは実のところ心理学的説明の一種にすぎない、というものがある（Blackburn 1993: 204f; Leiter 2001: 96）。例えば、「社会Sで反乱が生じたのは、Sが不公正な社会だったからだ」という前述の例について言えば、Sでの反乱の発生に本来関わっていたのは、Sの不公正さそれ自体というよりも「Sは不公正な社会だ」という人々の信念だと考えることはたしかに自然だ（人々を他でもなく社会変革へと駆り立てたのはまさにこの信念だっただろうから）。つまり、表面的には道徳的事実に訴えている説明も、実際には心理学的事実に訴えた説明——道徳的事実を必要としない説明——の省略表現として解釈できるわけである。（この議論は、道徳的事実の説明役割を先取りするものとして、その付随性基盤ではなく当の道徳的事実を内容とする心的状態をもち出す点で、先の付随性論証と区別されるという点に注意。その意味でこれは、上述したハーマンの議論の拡張版と言える。Cf. Leiter 2001: 96 n. 58; Zhong 2011: 136.）

だがこの議論に対しては、Aの支持者からのもっともな反論がある。まず指摘されるのは、道徳的説明の中には明らかに心理学的説明の省略としては解釈できないものがあるという点だ（Railton 1986: 192; Brink 1989: 188f; Majors 2003: 129; Cf. Blackburn 1993: 205）。例えば、ある子どもの生育環境の道徳的劣悪さは、当人がそれを認知するはるか以前に、その子どもの自己肯定感や忍耐力の低さ等の原因になりうるだろう。またL・ツォンによれば、たとえ話を心理学的解釈が可能なケースに限ったとしても、額面どおり理解された道徳的説明は、心理学的に解釈された説明よりも「統合性 unification」の点で優れている。よって、単に心理学的解釈が可能であるということから道徳的事実の不要性を導くことはできない（Zhong 2011）。（他の反論としてMajors (2003: 128f) も

---

[26] 付随性論証に対してはまた、Sturgeon (2006: 247ff) が付随性原理の身分に関わる疑義を提起している。

参照。)

　テーゼA否定側の論拠としては、三つ目に、因果的メ̇カ̇ニ̇ズ̇ム̇に関する議論もある（Harman 1977: 86f, 1986: 66; Blackburn 1993: 205; Loeb 2005: 201）。一般に、ある事実による他の事実の因果的説明が成り立つためには、前者によって後者が「どのように」産み出されたかという問いの答えとなるもの、つまり、両者を媒介する何らかの因果的メカニズムが存在しなければならない。例えば、《霧箱内を陽子が通ったこと》による《霧箱内に飛跡が発生したこと》の説明の場合、こうしたメカニズムはたしかに存在するだろう（大雑把には、陽子の通過による空気分子のイオン化、そのイオンを核とした水蒸気の凝結、等）。だが道徳的説明の場合、問題のメカニズムがどのようなものであるかはまったく明らかでない。例えば《社会Sが不正であること》は、どんな対象にどんな種類の作用を及ぼすことで《Sで反乱が発生したこと》を生じさせるというのだろうか。この点に一定の見通しが与えられない限り、Aは単なる願望的思考の域を出ない。

　この議論に対しては、特にB・メジャーズが直接的に応答している（Majors 2003: 137f）。彼によると、因果性（ないし因果的説明）がメカニズムを要求するという主張は、因果性についてのごく狭い理解——おそらくは物理学の一部をモデルとした理解——を前提したものにすぎず、一般には妥当ではない。またメジャーズほど直接的ではないが、他の多くの論者も、因果性（因果的説明）の成立からメカニズムの要求を切り離すことで実質的に同様の応答をしている。これらの応答の内実についても、すぐ後の3.3節で確認するとしよう。

3.3　道徳的事実の説明的役割を肯定するための議論

　というわけで、Aの肯定側からの議論に移りたい。ここではその大きな方針を三つ紹介する。一つ目は、何かが「因果的説明役割をもつ」ということの内実を改めて見直し、その適切な基準を与えた上で、道徳的事実がその基準をクリアすることを示す、というものだ。上でふれた「反事実条件テスト」によるスタージョンの議論は、まさにこの方針の一実行例として理解できる。たしかにそこでみたように、彼の提案したテスト自体にはいくつかの問題が指摘されていたが、その延長線上で——そして特に、前述した「特殊科学との並行

性」に依拠することで——問題の基準を改良する試みは、その後も続けられてきた。

　この方針は、Aの支持者の多くが追求する（そして先にみたAへの批判の一つ目と三つ目にも関連する）重要なものであるため、その背景を少し丁寧にみておこう。前述の付随性原理を思い出してほしい。この原理によると、どんな道徳的事実もその成立のために何らかの自然的事実の存在を必要とする——それによって「実現」される必要がある——のだった。つまり各々の道徳的事実に対しては、その因果的説明役割を脅かす「ライバル」としての自然的事実の存在が常に保証されているわけである。よってAを擁護するためには、道徳的事実がこうしたライバルの存在にもかかわらず担うと言える「因果的説明役割」とはどのようなものか、それを明確にしなくてはならない。だがAの支持者にとっての課題がこのようなものだとすると、ここで彼らが、前述した特殊科学との並行性という論点に助けを求めるのは理に適っている。なぜなら、「様々な特殊科学で扱われる高次の higher-level 事実は、それらを実現する低次の lower-level 事実の存在にもかかわらず、いかにして独自の因果的説明役割をもちうるのか」という問題は、心の哲学や科学哲学で長らく論じられてきたものであり[27]、高次の事実に相応しい「因果的説明役割」概念の内実についてもすでにいくつかの提案があるからである。とりわけAの支持者をこの点で後押しするのは、道徳的事実がもつと考えられる「多型実現可能性 multiple realizability」という特性——同一のタイプの高次の事実が様々なタイプの低次の事実によって実現されうること——である。この特性は、心の哲学や科学哲学において高次の事実の因果的役割を主張するための中心根拠になってきたものであるため、その同じ特性をもつ道徳的事実に関しても同様の仕方で因果的役割を確保できる——このようにAの支持者たちは考えるわけである。

　ではより具体的に、この方針はどう展開できるのか。この点についてはいくつかの提案があるが、多くに共通する基本的なアイディアは、「因果的説明役割」に含まれる内容のうちで、産出性 productivity と関連性 relevance の側面を区別するというものだ[28]。このうち「産出性」の側面とは、被説明項を産み

---

[27] 古典的なところでは Fodor (1974)、その後の議論の展開については太田 (2010) を参照。

出すところの実効的なメカニズムないしプロセスの一部をなすという役割であり、目下の文脈では自然的事実に割り当てられる。一方で道徳的事実に割り当てられるのは「関連性」の側面であり、その内実はおおむね次のように理解できる。すなわち、ある結果Eに対して因果的関連性をもつ事実とは、当のEが生起するかどうかを左右する（それに関して「違いをつくる」）ような事実、言い換えると、Eの生起を含意するには十分だがそれ以上の余分な詳細を含まない（その意味で「適切なレベルの抽象度」をもった）事実のことである[29]。

　実際、道徳的事実は多くのケースで、この意味での因果的関連性をもつように思われる。例として再び、《社会Sで反乱が生じた》という結果について考えてみよう。一方で、もしこの結果について「それを産み出したメカニズムやプロセスは何か」と問われるなら、そこで引き合いに出されるべきはSに関する何らかの自然的事実（その法的・経済的構造など）だろう。しかし他方、この同じ結果について「それが生じるかどうかを左右したものは何か」と問われるなら、そこで引き合いに出されるべきはSに関する道徳的事実（それが不公正な社会であること）の方だと考えられる（Nelson 2006: 420f; Sturgeon 2006: 251; Wedgwood 2007: 194-8; Zhong 2011: 141; Roberts 2016: 191）。なぜならSにおける反乱は、たとえ現にSの不公正さを実現している特定の自然的事実が存在しなくても、Sの不公正さが他の何らかの自然的事実によって実現され存在しているような世界ではやはり発生していただろうし、逆に、Sの不公正さが存在しない（それを実現するどんな自然的事実も存在しない）世界では発生しなかっただろうからである。この意味で道徳的事実は、ある種の結果の生起が依存する当のものとしての役割をもち、この役割はそのライバルである自然的

28　代表的なのは Jackson & Pettit（1990）による「プログラム説明」の概念を援用する方針であり、これは Miller（2003: 150ff）の示唆をもとに Nelson（2006, 2009）が擁護している（その批判は Blackburn（1993: 205f）; Miller（2003: 168ff, 2009）を参照）。また、Brink（1984: 195ff）; Cuneo（2006）; Zhong（2011）らの議論も、おおむね同様の着想に基づくものと理解できる。さらに関連する提案として、因果的説明に関する「釣り合い性基準」（Yablo 1992）に訴える Sturgeon（2006: 260 n. 23）; Wedgwood（2007: 194-8）の議論も参照。

29　ここで「関連性」と呼んだ概念については、規則性の観点からの特徴づけ（Sayre-McCord 1988a: 276; Brink 1989: 194ff; Majors 2003: 139f）や、様相の観点からの特徴づけ（Nelson 2006: 420f; Zhong 2011: 141f）もある。なお、産出性と関連性の側面を区別することは現代の因果論でも（特に Hall（2004）以来）一般的になっている。

第 6 章　道徳的説明についての論争

事実によっては果たされない独自のものだと考えられる。

　これはたしかに有望そうな議論だが、異論がないわけでもない。例えば、今もち出された「関連性」は、せいぜいプラグマティックな意味での説明的役割にすぎないという批判がありうる (cf. Miller 2003: 168ff)。つまり上のような議論は、道徳的事実それ自体に備わる因果的説明役割の存在を示すものではないというわけである。また、たとえ「関連性」という固有の因果的説明役割は認めたとしても、そうした役割は実のところある種の生物学的事実 (Millum 2008) や、実現関係についての事実 (Liggins 2016a) によっても十分果たされうるといった議論もある。因果的説明役割の分析に基づく A の擁護には、さらに詰めるべき点もあるわけだ。

　さて以上でみてきたのは、A を擁護するための方針の一つ目だった。これと比べると支持者は多くないが、その第二の方針として、道徳的事実（性質）と自然的事実（性質）の関係を見直すという道もある。これまでの議論では暗黙裡に、道徳的事実は自然的事実によって実現はされるが、それに還元される（それと同一である）わけではないということが前提されていた。まさにそれゆえ、道徳的事実にとって自然的事実は、その役割を脅かすライバルとして位置づけられたわけである。だが元々ハーマンが論じていたように、もし道徳的事実が、すでに因果的説明役割をもつことが認められている通常の自然的事実へと還元可能なものであるなら、道徳的事実の因果的説明役割は何の問題もなく確保される (Harman 1977, 1986; Jackson 1998; Railton 1986; Audi 1997: 122)。これはちょうど、心の哲学における還元的物理主義が、心的事実の因果的役割を難なく認められる——非還元主義者が望む意味でではないにしても——のと同様だ。もちろんこの方針に対しては、道徳における還元主義それ自体への疑念をはじめとするいくつかの反論があり (Sturgeon 1985; Quinn 1986; Zhong 2012)、必ずしもその前途は洋々というわけではないが、A を擁護する一つの可能な道ではあるかもしれない。

　最後に、A を擁護するための三つ目の方針として、従来考えられてきたのとは異なる被説明項に着目する、というものもある。今までみてきた二つの方針はどちらも、道徳的事実によって説明されるべき事実として、世界内の個別的な事実（およびその一般化）を想定するものだった。これに対し蝶名林亮は、

R・ボイドの議論を展開する形で、ある別の種類の事実に目を向けることを提案する (Boyd 1988；蝶名林 2016: 81ff)。すなわち被説明項として適切なのは、私たちが形成し改訂するところの一階の道徳理論に関する事実、より具体的には、そうした《道徳理論が経験的信頼性をもつ》という事実だというのである。この見解によると、ちょうど科学的実在論が、《科学理論が経験的信頼性をもつ》という事実を最もよく説明する仮説として擁護されうるのと同様に、道徳的実在論も、上記の事実を最もよく説明する仮説として擁護されうる。この方針は、これまでほとんど顧みられずにきたが、従来とは大きく異なる着眼点からAの擁護可能性を探る試みとして興味ぶかい。今後のさらなる展開が待たれるところだ[30]。

4 道徳的事実の因果的説明役割とその実在性

前節では、テーゼAの正否（争点 (a)）をめぐり行われてきた議論を概観した。これと比べると、B-S および B-N の正否（争点 (b)）に関する議論は、従来それほど活発でなかった。これら二つのテーゼは、道徳的説明について論じる大部分の論者にとって、特に疑うべき理由のない共通の前提として機能してきたわけである。だがこれらのテーゼに対しても、特に近年ではいくつかの立ち入った批判がみられる。本節ではその一部を紹介する。

4.1 因果的説明役割は道徳的事実の実在にとって十分か

まず B-S から始めよう。前述のようにこれは、因果的説明役割を道徳的事実の実在性の十分条件とする主張であり、論証①（第2節を参照）を支持する自然主義者のみならず、その論証自体には反対する反実在論者の多くによっても支持されてきた。たしかにこのテーゼは、科学でも日常的思考でも広く用いられている「最良の説明への推論」の一適用例ともみなしうる一見自然な主張

30　蝶名林の議論については、鈴木 (2017) と杉本 (2017) による書評も参照。
31　以下の二つ以外にも、B-S は「形而上学的に傲慢」だという批判がある (Sayre-McCord 1988a: 267f; Leiter 2001: 80; Miller 2003: 173, 2009)。これに対しては Sinclair (2011: 12ff) が B-S の修正により応じている。

第 6 章　道徳的説明についての論争　　173

　だが、いくつかの反対意見もある。主要なものを二つ紹介しよう[31]。

　第一に、B-S の前件は、適切な仕方で定式化されるならば反実在論とも両立し、それゆえ B-S の後件（道徳的事実の実在性）を含意しない、という批判がある。先に与えた定式化によると、B-S の前件は、ある種の因果的説明では「道徳的事実」が本質的だという主張である。だがそもそも B-S に期待されていたのは、論証①の一部として、道徳的事実の実在に懐疑的な反実在論者にもその実在を認めさせるという役目だった。そうである以上、B-S の前件は本来、反実在論者でも受け入れ可能な主張として、具体的には、ある種の因果的説明では「道徳的言明」ないし「道徳語」が本質的だという主張として定式化されねばならない[32]。しかしひとたびこの点が認められると、B-S の前件（適切に再定式化されたものとしての）から道徳的事実の実在性が帰結しないことは明らかだ。なぜなら道徳語の使用については、道徳的事実の存在を前提しない複数の解釈が可能だからである。例えば N・シンクレアによると、説明文脈における道徳語の使用は、表出主義（準実在論）の下でも十分理解可能にできるし（Sinclair 2011: 18ff. cf. Blackburn 1993: 206f; Gibbard 2003: ch. 10）、A・ミラーによれば、同様のことは「道徳的事実」を判断依存的なものとして捉える反実在論の立場（cf. Wright 1992）においてもできる（Miller 2016）[33]。

　この批判は、着想自体は新しいものではない（むしろ反実在論のおなじみの方針である）が、特に近年では、数学の哲学における議論展開をふまえ新たな力を得ているようにみえる。数学的プラトニズム（道徳的実在論に対応する立場）を擁護する議論としては、クワイン以来の「不可欠性論証」を改良した「説明的不可欠性論証」がしばしばもち出される（Colyvan 2001）[34]。これによると、ある種の経験的事実の説明のためには数学的事実への言及が欠かせず、それゆえ数学的事実の実在が認められるべきである。この論証に対して一部の数学的唯名論者（道徳的反実在論に対応する立場）は、表面的には数学的事実に訴えている説明も実際はその措定なしに解釈可能であると主張し、その裏づけのため

32　もちろんこの場合、対応して A も道徳語についての主張として再定式化される必要がある。
33　これらの議論は、A の元々の定式化を問題にする限りは、B-S というよりも A への批判として分類すべきものかもしれない（cf. Leibovitz & Sinclair 2016: 12）。だが本章では、「道徳的説明の正しさ」から「道徳的事実の実在性」への推論に対し異を唱える議論の一種としてここに位置づけた。

問題の解釈方法を具体的に考案してきた（cf. Liggins 2016b; Plebani 2016）。前段落で言及した道徳的反実在論者の一部は、まさにこうした解釈の試みを念頭におきつつ、説明的必要性から実在性への推論は道徳の場合も拒否可能だと論じているわけである（cf. Sinclair 2011: 5 n. 7; Liggins 2016a）。

　B-Sへの批判としては、第二に、「規範性からの反論」と呼ばれるものもある（Sayre-McCord 1988a: 276; Copp 1990; Johnson 1998; Dancy 2006; FitzPatrick 2008; Parfit 2011）[35]。この反論は様々な仕方で展開されうるが、その基本的アイディアは例えば次のような仕方で述べられる。道徳的事実は、もし存在するとすれば当然、規範的事実の一種だ。つまりそれは、私たちがすべき（する理由のある）ことは何かに関する事実、言い換えれば、私たちはどのような事態を現実化すべきかに関する事実である。したがって、もし道徳的事実が実在するなら、世界には、《ある事態を私たちによって現実化されるべきものとして定める》という特性をもった事実が存在しなければならない。だがそのような事実の存在を示すために、因果的説明役割に訴えるという方法はまったく不十分である。なぜなら、たとえある事実が因果的説明役割をもつことを示せたとしても、そこから言えるのはせいぜい、その事実が何らかの事態を現実化する力をもっているということにすぎず、何らかの事態を私たちにより現実化されるべきものとして定める力をもっているということではないからである。つまり道徳的事実を本来の意味で（規範的事実として）理解する限り、因果的説明役割はその実在性の保証にはなりえない[36]。

---

34 「不可欠性論証」という名称が登場したところで、関連する二つの点を補足しておきたい。第一に、先の 3.1 節でみたハーマンの議論は「道徳的事実（ないし性質）に関しては不可欠性論証は成立しない」という主旨のものとして理解できる（Leibovitz & Sinclair (2016: 10ff) および本書の第 7 章（特に註 20）を参照）。というのも、ハーマンが行っているのはテーゼ A を否定することで論証①に反対することだが、この論証の二つの前提 A と B-S における「本質的役割を果たす」の部分を「不可欠である」として解釈すれば、論証①はまさに不可欠性論証の一種になるからである。第二に、以下の 4.2 節でみるイーノックの議論も、やはりある種の不可欠性論証として特徴づけることができる（Leibovitz & Sinclair 2016: 15ff）。もっとも、従来の —— ハーマンらが念頭においていたであろうタイプの —— 不可欠性論証は「説明にとっての不可欠性」に訴えるものだったのに対し、イーノックは「熟慮にとっての不可欠性」に訴えるものであるという重要な違いはある。

35 強調点はここでのものと若干異なるが、非自然主義から自然主義への「規範性からの反論」は本書の第 5 章でも詳しく論じられている。

36 認識論的観点からの B-S への同主旨の批判として Tropman (2012) も参照。

予想されるように、これは主に非自然主義者からなされる反論だ。非自然主義者によると、因果的役割の所有を実在性の一般的保証とするB-Sは、道徳的事実（あるいはより一般に規範的事実）がもつ独特の *sui generis* 身分を完全に捉え損なっている。このテーゼの支持者、なかでも自然主義者は、道徳的なものを科学的なものに同化し、いわゆる「科学的世界像」の中に位置づけようと急ぐあまり、それを何か別のものに変えてしまっているのである（Dancy 2006: 140; FitzPatrick 2008: 159）。もちろんここで自然主義者は、自分たちには問題の規範性（ないし実践性）を取り込むための様々な方策——例えば道徳的判断についての動機づけの外在主義——がある、と主張するだろう（Railton 1986: 205; Boyd 1988: 214ff; Brink 1989: ch. 3; Majors 2007: 13）。だがそうした方策によって、本当に道徳の規範性を満足な仕方で取り込むことができるかどうかは、決して予断を許さない問題である。

4.2　因果的説明役割は道徳的事実の実在にとって必要か

　B-Nに話を移そう。前述のようにこのテーゼは、道徳的事実の因果的説明役割をその実在性にとっての必要条件とする主張であり、多くの反実在論者および自然主義者（彼らはもっぱらAの真偽を問題にしてきた）によって受け入れられてきた。だがこのテーゼに対しても、特に非自然主義の立場からいくつかの批判が提起されている。主要なものを二つ紹介しよう[37]。

　第一に、B-Nは少なくとも論証②の前提として用いられる場合、ある種の自己撞着を引き起こすという批判がある（Sayre-McCord 1988a: 277ff; Putnam 1995: 81; Shafer-Landau 2003: 112ff）。思い出すと、論証②の前提の一つはテーゼAの否定（¬A）だった。しかし¬Aを主張するためには、少なくとも「道徳的事実に訴える説明は、自然的事実だけに訴える説明よりもすぐれてはいない」という主張に同意する必要がある。これは明らかに、異なる説明の価値に関する評価的主張だ。では、この評価的主張に対応した評価的事実というものは存在するのだろうか。一方で、もしそのような評価的事実が存在しないとす

---

[37] 以下の二つ以外にも、クオリアの存在を根拠にしてB-Nの背景にある一般原則に異を唱えるShafer-Landau（2003: 110ff）の議論もある。

れば、¬Aという主張は客観的な根拠を欠いていることになるだろう。よって少なくとも論証②の支持者は、この道をとることができないように思われる。しかし他方で、もしそのような評価的事実が存在するとすれば、B-Nは一貫性を欠いた主張として現れてくる。ここで注目すべきは、因果的説明役割をもつかどうかに関して、いま問題となっている評価的事実と道徳的事実の間に本質的な違いはないようにみえることだ。このことにより、もし（論証②の支持者が主張するように）道徳的事実が因果的説明役割をもたないとすれば、いま問題になっている評価的事実もまた因果的説明役割をもたないことになる。つまり件の評価的事実の実在を認める場合、論証②の支持者は、因果的説明役割をもたないにもかかわらず実在するものがあること——因果的説明役割が実在性の必要条件だというB-Nの背景にある考えが妥当でないこと——をすでに認めてしまっているのである。

　この第一の批判は、もっぱら論証②の支持者に向けられた限定的なもの（対人論法）だが、B-Nに対しては第二に、こうした限定をもたないより積極的な批判もある。それは、道徳的事実の本来の存在理由は因果的説明への貢献とは別のところにあるため、その説明的無能性は実在性の否定根拠にはならない、という批判だ。もちろんこのように論じる場合、道徳的事実の「本来の存在理由」とは具体的に何かが問題になる。この点についてはいくつかの提案があるが（e. g. McDowell 1998: 141-6; Shafer-Landau 2003: ch. 8）、なかでもD・イーノックは、近年この路線を擁護する興味ぶかい議論を行っている（Enoch 2011, 2016）。彼が注目するのは、私たちが日常的に行う実践的熟慮 deliberation——自分が何をすべきかについての一人称的考察——への貢献という意義だ。より具体的には、イーノックは次のように論じている（2011: chs. 3-4）。一般に、もしあるXが何らかの内在的に不可欠なプロジェクトにとって道具的に不可欠であるならば、私たちはそのXの実在を信じることにおいて正当化される。ここで「内在的に不可欠な」プロジェクトとは、私たちが合理性の観点からみて避けることのできない rationally non-optional 活動のことだ。そのような活動の一つには、もちろん科学的な説明実践があるが、実のところ熟慮もそうしたものの一つである。そして道徳的事実は、この熟慮というプロジェクトにとって道具的に不可欠である。よって私たちは、道徳的事実の実在を信じること

において正当化される。

　この明快な議論は、すでにかなりの反響を呼んできた（例えば Leibowitz & Sinclair（2016）所収の諸論考や Worsnip（2016）を参照）。実際イーノック自身も述べるように、道徳的事実の存在理由を熟慮における役割に求めるという発想は、多くの論者（特に非自然主義者）が多少なりとも明確な形で示唆してきたものであり[38]、彼の議論はその明示的定式化としての意義をもつわけである。ただしこの路線を進むためには、当然課題もある。二つほど指摘しておこう。一つの重要な課題は、私たちが参与する様々な「プロジェクト」のうち、存在論的コミットメントを正当化できるものとそうでないものを区別する、というものだ。また二つ目に、熟慮における道徳的事実への訴えが、実は（説明的必要性のときと同じく）反実在論的な解釈に開かれており見かけ上のものにすぎない、という可能性を排除する必要もある（cf. Enoch 2011: ch. 5）。いずれにせよここには、さらなる探究へと誘う刺激的な提案があると言えるだろう。

5　おわりに

　本章では、道徳的説明について 20 世紀終盤以降のメタ倫理学で行われてきた論争を概観してきた。最後に、現状のひとまずの総括と今後の見通しをごく手短に述べておこう。

　まず、道徳的事実が因果的説明役割をもつかどうかという争点に関して言うと、大勢は、それを肯定する側の優位に傾きつつあるようにみえる。3.3 節で瞥見したように、道徳的事実と特殊科学の事実の類比を示すための議論は今やかなり詳細なものになり、従来の批判にも大部分応えるものになっている。よって少なくとも、後者に独自の因果的説明役割が認められる（これはこれで依然問題ではあるが）のと変わらない程度には、前者にもそれが認められてよいように思われる（ボイド＝蝶名林路線も残っていることであるし）。

　だがそもそもこの争点は、道徳的事実の実在性という元々の問題に対して実

---

[38]　例えば、Nagel（1980: 114n）; Sayre-McCord（1988: 278-80）; Dworkin（1996: 119ff）; McDowell（1998: 143ff）; Shafer-Landau（2003: 114f）を参照。

質的な影響をもつのだろうか——こちらの問いは、近年改めて重要性を増しているようにみえる。第4節でみたように、非自然主義者からすれば、本来の意味での道徳的事実の実在性にとって、因果的説明役割をもつことは必要でも十分でもない。つまり前者の問題を考えるに当たり、後者の論点に注目することは基本的に的外れである。この見方が、道徳的説明をめぐる従来の論争の多くに冷や水を浴びせるものであるのは確かだが、ひょっとするとその冷たさは人を「正気」に返らせるものであるのかもしれない。もちろん決して一筋縄でいく問題ではないが、非自然主義が一時期の戯画化されたイメージを脱し、擁護可能な選択肢として復権しつつある今[39]、この点は改めてよく考えてみる必要があるように思われる。

参考文献

Audi, R. (1997). *Moral Knowledge and Ethical Character*. New York: Oxford UP.
Blackburn, S. (1993). *Essays in Quasi-Realism*. New York: Oxford UP.
Boyd, R. (1988). "How to Be a Moral Realist". In G. Sayre-McCord (1988b): 181-228.
Brink, D. (1989). *Moral Realism and Foundation of Ethics*. Cambridge: Cambridge UP.
蝶名林亮 (2016)『倫理学は科学になれるのか——自然主義的メタ倫理説の擁護』勁草書房。
Colyvan, M. (2001). *The Indispensability of Mathematics*. Oxford UP.
Copp, D. (1990). "Explanation and Justification in Ethics". *Ethics* 100: 237-58.
Cuneo, T. (2006). "Moral Facts as Configuring Causes". *Pacific Philosophical Quarterly* 87: 141-62.
Dancy, J. (2006). "Nonnaturalism". In D. Copp (ed.) *The Oxford Handbook of Ethical Theory*. New York: Oxford UP: 122-45.
Dworkin, R. (1996). "Objectivity and Truth: You'd Better Believe It". *Philosophy and Public Affairs* 25: 87-139.
Enoch, D. (2011). *Taking Morality Seriously*. Oxford: Oxford UP.
Enoch, D. (2016). "Indispensability Arguments in Metaethics: Even Better Than

---

39 非自然主義の近年の展開については本書の第5章が詳しく解説している。

Mathematics?". In Leibowitz & Sinclair (2016): 236-54.
FitzPatrick, W. (2008). "Robust Ethical Realism, Non-Naturalism, and Normativity". In R. Shafer-Landau (ed.) *Oxford Studies in Metaethics* 3: 159-205.
Fodor, J. (1974). "Special Sciences (Or: The Disunity of Science as a Working Hypothesis)". *Synthese* 28: 97-115.
福間聡 (2004)「道徳的説明と道徳的事実」『思想』961、岩波書店：38-58。
Gibbard, A. (2003). *Thinking How to Live*. Cambridge, MA: Cambridge UP.
Hall, N. (2004). "Two Concepts of Causation". In J. Collins et al. (eds.) *Causation and Counterfactuals*. MIT Press: 225-76.
Harman, G. (1977). *The Nature of Morality: An Introduction to Ethics*. Oxford: Oxford UP.
Harman, G. (1986). "Moral Explanations of Natural Facts: Can Moral Claims Be Tested Against Moral Reality?" *The Southern Journal of Philosophy* 24: 57-68.
林芳紀 (2007)「メタ倫理学の現在」、赤林朗編『入門・医療倫理Ⅱ』、勁草書房：113-48。
Jackson, F. (1998). *From Metaphysics to Ethics*. Oxford: Oxford UP.
Jackson, F., Pettit, J. (1990). "Program Explanation: A General Perspective". *Analysis* 50: 107-17.
Johnson, R. (1998). "Minding One's Manner: Revisiting Moral Explanations". *Philosophical Studies* 90: 181-203.
Kim, J. (1993). *Supervenience and Mind*. Cambridge: Cambridge UP.
Leibowitz, U. D. (2011). "Scientific Explanation and Moral Explanation". *Noûs* 45: 472-503.
Leibowitz, U. D. and Sinclair, N. (eds.) (2016). *Explanation in Ethics and Mathematics: Debunking and Dispensability*. New York: Oxford UP.
Leiter, B. (2001). "Moral Facts and Best Explanations". *Social Philosophy and Policy* 18: 79-101.
Liggins, D. (2016a). "Grounding, Explanation, and Multiple Realization in Mathematics and Ethics". In Leibowitz & Sinclair (2016): 168-84.
Liggins, D. (2016b). Grounding and the Indispensability Argument. *Synthese* 193: 531-48.
Loeb, D. (2005). "Moral Explanations of Moral Beliefs". *Philosophy and Phenomenological Research* 70: 193-208.
Majors, B. (2003). "Moral Explanation and the Special Sciences". *Philosophical Studies* 113: 121-52.
Majors, B. (2007). "Moral Explanation". *Philosophy Compass* 2: 1-15.

McDowell, J. (1998). *Mind, Values, and Reality*. Cambridge, MA: Harvard UP.
Miller, A. (2003). *An Introduction to Contemporary Metaethics*. Cambridge: Polity Press.
Miller, A. (2009). "Moral Realism and Program Explanation: A Very Short Symposium 1: Reply to Nelson". *Australasian Journal of Philosophy* 87: 337-41.
Miller, A. (2016). "Moral Explanation for Moral Anti-Realism". In Leibowitz & Sinclair (2016): 149-67.
Millum, J. (2008). "A Biological Alternative to Moral Explanations". *Southern Journal of Philosophy* 46: 385-407.
Nagel, T. (1980). "The Limits of Objectivity". In S. McMurrin (ed.) *The Tanner Lectures of Human Values*. University of Utah Press.
Nelson, M. (2006). "Moral Realism and Program Explanation". *Australasian Journal of Philosophy* 84: 417-28.
大庭健 (2006)『善と悪――倫理学への招待』岩波書店。
太田紘史 (2010)「理論間還元と機能主義」松本俊吉(編著)『進化論はなぜ哲学の問題になるのか』勁草書房：95-119。
Parfit, D. (2011). *On What Matters: vol. 2*. Oxford: Oxford UP.
Plebani, M. (2016). "Nominalistic Content, Grounding, and Covering Generalizations: Reply to 'Grounding and the Indispensability Argument'". *Synthese* 193: 549-58.
Putnam, H. (1995). "Replies to Brian Leiter and Jules Coleman". *Legal Theory* 1: 69-80.
Quinn, W. (1986). "Truth and Explanation in Ethics". *Ethics* 96: 524-44.
Railton, P. (1986). "Moral Realism". *Philosophical Review* 95: 163-207.
Roberts, D. (2016). "Explanatory Indispensability Arguments in Metaethics and Philosophy of Mathematics". In Leibowitz & Sinclair (2016): 168-84.
佐藤岳詩 (2017)『メタ倫理学入門――道徳のそもそもを考える』勁草書房。
Sayre-McCord, G. (1988a). "Moral Theory and Explanatory Impotence". In Sayre-McCord (1988b): 256-81.
Sayre-McCord, G. (ed.) (1988b). *Essays on Moral Realism*. Ithaca: Cornell UP.
Schroeder, M. (2014). *Explaining the Reasons We Share: Explanation and Expression in Ethics, Vol 1*. New York: Oxford UP.
Shafer-Landau, R. (2003). *Moral Realism: A Defence*. Oxford: Oxford UP.
Shafer-Landau, R. (2007). "Moral and Theological Realism: The Explanatory Argument". *Journal of Moral Philosophy* 4(3): 311-29.
Sinclair, N. (2011). "The Explanationist Argument for Moral Realism". *Canadian*

Journal of Philosophy 41: 1-24.

Sinclair, N. (2013). "Moral Explanations". *International Encyclopedia of Ethics*. Blackwell.

Slowik, E. (1999). "Moral and Scientific Explanation: Re-examining the Harman/Sturgeon Debate". *Cogito* 13: 39-44.

Sturgeon, N. (1985). "Moral Explanations". In D. Copp, D. Zimmerman (eds.) *Morality, Reason and Truth*. Rowman & Littlefield: 49-78.

Sturgeon, N. (1986). "Harman on Moral Explanations of Natural Facts". *Southern Journal of Philosophy* 24(S1): 69-78.

Sturgeon, N. (1998). "Thomson Against Moral Explanations". *Philosophy and Phenomenological Research* 58: 199-206.

Sturgeon, N. (2006). "Moral Explanations Defended". In J. Dreier (ed.) *Contemporary Debates in Moral Theory*. Blackwell: 241-62.

杉本俊介（2017）［書評］蝶名林亮著『倫理学は科学になれるのか』、『社会と倫理』32：119-24。

鈴木真（2017）［書評］蝶名林亮著『倫理学は科学になれるのか』、『科学哲学』50：129-32。

Thomson, J. J. (1996). "Moral Objectivity". In G. Harman, J. J. Thomson. *Moral Relativism and Moral Objectivity*. Oxford: Blackwell: 67-154.

Tropman, E. (2012). "Can Cornell Moral Realism Adequately Account for Moral Knowledge?" *Theoria* 78: 26-46.

Wedgwood, R. (2007). *The Nature of Normativity*. Oxford: Oxford UP.

Worsnip, A. (2016). "Explanatory Indispensability and Deliberative Indispensability: Against Enoch's Analogy". *Thought* 5: 226-35.

Wright, C. (1992). *Truth and Objectivity*. Cambridge, MA: Harvard UP.

Yablo, S. (1992). "Mental Causation". *Philosophical Review* 101: 245-80.

Zangwill, N. (2006). "Moral Epistemology and the Because Constraint". In J. Dreier (ed.) *Contemporary Debates in Moral Theory*. Blackwell: 263-81.

Zhong, L. (2011). "A Unificationist Vindication of Moral Explanation". *Philosophical Forum* 42: 131-46.

Zhong, L. (2012). "An Explanatory Challenge to Moral Reductionism". *Theoria* 78: 309-25.

Zhong, L. (2016). "Exclusion in Morality". *Grazer Philosophische Studien* 93: 275-90.

第7章　進化論的暴露論証とはどのような論証なのか

笠木雅史

1　本章の目的

　「進化論的暴露論証 (evolutionary debunking argument)」、「発生論的暴露論証 (genealogical debunking argument)」、あるいは「ダーウィン的暴露論証 (Darwinian debunking argument)」とは、特定の主題にかかわる信念の進化論的説明から、懐疑論的結論を導出する論証の総称である。この論証が提示される信念の主題は、数学、論理学、宗教、美的性質、認識的性質、そして道徳的性質など多岐にわたる。これらの中で、道徳的性質を主題とする信念（道徳的信念）に対して適用される暴露論証は、最も活発に議論されている[1]。「暴露論証」という名称が使用されるかどうかにかかわらず、メタ倫理学においてこの名称がふさわしい論証を提示・擁護した研究は多数存在する (Greene 2008, 2013; Horn 2017; Joyce 2000, 2001, 2006, ch. 6, 2013, 2016b, 2017; Kitcher 2006, 2011; Morton 2016; Ruse & Wilson 1986; Ruse 1986, 2006, 2009, 2017; Singer 2005; Street 2006, 2008, 2018 など)。しかしながら、暴露論証についての議論の状況を総合的に把握することは、幾つかの理由により簡単ではない。本章の目的は、暴露論証についての議論の錯綜した状況を確認しつつ、暴露論証がどのような認識論的前提を用いているのかについて明確な解説を与えることである。

　暴露論証を最初に一般的な形で特徴づけておきたい。暴露論証は最低限、三つの前提と一つの結論から構成される論証である。暴露論証の最小構成要素である前提と結論は、それぞれ以下のような形式を持つ。

---

[1] 本章では以後、「暴露論証」という語を、道徳的信念に対して適用される暴露論証を指すために用いる。

［進化論的前提］：われわれの現在の道徳的信念の起源についての進化論的
　　　　　　　　　　説明は正しい。
　［説明的前提］：進化論的前提が正しいならば、われわれが現在持つ道徳的
　　　　　　　　　信念の多くは、その真理を前提にすることなく説明される。
　［認識論的前提］：説明的前提が正しいならば、われわれの道徳的信念の多
　　　　　　　　　　くは、われわれが通常持っていると考える認識的性質を
　　　　　　　　　　持っていない。
　［懐疑論的結論］：したがって、道徳的懐疑論は正しい。

　これは論証というよりも論証形式であり、それぞれの前提と結論はより具体的に定式化される必要がある。また、必要に応じて、他の前提を付け足す必要がある。暴露論証として提示された、あるいは解釈者によって再構成された論証は、単一のものではなく複数存在する[2]。暴露論証と総称される諸論証が含む前提と結論の組み合わせは非常に多く、それに応じてこの論証形式を具体化するやり方にも様々なものがある。

　暴露論証の前提と結論の組み合わせが膨大な数となるのは、主に暴露論証の前提とされるものが多く存在するからであり、結論については比較的少ない。どのような前提と組み合わせるにせよ、暴露論証の結論は、道徳的懐疑論が正しいというものであることに変わりがない。いささか厄介なのは、この懐疑論的結論にも、大別して二つのパターンが存在することである。この厄介さの理由の一端は、メタ倫理学に特有の歴史的事情に由来する。メタ倫理学で「道徳的懐疑論」と呼ばれる立場には、存在論的な含意を持つ「存在論的な道徳的懐疑論」と、認識論的な含意を持つ「認識論的な道徳的懐疑論」の二つがある。認識論で「懐疑論」と呼ばれる立場が、認識論的な含意を持つものに限定されるのに対し、メタ倫理学では複数の用法が混在しているのである。その主要な理由は、メタ倫理学で大きな影響力を持ったジョン・L・マッキー（John L.

---

[2] 様々な暴露論証を区別し、解説する研究もすでに多数存在する（Artiga 2015; Bogardus 2016; Leibowitz & Sinclair 2017; Morton 2016; Sauer 2018; Shafer-Landau 2012; Vavova 2015; White 2010; Wielenberg 2014, ch. 4, 2016）。本章は、これらの研究から多くを学んだ上で執筆されている。

Mackie）が、「道徳的懐疑論」と自身が呼ぶ立場を、道徳的判断が記述するとされる客観的な道徳的性質は存在しないため、あらゆる道徳的判断は偽であるという立場として提示したことにある（Mackie 1977）[3]。すなわち、道徳的懐疑論を道徳的実在論の否定として位置づけたのである。マッキー以後、メタ倫理学では現在も「道徳的懐疑論」という語は、この立場を表すために広く使用されている[4]。

道徳的実在論は、以下のような三つの命題の連言として定義される。

道徳的実在論：（ⅰ）道徳的判断は真理値を持つ
　　　　　　　（ⅱ）多くの道徳的判断は真である
　　　　　　　（ⅲ）道徳的判断の真偽は、認識主体の（現実のないし理想化された）心的態度から独立であり、客観的に決定される。

これらの連言肢の一つが偽であるならば、道徳的実在論の否定を導くことができる。（ⅰ）は道徳的認知主義の中核であるため、（ⅰ）の否定は道徳的認知主義の否定に等しい。（ⅱ）の否定は、われわれが行う大部分の道徳的判断は偽であるとする立場であり、メタ倫理学において「錯誤説（error theory）」と呼ばれる。（ⅲ）は、道徳的実在論の中核となる道徳の客観性について主張であり、その否定は道徳的判断の真偽の心的態度への依存を認める立場となる。そうした立場の代表例は構成主義（constructivism）である。簡略に述べれば、構成主義とは、道徳的判断の真偽は、認識主体の現実の心的態度、あるいは理想化された状況での心的態度に依存するという立場である。どの連言肢を否定するにせよ、道徳的実在論の否定が存在論的な道徳的懐疑論である。

認識論的懐疑論は、（a）認識主体の持つ多くの信念が知識ではない、ないし（b）それらは正当化されていないというという否定的な立場である。認識論

---

[3] 本章では、「道徳的判断」と「道徳的信念」を同じ意味で用いる。そして、簡略化のために、道徳的判断・信念は、道徳的性質を対象に帰属するか、そうした性質についての存在量化を行うものであると想定する。
[4] メタ倫理学における道徳認識論の概説として、Machuca（2018a）を参照のこと。

的な道徳的懐疑論は、このタイプの懐疑論を道徳的信念に対してのみ適用するものであり、(a') 認識主体の持つ多くの道徳的信念が知識ではない、ないし (b') それらは正当化されていないという結論を持つ。(a)、(a') は知識の否定を導出するものであるのに対し、(b)、(b') は信念の正当化の否定を導出する。知識の必要条件に信念が正当化されているということを含めるならば、(b) から (a)、(b') から (a') をそれぞれ導出することができるが、信念の正当化を知識の必要条件としないならば、このような導出は可能ではない。暴露論証が複数存在することは先に述べたとおりであり、(a') のように道徳的知識の否定を結論とするものもあれば、(b') のように道徳的信念の正当化の否定を結論とするものもある。

このように、暴露論証とは道徳的懐疑論を結論とする論証であるという点には合意があるにせよ、その結論を道徳的実在論の否定という存在論的な含意を持つものとするのか、道徳的知識を否定するという認識論的含意を持つものとするのか、道徳的信念の正当化を否定するという認識論的含意を持つものとするのかという点で、三種類の異なる結論を持つ暴露論証が存在することになる。しかし、暴露論証の背景で機能する想定や暴露論証が提示される文脈を考慮するならば、この結論に注目した三種類の理解は、そう簡単に区別することができない場合がある。例えば、暴露論証の支持者たちも、リチャード・ジョイス (Richard Joyce) は自身の暴露論証がいかなる存在論的前提も含意も持たないと述べるが (Joyce 2006, 2013, 2016b, 2016c, 2016d, 2017)、シャロン・ストリート (Sharon Street) は自身の暴露論証のための想定の一つとして、道徳的実在論を用いる (Street 2006, 2008, 2018)[5]。ストリートの暴露論証は道徳的実在論 (とりわけ、道徳的性質の客観性 (iii)) を否定し、間接的に構成主義を擁護することを目的とする。その暴露論証は、道徳的実在論を想定しつつ認識論的な道徳的懐疑論を導出し (ただし、(a') 道徳的知識の否定を結論とする論証か、(b') 道

---

[5] ジョイスは、Joyce (2006, 2013, 2016b, 2017) では、(b') を結論とする自身の暴露論証により認識論的な道徳的懐疑論を支持するが、Joyce (2001) では錯誤説を展開し、暴露論証もその過程で言及される (ch. 6)。ジョイスは後年の著作で、2001 年時点では自身の暴露論証の含意について明確ではなかったと述べ、(b') の認識論的な含意を持つ暴露論証のみを現在は支持している (Joyce (2016b, 2016c, 2016d, 2017) は、こうした自己反省を含んでいる)。

徳的信念の正当化の否定を結論とするかは解釈によって分かれる）、その結論を回避するために、最初に想定されていた道徳的実在論を否定するという全体構造を持っている[6]。他の暴露論証の支持者も、その最終的な結論はどのようなものであれ、一旦は認識論的な道徳的懐疑論としての結論を経由して議論を進める[7]。そのため、本章では、暴露論証を認識論的な道徳的懐疑論の論証として理解する。

暴露論証を一般的な仕方で理解することが困難なのは、複数の暴露論証が存在するという理由以外にも、それぞれの背景で機能する想定も様々であるため、個々の暴露論証についても全体像を把握することが難しいという理由もある。本章ではこれらの困難を完全に解消することはできないが、暴露論証と組み合わせることのできる認識論的前提のパターンをある程度網羅的に紹介する。まず、2節では、様々な暴露論証を理解するために必要となる、知識や信念の正当化の諸条件について解説する。3節では、この諸条件を踏まえ、異なる認識論的前提を使用する暴露論証を区別し、それぞれの論証を明確化する。同時に、それぞれの論証に対して提示された応答も紹介する。

2　知識と正当化の諸条件

多くの認識論者は、認識主体Sが命題Pを知っているための必要条件として、Pが真であり、SがPと信じているという二つの条件を認める。しかし、単にPという真なる信念を持つことは、Pという知識を持つための十分条件ではない。真なる信念を知識に格上げするための条件は、知識の「認識的条件」と呼

---

[6] ストリートは「知識」や「正当化」ではなく、「心的態度から独立の真理を把握する」という言い回しを用いる。「把握」は直截的に理解すれば、「知識」を含意するか、それに等しい用語である。ストリートのものを含む暴露論証が道徳的知識の否定を結論すると解釈するのは、Bogardus (2016)、Horn (2017) などであるが、道徳的信念の正当化の否定を結論すると解釈する論者の方が多い。解釈の問題は、単にストリートなどの暴露論証の支持者がどのように考えているのかという問題ではなく、その論証の前提をどのようなものとするのが合理的であり、どの結論が合理的に導出可能なのかという問題である。

[7] Ruse (1986, 2006, 2009, 2017)、Ruse & Wilson (1986) は、錯誤説を導出するために暴露論証を用いる。また、Kitcher (2006, 2011) は、道徳的認知主義を否定し、ある種の非認知主義を擁護するために暴露論証を用いる。

ばれる。この認識的条件をどのように考えるのかについては、様々な方向性がある。

一つの方向性は、信念が正当化されているという条件を認識的条件の一つとするものである。特定の環境下でＰという内容を持つ特定の信念をＳが形成するには、何らかの情報インプットを処理し、信念形成に至る因果的な作用が働くはずである。この作用は、同種の環境下にＳがおり、同種の情報インプットを受けるならば、（他の条件が同じ限り）Ｐと同種の内容の信念に対しても働くという意味で、ある程度の一般性を持つものである。この一般性を持つ信念形成作用を、「信念形成方法」と呼ぶ。信念の正当化をどのように考えるのかについては多くの立場が存在するが、基本的にすべて、信念形成方法の信頼度が高いことをその必要条件とする。より正確には、以下のように定式化される。

【正当化の信頼性条件】Ｓの持つＰという信念が正当化されるための必要条件は、Ｐという信念形成に導いた信念形成方法の信頼度が高いことである。

ここで「信頼度が高い」とは、信念形成方法の使用が、Ｐという信念が真である確率をある一定の値以上に高めるということを意味している。この確率の上昇をどのように考えるのかという点で、正当化についての立場は様々に異なるが、ここでは簡単な立場のみを紹介する[8]。例えば、（メガネなどの補正を含めて）Ｓが標準的な視覚の持ち主であるとき、（陽光のもとで至近距離の対象についての）視覚経験に基づいて対象の色についての信念を形成するというＳの信念形成方法は、一般性を持つ信念形成方法である。この信念形成方法は、使用さ

---

[8] ここで紹介する立場は、正当化に関係する確率を、特定の信念形成方法が用いられたならば、生み出されるであろう真なる信念の反事実的な頻度と同一視する立場である。より標準的な名称では、この立場は「プロセス信頼性主義」と呼ばれる。ただし、【正当化の信頼性条件】自体は、信頼性の解釈を変更すれば、他の立場とも整合的である。例えば、信念形成方法を証拠に基づき信念を形成するという方法に限定した上で、帰納的な保証（indictive support）の度合いとしての確率を用いて信頼性を定義すれば、「証拠主義」と言われる立場となる。

れたならば真なる信念に導く回数が多いという点で、信頼度が高い。したがって、Ｓのこの信念形成方法が「信号が赤である」などの特定の信念を形成するために使用された場合、この信念は信頼度の高い形成方法によって形成されたことになり、【正当化の信頼性条件】を満たす。

【正当化の信頼性条件】は、あくまでも信念の正当化のための必要条件でしかなく、十分条件ではない。信念の正当化のためには、少なくとももう一つの必要条件が満たされる必要がある。

　　【正当化の阻却証拠不在条件】Ｓの持つＰという信念が正当化されるための必要条件は、Ｓの信念Ｐの正当化に対する阻却証拠をＳが持っていないことである[9]。

ここで阻却証拠（defeater）と呼ばれるのは、特殊なタイプの証拠である。正確には、阻却証拠には、「反駁型阻却証拠（rebutting defeater）」と呼ばれるタイプと「撤回型阻却証拠（undercutting defeater）」と呼ばれるタイプの少なくとも二種類が存在する[10]。Ｐという信念の正当化に対する反駁型阻却証拠は、Ｐの否定を支持する（含意する、確率を高める）証拠である。Ｐという信念の正当化に対する撤回型阻却証拠は、その信念の正当化の否定を支持する（含意する、確率を高める）証拠である。上で述べたように、信念の正当化とは、その信念の形成方法の信頼度が高く、その信念が真である確率が高いことを意味している。反駁型阻却証拠はＰの否定を支持する証拠であり、換言すれば、Ｐという信念が真である確率を低下させる証拠である。したがって、Ｐという信念に対する反駁型阻却証拠をＳが持っている場合、ＳのＰという信念は正当化されないことが帰結する[11]。したがって、あらゆる反駁型阻却証拠は、同時に

---

[9] Ｑという証拠を持つという事態は、Ｑを知っている、あるいはより穏健には、Ｑという正当化された信念を持っているという事態であると通常理解される。本章では簡略化のために、Ｑという証拠を持つことをＱと知ることと同一だと想定するが、Ｑという正当化された信念を持つことと同一だという想定を用いても、本章の論点にとくに影響はない。

[10] 認識論における「defeater」という用語の様々な意味の区別については、Sudduth（2017）を参照のこと。

撤回型阻却証拠でもある。

　しかし、逆の関係は成立しない。Ｐという信念の正当化に対する撤回型阻却証拠は、必ずしもＰが偽であることを支持するとは限らないからである。典型的には、撤回型阻却証拠は、Ｐという信念に導いた信念形成方法の信頼度が低いということを支持する証拠である。例えば、「Ｓが現在赤い色付きグラスのメガネをかけている」という証拠は、視覚経験から対象の色についての信念に導く信念形成方法の信頼度は、現在の状況下では高くないということを支持する。したがって、この信念形成方法がＳの「信号が赤である」という信念の正当化を通常与えるものであったとしても、Ｓがこの撤回型阻却証拠を持っているならば、その正当化は撤回される。この撤回型阻却証拠は、信号が赤いという事態の否定を支持する必要はない。したがって、あらゆる撤回型阻却証拠が反駁型阻却証拠であるわけではない。

　Ｐという信念の正当化に対する阻却証拠をＳが持っている場合、【正当化の阻却証拠不在条件】が満たされないため、たとえ【正当化の信頼性条件】が満たされていたとしてもＳのＰという信念は正当化されない。このとき、【正当化の阻却証拠不在条件】を満たすためには、阻却証拠を阻却する証拠、いわば「阻却証拠の阻却証拠（defeater defeater）」をＳが持つ必要がある。この阻却証拠の阻却証拠も、阻却証拠の内容の否定を支持する反駁型と阻却証拠の内容に対する信念の正当化の否定を支持する撤回型が区別される。阻却証拠の反駁型阻却証拠は、阻却証拠の内容の否定を独立に支持する証拠であり、阻却証拠の撤回型阻却証拠は、阻却証拠の内容についての信念の正当化の否定を支持する証拠である。阻却証拠の阻却証拠は、いずれも阻却証拠を阻却し、信念Ｐの正当化を回復させる機能を持つ。

　真なる信念が知識に等しくない事例を巡り、認識論は様々に議論を重ねてきた。例えば、百万分の一の確率でしか当たらないくじ引きのチケットをＳが購入するという事例である。このとき、Ｓはこの確率を知っているため、抽選結果の発表前にすでに、自分の持つチケットは当たらないという信念を形成す

11　より正確には、Ｓの持つ阻却証拠と他の証拠が全体として、正当化に要求される確率よりもＰの確率を低下させる場合、ＳのＰという信念は正当化されない。

る。この信念に導いた確率計算という信念形成方法は信頼度が非常に高く（誤る確率は百万分の一しかない）、ＳはこⅠの信念の正当化に対する阻却証拠を持っていない。したがって、Ｓの信念は【正当化の信頼性条件】と【正当化の阻却証拠不在条件】の両方を満たすため、正当化される。しかし、この正当化された信念は知識であるとは言えないはずである（自分のチケットは当たらないと知っているならば、そもそもＳはチケットを購入しないだろう）。したがって、Ｓは何らかの知識の認識的条件を満たしていないとしなければならない。正当化とは異なる知識の認識的条件がどのようなものなのかについて、認識論では多くの立場が展開されてきた。本章では、このうち二つの立場だけが重要である。

　【知識の敏感性条件】Ｓの持つＰという信念が知識であるための必要条件は、Ｐが偽であったとすれば、ＳがＰという信念を持たないだろうということである。
　【知識の安全性条件】Ｓの持つＰという信念が知識であるための必要条件は、ＳのＰという信念が簡単には誤りえないだろうということである。

　敏感性条件（sensitivity condition）と安全性条件（safety condition）は異なる条件であり、それぞれ知識の必要条件として正しいのかは別個に問題にされる。両者に共通するのは、Ｓの現実の信念だけを考えるのではなく、その可能世界におけるふるまいを考えるという点である。標準的な反事実的条件文の可能世界意味論を用いるならば、それぞれの条件はより詳細には以下のように定式化される。

　【知識の敏感性条件'】Ｓが現実に持つＰという信念が知識であるための必要条件は、Ｐが偽である現実世界の近傍世界の全てにおいて、ＳがＰという信念を持たないということである。
　【知識の安全性条件'】Ｓが現実に持つＰという信念が知識であるための必要条件は、ＳがＰという信念を持つ現実世界の近傍世界の全てにおいて、Ｐが真であるということである[12]。

先のくじ引きのチケットを購入する事例は、【知識の敏感性条件】も【知識の安全性条件】も満たされない事例と考えられる。Sは自分のチケットが幸運にも当たりだった場合でさえ、つまり、「自分のチケットがはずれである」という命題が偽であったとしても、同内容の信念を形成するはずである。したがって、Sの持つこの内容の信念は【知識の敏感性条件】を満たさない。また、Sは当たりのチケットとはずれのチケットを区別することはできないため、この信念は簡単に誤りうる。したがって、Sの信念は【知識の安全性条件】も満たさない[13]。

　このように、くじ引きの事例は、【正当化の信頼性条件】は満たされるが、【知識の敏感性条件】や【知識の安全性条件】は満たされない事例であるとされる。知識の条件と正当化の条件を全く異なるものと考え、知識の認識的条件に信念が正当化されていることを含めない立場もありうる。しかし、注意しなければならないのは、自分が【知識の敏感性条件】や【知識の安全性条件】を満たさないという証拠をSが持つ場合、この証拠はSのPという信念の正当化の阻却証拠となるという点である。この点は多くの認識論者が認めるものだと思われるが、その理由を明確に解説することは難しい。さしあたり、「自分がPを知らないという証拠を持つにもかかわらず、Pと信じる」という信念形成方法がPという信念の正当化の成立のための何らかの条件に違反すると想定しておくだけにする[14]。

　1節で述べたように、認識論的な道徳的懐疑論の論証としての暴露論証は、道徳的信念が知識であることを否定するか、その正当化を否定するかのどちらの形式をとる。しかし、実のところ、知識を否定するタイプの暴露論証もすべ

12　現実世界の「近傍世界」とは、現実世界と重要な点の全てで類似する可能世界の集合である。この「重要な点」をどのように考えるのかには、多くの研究がある。この点は、本書10章で解説されている順序ソースをどのように考えるのかという点と同一である。

13　【知識の敏感性条件】を支持する研究はNozick (1981)、Becker (2007) などであり、【知識の安全性条件】を支持する研究はPritchard (2005)、Sosa (1999)、Williamson (2000) などである。これらの立場のより詳細な解説は、Becker (2007) を参照のこと。

14　この点を十分に立証することは非常に難しい。くじ引きの事例が、真である確率が非常に高い信念の例だからであり、確率についての考察のみから正当化の不成立を説明することが難しいからである。

て、その知識の不成立をわれわれが知っているという前提を加えることで、【正当化の阻却証拠不在条件】を利用して正当化を否定するタイプの暴露論証へと拡張可能である。3節では、そうした暴露論証を幾つか紹介する。

3 暴露論証の諸形態とその応答

1節で述べたように暴露論証はすべて、以下のような論証形式を持つ。

[進化論的前提]：われわれの現在の道徳的信念の起源についての進化論的説明は正しい。
[説明的前提]：進化論的前提が正しいならば、われわれが現在持つ道徳的信念の多くは、その真理を前提にすることなく説明される。
[認識論的前提]：説明的前提が正しいならば、われわれの道徳的信念の多くは、われわれが通常持っていると考える認識的性質を持っていない。
[懐疑論的結論]：したがって、道徳的懐疑論は正しい。

まず、第一の前提である［進化論的説明］は、より詳しくは、われわれの生物学的祖先が用いた道徳的信念の形成方法についての進化論的説明についての前提と、その形成方法がわれわれが現在用いている道徳的信念の形成方法と共通性を持つとする前提に区別される。

(1) われわれの生物学的祖先が発達させた道徳的信念の形成方法についての進化論的説明は正しい。
(2) われわれが現在も用いる基礎的な道徳的信念の形成方法は、生物学的祖先が発達させた形成方法を受け継いでいる。

(1) が意味するのは、われわれの生物学的祖先が用いた道徳的信念の形成方法は、その方法が生み出す道徳的信念（あるいは信念より原始的な道徳についての表象的態度）が、個体ないし集団の生存や繁殖の期待値を高める、つまり適

応度を高めるものであったために獲得され、発達したということである。例えば、近親者に協力することが正しく、その安全性を脅かすことが正しくないといった道徳的信念は、その信念を持っていたほうが、協調行為や危険の回避行動を促すため、個人と個人の属する集団の適応度を高めることになる。前提（1）は、道徳的信念形成方法の獲得・発達は、適応度による進化論的説明を与えられると述べている[15]。

（2）が意味するのは、われわれが現在も用いる基礎的な道徳的信念の形成方法は、われわれの先祖が進化論的に獲得した形成方法と実質的に異なっていないということである。ここで「基礎的な道徳的信念の形成方法」と言われるのは、ある対象や行動に対し、理性的・反省的な思考を介さずに、即時的に道徳的信念を形成する方法である。このような方法で形成された信念が、理性的・反省的な思考によって後に撤回や修正されることはしばしば起こるにせよ、そうでないこともしばしば起こる。また、そうした理性的・反省的な思考も、何らかの道徳的判断を基礎にしなければ、撤回や修正の是非を判断することはできない（Street 2006: 122-125）。（2）は、現在のわれわれはこうした基礎的な信念形成の手段を持っており、それは祖先から受け継がれたものであることを述べている[16]。もちろん、（2）は、われわれの道徳的信念形成が文化や個人の経験の影響を受けることを排除していない。基礎的な道徳的信念の形成方法の主要機能が、進化論的に獲得されたものから変わっていないと言っているに過ぎ

---

15 Machery & Mallon (2010) は、進化心理学についての文献を検討し、道徳的信念を形成するためだけに特化した信念形成方法が進化したという経験的証拠は現在与えられていないと結論する。Millhouse, Bush & Moss (2016) は、この主張を批判的に再検討している。経験的観点からも検討を行いつつ前提（1）を批判する研究として、他には Isserow (forthcoming)、Levy & Levy (forthcoming) がある。

16 この基礎的な道徳的信念の形成方法を何と呼ぶかは論者によって様々である。「道徳的感覚」、「道徳的直観」、「システム1」などの名称が用いられる。de Lazari-Radek & Singer (2012)、Greene (2008, 2013)、Singer (2005) はこのような道徳的信念の形成方法は、義務論的な判断を行う方法であるとした上で、暴露論証を義務論的な判断の信頼性を否定するために用いる。理性的・反省的な道徳的信念の形成方法は功利主義的な判断を行う方法であると彼らは考えるため、義務論を批判し功利主義の擁護するために暴露論証を提示するのである（しかし、Street (2006) の考察を敷衍しつつ、このような暴露論証の適用対象の限定は極めて難しいと、Kahane (2011) は論じる。de Lazari-Radek & Singer (2012) は、この批判への応答を含んでいる）。この点についての議論は、[説明的前提] に現れる「多くの信念」にどのような信念を含めるのかについての議論でもある。

ない[17]。

　[進化論的前提]を(1)、(2)という具体的な形で理解して初めて、[説明的前提]も同様に具体化することができる。

(3) 前提(1)、(2)が正しいならば、われわれが現在持つ道徳的信念の多くは、その真理を前提にすることなく説明される。

　前提(1)、(2)が述べるわれわれの道徳的信念の起源についての進化論的説明は、基礎的な道徳的信念の形成方法は適応度を高める信念を生み出すがゆえに獲得、継承されたとする。道徳的信念の適応度が高いということは、その信念が真であるということを前提にしない。したがって、その方法を現在もわれわれが使用する限りで、われわれがなぜ現在持つような基礎的な道徳的信念とそれに基づいて形成された派生的な道徳的信念を持つのかという説明も、それらの信念の真理を前提にすることなく説明されることになる。もちろん、適応度が高い信念を生み出す信念形成方法が過去に獲得、継承されたという進化論的説明は、道徳的信念の形成方法だけではなく、信念形成方法一般に適用されるものである。しかし、暴露論証の支持者によれば、道徳的信念の形成方法と他の信念の形成方法の進化論的説明は重要な点で異なっている（Street 2006: fn. 35, 160-161; Joyce 2006: 182-184）。この点は、非道徳的な性質についての基礎的な信念形成方法の典型例である知覚と比較してみることで明確になる。知覚という信念形成方法が獲得されたのは、その方法によって生み出される信念が適応度を高めたためであるにせよ、そうした信念の適応度が高いのは、捕食者や食料についての真なる信念に導くためであると考えられるからである。したがって、現在もわれわれが知覚を使用する限りで、われわれがなぜ現在持っているような非道徳的性質についての基礎的信念とそれに基づいて形成された派生的信念を持っているのかという説明は、それらの信念の真理を前提にする

---

[17] この前提(2)を批判し、われわれが現在主に用いる（あるいは少なくとも、用いることができる）道徳的信念の形成方法は、道徳的理由を比較考量する理性的・反省的なものであり、教育や経験を経て発達するとするのは、Carruthers & James (2008)、Deem (2016)、de Lazari-Radek & Singer (2012)、FitzPatrick (2014, 2015, 2017)、Huemer (2016) である。

ものになる[18]。われわれがなぜ現在持つような道徳的信念を持つのかについての進化論的説明は、道徳的信念が真であることを前提にする必要がないという点が、前提（3）の述べる道徳的信念の特徴であるとされるのである[19]。

　暴露論証の前提である（1）、（2）、（3）は暴露論証について論じる哲学者の間で細かな相違はあるにせよ、ここで紹介したものとさほど異ならない形で定式化される。しかし、前提（3）が成立するには、特定のメタ倫理的立場を想定しなければならないのか、そうではないのかという点について、暴露論証を論じる哲学者の間にも見解の相違がある。一方で、前提（3）が真であることは、道徳的実在論か非自然主義のどちらか、あるいは両方を想定しなければ示すのが難しいと考える論者は多い[20]。第一に、道徳的実在論の中核である（ⅲ）道徳の客観性を否定する構成主義は、道徳的信念の真理が、われわれが現実に、あるいは理想的な状況下で持つ欲求や信念などの心的態度に依存するものだと考える。したがって、前提（1）、（2）を認めても、構成主義が正しければ、道徳的信念を持つこととその真理には必然的な関係が成立することにな

18　道徳的信念以外でも、特定のタイプの信念の進化論的説明がその真理を前提にしないならば、そのタイプの信念に対して暴露論証が適用されることになる。したがって、適応度を高めるために真である信念を生み出す必要がある信念形成方法とそうでない信念形成方法の区別は、暴露論証が全面的な懐疑論に陥るのを避けるために必要である。この区別のある程度詳しい分析は、Griffiths & Wilkins（2015）にあるが、Kyriacou（2019）がその分析を批判している。

19　前提（3）は、進化論的説明がわれわれ個人の使用する信念形成方法に適用されるとする。しかし、進化論の支持者は一般に、進化論的説明は個体の特徴を説明するものではないということを認める。この問題点について、Mogensen（2016）が批判的に検討している。

20　この点について、特にDas（2016）、Graber（2012）が詳しく論じている。数学的存在者の心的態度からの独立性と因果効力の不在から懐疑論的結論を導く論証は、「ベナセラフ-フィールドの挑戦（Benacerraf-Field challenge）」（Benacerraf 1973; Field 1989）として知られている（この論証についての詳しい解説は、Clarke-Doane（2016b）を参照のこと）。暴露論証をベナセラフ-フィールドの挑戦の変形と捉える理解については、Enoch（2010, 2011, ch. 7）、Klenk（2017）、Tersman（2016, 2018）が提示している。Clarke-Doane（2014）は両者の相違を説明するが、どのような認識論的前提を用いるのかという点では共通だと考えている（Clarke-Doane 2012, 2015, 2016a, 2016b, 2017）。Klenk（2017）が指摘するように、暴露論証をベナセラフ-フィールドの挑戦の変形として捉える場合、進化論に訴える前提（1）、（2）を必要とせず、アプリオリな論証となる。また、ベナセラフ-フィールドの挑戦と暴露論証は、観察の言明の説明のために道徳的真理は必要ではない、つまり道徳的性質についての不可欠性論証は成立しないという、ギルバート・ハーマン（Gilbert Harman）が提起した問題とも類似性を持っている（Harman 1977）（ハーマンの提起した問題については、本書6章が詳しく解説している）。これらの関係については、Clarke-Doane（2015, 2016a, 2017）を参照のこと。

り、(3) の後件を否定することが可能であると論じられるのである（Bedke 2014; Das 2016; Graber 2012; Enoch 2010, 2011, ch. 7; Klenk 2017; Street 2006, 2008, 2016, 2018）[21]。

第二に、道徳的性質を自然的性質と同一である、あるいは自然的性質に還元可能であると考える（還元的）自然主義は、非自然主義とは異なり、道徳的真理の成立（道徳的事実）に因果効力を認める。自然主義は自然的真理の成立からそれに対応する道徳的真理についての信念を因果的に説明することができるため、前提 (1)、(2) を認めても、(3) の後件を否定することが可能であるかもしれない（Das 2016; Graber 2012）。まず、自然的性質についての信念形成方法は様々なものがあるが、知覚はその代表例である。知覚についての進化論的説明は、上述のように、それが生み出す信念の真理を前提にしたものになる。したがって、道徳的性質が自然的性質に対応するならば、自然的性質についての信念の真理を前提としつつ、それに対応する道徳的性質についての信念を因果的に説明することが可能であると考えられる。

しかしながら他方で、これらの暴露論証の回避方法を批判し、暴露論証は構成主義や自然主義的な道徳的実在論に対しても適用されると論じる論者もいる[22,23]。このように、暴露論証の適用対象がどのような立場なのかが定まらな

---

[21] 構成主義は、道徳的信念を持つこととその真理には必然的な関係があるとする立場であるため、［説明的前提］ではなく、［認識論的前提］の不成立を含意するとみなすことも可能である。Street (2016, 2018) は、構成主義による暴露論証の回避をこのように理解している。

[22] Street (2006, 2008, 2018) は、道徳的実在論を否定し、間接的に構成主義を擁護するために暴露論証を提示する。しかし、Tropman (2014) は構成主義に対しても暴露論証は適用されるため、構成主義も道徳的懐疑論を避けることができないとして、Street (2006, 2008) を批判する。より詳しく述べると、この批判は、構成主義も道徳的判断や自身の立場についてのメタ倫理的判断に依拠せざるをえず、これらの判断に対して暴露論証が適用されるという内容である。Joyce (2016b: 145-146) も、手短であるが、Street (2006) に対して類似した疑念を提起している。

[23] Bedke (2014)、Copp (2008)、Das (2016)、Enoch (2010, 2011, ch. 7)、Graber (2012) などの研究では、自然主義的な道徳的実在論を採用するならば、暴露論証を回避可能であるとされる。しかし、自然主義的な道徳的実在論も、道徳的性質と自然的性質の同一性や還元可能性を立証する際に道徳的信念に依拠せざるをえず、これらの信念に対し暴露論証が適用されると、Street (2006: 139-141) は論じている（この論点に対する批判的応答を、Das (2016) は含む）。自然主義的な道徳的実在論の一種を採用して暴露論証に応答した Copp (2008) に対して、Street (2008: 213-217) はこの批判をさらに敷衍している。Joyce (2006: 151-157) は自然主義的な道徳的実在論が暴露論証に対して有効であることは否定しないが、自然主義的な道徳的実在論自体に問題が多いと論じる。

いという点も、暴露論証の理解を難しくしている理由の一つである。この点がどうであれ、暴露論証は少なくとも非自然主義的な道徳的実在論に対して適用されるという点には合意が存在する。

認識論的懐疑論の論証としての暴露論証にとって最も重要な前提は、［認識論的前提］である。前提 (1)、(2)、(3) を認めたとしても、それら自体は何の認識論的含意を持っていない。暴露論証が認識論的懐疑論を導出するには、［認識論的前提］を何らかの知識ないし正当化の必要条件によって具体化する必要がある。異なる条件を用いることで、少なくとも四種類の異なる［認識論的前提］の具体化が可能であり、結果として、四種類の暴露論証を区別することができる。

3-1. 信頼性による論証

暴露論証の代表的な支持者であるジョイスは 2006 年の著書において、［認識論的前提］を【正当化の信頼性条件】によって具体化する。

> ある植物が魔力を持っているという生得的な信念が存在し、この信念が独自の進化史を持った固有のメカニズムの産物だとすれば、（中略）この信念形成メカニズムがどのように機能するのかについての経験的に確証された仮説をわれわれは持つだろう。この仮説は、こうした信念のどれもが近似的にですら真であることを必要としない。したがって、これらの生得的信念はどれも信頼度の低いプロセスの産物であると、われわれは結論しなければならないだろう。（中略）われわれはこの教訓を生得的な道徳的信念の事例へと今や適用する。明確であるように思われるのは、生得的な道徳的信念は、植物の魔力についての空想上の信念と重要な点で類似していることである。以前の章で素描された進化論的仮説は、道徳的信念は現在真である、あるいは過去に真であったといかなる点でも想定しないことをわれわれは確認した。（中略）したがって、どのように生得的な道徳的信念が進化しえたのかという点についての一つの説得力のある見解は、プロセス信頼性主義者自身の基準によって、そのような信念は認識的に正当化されないという結論に自然に導くと、わたしは結論する。（Joyce 2006:

215)[24]

ここでジョイスが提出する前提は、道徳的信念形成方法の低信頼度についてのものとして理解することができる[25]。そして、【正当化の信頼性条件】を想定するならば、われわれの道徳的信念が正当化されないという懐疑論的結論を、この前提から即座に導出することができる。

(4) 前提（3）が正しいならば、われわれが現在用いている基礎的な道徳的信念の形成方法の信頼度は低い。
(5) したがって、われわれの道徳的信念は正当化されない。［正当化の信頼性条件から］

ジョイスはこの論証を提示する際、比較的支持者の多い【正当化の信頼性条件】と【正当化の阻却証拠不在条件】の両者を信念の正当化の必要条件とする立場ではなく、後者のみを必要十分条件とする立場を採用しても、懐疑論的結論を導出することが可能であるということを示そうとする[26]。この立場は、Sが阻却証拠を持っている場合、Sの信念は正当化されず、それ以外の場合は、Sの信念は正当化されるという立場である。【正当化の阻却証拠不在条件】を正当化の十分条件とするかどうかにかかわらず、必要条件として想定するなら

24　Joyce（2016b: 156）では、証拠を持つことと【正当化の阻却証拠不在条件】の両者を正当化の必要条件とする立場＝証拠主義と、【正当化の信頼性条件】を必要条件とする立場＝信頼性主義を区別した上で、ジョイスは自身の暴露論証は前者には道徳的信念の正当化の否定という帰結を持つが、後者には道徳的信念が正当化されているかどうか知らないという帰結を持つと主張する。この暴露論証についての説明の変化は、暴露論証について様々な認識論的想定を付け加えなければ、理解するのが難しい。また、Joyce（2006, 2013, 2016b, 2016d）には、暴露論証の帰結を信念の正当化の否定ではなく、主観的確率の低下であるように語る箇所もあり、ジョイスの暴露論証の統一的理解を極めて難しくしている。
25　道徳的信念の形成方法が低信頼度にとどまる進化論的諸条件については、Fraser（2014）が詳しく論じている。
26　認識論において、この立場は「保守主義（conservatism）」と呼ばれることがある（ただし、この名称で呼ばれる立場は複数存在する）。Joyce（2006, ch 6; 2017）は、プロセス信頼性主義、保守主義以外に基礎付け主義や整合主義といった認識論的立場を採用しても、暴露論証は回避できないと論じる。

ば、前提（4）の後件を内容とする阻却証拠をSが持っているという前提を追加することで、【正当化の信頼性条件】なしに懐疑論的結論を導出することができる。前提（4）の後件は、われわれが現在用いている基礎的な道徳的信念の形成方法の信頼度は低いという内容であり、それをわれわれが知っているならば、その方法によって形成された信念に対する阻却証拠をわれわれは持つことになるからである。前提（1）から（4）をわれわれが知っており、その論証にしたがって前提（4）の後件を導出するならば、われわれは前提（4）の後件を知ることができる。ここでは、これまでの暴露論証にしたがってわれわれが実際に前提（4）の導出を行ったと想定し、新しい前提を以下のように定式化しておく。

(6) われわれが前提（4）の後件を知っているならば、われわれは道徳的信念の正当化に対する撤回型阻却証拠を持っている。
(7) したがって、われわれの道徳的信念は正当化されない。[正当化の阻却証拠不在条件から]

このタイプの暴露論証の懐疑論的結論を【正当化の信頼性条件】と【正当化の阻却証拠不在条件】のどちらに訴えて導出するにせよ、これらの論証に対する応答としてもっとも議論されているのは、「第三要因説（third-factor account）」と呼ばれるものである。多くの論者がこのタイプの応答を提示しており（Brosnan 2011; Enoch 2010, 2011, ch. 7; Schafer 2010; Skarsaune 2011; Wielenberg 2010, 2014, ch. 4）、様々なバリエーションがあるが、共通するのは、前提（4）の後件を否定し、したがって、それを知ることができるということ、つまり前提（6）の前件も否定することである。第三要因説によれば、進化論的説明がその真理ではなく、適応性によってわれわれの道徳的信念を説明するにせよ、少なくとも幾つかの適応度の高い基礎的な道徳的信念の持つ特徴は、道徳的真理と相関する[27]。したがって、これらの道徳的信念の進化論的説明が正しいならば、同時にこれらの道徳的信念の形成方法の信頼度は高いということになる。

第三要因説に属する諸説は、道徳的真理と相関するのはどのような基礎的な

道徳的信念の特徴かという点で異なっている。ここでは、デイヴィッド・イーノック（David Enoch）とエリック・J・ビーレンバーグ（Erik J. Wielenberg）の第三要因説だけを紹介しておく。イーノックは、「生存や繁殖の成功は概して良いことである」ということが道徳的真理だと想定する（Enoch 2010, 2011, ch. 7）。生存や繁殖の成功が適応度を高めるならば、この道徳的真理を信じた上での生物の行動も適応度が高いことになる。したがって、この信念を生み出す信念形成方法が自然選択により獲得されるはずであり、それは同時に真なる信念を生み出すため信頼度が高いと、イーノックは論じる。ビーレンバーグは、「高度の認知能力を持つ生物は権利を持つ」ということが道徳的真理だと想定する（Wielenberg 2010, 2014, ch. 4）。高度の認知能力を持つことが適応度を高めるならば、権利をもった生物であることも適応度が高いことになる。したがって、高度の認知能力を持つ生物であるわれわれが「自分たちは権利を持つ」という信念を形成する場合、それは真であり、この信念の形成方法は信頼度が高いと、ビーレンバーグは論じる。

　第三要因説はこのような形で、前提（4）の前件は受け入れつつも、後件である「われわれが現在用いている基礎的な道徳的信念の形成方法の信頼度は低い」ということを否定する。前提（4）の後件を知っているならば、前提（6）により、道徳的信念の正当化に対する撤回型阻却証拠を持っていることになり、道徳的信念の正当化は阻却される。しかし、第三要因説をわれわれが知っていると想定するならば、この阻却証拠の否定を支持する反駁型阻却証拠をわれわれは持っていることになる。したがって、進化論的考察による道徳的信念の正当化の阻却は、第三要因説によってそれ自体阻却され、道徳的信念の正当化が回復する。このように、第三要因説は、前提（4）を否定し、同時に前提（6）の前件を否定することで、暴露論証の懐疑論的結論を回避する。

27　上述のように、知覚的信念の進化論的説明は、その適応度の高さを説明するためにその真理を前提にするが、道徳的信念の進化論的説明は、その適応度の高さを説明するためにその真理を前提にする必要がない。しかし、第三要因説によれば、適応度の高い道徳的信念は同時に真であるため、道徳的信念の形成方法の信頼性を説明することができる。第三要因説は、全てではなく幾つかの基礎的信念に対して提示されているに過ぎないが、これは暴露論証に対して、道徳的信念形成方法の信頼性を説明する方針を示すだけで十分だと考えられているためである。

第三要因説による暴露論証への応答の是非については多くの論文が存在し、その議論は現在活発に行われている。第三要因説の批判者は、第三要因説は何らかの道徳的真理を想定する点で、論点先取であると批判する（Crow 2016; Horn 2017; Joyce 2016b; Locke 2014; Shafer-Landau 2012; Street 2016）[28]。これに対し、第三要因説の支持者は、認識論的懐疑論についての暴露論証は、道徳的信念が知識であることや正当化されていることだけを疑問視しているのであり、それが真であると想定することには問題はないとする。さらに、ある信念形成方法の信頼性を、その方法によって形成されるどのような信念も真であると想定することなく、独立に示すということはほとんど不可能である。このような厳格な要求を信念の正当化の阻却証拠を阻却するために課すことは、不当な要求であると第三要因説の支持者は考える（Schafer 2010; Enoch 2010, 2011, ch.7; White 2010; Clarke-Doane 2012, 2015, 2016a; Setiya 2012; Wielenberg 2014, 2016）。この点についてどちらの立場が正しいのかを決定するためには、阻却証拠の阻却が可能な条件について詳細に分析することが必要となる。この分析については様々な試みが現在行われており、今後の進展が待たれている（Dogramaci 2016; Klenk forthcoming; Lutz 2018; Moon 2017; Morton 2019; Setiya 2012）。

3-2. 幸運な一致による論証

　ジョイスと並び、暴露論証のもう一人の代表的支持者であるストリートは、2006年の論文において、道徳的信念が真理と一致することが、単なる幸運の結果に過ぎないという考えを用いて［認識論的前提］を具体化している。

> この見解によれば、われわれの評価的判断は進化論的影響によって形成されたと認めることは、バミューダに向かって航海を開始したにもかかわらず、自分のボートの進路を波と風まかせにすることに類似している。波と

---

[28] Shafer-Landau（2017）は、無条件に道徳的信念を真と想定することは論点先取であるが、暴露論証の前提を弱めることで、その適用範囲をより少ない道徳的信念とすることができれば、論点先取ではないと指摘する。暴露論証の適用外の道徳的信念を真だと想定することに問題はないからである。

> 風が船に与える圧力があなたの向かいたい場所と何の関係も持たないように、自然選択がわれわれの評価的判断の内容に与える歴史的圧力は評価的真理と何の関係も持たない。（中略）もちろん、単なる偶然として、われわれの評価的信念の大部分が真になるということは可能である。実在論者の言う独立して存在する評価的真理と自然選択がわれわれに与えた評価的方向性が幸運にも一致することにより、このようなことは起こりうる。しかし、このような可能性は、論理的に可能な評価的判断と信念の組み合わせの広大な宇宙を考慮すれば、極端に起こりにくいだけでなく、驚くほど実在論者に都合がよいものである。(Street 2006: 121-122)

ここでの推論に用いられていると思われる認識論的前提を定式化するならば、以下のようになる。

(4') 前提（3）が正しいならば、われわれが現在持っている多くの道徳的信念が真理と一致することは、非常に確率の低い幸運な一致に過ぎない。
(5') したがって、われわれは道徳的知識を持っていない。

　道徳的信念と道徳的真理の幸運の一致の確率が極端に低いと言う際に、ストリートがどのような種類の確率を念頭に置いているのかは問題である。ストリートはここで、論理的に可能な道徳的信念の内容とその真偽についての無数の組み合わせの可能性のうち、われわれが現実に信じている内容が真である可能性は極端に少ないと説明している。しかし、このように確率空間を論理的な可能性によって定義するならば、(4')から(5')を導出する暴露論証は説得力を持たないものとなってしまう (Shafer-Landau 2012; Vavoka 2014, 2015)。第一に、われわれの道徳的信念が真である論理的な確率が低いことは、前提（1）、（2）のような進化論的前提を用いることなく導出可能である。第二に、このような形で確率を考えるならば、道徳的信念だけでなく、他の多くの信念も確率が低いことになる。したがって、この論証は進化論的前提なしに構築可能な、非常に一般的な懐疑論的結論を持つ懐疑論的論証であることになる。このような懐疑論に対する対処としては、論理的な確率が低いことは知識や正当化の否定を

含意しないと論じるだけで済む[29]。

　カティア・バボバ (Katia Vavova) は、より穏健な解釈として、ストリートの暴露論証の［認識論的前提］を「(3) が正しいならば、われわれの持つ道徳的信念が誤りであるという理由が存在する」に等しい前提として定式化する (Vavova 2014)。この前提は道徳的信念全体に対する反駁型阻却証拠を提示しているということに等しい[30]。しかし、この前提の後件を前提 (3) のみから導出することはできず、どのような道徳的信念が真であり、偽であるのかについての想定、つまり道徳的真理がどのようなものかについての想定が必要となると、バボバは論じる[31]。道徳的真理がどのようなものかについての想定を暴露論証が必要とするならば、第三要因説が行ったように、そうした想定を暴露論証批判に用いることも許されることになる。また、イーノック (Enoch 2010, 2011, ch. 7) は、ストリートの暴露論証の［認識論的前提］を「(3) が正しいならば、道徳的信念と道徳的真理の相関関係が説明されず、われわれの道徳的信念は正当化されない」に等しい前提として定式化する。この前提は、道徳的信念と道徳的真理の相関関係が説明されないという証拠が、道徳的信念全体に対する撤回型阻却証拠となるという内容である。その上で、イーノックは自身の第三要因説を、道徳的信念と道徳的真理の相関関係を説明する証拠、つまり暴露論証が与える阻却証拠の反駁型阻却証拠として提示する。

　このように、ストリートの推論がどのような認識論的前提に依拠しているのかは、論者によって意見が別れている。もう一つの可能性は、【知識の安全性条件】に訴えるものとして解釈することである。というのも、【知識の安全性条件】は、幸運によって真である信念は知識ではないという点明確するために、認識論で発達した条件だからである。この解釈については、3-4 節で解説

---

[29] このストリートの論証に類似するが進化論的前提を含まず、ここで述べた問題を避けることができる道徳的懐疑論の論証を Bedke (2014) は提示している。

[30] Brosnan (2011) は、確率論的な考察に基づき、前提 (3) から道徳的信念に対する反駁型阻却証拠を与えることはできないと論じる。

[31] バボバによれば、こうした想定なしには、暴露論証が適応される判断が道徳的判断であり、他の種類の判断でないことを立証することができない。この論点は、判断の内容を構成する概念についてのある種のホーリズムを前提にする。概念のホーリズムに基づく同様の暴露論証批判は、Cuneo & Shafer-Landau (2012) にもある。

3-3. 敏感性による論証

ジョイスは2001年の著書では、2006年の著書とは異なる暴露論証を提示する。また、類似する論証をマイケル・ルース（Michael Ruse）も提示している[32]。

> 現実世界が実質的な定言的要求——道徳的言説を真にするのに必要となるであろう種類の定言的要求——を含んでいると想定しよう。そのような世界で、人間が道徳的判断を行う傾向性を持つのは、（中略）自然選択がそのように仕向けるからである。さて、今度は代わりに、現実世界はそのような要求——道徳的言説を真にしうるものは何であれ——をそもそも含んでいないと想像してみよう。そのような世界で、人間が依然として道徳的判断を行う傾向性を持つのは、（中略）自然選択がそのように仕向けるからである。（中略）道徳的判断の真理は、（中略）道徳的判断の有益性にかかわる役割を持つだろうか。（中略）答えは「持たない」だとわたしは信じている。（Joyce 2001: 163）

> 「真である」正しさや悪さが存在するかどうかとかかわりなく、あなたが正しさや悪さについて信じていることをあなたは信じるだろう。ダーウィン主義者は、われわれの道徳感情の全面的な分析を自分たちの理論は与えると主張する。それ以上になにも必要ないのである。一方は客観的な道徳を含み、他方は含まないという点以外では同一の二つの世界が与えられたならば、人間はそれらの世界で全く同一の仕方で考え、行為するであろう。（Ruse 1986: 254）

---

32 Clarke-Doane (2016) は Ruse (1986) と Joyce (2001) の論証を、Wielenberg (2010, 2014, ch. 4) は Ruse (1986) の論証を、それぞれ敏感性条件に訴えるものとして理解している（ただし、後者は知識ではなく正当化の必要条件として敏感性を定式化している）。ジョイスは近年（Joyce 2016b）、自身の2001年の暴露論証をこのように解釈することが可能であることを認めつつも、批判者の批判を受け入れる形でその論証の問題点を認めている。

ここでジョイスとルースが検討しているのは、そもそも道徳的性質が存在しないため、現実では真である道徳的命題が偽である可能性である。前提 (1)、(2)、(3) が真である限り、このような可能性が成立しているという反事実的条件下においても、われわれの道徳的信念の形成方法は現実と同じように作用するはずであると考えられる。したがって、【知識の敏感性条件】を想定することで、道徳的知識の否定を導出することができるはずである。

(4*) 前提 (3) が正しいならば、われわれが現在信じている道徳的命題が偽であったとしても、われわれは同じ信念を持つだろう。
(5*) したがって、われわれは道徳的知識を持っていない。［知識の敏感性条件から］
（この論証は、3-1節の信頼性による論証と同様の仕方で、(4*) の後件をわれわれが知っているという前提を加えることで、知識だけでなく道徳的信念の正当化の不成立を導出するために拡張することが可能である）

　(4*) の後件である反事実的条件「われわれが現在信じている道徳的命題が偽であったとしても、われわれは同じ信念を持つだろう」が（空虚ではない形で）真であるならば、道徳的信念が知識であるための敏感性条件である「われわれが現在信じている道徳的命題が偽であったとすれば、われわれは同じ信念を持たないだろう」は偽となる。したがって、(5*) の懐疑論的結論が導出される。

　この論証に対しては、ジャスティン・クラーク-ドーン (Justin Clarke-Doane)、ビーレンバーグが類似する形で応答している (Clarke-Doane 2015, 2016a; Wielenberg 2010, 2014, ch. 4)。まず、自然主義・非自然主義、道徳的実在論・反実在論などの対立軸を超えて、道徳的性質は非道徳的性質に付随する（前者の成立は後者の成立によって決定される）という見解は広く受け入れられている。この付随性関係は、非道徳的性質について同一である可能世界は、道徳的性質についても同一であるということを意味している。道徳的信念が【知識の敏感性条件】を満たすかどうかを考察するためには、われわれが現在信じている道徳的命題が全面的に誤りである近傍世界を考察する必要がある。この近傍世界

は、現実世界と非道徳的性質について異なる世界でなければならない。現実世界と非道徳的性質について同一であるならば、付随性関係により道徳的性質についても同一であることになり、現実世界で真である道徳的命題が同様に真である世界となるからである[33]。しかし、道徳的性質についても非道徳的性質についても現実と異なる近傍世界は、われわれが現実と同じ道徳的信念を持たない世界である確率が高い。道徳的信念の形成が、非道徳的性質の認識に依存すると考えるならば、非道徳的性質が異なる世界では、われわれは異なる道徳的信念を形成するはずだからである。したがって、前提（4*）の前件が正しいとしても、われわれは【知識の敏感性条件】を満たすと考えられるため、前提（4*）は誤りである確率が高い。

ビーレンバーグは自身の第三要因説を用いて、この点をさらに具体的に展開する。彼の第三要因説は、高度の認知能力を持つかどうかが、権利を持つかどうかを決定するという説である。したがって、われわれが権利を持たない近傍世界は、われわれは高度の認知能力を持たない可能世界である。このような可能世界では、われわれが現実と同じ信念を持つことはないはずである。現実と同じ信念を持つためには、高次の認識能力が不可欠であるからである。したがって、第三要因説は、少なくとも幾つかの道徳的信念が【知識の敏感性条件】を満たすと論じるためにも有効であることになる[34]。

3-4. 安全性による論証

3-2節で述べたように、ストリートの幸運の一致に訴える論証は、【知識の安全性条件】を想定するものと理解することが可能である。安全性条件はもと

---

33 付随性関係にもかかわらずこのような可能世界を近傍世界として認めることは、形而上学的に不可能な世界が近傍世界でありうることを認めるということである。不可能世界を可能世界意味論に組み込むことは、さまざまに試みられているため、これ自体は大きな問題とは言えないかもしれない。また、Clarke-Doane（2012）は、Street（2006）を参照しつつ、暴露論証で問題となる形而上学的に不可能な世界は、概念的に可能な世界であり、そうした世界が理解可能であれば暴露論証は成立すると論じる。ただし、この場合の暴露論証は、3-2節で言及したような、進化論的前提を必要としないものとなるはずである。

34 この議論を行なう際に、Wielenberg（2010, 2014, ch. 4）はある種の外在主義的な意味の理論を想定していると思われる。より直接的に外在主義的な意味の理論を用いて暴露論証に応戦しようとする試みは、Graber（2012）、van Roojen（2018）にある。

もと、幸運によって真である信念は知識ではないという論点を、より詳細に定式化するために提出されたものである（Sosa 1999; Williamson 2000; Pritchard 2005）。したがって、道徳的信念と真理の一致が幸運に過ぎないというストリートの考えから懐疑論的結論を導出しようとすれば、【知識の安全性条件】を想定するのが、もっとも直截的である[35]。

（4#）前提（3）が正しいならば、われわれが現在持っている道徳的信念は簡単に誤りうる。
（5#）したがって、われわれは道徳的知識を持っていない。［知識の安全性条件から］

（この論証も、3-1節の信頼性による論証、3-3節の敏感性による論証と同様の仕方で、（4#）の後件をわれわれが知っているという前提を加えることで、知識だけでなく道徳的信念の正当化の不成立を導出するために拡張することが可能である）

この論証に対する批判は、実のところ、ストリート自身の進化についての考察（Street 2006）の中に見出すことができると、クラーク-ドーンは指摘する（Clarke-Doane 2015, 2016a）。われわれが獲得した基礎的信念は、適合度を高めるという強力な進化圧のもとで選択されたのであり、この進化圧が強力である限り、基礎的信念としてそう簡単に異なる信念が選択されることはないと、ストリートは述べる。クラーク-ドーンによれば、この考察から、われわれが現在持つ基礎的信念が、【知識の安全性条件】を満たすということを示すことができる。まず、この考察は、多くの近傍世界でもわれわれは現実と同じ基礎的信念を持つことを含意する。次に、現実の基礎的信念と同じ基礎的信念をわれわれが持つ近傍世界は、非道徳的性質について現実世界とさほど異ならない世

---

35 Clarke-Doane（2015）は、【知識の安全性条件】に訴える暴露論証を Darwin（1871: 70）、Ruse（1986: 254）から読み取っているが、実際にこれが可能な読解なのかは明確ではない。ストリートの考える幸運による一致を【知識の安全性条件】に訴えるものとして理解することが可能であるとする筆者の解釈は、本人が暴露論証の語る幸運の一致とくじ引きの事例を類比的に語っていることからも（Street 2016: 311）、ある程度正当化される。ただし、Street（2018）でのストリートの議論は、むしろ信頼性による論証に近いものとなっている。

界であるはずである。そのため、道徳的性質が非道徳的性質に付随するという関係が成立する限りで、これらの近傍世界でも現実とほぼ同じ道徳的真理が成立する。これらの点が認められるならば、現実世界の基礎的な道徳的信念が真であるかぎりで、われわれが同じ基礎的信念を持つ近傍世界でも、その信念は真であるということが導出できる。したがって、われわれが現実に持つ基礎的な道徳的信念が真であるかぎりで、それは簡単に誤りうるような信念ではなく、【知識の安全性条件】が満たされる。つまり、前提（4#）の前件が真であったとしても、その前提となる道徳的信念の形成方法に対する進化圧の強力さから、その後件が偽となるのである[36]。

　このクラーク-ドーンの暴露論証批判に対し、フォルケ・ターズマン（Folke Tersman）は、第三要因説と同様に、われわれが現在持つ基礎的な道徳的信念が真であると想定していると指摘する（Tersman 2016, 2018）。「基礎的な道徳的信念が真であるならば、それは知識の安全性条件を満たす」というのがクラーク-ドーンの論点であり、確かに彼の議論は、このような想定なしには【知識の安全性条件】が満たされることを導出できない。クラーク-ドーン自身は、信念の正当化や知識のみを問題にする認識論的懐疑論に対しては、信念が真であると想定しても問題はないという立場である。この点についてこれ以上検討するには、第三要因説についての議論で触れたように、懐疑論に対する論証において何を想定することが許容されるかという点についての考察が必要になるだろう。

4　まとめ

　本章では、認識論的な道徳的懐疑論の一種としての道徳的信念に対する暴露論証を紹介した。暴露論証は基本的な形式を共有しながらも、どのような前提を使用するかに応じて、様々な種類が存在する。本章はそれらすべてを網羅し

36　Clarke-Doane（2016a）に対し、道徳的信念の相互不一致や道徳的信念形成の場面で働く心理バイアスを根拠として、Joyce（2016d: 131-132）は基礎的な道徳的信念の安全性を疑問視する。これらの根拠は、進化論的暴露論証以外の道徳的懐疑論の論証においてしばしば用いられる。

たわけではないが、暴露論証の［認識論的前提］を具体化するために用いられる四つの条件を区別し、それに応じて四種類の暴露論証を区別した。さらに、それぞれの暴露論証について、代表的な応答を紹介した。

認識論的懐疑論としてのさまざまな暴露論証については、その擁護と批判のための議論が現在も継続中である。特に問題になるのは、暴露論証に応答する際に、何を想定することが許容されるのかという点である。この点について十分な考察を行うためには、阻却証拠そのものやその機能についての認識論的な分析を深める必要がある。もちろん、この点は従来の認識論でも議論されてきたが、暴露論証を焦点として、より詳細な検討が行われつつある。

暴露論証には、認識論的懐疑論を導出した後に、さらに存在論的懐疑論を導出するものもある。このタイプの暴露論証の形式は、認識論的懐疑論を導出するために想定される存在論的前提を否定するというものである。しかし、この存在論的前提がどのようなものかについては明確な合意が存在しない。認識論的懐疑論を導出する暴露論証は、存在論的前提なしに成立するとする論者もいれば、道徳的実在論が主張する道徳的性質の客観性や、非自然主義が主張する道徳的性質の因果効力の欠如などの存在論的前提が必要であるとする論者もいる。この点についてさらに検討することは、道徳的実在論、道徳的反実在論、自然主義、非自然主義といったメタ倫理学上の諸立場の認識論的含意を明確化する作業となる。これらの理由で、暴露論証はメタ倫理学と認識論を接合する重要な問題圏となっているのである[37]。

参考文献

Artiga, M. (2015). "Rescuing Tracking Theories of Morality." *Philosophical Studies* 172 (12): 3357-3374.
Becker, K. (2007). *Epistemology Modalized*. New York, NY: Routledge.
Bedke, M. (2014). "No Coincidence?" In Shafer-Landau (2014): 102-125.
Benacerraf, P. (1973). "Mathematical Truth." *Journal of Philosophy* 70: 661-679.

---

[37] 本研究は JSPS 科研費（16H03347）の助成を受けたものです。本科研費による研究会において本稿の初期草稿にコメントいただいた、太田紘史、鈴木貴之、鈴木真諸氏に感謝いたします。

Bergmann, M. & Kain, P. (eds.) (2014). *Challenges to Moral and Religious Belief: Disagreement and Evolution*. Oxford, Oxford University Press.

Bogardus, T. (2016). "Only All Naturalists Should Worry about Only One Evolutionary Debunking Argument." *Ethics* 126(3): 636-661.

Brosnan, K. (2011). "Do the Evolutionary Origins of Our Moral Beliefs Undermine Moral Knowledge?" *Biology and Philosophy* 26(1): 51-64.

Carruthers, P. & James, S. M. (2008). "Evolution and the Possibility of Moral Realism." *Philosophy and Phenomenological Research* 77(1): 237-244.

Clarke-Doane, J. (2017). "Debunking Arguments: Mathematics, Logic, and Modal Security." In Ruse & Richards (2017): 202-209.

Clarke-Doane, J. (2016a). "Debunking and Dispensability." In Leibowitz & Sinclair (2016): 23-36.

Clarke-Doane, J. (2016b). "What Is the Benacerraf Problem?." In F. Pataut (ed.), *Truth, Objects, Infinity: New Perspectives on the Philosophy of Paul Benacerraf*. Cham: Springer: 17-43.

Clarke-Doane, J. (2015). "Justification and Explanation in Mathematics and Morality." In R. Shafer-Landau (ed.), *Oxford Studies in Metaethics, Volume 10*. New York, NY: Oxford University Press: 80-104.

Clarke-Doane, J. (2014). "Moral Epistemology: The Mathematics Analogy." *Noûs* 48(2): 238-255.

Clarke-Doane, J. (2012). "Morality and Mathematics: The Evolutionary Challenge." *Ethics* 122(2): 313-340.

Copp, D. (2008). "Darwinian Skepticism about Moral Realism." *Philosophical Issues* 18: 186-206.

Crow, D. (2016). "Causal Impotence and Evolutionary Influence: Epistemological Challenges for Non-Naturalism." *Ethical Theory and Moral Practice* 19(2): 379-395.

Cuneo, T. & Shafer-Landau, R. (2014). "The Moral Fixed Points: New Directions for Moral Nonnaturalism." *Philosophical Studies* 171(3): 399-443.

Darwin, C. (1871). *The Descent of Man, and Selection in Relation to Sex*. New York, NY: Appleton.

Das, R. (2016). "Evolutionary Debunking of Morality: Epistemological or Metaphysical?" *Philosophical Studies* 173(2): 417-435.

Deem, M. J. (2016). "Dehorning the Darwinian Dilemma for Normative Realism." *Biology and Philosophy* 31(5): 727-746

de Lazari-Radek, K. & Singer, P. (2012). "The Objectivity of Ethics and the Unity

of Practical Reason." *Ethics* 123(1): 9-31.
Dogramaci, S. (2016). "Explaining Our Moral Reliability." *Pacific Philosophical Quarterly* 98(S1): 71-86.
Enoch, D. (2010). "The Epistemological Challenge to Metanormative Realism: How Best to Understand It, and How to Cope with It." *Philosophical Studies* 148(3): 413-438.
Enoch, D. (2011). *Taking Morality Seriously: A Defense of Robust Realism*. Oxford: Oxford University Press.
Field, H. (1989). *Realism, Mathematics and Modality*. New York, NY: Blackwell.
FitzPatrick, W. (2017). "Why Darwinism Does Not Debunk Objective Morality." In Ruse & Richards (2017): 188-201.
FitzPatrick, W. (2015). "Debunking Evolutionary Debunking of Ethical Realism." *Philosophical Studies* 172(4): 883-904.
FitzPatrick, W. (2014) "Why There is No Darwinian Dilemma for Ethical Realism." In Bergmann & Kain (2014): 237-255.
Fraser, B. J. (2014). "Evolutionary Debunking Arguments and the Reliability of Moral Cognition." *Philosophical Studies* 168(2): 457-473.
Graber, A. (2012). "Medusa's Gaze Reflected: A Darwinian Dilemma for Anti-realist Theories of Value." *Ethical Theory and Moral Practice* 15(5): 589-601.
Greene, J. (2013). *Moral Tribes: Emotion, Reason, and the Gap between Us and Them*. New York, NY: Penguin Press.
Greene, J. (2008). "The Secret Joke of Kant's Soul." In W. Sinnott-Armstrong (ed.), *Moral Psychology, Vol. 3: The Neuroscience of Morality, Emotions, Brain Disorders and Development*. Cambridge, MA: MIT Press: 35-80.
Griffiths, P. & Wilkins, J. (2015). "When do Evolutionary Explanations of Belief Debunk Belief?" In P. Sloan, G. McKenny & K. Eggleson (eds), *Darwin in the Twenty-First Century*. Notre Dame, IN: University of Notre Dame Press: 201-231.
Harman, G. (1977). *The Nature of Morality: An Introduction to Ethics*. Oxford: Oxford University Press.
Huemer, M. (2016). "A Liberal Realist Answer to Debunking Skeptics: The Empirical Case for Realism." *Philosophical Studies* 173(7): 1983-2010.
Horn, J. (2017). "Evolution and the Epistemological Challenge to Moral Realism." In Ruse & Richards (2017): 114-128.
Isserow, J. (forthcoming). "Evolutionary Hypotheses and Moral Skepticism." *Erkenntnis*.

Joyce, R. (2017). "Human Morality: From an Empirical Puzzle to a Metaethical Puzzle." In Ruse & Richards (2017): 101-113.
Joyce, R. (2016a). *Essays in Moral Skepticism*. Oxford: Oxford University Press.
Joyce, R. (2016b). "Evolution, Truth-Tracking, and Moral Skepticism." In Joyce 2016a: 142-158.
Joyce, R. (2016c). "Introduction: Morality: The Evolution of a Myth." In Joyce 2016a: 1-13.
Joyce, R. (2016d). "Reply: Confessions of a Modest Debunker." In Leibowitz & Sinclair (2016): 124-145.
Joyce, R. (2013). "Irrealism and the Genealogy of Morals." *Ratio* 26(4): 351-372. Reprinted in Joyce (2016a): 159-174.
Joyce, R. (2006). *The Evolution of Morality*. Cambridge, MA: MIT Press.
Joyce, R. (2001). *The Myth of Morality*. Cambridge: Cambridge University Press.
Joyce, R. (2000). "Darwinian Ethics and Error." *Biology and Philosophy* 15(5): 713-732.
Kahane, G. (2011). "Evolutionary Debunking Arguments." *Noûs* 45(1): 103-125.
Kitcher, P. (2011). *The Ethical Project*. Cambridge, MA: Harvard University Press
Kitcher, P. (2006). "Biology and Ethics." In D. Copp (ed.), *The Oxford Handbook of Ethical Theory*. Oxford: Oxford University Press: 163-185.
Klenk, M. (forthcoming). "Objectivist Conditions for Defeat and Evolutionary Debunking Arguments." *Ratio*.
Klenk, M. (2017). "Old Wine in New Bottles: Evolutionary Debunking Arguments and the Benacerraf-Field Challenge." *Ethical Theory and Moral Practice* 172 (12): 1-15.
Kyriacou, C. (2019). "Evolutionary Debunking: The Milvian Bridge Destabilized." *Synthese* 196(7): 2695-2713
Leibowitz, U. D. & Sinclair, N. (2017). "Evolution and the Missing Link (in Debunking Arguments)." In Ruse & Richards (2017): 210-225.
Leibowitz, U. D. & Sinclair, N. (eds.) (2016). *Explanation in Ethics and Mathematics*. Oxford: Oxford University Press.
Levy, A. & Levy, Y. (forthcoming). "Evolutionary Debunking Arguments Meet Evolutionary Science." *Philosophy and Phenomenological Research*.
Locke, D. (2014). "Darwinian Normative Skepticism." In Bergmann & Kain (2014): 220-236.
Lutz, M. (2018). "What Makes Evolution a Defeater?" *Erkenntnis* 83(6): 1105-1126.
Mackie, J. L. (1977). *Ethics: Inventing Right and Wrong*. London: Penguin Books.

Machery, E. & Mallon, R. (2010). "Evolution of Morality." In J. M. Doris & the Moral Psychology Research Group (eds.), *The Moral Psychology Handbook*. New York, NY: Oxford University Press: 3-47.
Machuca, D. E. (2018a). "Moral Skepticism: An Introduction and Overview." Machuca (2018b): 1-31.
Machuca, D. E. (ed.) (2018b). *Moral Skepticism: New Essays*. New York, NY: Routledge.
Millhouse, T., Bush, L. S. & Moss, D. (2016). "The Containment Problem and the Evolutionary Debunking of Morality." In T. K. Shackelford & R. D. Hansen (eds.), *The Evolution of Morality*. Cham: Springer: 113-135.
Mogensen, A. L. (2016). "Do Evolutionary Debunking Arguments Rest on a Mistake about Evolutionary Explanations?" *Philosophical Studies* 173(7): 1799-1817.
Moon, A. (2017). "Debunking Morality: Lessons from the EAAN Literature." *Pacific Philosophical Quarterly* 98(S1): 208-226.
Morton, J. (2019). "When Do Replies to the Evolutionary Debunking Argument Against Moral Realism Beg the Question?" *Australasian Journal of Philosophy* 97(2): 265-280.
Morton, J. (2016). "A New Evolutionary Debunking Argument Against Moral Realism." *Journal of the American Philosophical Association* 2(2): 233-253.
Nozick, R. (1981). *Philosophical Explanations*. Cambridge, MA: Harvard University Press.
Pritchard, D. (2005). *Epistemic Luck*. Oxford: Clarendon Press.
Ruse, M. (2017). "Darwinian Evolutionary Ethics." In Ruse & Richards (2017): 89-100.
Ruse, M. (2009). "Evolution and Ethics: The Sociobiological Approach." In M. Ruse (ed.), *Philosophy After Darwin*: Classic and Contemporary Readings. Princeton, NJ: Princeton University Press: 489-511.
Ruse, M. (2006). "Is Darwinian Metaethics Possible (and If It is, is It Welltaken)?" In G. Boniolo & G. de Anna (eds.), *Evolutionary Ethics and Contemporary Biology*. Cambridge: Cambridge University Press: 13-26.
Ruse, M. (1986). *Taking Darwin Seriously*: A Naturalistic Approach to Philosophy. Oxford: Blackwell.
Ruse, M. & Richards, R. J. (ed.) (2017). *The Cambridge Handbook of Evolutionary Ethics*. Cambridge: Cambridge University Press.
Ruse, M. & Wilson, E. O. (1986). "Moral Philosophy as Applied Science." *Philosophy*

61: 173-192.
Sauer, H. (2018). *Debunking Arguments in Ethics*. Cambridge: Cambridge University Press.
Schafer, K. (2010). "Evolution and Normative Scepticism." *Australasian Journal of Philosophy* 88(3): 471-488.
Setiya, K. (2012). *Knowing Right from Wrong*. Oxford: Oxford University Press.
Shafer-Landau, R. (2017). "Moral Realism and Evolutionary Debunking Arguments." In Ruse & Richards (2017): 175-187.
Shafer-Landau, R. (ed.) (2014). *Oxford Studies in Metaethics, Volume 9*. Oxford: Oxford University Press.
Shafer-Landau, R. (2012). "Evolutionary Debunking, Moral Realism and Moral Knowledge." *Journal of Ethics and Social Philosophy* 7(1): 1-37.
Singer, P. (2005). "Ethics and Intuitions." *Journal of Ethics* 9(3-4): 331-352.
Skarsaune, K. O. (2011). "Darwin and Moral Realism: Survival of the Iffiest." *Philosophical Studies* 152(2): 229-243.
Sosa, E. (1999). "How must Knowledge be Modally Related to What is Known?" *Philosophical Topics* 26 (1&2): 373-384.
Street, S. (2018). "Does Anything Really Matter or Did We Just Evolve to Think So?" In G. Rosen, A. Byrne, J. Cohen, E. Harman, & S. V. Shiffrin (eds.), *The Norton Introduction to Philosophy, 2nd Edition*. New York, NY: W. W. Norton & Company: 904-912.
Street, S. (2016). "Objectivity and Truth: You'd Better Rethink It." In R. Shafer-Landau (ed.), *Oxford Studies in Metaethics, Vol. 11*. Oxford: Oxford University Press: 293-333.
Street, S. (2008). "Reply to Copp: Naturalism, Normativity, and the Varieties of Realism Worth Worrying about." *Philosophical Issues* 18: 207-228
Street, S. (2006). "A Darwinian Dilemma for Realist Theories of Value." *Philosophical Studies* 127(1): 109-166.
Sudduth, M. (2017). "Defeaters in Epistemology." In J. Fieser & B. Dowden (eds.), *Internet Encyclopedia of Philosophy*. http://www.iep.utm.edu/ep-defea/.
Tersman, F. (2018). "Moral Skepticism and the Benacerraf Challenge." In Machuca (2018b): 183-197.
Tersman, F. (2016). "Explaining the Reliability of Moral Beliefs." Leibowitz & Sinclair (2016): 37-57.
Tropman, E. (2014). "Evolutionary Debunking Arguments: Moral Realism, Constructivism, and Explaining Moral Knowledge." *Philosophical Explorations* 17

(2): 126-140.
van Roojen, M. (2018). "Evolutionary Debunking, Realism and Anthropocentric Metasemantics." In Machuca (2018b): 163-181.
Vavova, K. (2015). "Evolutionary Debunking of Moral Realism." *Philosophy Compass* 10(2): 104-116.
Vavova, K. (2014). "Debunking Evolutionary Debunking." In Shafer-Landau (2014): 76-101.
White, R. (2010). "You just Believe that Because⋯." *Philosophical Perspectives* 24, 573-615.
Wielenberg, E. J. (2016). "Ethics and Evolutionary Theory" *Analysis* 76(4): 502-515.
Wielenberg, E. J. (2014). *Robust Ethics: The Metaphysics and Epistemology of Godless Normative Realism.* Oxford: Oxford University Press
Wielenberg, E. (2010). "On the Evolutionary Debunking of Morality." *Ethics* 120(3): 441-464.
Williamson, T. (2000). *Knowledge and its Limits.* Oxford: Oxford University Press.

第Ⅳ部　メタ倫理学上の反実在論・非実在論について

第 8 章　非認知主義についての論争

佐藤岳詩

1　はじめに

　本章では、非認知主義を巡る近年の論争を取り上げる。この論争は大雑把に言えば、道徳的判断や規範的判断の本性を巡る論争である。すなわち、道徳的判断とはいったいどのようなものか、という問いについて、道徳的判断とは道徳的事実や真理を認知し記述するものだとする認知主義と呼ばれる考え方から答える立場と、道徳的判断とは認知主義が主張するようなものではないとする非認知主義と呼ばれる考え方から答える立場の論争である。

　しかしながら、非認知主義あるいは認知主義とはどのような立場ということかは、それ自体が論争の対象である。そこで、まずは第 2 節で、この論争がどのように生じてきたかを概観し、第 3 節で改めて、その争点が何かを明らかにする。続く第 4 節では、実際にそれぞれの立場でどのような主張が行われているのかを示していく。

2　非認知主義を巡る論争の経緯

　倫理学史においては、しばしば D・ヒューム（David Hume）がその祖の一人として言及されるものの[1]、非認知主義と呼ばれる立場を最初に主張したのが誰かということはおよそ明らかではない。とはいえ、現代の非認知主義を巡る論争が誕生する一つの契機が、G・E・ムーア（G・E・Moore）が 1903 年の『倫理学原理』において行った自然主義の徹底的な批判にあったことは確かである（Moore 1903）。

1　ヒュームの哲学のメタ倫理学的側面については、本書第 2 章を参照されたい。

ムーアは同書において、善悪などの道徳的価値は快苦などの自然的な対象を意味する、と主張する自然主義者たちは一様に誤謬を犯していると指摘した[2]。善は善であり、他のもので言い換えることができない。彼によれば、何が善いものであるかは証明することができず、直観によって捉える他ない。

　ムーアの直観主義は賛否両論を引き起こしたが、特にこの主張への反動の一環として、そのような直観によってのみ捉えられるような特異な性質が実在するはずがない、道徳的判断もそのような特異な性質についてのものではない、という新たな立場が登場する[3]。中でもA・エア（Alfred Ayer）やC・スティーヴンソン（Charles Stevenson）によれば、道徳的判断とは、道徳的価値や事実をめぐってなされるもの、たとえば、そういった道徳的真理を記述するためのものではなく、話者の情緒を表現するものである（Ayer 1936, Stevenson 1944）。彼らの立場は情動主義（emotivism）と呼ばれることになるが、この情動主義を基点として、非認知主義という立場が形成されていった。

　こうして20世紀前半の時点でメタ倫理学は三つ巴の状況に陥った。第一に、依然として道徳的判断は自然的性質としての道徳的実在についてのものであるとする自然主義、第二に、（ムーアの言うように）道徳的判断は道徳的実在についてのものであるが、同時に道徳的価値は自然的なものではないとする非自然主義、第三に、（エアらの言うように）道徳的判断はそもそも道徳的実在についてのものではないとする非認知主義である[4]。その際、非認知主義は、前の二つの立場はいずれも道徳的判断を何らかの道徳的実在の認知を含むものであると見なす点で一括りに誤りであると主張する。そこから20世紀後半に向けて、自然主義・非自然主義双方を含む認知主義と、それらを否定する非認知主義の対立、という大まかな構図が誕生した。

---

[2] ただし、ムーアの自然主義的誤謬の議論は、実際には神などに言及する超自然主義にも向けられている。Moore (1903)、第四章参照。
[3] 直観主義や非自然主義などについては、本書第5章、第9章も参照されたい。
[4] この整理はFrankena (1951) による。

とはいえ、本章の後半でも見るように、この構図は極めて大まかなものであるとともに、特に 21 世紀に入ってからは両者の境界はどんどん曖昧になってきている。したがって、実際の諸理論は極端な認知主義、極端な非認知主義を両極においたグラデーションのどこかに位置していると考えた方がよい。

3 非認知主義を巡る論争の争点

本節では、現代に場面を移して両者の対立の係争点をより詳しく見ていく。なお、すでに見てきたように、ムーアやエアらが扱っていたのは道徳的判断 (moral judgment) である。善悪に代表されるような道徳語を含む価値判断の本性とはどのようなものであるか、ということが彼らにとっての問題であった。しかし、現代では、両陣営の争いは道徳的価値にかかわる判断を超えて、さまざまな隣接領域を含む価値や規範性一般にかかわる判断の本性を巡るものとなっている[5]。したがって、本章でも以下では規範的判断 (normative judgment) を念頭に置いて、議論を進めていく。

3.1 非認知主義と認知主義の区別

では改めて、規範的判断を巡る非認知主義と認知主義はそれぞれ何を主張しているのか。冒頭に述べたように、非認知主義をどのように定義するのかは、それ自体が論争の的である (Dreier 2004, Schroeder 2010, 佐藤 2012a, 鈴木 2013)。本章では、紙幅の都合上、その議論に深入りせず、まずは便宜上、次のような観点から両者を区別するものとしたい[6]。

---

[5] たとえば、美的判断、趣味判断、マナー、エチケットなど、道徳的判断以外にも、私たちは日常的に価値や規範性にかかわりそうな判断を下していると考えられる。

① 規範的判断一般には、規範的事実の認知・記述に類するものは含まれていない、あるいは、規範的事実の認知・記述に加えてそれ以外のものも含まれる、と主張する立場が非認知主義である。
② 規範的判断一般には、規範的事実の認知・記述に類するものが含まれており、かつ、そうした認知・記述以外のものは含まれていない、と主張する立場が認知主義である。

たとえば、「寄付は善い」という規範的判断と、「リンゴは丸い」という事実判断を比較して考えてみよう。まず「リンゴは丸い」は一般に、リンゴが持つ性質についての事実を記述していると考えられる。そして、認知主義者によれば、規範的判断も同じように寄付が持つ性質についての事実を記述している。リンゴが「丸さ」という性質を持つのと同様に、寄付は「善さ」という性質を持つ、というわけだ。他方、非認知主義者の考えでは、そもそも「善さ」などという性質は存在しない。彼らによれば、規範的判断はむしろ、別の何か、たとえば寄付に対する是認の感情などを表現している。

ただし、現代の多くの非認知主義・認知主義は、規範的判断を様々なレベルから捉え、上の区別を超えて更なる要素を付け加える（それらは4.1節で論じる）。したがって、ここで非認知主義と認知主義を切り分けるのは、あくまで、後述する議論に至るまでの暫定的な区別である。

3.2　非認知主義と認知主義の係争点

では改めて両者の係争点を見ていこう。認知主義と非認知主義はそれぞれ、実際の私たちの規範的判断が有する諸特徴をよりよく説明するのは自分たちの立場であり、相手の立場では十分な説明はできない、と主張する。ここではそうした諸特徴の中から主要な二つのものを取りあげよう。それは規範的判断の実践的特徴と論理的特徴である[7]。

6　また、筆者はそもそも両者を区別することはそれ自体としては重要ではないと考える立場をとる。その意味では、本章の目的は、認知主義と非認知主義の二分法にとらわれることなく、規範的判断の様々な捉え方を示すことにある。

（一）　規範的判断の実践的特徴

　規範的判断は態度や行為にかかわり、何らかの仕方で実践性をもつように見える。この点はさらに三つの観点から区別することができる（Finlay 2004, 2005）。

・態度の表出：規範的判断は典型的には、支持的態度（favouring attitude）を表出する機能を持つ。人物 A の「寄付は善い」という判断は、A 自身が寄付に対して支持的な態度を持っていることを示す（「〜は悪い」という判断は、否定的態度を表出する）。

・動機づけの内在主義：規範的判断は典型的には、話者の動機づけを伴う。A の「寄付は善い」という判断は、特別な事情がない限り、A 自身が実際に寄付をする動機づけを持っていることを示す（「〜は悪い」という判断は、それを避ける動機づけを持っていることを示す）。

・動機づける影響力：規範的判断は典型的には、聞き手にも何らかの動機づけを与える機能を持つ。A の「寄付は善い」という判断は、聞き手の寄付に関する動機づけに肯定的な影響を与える（「〜は悪い」は否定的な影響を与える）。

　以上のように、規範的判断はさまざまな実践的な機能を持つと考えられている[8]。規範的判断を下す人は、その内容に合わせた態度や動機づけを持つ。そして、判断を差し向けることで、聞き手の動機づけにも影響を与えられる。

7　当然ながら、これらの特徴は網羅的ではなく、規範的判断は他にも多数の様々な特徴を持ちうるし、それらをめぐっての認知主義と非認知主義の対立もある。たとえば、規範的判断の付随性、濃い概念と薄い概念、規範的要素の多様性、真理の地位などである。本稿では扱わないが、それぞれをめぐっても非認知主義と認知主義は様々な議論を展開している（van Roojen 2009; Bedke 2017）。なお、濃い概念と非認知主義をめぐる近年の議論については、横路 2017 を参照されたい。
8　なお、それぞれに「典型的には」という留保がついているのは、場合によってはそうした機能をもたせることなく、規範的判断を下すことも可能だからである。Hare（1952）の括弧付きの判断についての議論を参照。

（二）　規範的判断の論理的特徴

　我々は、規範的判断が実践的影響力を持つことを認めるが、その一方で、次のような論理的な特徴を持つとも考えている。

・論理的操作の可能性：規範的判断を構成する言明は典型的には、妥当な論理的操作の対象である。たとえば、規範的判断を構成する言明を用いて推論を行ったり、「もし仮に寄付が善いことなら、もっと皆に寄付を募るべきだ」のような規範的な語を埋め込んだ複文を作ったりすることができる。

・不一致の可能性：複数の規範的判断は典型的には、互いに不一致（disagreement）を引き起こしうる。たとえば、Aによる「寄付は善い」という判断と、Bによる「寄付は悪い」という判断は、両方が同時に真であることはなく、不一致をきたしていると考えられる。そのため、どちらが本当に正しいかをめぐって議論を行うことができる。

　以上で見たように、規範的判断にかかわる妥当なメタ倫理学理論は少なくとも、その実践的特徴、論理的特徴を説明しうるものでなければならない。しかしながら、その全てを非認知主義と認知主義のどちらか一方で説明しきることは容易ではない。
　まず、認知主義は一般に、規範的判断の実践的特徴の説明に難を抱えるとされる。たとえば、規範的判断は事実を記述するのみと考える場合、「寄付は善い」という判断は、寄付という行為が善さという性質を持つことを記述しているのみである。そうすると、Aが「リンゴは丸い」という事実判断によって、リンゴが丸さという性質を持つことを記述したからといって、Aがそのリンゴを食べることを期待されないのと同様に、Aが「寄付は善い」と判断したとしても、Aはあくまで事実を記述しただけである以上、実際に寄付をするよう動機づけられることをAに期待することはできないことになってしまう。
　他方で、非認知主義は規範的判断の論理的特徴の説明が困難であるとされる。特にいわゆるフレーゲ・ギーチ問題に代表される、論理的操作の可能性にまつわる論点は、長らく非認知主義を悩ませてきた。非認知主義は「〜は善い」

「〜は悪い」などの言明が、記述以外の意味、たとえば、指令や肯定的態度、否定的態度の表出などの意味をもつと主張する。しかし、そうすると「もし〜が悪いなら、〜も悪い」といった文の中に表れる「悪い」も、同様の表出の意味をもつと主張しなければならないはずである。しかしながら、私たちの実践を振り返ったとき、こういった埋め込み文の中でも私たちが「〜は悪い」と判断を下すときと同じように指令、態度の表出を意味しているとは考えにくい。そのため、非認知主義者は規範的な語を埋め込んだ文を使った推論などをうまく説明することが難しい。

フレーゲ・ギーチ問題[9]
前提1　嘘をつくことは悪い
前提2　嘘をつくことが悪いなら、弟に嘘をつかせることも悪い
結論　　弟に嘘をつかせることは悪い

　前提1の中の「悪い」と前提2の中の「悪い」が同じことを意味していなければ、この推論は成立しない。だが、非認知主義では、両者が違うことを意味してしまい、多義性の虚偽と言われる誤謬を形成してしまう。

　あるいは、不一致の可能性についても、非認知主義はやや分が悪い。普通、私たちは「xは善い」と「xは悪い」は、両方が同時に正しいことはあり得ないという意味で、不一致をきたしていると考える。しかし、「xが好き」と「xが嫌い」のような好みを表す判断はどうだろうか。こちらは先の場合と違って、両方が同時に正しくても構わないのではないだろうか（Aの「リンゴが好き」とBの「リンゴが嫌い」という発言は同時に正しいものでありえる）。そして、非認知主義の考えでは規範的判断は好みの判断と同じようなものとされることがあり、その意味で、規範的判断の不一致を説明できない、とされる。
　では、現代の非認知主義、認知主義はそれぞれこういった点をどのように説明するのだろうか。次節では、非認知主義と認知主義を再度分類し直した上で、

9　フレーゲ・ギーチ問題については、本書第9章も参照。

それぞれの説明を行っていこう。

4 非認知主義と認知主義

本節では具体的に現代の非認知主義・認知主義の四つの代表的な立場を概観していく。まずは4.1節で、それぞれの立場が大まかにどういった違いを有するのかを確認した上で、4.2〜5節で、それぞれの立場をより詳しく検討していこう。

4.1 レベルの区別

本節では、3.1節で示した暫定的な区別からもう一歩踏み込んだ区別を行うために、規範的判断をどのような観点から捉えるかという視点を導入する。すなわち、非認知主義・認知主義を巡る議論は以下の三つのレベルから区別することができる[10]。

第一のレベルは、規範的判断をもっぱら文のレベルで捉える意味論的あるいは言語的な認知主義・非認知主義である。このレベルでの議論においては、規範的判断は善い・悪い、正・不正などの規範語を含む文や言明として理解され、そうした文や言明の地位や意味が問われる。このレベルにおいては、非認知主義は、規範的判断は真理値を持たない、もしくは持つとしてもその意味は真理値を指すわけではないと主張し[11]、他方、認知主義は、規範的判断は真理値を持つ命題であり、かつその意味は真理値を指すと主張する[12]。

第二のレベルは、規範的判断を主に心理的な思考のレベルで捉える心理的認

---

10 ここでの区別は Schroeder (2010); van Roojen (2009); Bedke (2017); Dreier (2004); 鈴木 (2013) らの区別を参考に、筆者が行ったものである。なお、そもそも「判断」というものの捉え方によっては、規範的判断を論じるレベルと言えるのは、第二のレベルだけだという主張もありうる。つまり、判断の性質をめぐる真正の議論と言えるのは、何らかの情報を得てそこから何らかのプロセスを経て何らかの主張（assertion）に至る一連の流れを論点としている第二のレベルのみで、第一のレベルは判断で使用される語彙（term）の役割をめぐるものであり、第三のレベルは下された判断の使用をめぐるものに過ぎない。この主張は妥当なものでありえるが、歴史的に見て、認知主義・非認知主義の間の論争自体は、実際に第一から第三のすべてのレベルで生じてきたため、それらを概観するという本章の趣旨からみて、ここではすべてのレベルを対等に取りあげるものとした。

11 なお、真理値を認める立場はその時点で非認知主義とは言えないとする分類もある。

知主義・非認知主義である。このレベルでの議論においては、思考において私たちが規範的な判断を行う場面が問題とされ、まさに私たちが何かを善いとか、正しいとか判断するとはどういうことなのかが問われる。たとえば、非認知主義は、規範的判断とは意志的または支持的な何らかの「態度を形成し、表出すること」だと主張し、認知主義は、それは事実についての「信念を抱き、記述すること」だと主張する。

第三のレベルは、規範的判断をそれが実際に口にされる場面で捉える言語行為論的な認知主義・非認知主義である。このレベルでの議論では、対話の上でそうした判断を口にすることがどのような機能を持っているのか、といった判断の使用にかかわる側面が問題にされる。非認知主義は、たとえば、規範的判断の機能は、聞き手を説得することだと主張し、認知主義は、聞き手に事実を伝えることだと主張する[13]。

さて、これらのレベルの区別を念頭に置いた上で、以下では代表的な非認知主義・認知主義の四つの立場（純粋な非認知主義、ハイブリッド非認知主義、ハイブリッド認知主義、純粋な認知主義）を概観していくことにしよう。

4.2 純粋な非認知主義

純粋な非認知主義（pure non-cognitivism）は、規範的判断の本質は意味論的に非認知的要素にあると主張する立場である。これはエアらから連綿と続く非認知主義の正統を継ぐ立場であり、代表的な論者には、S・ブラックバーン（Simon Blackburn）やA・ギバード（Allan Gibbard）らがいる。彼らの主張によれば、規範的判断とは基本的に記述的内容以外の要素から成り、話者の心的態度の表出を行うものである（Blackburn 2001; Gibbard 2003）。

たとえば、ギバードのプラン表出主義（plan expressivism）によれば、規範

---

[12] ただし、認知主義にあっても、意味と意義を区別することによって、真理値以外の内容を持たせることはできる。
[13] 三つのレベルは別の次元に属しており、厳密に言えば、レベルの違う批判は互いに衝突しない。したがって、意味論レベルで認知主義的な立場をとりながら、心理的レベル、言語行為論レベルでは非認知主義的な立場をとることは可能である。そのため、すべてのレベルで非認知主義的な主張をする立場を非認知主義、いずれかにおいて非認知主義的主張をしない立場を認知主義とすることによって、一括で区別する方法もあり得る（鈴木 2013）。

的判断とは、「何をしようか（What to do）」という問いに対する応答であり、それに答える思考である（Gibbard 2003）。以下で詳しく見てみよう。

4.2.1　プラン表出主義

　プラン表出主義の考え方はまず、思考レベルでの規範的判断に注目する。私たちが「何をしようか」と考えるとき、待ち合わせまでのどのくらいの時間がある、手元にお金がいくらある、先日、大きな災害があった、など様々なことが考慮に上がるだろうが、最終的に何らかの方針を立て、私たちはそれに従って自分の行為を決める。そしてこの「何らかの方針」にあたるものをギバードはプランと呼ぶ[14]。このプランというのは、先の「何をしようか」という問いに対し「このようにしよう、このように考えよう、このように感じよう」と答えるものである。したがって、規範的判断を下すとは、状況を把握してプランを立て、それにコミットし、最終的にそれによって自身のなすべき行為を導き出すという一連の思考である。

　この考え方がなぜ非認知主義的かと言えば、それはこの思考プロセスを通じて、私は自分が特定のプランにコミットするという態度を決定し、そのことを表出するからである。たとえば私は先の場面では最終的に「寄付をすべきだ」という判断を下したとしよう。これは「しかじかの状況では寄付をしよう」という方針でやっていくことにするということを自他に向けて表すことである。

　では、文のレベルでは、規範的判断はどのように説明されるのだろうか。ギバードによれば、規範的判断は文としては「規範的概念（normative concept）」を示すことをその意味としている。この規範的概念とは、ギバード独自の装置であり、具体的には「なされるべきさ（to be doneness）」「なすべきものであること（being the thing to do）」といったもので、話者のコミットするプランを通じて与えられるものである。先の例で言えば「しかじかの状況では寄付をしよう」というプランが「寄付」という行為に「なされるべきさ」を付与する（仮に私が上とは違って「しかじかの状況では映画を見よう」というプランを立てて

14　なおプランという考え方自体は、M. ブラットマン（Michael Bratman）の考えに多くを負っているとされる。Bratman (1987) を参照。

いたとすれば、映画を見ることの方に「なされるべきさ」は付与される)。つまり、「寄付をすべきだ」という規範的な文は、「寄付をするという行為は（私のコミットするプランによって）規範的概念を付与されている」ということを意味している。ここでのポイントは、この規範的概念は、対象が持つ性質ではない、ということである。「丸さ」のようなものが対象に最初から備わった性質であるのに対し、規範的概念はあくまで付与されるものであり、その点がプラン表出主義を非認知主義の側に与させている。

最後に、対話のレベルにおいては、ギバードによれば、「私は寄付をすべきだ」と判断するときには、私は「自分は寄付をすることをなすべきこととするようなプランにコミットする」という態度表明を行うことである。これが聞き手に向かって表出されることで、対話のレベルでは、その聞き手はそのプランを是認したり、否認したりすることができるようになる。そして、この是認と否認こそ重要なのだ、とギバードは強調する。

　　なぜそれが重要なのかと言えば、私たちが思考を共有するからだ。……私たちは思考においてお互いに完全に孤独ではなく、それゆえに、自分たちの生活をよりよくすることができる。家族から、教師から、本の著者から、親友から、得たものを用いて私たちは思考する。これは、事実について考えることと同様に、プランを立てることにも当てはまる（ibid.: 70-71）。

私たちは、自分たちの思考を高め、生活をよりよいものにするためにプランを語り、共有し、是認や否認をしあう。そのために、対話の中で規範的判断を口にするのである。

まとめると、純粋な非認知主義としてのプラン表出主義は規範的判断を以下のように説明する。

規範的判断：文のレベル　―　対象が規範的概念を付与されていることを示す
　　　　　　思考のレベル　―　プランを立て、コミットする
　　　　　　対話のレベル　―　態度を表明し、是認や否認を求める

4.2.2　プラン表出主義と規範的判断の諸特徴

　では、純粋な非認知主義は、3.2節で述べた論点をどの程度説明し得るだろうか。まず、実践的特徴の側については、さほどの難点はない。規範的判断はプランを立てること、受け容れていることの表出であり、プランとは「何をしようか」という実践的問いに対する答えである。それが誠実に下された判断であれば、話者は実際にその判断に従って行為するだろう。また対話によるそうしたプランの是認や否認は、その判断の聞き手の動機づけへも影響を与えうる。

　他方で、論理的特徴についてはどうだろうか。ギバード自身は、この点についても問題はないと主張している（ibid.: 41-59）。彼の考えでは、プランするということは、心的活動 (mental activity) であると同時に、心的状態にかかわる「内容 (content)」を持つものであり、「この内容は、連言、否定、量化などの論理的操作子をともなって表現し得る。これらの論理的装置は、結合、拒絶、一般化といった心的な操作を反映している」(ibid.: 58) からだ。たとえば、「私は寄付をすべきだ」は、「寄付をすること」という内容を持つ。これにコミットするということは、「私は寄付をすべきでない」のように「寄付をしないこと」という最初の内容と不整合な内容をもった判断を排除し、拒絶させる。そのため、「寄付すべきであるか、寄付すべきでないかである」と「「寄付すべきでない」ではない」という二つの前提から「寄付すべきである」を導出することは妥当である。ギバードの考えでは、規範的判断が有する内容が論理的操作の可能性を持つことから、規範的判断の論理的操作の可能性は説明ができる。

　不一致の可能性についても、ギバードは説明可能だと述べる（ibid.: 65-71）。私たちの規範的判断における不一致とは、プランの不一致であり、特に相手の立場に立ったときに、これから何をするかについての不一致である。私たちは、今から映画を見に行くこともできるし、そのお金を寄付することもできる。その中で、どちらをするかを問うのがプランについての問いであり、それに答えるのが規範的判断であった。その際、二人の人が「映画を見に行くべきだ」「寄付をすべきだ」とそれぞれ判断したなら、私たちはお互いに相手のプランを拒絶しているのであり、そこでは彼らの立てたプランが不一致をきたしている。このように、プラン表出主義は、規範的判断の論理的特徴を説明できる、とギバードは主張する。

4.3 ハイブリッド非認知主義

純粋な非認知主義が、あくまで規範的判断が表出するのは第一義的には、規範的概念であるとしていたのに対し、認知主義者や一部の非認知主義者たちはそれでは規範的判断の認知的側面、あるいは、先の論理的特徴にかかわる論点の説明を十分に与えることができないと考える。そこで登場するのが、ハイブリッド非認知主義である。ハイブリッド非認知主義とは、規範的判断は、意味論（ないしメタ意味論）のレベルで、認知的要素と非認知的要素の両方を持ち、かつ、非認知的要素の方が何らかの意味で決定的であると論じる立場である。代表的な論者にはM・リッジ（Michael Ridge）らがいる。

4.3.1 折衷的表出主義

リッジは、自説を折衷的表出主義（Ecumenical Expressivism）と呼び、それは言語哲学と心の哲学の表面にまたがった一種のハイブリッド表出主義であると述べる。この立場によれば、規範的判断を下すことは、規範的観点を持ち、それに基づいて規範的信念を抱くこととして説明される。プラン表出主義の時と同様に、まずは思考のレベルから、もう少し詳しく見てみよう。リッジの主張によれば、「xは目的として善い」という規範的判断は、次のような信念を表す判断と理解できる（Ridge 2014a: 119）[15]。

(1) xは、実践的推論についての任意の許容可能（acceptable）な究極的規準によって目的として、高くランクづけられるだろう

この (1) はリッジによれば、判断を通じて判断者が抱く信念を表している (ibid.)。さらにこの信念は次の二つの要素から構成される。

(1a) 規範的観点（normative perspective）
(1b) xは、実践的推論についての任意の受容可能（admissible）な究極的規

---

[15] リッジの立場は少しずつ変化しているため、これ以前の彼の理論については、佐藤 (2012b) を参照。

準によって目的として、高くランクづけられるだろうという信念

 ここで言う規範的観点とは、行為者が直観的に承認する観点であり、自分を支配するポリシー、別の言い方をすれば、そこで認められる規範の要求する行為には従うという強固な実践的コミットメントを含むようなある種のポリシーの集合である（ibid.: 115-116）。私たちはこの観点から、特定の特徴を持った規準を排除し、様々な判断を下すための規準を吟味していく。たとえば、「寄付をすることは目的として善い」という規範的判断を下すということは、自分の有している規範的観点が受け入れている規準に照らして考えてみることで、寄付をすることが目的として、高くランクづけられるという信念を形成するということである。
 では、文のレベルでは、規範的判断はどういった身分を持つのだろうか。リッジによれば、ここでの信念は傾向的状態（dispositional states）、判断は心的な出来事（mental events）、そして命題はそうした認知的出来事のタイプ（types of cognitive events）と捉えることができる。すなわち、規範的信念が、規範的判断という個別の出来事を引き起こし、そうした出来事をタイプとして表すのが規範的命題である。具体例で言えば、私たちは寄付をすることは目的として高くランクづけられるという個別の信念を抱くことで、「寄付をすることは目的として善い」という個別の規範的判断を下す。そうした個別の規範的判断を一般化して文として表したものが「寄付をすることは目的として善い」という文であり、それが規範的命題である。文としての規範的判断は、基本的には他の事実判断と変わらない命題の形をとる。
 ハイブリッド非認知主義と前節で見た純粋な非認知主義の違いは、規範的判断そのものが信念によって構成されているかどうかである。ギバードの考えでは、規範的判断は基本的にはプランにかかわる心的な態度を表出するものであった。他方で、リッジの考えでは、規範的判断を下すとは、規範的観点を持ち、それに基づいて規範的信念を抱くことであった。この信念は、その内容において規範的観点に依存するものの、通常の記述的信念と同じ性質をもつ。だが同時に、規範的観点によって、規範的態度の存在も保証される。その意味で、リッジの立場は規範的信念を抱くことと、規範的態度を表出することの両方を規

範的判断に帰す、ハイブリッド型なのである。

　最後に、対話のレベルはどうだろうか。ギバードと違って、彼は規範的判断の対話上の役割をあまり強調しない。とはいえ、その対話上の役割を完全に否定するわけではなく、たとえば助言や指令（prescription）という仕方で、規範的判断は捉えられるとしている（ibid.: 191）。以上をまとめると、折衷的表出主義においては、規範的判断は以下のように説明できる。

規範的判断：文のレベル　―　信念のタイプとしての規範的命題を表す
　　　　　　思考のレベル　―　規範的観点に基づく、規範的信念を抱くことを表す
　　　　　　対話のレベル　―　助言や指令を与える

4.3.2　折衷的表出主義と規範的判断の諸特徴

　では、折衷的表出主義は、規範的判断の諸特徴を十分に説明できるだろうか。まず、規範的判断の実践的特徴はどうか。リッジによれば、彼の立場もまた規範的判断の行為指導性を十分に説明することができる（ibid.: 117, 132）。というのも、すでに述べたように、規範的判断を構成する規範的観点は、そこで認められる規範の要求する行為には従うという強固な実践的コミットメントを含むようなある種のポリシーだからである。さらに、その行為を他者が行うことを促進しようとする情熱もまた、ここには含まれている（ibid.: 117）。したがって規範的判断を下す際に重要な役割を果たす規範的観点によって、実践性は確保されていると言える。

　また、規範的判断の論理的特徴について言えば、そもそもハイブリッド型は、純粋な非認知主義の不足を補う形で、規範的判断に記述的要素を追加したものと言えるため、より説明力が高い。すなわち、折衷的表出主義には、記述的要素に論理的な部分を背負わせる（piggybacking）という戦略が可能である。リッジは、この点について次のように述べる。

　　ここでの基本的な考え方は、問題の規範的主張の論理的な複雑性のすべてを、関連する表象的信念の内容へと運び出す、というものだ（ibid.:

144)

　折衷的表出主義は、純粋な非認知主義と違って、規範的判断は信念を表出すると主張する。そして、この信念の部分に論理的な複雑性を丸投げする。たとえば、フレーゲ・ギーチ問題の発生する以下の推論を考えよう（ibid.: 152）。

　　前提1　嘘をつくべきでない
　　前提2　嘘をつくべきでないなら、弟に嘘をつかせるべきでもない
　　結論　　弟に嘘をつかせるべきではない

この推論はそれが表す信念に関して、以下のように書き換えられる。

　　前提1　嘘を控えることは任意の許容可能な究極的規準によって推奨される
　　前提2　嘘を控えることが任意の許容可能な究極的規準によって推奨されるなら、弟に嘘をつかせることを控えることも任意の許容可能な究極的規準によって推奨される
　　結論　　弟に嘘をつかせることを控えることも任意の許容可能な究極的規準によって推奨される

　フレーゲ・ギーチ問題の指摘するところによれば、非認知主義は前提1と前提2の下線部に違う意味を割り振らざるを得ず、多義性の問題を呼び込んでしまう。しかし、このように書き換えるならば、下線部はともに嘘を控えることが一定の規準を満たしているという事実を示すのみで、同じことを意味している。したがって、ここには多義性の問題は含まれず、リッジの理論はフレーゲ・ギーチ問題をクリアすることができる。
　規範的判断の不一致可能性についても、ギバードの立場より、折衷的表出主義は説明力が高い、とリッジは主張している。それは「プランの不一致」を利用する前者と違って、後者は「指令の不一致」を主張するためである（ibid.: 185-192）。たとえば、私は状況Cにおいてϕしなければならないと判断するが、貴方はCにおいてはϕしてはならないと判断する場合を考えよう。このとき、

第 8 章　非認知主義についての論争　　235

私は C において φ することを要求しないような実践的推論の規準を受け容れないことにコミットしているのであり、私は C において φ することにコミットしている。それゆえに正直に誠実に偽善を避けて助言をするなら、私は貴方に C においては φ するよう助言するだろう。他方、同様に、貴方も私に C においては φ しないよう助言するだろう。「ゆえに私たちは、両立不能な助言を提示することにコミットしているのであり、このことはもちろん、目下の不一致の理論に基づいて、私たちは不一致であることを含意している」(ibid.: 191)。以上のように、折衷的表出主義は、規範的判断の種々の論理的特徴についても、十分な説明ができると主張するのである。

4.4　ハイブリッド認知主義

　前項までは非認知主義の議論を取り上げてきたが、本節では認知主義の側、中でもまずはハイブリッドな認知主義について見てみよう。ハイブリッド認知主義は、非認知主義がハイブリッド化したのに対応する形で、近年発展してきた理論であり、ハイブリッド非認知主義と同様に、規範的判断は、認知的要素と非認知的要素を含むと主張するが、その際、判断にとって本質的であるのは認知的要素であると主張する立場である。すなわち従来型の純粋な認知主義が、非認知的要素をまったく採用しないか、付加的に説明するにとどめてきたのに対し、ハイブリッド認知主義者たちは、規範的判断には非認知的要素が何らかの仕方で含まれると主張する。ここでは主に D・コップ（David Copp）の立場を取り上げよう。

4.4.1　認知主義的表出主義

　コップは自説を実在論的表出主義と呼んでいるが、本来的には、それは認知主義的表出主義と言われるべき立場だとしている (Copp 2009)。彼の考えによれば、規範的判断は、二つの意味から成る (ibid.: 185)。すなわち、判断の核となる意味と、含みによる意味である。この含みの意味は、P・グライス (Paul Grice) による「含み (implicature)」の理論に基づきつつ、それを改訂したものであるが、コップは侮蔑を表す語と道徳語を比較することで、両者を説明する。たとえば wop という語は、イタリア人を侮蔑する語であるが、会話

において「彼は wop だ」と発言することは以下の二つの意味をもつ（ibid.: 186）。

(1) 彼はイタリア人である（明示的に言われたこと）
(2) 彼に対する侮蔑（暗に言われたこと）

　このうち (1) の部分は、主張的な発話の核となる意味であり、このことを意味せずに wop という語を使ったとすれば、発話者は言語的に矛盾を犯すことになる。他方で、(2) の部分は、語を実際に使用する際の「規約 (convention)」によって意味の一部に組み込まれている要素であり、会話の聞き手が推定する意味である。規約は語の適切な使用を統制する使用規則であるので、こちらのことを意味せずに語を使った場合には、(1) の場合と違って、不適切ではあるとしても、矛盾というよりは、規約に対する無知として扱われる（ibid.: 187）。したがって、何らかの説明をすることで（皆がイタリア人を指すときにその語を用いていて、特別な侮蔑のニュアンスが入っている事を知らなかった、等）、発話を理解可能にすることができる。また、(1) と (2) は論理的に独立であるため、(1) は真であるが、(2) は偽であることがあり得る。つまり、彼はイタリア人であるが、彼を侮蔑しようとしたわけではない、ということは可能である。
　そして、道徳的判断においても、事態は大筋において同様である、とコップは考える（ibid.）。すなわち、「このことは道徳的に不正である」という判断は、明示的に言われたこととして、それが不正であるという事実を意味し、同時に、その含みとして、それに対する否認を表す。この判断の核となる意味は前者であり、これは一般的な認知的意味と等しい。他方で、後者のような是認や否認は、非認知的要素を示している。そして不正という性質を持った行為について、否認の態度を示すことなしに、道徳的判断をなすのは、規約により、矛盾ではないが不適切である[16]。
　こうして、コップは、規範的判断はその意味として明示的に言われたこととしての認知的意味と、規約の含みとして言われたこととしての非認知的意味の両方から成ると主張する。このような立場はハイブリッド非認知主義との比較

で言うと、あくまで、規範的判断にとって決定的な要素は認知的要素であり、非認知的要素は規約の含みとしてそこに含まれているに過ぎないと主張する。したがって、規範的判断にとって本質的と言えるのは、認知的要素であることから、この立場はハイブリッドではあるが、認知主義的であると言えるのである[17]。

規範的判断：文のレベル　―　規範的な事実を表す
　　　　　　思考のレベル　―　規範的な事実についての信念を記述する
　　　　　　対話のレベル　―　規範的な事実の記述に加えて、規約の含みとして是認や否認を表す

4.4.2　認知主義的表出主義と規範的判断の諸特徴

　規範的判断の実践的特徴について、ハイブリッド認知主義はどのように説明することができるだろうか。規約の含みを利用することの利点の一つは、認知主義の立場をとりながら、ある種の内在主義を採用することができる点にある。3.2節で見たように、私たちは、ある人が誠実に規範的判断を下したのならば、特別の事情がない限り、その内容に合わせた行為を実際にするはずだと期待することができる、というのが動機づけの内在主義という論点であった。そしてコップによれば、ハイブリッドな認知主義は、一般的な認知主義が採用する（採用せざるを得ない）外在主義の要素と、動機づけの内在主義を同時に説明することができる（Copp 2014: 59）。

　というのも、この立場においては、判断者は規範的な語を含む文を、必ずしも非認知的な要素を含む意味で発話をしている必要がない。つまり、実際には侮蔑の意味があることを知らずに wop という語を用いることができるように、

---

[16] ただし、道徳的判断と侮辱はまったく同じというわけではない。たとえば、侮辱をすることなしに、wopを使うことはできないのに対し、是認や否認をしない場合には、不正という語を使うことができないのではなく、道徳的判断をすることができない。その意味では、埋め込み文などの場合には、真正の道徳的判断を下しているわけではないとされる（ibid.: 188）。
[17] とはいえ、ハイブリッド非認知主義とハイブリッド認知主義の境界は曖昧であり、誰のどの立場をどちらの側に振り分けるかは論者によって異なる。

私たちは何らの承認などの意図をもつことなしに「善い」という語を用いることが現に可能である。その意味で、外在主義は正しい。

しかし、wop を含む発言が、同時に、規約によって聞き手には侮蔑の含みを伝えてしまうように、道徳語を含む発話は是認や否認の意図を持っていることを聞き手によって推定される。すなわち、私たちは一方では、一切の動機づけをもたずに道徳的信念をもち、それを口にすることができる。だが他方で、私たちがそのとき、対応する動機づけをもたなければ、規約の含みからして、私たちの発話は不適切とみなされる (ibid.)。規範的判断が対話において用いられる場合、私たちは動機づけをもっていなければならない。その意味で、動機づけの内在主義は正しい。ここから、コップの立場は文の意味や思考のレベルでは外在主義を、対話のレベルでは内在主義を採用する。したがって、ハイブリッド認知主義は規範的判断の実践的特徴を説明することができる。

また、論理的特徴に関しては、規範的判断において核となる意味は明示的に言われたことのみである、とハイブリッド認知主義は考えるため、論理的な振る舞いについては、そのままその部分に負担させることができる。したがって、論理的特徴についても十分な説明を与えることができる。

4.5 純粋な認知主義

最後に取り上げるのは、純粋な認知主義 (pure cognitivism) である。この立場は、規範的判断は文のレベル、思考のレベルでは、認知的な要素しか含んでいないと考える。そして、非認知的な要素はあるとしても、第三のレベルで付け加えられるか、もっぱら規範的判断そのものにとっては外在的な事情によって与えられるものに過ぎないと考え、ハイブリッド化を拒否する。T・スキャンロン (Thomas Scanlon) や D・パーフィット (Derek Parfit) といった現代の実在論者らは基本的にはこれらの立場に数えられるが、ハイブリッド認知主義との対比を意識している代表的な論者としては、S・フィンリー (Stephen Finlay) らもいる (Finlay 2005; Parfit 2011; Scanlon 2014)。ここではまずはスキャンロンの立場を中心に見ていこう[18]。

---

18 なお、スキャンロンの理由基礎づけ主義については、本書第4章も参照。

4.5.1 実在論的認知主義

スキャンロンが支持する立場は「理由についての実在論的認知主義（realistic cognitivism about reasons）」である（Scanlon 2014）。彼の考えでは、規範的判断とは、基本的には規範的な事実について、それが真であると示すことであり、そこには当該事実について話者がもつ信念が反映されている。そしてこの規範的判断はそれ自体としては、非認知的要素を含まない。よって、スキャンロンによれば正しいのは（純粋な）認知主義である。

もう少し詳しく見てみよう。ギバードが「何をしようか」という問いに答えることが規範的判断を下すことだとしていたのに対し、スキャンロンは、規範性の探究を「どうしてそうするの」「なぜそう考えるの」といった理由を求める問いから始める。そこから、彼の考えでは規範的な事実とは、「理由がある」(have a reason/ there is a reason) ということであり、規範的判断の文脈において理由があるとは、特定の態度や行為を支持する（count in favour of）考慮や事実があるということである。それゆえに「寄付をすることは善い」という規範的判断を下すとは、「私たちには寄付をする理由がある」という規範的事実の存在について私たちが持つ信念を示すことで、「どうして寄付をするの」という問いに答えることである。

したがって、スキャンロンの立場は文のレベル、思考のレベルでそれぞれ認知主義・記述主義の側に位置する。規範的判断は文としては規範的事実についての真理を表し、思考としては特定の信念を抱くことを表す。

では対話のレベルはどうだろうか。スキャンロンは規範的判断が助言に使われることは認めるものの、それはプランの表出や指令によるものとは異なっていると述べる（ibid: 59）。彼によればそれは合理的存在者同士の「呼びかけ (calling)」なのだが、この点については次項で述べる。

規範的判断：文のレベル　―　理由の存在を表す
　　　　　　思考のレベル　―　理由の存在についての信念を記述する
　　　　　　対話のレベル　―　合理的存在者への呼びかけ

4.5.2 実在論的認知主義と規範的判断の諸特徴

では、こうした立場から、規範的判断の実践的特徴はどのように説明されるのだろうか。スキャンロンは、合理性についての理解によって、規範的判断と行為の関係は以下のように説明できると主張する。

> 合理的な行為者は、第一に、特定の行為や態度を支持する理由、それらの行為や態度がよい理由となる結論に到達することを支持する理由について考える能力を持つ人である。第二に、ある存在者が合理的行為者であるのは、その存在者が理由についてなす判断が、行おうとしているその行為や態度に違いを生み出す場合のみである。完全に合理的な行為者は、彼・彼女が受容する理由についての判断によれば適切であるような態度や行為を常に有するだろう。……より正確に言えば、合理的行為者が、pはaをする決定理由であると信じるなら、その人は一般にこの理由から、aをするだろう（Scanlon 2014: 54）。

スキャンロンの考えでは、規範的判断はそれ自体として動機づけの力を持つわけではないが、合理的な人であれば、「φする理由がある」と判断すると、特別な事情がない限り、φするよう動機づけられる。理想的な合理性は「独特の内容をともなった信念とそれに続く態度や行為との結びつきを確立する」（ibid.: 57）役目を担っており、合理的行為者は「そのような信念に反応するものとして描き出される」（ibid.）。そこから、合理的な人同士の間で交わされる規範的判断は、非認知主義者たちの言うような態度表明や指令ではない、と彼は主張する。むしろ「私たち双方から独立の、人がなすべき理由を持つものについての事実だと私が主張しているものへの、注意を呼びかけているのである」（ibid.: 59）。そして「もし相手が私の言うことを信じるなら、彼が合理的であるがゆえに、このことはそれに続く行為をなさせるような力を発揮するだろう」（ibid.）。したがって、スキャンロンによれば、動機づけの判断内在主義は拒否しつつ、合理的なすべての人間は理由に対して反応する力、感受性を持っているとすることによって、認知主義の枠組みの中でも、理由があると示すことで、自他の動機づけに影響を与えることが可能だという説明が与えられる。

では、規範的判断の論理的特徴はスキャンロンの説においてどのように説明されるだろうか。彼の考えでは、規範的判断の論理的特徴は、理由で表される判断が真理値を持ち、妥当な思考の対象であることによって保証される。私たちは自分のなそうとしている行為について、妥当な思考の様態に則って思考することで、理由があるかないかを判定することができる。スキャンロンに言わせれば「行為の理由についての真理は判断から独立であり、選択からも独立である」（Scanlon 2014: 94）ため、客観的である。この客観的な真理を通じて私たちは推論を行うことができるし、またそれを巡って不一致をきたし得る。

4.5.3 会話的含みによる認知主義と規範的判断の実践的特徴

上で挙げたスキャンロンのような考え方は、合理性に依拠しながら規範性を説明する、現代メタ倫理学の王道のアプローチである。しかしながら、このように合理性の中身に厚みを持たせることを嫌う場合には、別のアプローチもありうる。たとえば、フィンリーはスキャンロンと同じく純粋な認知主義の側に立つものの、人々の感受性に訴えるような心理的説明を拒絶する（Finlay 2004）。代わりに彼が提案するのは対話のレベルでの実践的特徴の理解である。それによれば、規範的判断の実践的特徴は会話的含み（conversational implicature）によって理解できる[19]。会話的含みは、前項でハイブリッド認知主義が用いていた規約の含みとしばしば対比されるものであるが、主に会話の文脈によって与えられるものである。以下に詳しく見てみよう。

まず、フィンリーは説明に先だって、「善い」などの価値を、その価値を持つ対象が何らかの利益につながっていることを意味する関係的性質であると主張する（ibid.: 213）。すなわち、「寄付をすることは善い」などの文は寄付をすることが、何らかの利益に結びついていることを記述している。しかし、実際にどんな利益に結びついているかは、この文のみからでは明らかではない。それは個々の文脈によって読み取られることである。特に、「〜は善い、終わり」

---

[19] 会話的含みは4.4節で登場した規約の含み同様、グライスに由来する概念である。両者には取消可能性などの点で相違があるが、実際のところ規範的判断の含みとされるものがどちらであるのかについては、未だ議論の最中である。

のような文において「善い」などの評価的な語が何に指標づけられているかは、会話の文脈によって理解される (ibid.: 217)。そして、その指標づけられた利益が、欲求指標 (desire-index) のような動機づけに直接にかかわるような利益であるような場合には、そしてそのような場合にのみ、規範的判断は実践性を獲得する。

　たとえば「シャツの上に熱いアイロンを放置するのが善い」という文は、話者が保険金目的で家を燃やそうとしているという文脈を与えられることで、アイロンを放置することが話者にとっての利益であること、そして実際に話者がそのような行為の承認を表し、また、実際にそれに向けた動機づけを持っていることを推定させる。そしてそのような会話に参加していることで、私も家を燃やそうとしているのなら、アイロンを放置することは私にとっての利益にもなるのだから、私もこの発言によって何らかの動機づけに対する影響を得るだろう (ibid.: 217-218)。

　よって、フィンリーの考えでは、「動機づけの判断内在主義は、文脈的に指標づけられた価値判断と関連する動機づけの態度の間の会話上のつながりを描き出すことで、受け容れられる」(ibid.)。そしてここで強調されているように、動機づけにかかわる心的な要素は、規約の含みと違って、個々の規範的判断そのものに組み込まれているわけではない。「価値判断の態度的表出は主張されるものではなく、会話上示されるものである」(ibid.)[20]。実践的特徴の説明としては、あくまで、規範的判断を行う人が対応する動機づけを持つことは、会話の文脈上、推定できる、ということで十分である、とフィンリーは主張する。

5　各立場の説得力

　ここまで、非認知主義と認知主義の四つの立場を概観してきた。最後に本節では、規範的判断の特徴についてのそれぞれの説明の見込みについて簡単に論じておこう。規範的判断の実践的特徴についても、論理的特徴についても、どの陣営もそれぞれの仕方で一定の説明を与えている。残る問題はそれらが説得

20　強調は原著者による。

的であると言えるかどうかである。

　まず実践的特徴に関して言えば、認知主義にはまだまだ課題が残っているように見える。たとえば、実践的特徴を実質的に合理性に丸投げするスキャンロンのような立場は、今度は合理性の理解を巡って議論が紛糾することは避けがたいだろう。たとえば、リッジは、スキャンロンのようなやり方は、理由を重みづける、目的に必要な手段をとる、矛盾する目的を意志しない、矛盾した信念をもたないなどの、それぞれに異なる能力を「合理性」という語のもとに「ごちゃ混ぜの概念（hodge-podge notion）」にしていると批判している（Ridge 2014b: 6）。また、含みの理論にも問題はある。たとえば、含みに訴える議論は、結局、思考と態度との間にどのようなつながりがあり得るのか何も述べていないこと、特に、言語や対話を介在させない純粋な思考のレベルについて、何も説明ができないこと、などの問題点を抱えるという指摘がある（Ridge 2014a: 89; Fletcher 2014: 192）。さらに、フィンリーにせよ、コップにせよ、判断の動機づけ内在主義を退けてしまう以上、当初、規範的判断の実践的特徴として求められていた説明を本当に与えられているのかについては、疑問が残る。

　また、規範的判断の論理的特徴については、その説明において「真理」が重要な役割を果たすはずだと考える認知主義と、そのような真理への言及は不要であると考える非認知主義の間には依然として大きな隔たりがある。特に、非認知主義に対しては、そうした真理の重みを軽視する考え方は、規範的判断の本性の説明として十分ではない、あるいは真理一般の理解としてコストが大きすぎるとする批判もある（Parfit 2017: 225-226; 秋葉 2018）。またギバードのプランにせよ、リッジの規範的観点にせよ、その実体が何であるのかについて十分な説明が与えられているとは言いがたい。したがって、それらに基づいて展開される不一致の説明の成否については、更なる議論が必要であろう。

6　おわりに

　本章では、非認知主義を巡る現代の様々な立場を概観してきた。非認知主義の是非はメタ倫理学の黎明期以来、長らく議論され続けてきた大きな問題である。とはいえ、昨今では、非認知主義、認知主義の双方がハイブリッドな立場

を認めてきたことで、あるいは純粋な形態であってもお互いの説明上の優れた点を取り入れようとしてきたことで、地勢は変化しつつある。2017年に没したパーフィットは生前、最後の著作の中で以下のように述べている。

　　［自然主義者の］レイルトンと［表出主義者の］ギバードと［認知主義者の］私は、かつては互いの主張を否定しあっていた。しかし、今やそうではない。私たちの三つの立場は収斂してきたのだ。レイルトンも注釈で述べていたように、それぞれの立場はなおさまざまな点で異なっているし、部分的には異なる目的をもっている。しかし、この三つの立場は深いところでは衝突しあわない。私たちは、他の人々も、同じ結論に達してくれることを願っている。(Parfit 2017: 236)

　この収斂をギバードは「ハッピーエンド」と呼んだ (Gibbard 2008: 186)。ムーアとエアの間で分かたれたメタ倫理学は百年におよぶ議論を経てようやく、幸せな結末に向かう道筋を見いだしたようにも見える。とはいえもちろん、収斂しつつあると言われた彼らの議論が本当に噛み合っているのかについては検討の余地が大きく、ギバード自身も両者が描く絵は依然として正反対であるとしている。この道が本当にハッピーエンドにつながるものであるのか、それを見極めるためにも、結局、私たちはなお議論を続けていかねばならないだろう。

参考文献

秋葉剛史 (2018)「道徳的真理・ミニマリズム・非認知主義」『倫理学年報』日本倫理学会編第 67 集、pp. 261-276.
Ayer, A. (1936). *Language, Truth, and Logic*, Victor Gollantz Ltd..〔吉田夏彦【訳】『言語・真理・論理』岩波現代叢書 1955〕
Bedke, M. S. (2017). "Cognitivism and Non-Cognitivism" McPherson, T. & Plunkett, D. (eds.), *The Routledge Handbook of Metaethics*, Routledge. pp. 292-307.
Blackburn, S. (2001). *Ruling Passions: A Theory of Practical Reasoning*, Oxford University Press.
Bratman, M. (1987). *Intention, Plans, and Practical Reasons*, Cambridge University

Press.
Copp, D. (2009). "Realist Expressivism and Conventional Implicature" Shafer-Landau (ed.) *Oxford Studies in Metaethics*, Vol. 4, pp. 167-202.
—— (2014). "Can a Hybrid Theory have It Both Ways? Moral Thought, Open Questions, and Moral Motivation" Fletcher, G. and Ridge, M. (eds.) *Having It Both Ways: Hybrid Theories and Modern Metaethics*, Oxford University pp. 51-74.
Dreier, J. (2004). "Meta-Ethics and The Creeping minimalism" *Philosophical perspectives*, 18, pp. 23-44.
Finlay, S. (2004). "The Conversational Practicality of Value Judgement" *The Journal of Ethics*, 8, pp. 205-223.
—— (2005). "Value and Implicature" *Philosophers' Imprint*, Vol. 5, No. 4, pp. 1-20.
Fletcher, G. (2014). "Moral Utterances, Attitude Expression, and Implicature" Fletcher, G. and Ridge, M. (eds.) *Having It Both Ways: Hybrid Theories and Modern Metaethics*, Oxford University, pp. 173-198.
Frankena, W. K. (1951). "Main Trends in Recent Philosophy: Moral Philosophy at Mid-Century" *The Philosophical Review*, Vol. 60, No. 1, pp. 44-55.
Gibbard, A. (2003). *Thinking How To Live*, Harvard University Press.
—— (2008). *Reconciling Our Aims: In Search of Bases for Ethics*, Oxford University Press.
—— (2017). "Parfit on Normative Concepts and Disagreement" Singer, P. (ed.) *Does Anything Really Matter?: Essays on Parfit on Objectivity*, Oxford University Press, pp. 61-80.
Hare, R. M. (1952). *The Language of Morals*, Oxford University Press.〔小泉仰・大久保正健【訳】『道徳の言語』勁草書房 1982〕
Moore, G. E. (1903). *Principia Ethica*, Cambridge University Press.〔泉谷周三郎・寺中平治・星野勉【訳】『倫理学原理』三和書籍 2010〕
Parfit, D. (2011). *On What Matters*, Vol. 2, Oxford University Press.
—— (2017). *On What Matters*, Vol. 3, Oxford University Press.
Ridge, M. (2014a). *Impassioned Belief*, Oxford University Press.
—— (2014b). "Having It Both Ways" Fletcher, G. and Ridge, M. (eds.) *Having It Both Ways: Hybrid Theories and Modern Metaethics*, Oxford University, pp. 3-21.
佐藤岳詩（2012a）「ハイブリッド表出主義と指令主義の再評価」『倫理学年報』第61集、日本倫理学会編、pp. 171-186.

―――(2012b)「メタ倫理学における「非認知主義」の展開」『実践哲学研究』京都倫理学会編、第 35 号、pp. 41-74.
Scanlon, T. M. (1998). *What We Owe to Each Other*, Harvard University Press.
―――2014 *Being Realistic About Reasons*, Oxford University Press.
Schroeder, M. (2010). *Noncognitivism in Ethics*, Routledge.
Stevenson, C. (1944). *Ethics and Language*, Yale University Press.〔島田四郎【訳】『倫理と言語 増訂版』内田老鶴圃 2000〕
鈴木真(2013)「非認知主義の本性と意義」『実践哲学研究』第 36 号、pp. 31-72.
van Roojen, M. (2009). "Moral Cognitivism vs. Cognitivism", *Stanford Encyclopedia of Philosophy*.
横路佳幸(2017)「非認知主義・不定形性・もつれのほどき:分厚い語の意味論」『倫理学年報』第 66 集、日本倫理学会編、pp. 189-203.

第 9 章　道徳的非実在論

安藤馨

　本章の目的は、道徳的実在論を棄却する立場、すなわち道徳的非実在論のうちから幾つかの類型を取り上げて、それらの内在的問題を検討する、というものである。

1　道徳的非実在論の分類

　道徳的実在論 (moral realism) と道徳的非実在論 (moral irrealism) を截然と区分することは意外に困難である[1]。だがまずとりあえず、「我々は困窮状況にある他者に助力する道徳的義務を負う」といったような、読者がそれに賛成するような道徳的言明を真にするような何事かが我々の心的態度とは独立に世界に存在し、道徳的判断はそのような世界の特徴を表象しようとする認知的な心的作用である、という主張として道徳的実在論を捉えておこう。そうすると次頁の図のような分類図式が得られる。この図式に従えば、本章の対象は、非認知主義を除いた、虚構主義・錯誤説と（相対主義的な）主観主義といった非実在論的な諸理論である[2]。

---

[1] 区分が困難である理由は、近年の非認知主義者がほぼ例外なく、デフレ主義的・極小主義的な真理論を併せて採用しているからである。「『太郎は次郎を扶養すべきである』は真である」と述べることが「太郎は次郎を扶養すべきである」と述べること以上でも以下でもなければ、後者に対して非認知主義的意味論を与えることによって、前者にも非認知主義的意味論を与えたことになる。同様にして、非認知主義者にとって「道徳的事実が存在する」ということは「真である道徳的言明が存在する」ということであり、これは結局、なんらかの道徳的言明を述べる用意がある、つまり何らかの対象について非認知的態度を表出する用意がある、ということ以上でも以下でもないことになるだろう。したがって、道徳的事実や道徳的真理を認める用意があるかどうか、という点で実在論／非実在論の区分を行うことが困難になってしまっているのである。本章ではこの問題に立ち入らないが、Dreier (2004) を見よ。

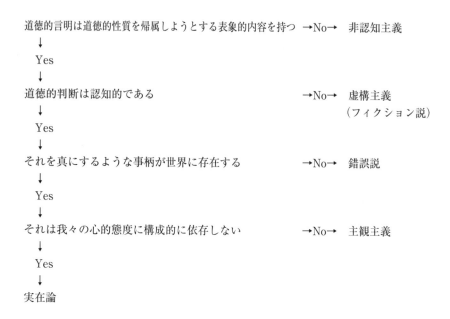

2 なぜ道徳の実在性を疑うのか

　本章で扱う道徳的非実在論の理論的動機を明らかにするために、2つのテトラレンマを考えてみたい。これらはそれ自体としてこの上なく説得的とは必ずしも言えないかもしれないが、非実在論を支える論証の多くをその異型として理解することができるような典型的論証である。

2　道徳的事実が（少なくとも部分的には）心的態度によって構成されるという立場を主観主義と呼ぶとして、そうした主観主義は必ずしも相対主義的であるとは限らない。たとえば、我々が完全に合理的・理性的であったならばどのような欲求を持つかが道徳的事実を構成するという見解を考えよう。加えて、現実の我々が様々な欲求を有するにもかかわらず、完全な合理性の下ではそうした欲求が改定されて万人の間で一致する、としよう。この場合、道徳的事実は我々の心的態度に構成的に依存しているが、内容的には依存していない。道徳の要求はあくまでも非相対的で「不変 invariant」であることになる。多くの道徳的構成主義者はこの意味での主観性を認めつつも不変性に訴えて自らを客観主義陣営に分類するだろう（cf. Hopster 2017）。だが、本章ではこの立場を取り扱わない。

2.1 道徳的判断のテトラレンマ

道徳的判断のテトラレンマは次のようなものである:

1. 動機づけの判断内在主義 (motivational judgment internalism): 私が真摯に道徳的判断をなすならば、必然的に、私はそれに即して行為するよう (少なくともある程度まで) 動機づけられているのでなくてはならない
2. 道徳的判断の認知主義 (cognitivism about moral judgment): 道徳的判断は認知的な心的作用、すなわち信念である
3. 動機づけのヒューム主義 (motivational Humeanism): 認知的である信念はそれ自体では動機づけをもたらさない (それ自体で動機づけをもたらすのは非認知的である欲求である)
4. 道徳的判断の独立性: 道徳的判断は、その外部にある動機づけとは独立になされうる

これらのどれも一見して説得的である。しかし、道徳的判断がその外部の動機づけを伴っていない場合を考えよう (この可能性は4によって保証される)。1から、この道徳的判断に即して行為しようという動機づけが存在しているが、仮定よりその動機づけは外部の動機づけによってではなく道徳的判断それ自体によってもたらされている。他方、2によってこの道徳的判断は信念・認知的作用であるが、3によってそれ自体は動機づけをもたらさない。したがって、これらのテーゼ群は矛盾している。いずれかを捨てねばならない (が、どれを捨てることも難しい)[3]。

このテトラレンマをそのまま受け入れるとどうなるだろうか。その場合、道

---

[3] このテトラレンマは、しばしば1〜3までの前提からなるトリレンマとして構成される (たとえば本書第4章 §1.1 で引用されているマイケル・スミス (Michael Smith) による定式化 Smith (1994: 12) を見よ)。だが、この帰謬的論証を論理的に妥当なものとするためには4の独立性の要件が必要である。独立性の要件は次のような理由から多くの人々にとって説得的であるだろう。道徳的義務が定言的理由を与えるとすれば、その内容は主体の既存の欲求・動機づけから独立だから、そのような義務が存在するという判断も主体の既存の欲求・動機づけから独立なものとして行われるはずである (つまり独立性の要件は後に述べる道徳的事実のテトラレンマにおける道徳の独立性を主観化したものに相当する)。

徳的判断についての概念的主張群から矛盾が生ずるのだから、そのような特徴を備えたものとしての道徳的判断などというものはそもそも存在し得ず、それゆえ我々は道徳的判断を行ったことなどそもそもない、ということになるだろう。我々は誤ってそもそも存在しない道徳的判断を行っていると思いこんできたのである（道徳的判断の存在に関する錯誤説）[4]。

だが、これはいかにも奇妙な結論である。「道徳的判断はそもそも存在せず、それゆえ我々は道徳的判断を行ったことがそもそもないし、これからも行い得ない」という主張は、1～4のどのテーゼの否定よりも受け入れがたいと思われるだろう。ともあれ、仮に私達が自分自身の判断の性質について錯誤を犯しているのだとしても、それをどのように訂正すべきかという問題が残る。行為選択に際して我々が実際に行っている判断が1～4の全てのテーゼを充足することが不可能であるがゆえに「道徳的判断」とは呼ばれ得ないのだとしても、1～4のテーゼのどれが成り立っていないのか（そしてそのことによって存在できているのか）という問題からはいずれにせよ逃げられない。我々の実践の記述的理解の問題としてテトラレンマはそのまま残存するのである。したがって、この形態の錯誤説は脇に措いておこう。

---

[4] これは非標準的な形態の錯誤説である。支持者はそもそも見当たらないが、仮にこの立場を採用するとしても、それ自体としての意義に乏しい——せいぜい我々が自分たちの行っている判断を「道徳的判断」と呼べなくなるというだけのことである——ことに注意が必要である。我々が現に行っている判断についての2階の判断が系統的錯誤に陥っているということは前者の1階の判断が系統的錯誤に陥っているということを導かない。ジョン・マッキー（John Mackie）に代表される標準的な錯誤説論者は、あくまでも道徳的判断の存在は認めた上で、それらが系統的な認知的過誤に陥っていると主張するわけだから、この非標準的な錯誤説を棄却しなければならない。彼らが具体的にテトラレンマのどのテーゼを棄却するかは明瞭でないが、ユーナス・オルソン（Jonas Olson）は少なくともマッキーに関する限り、彼のテクストには動機づけの判断内在主義の主張が見られず、したがって動機づけの判断内在主義を棄却していたであろうことを指摘している（Olson 2014: 110-111）。実際、道徳的事実に対しての「直知による知識 knowledge by acquaintance」が動機づけをもたらすことが「奇妙 queer」であるとするマッキーの立場は「道徳的直知は直接に動機づける」という形態の動機づけの反ヒューム主義がおかしいというのでなければ成り立たないから、マッキーは何らかの形態の動機づけのヒューム主義を採用していただろう（*ibid.*: 106-107）。とすれば、マッキーが棄却できるのは動機づけの判断内在主義である。道徳的実在の奇妙さを直知による動機づけに求めなければ、錯誤説論者は動機づけのヒューム主義を棄却して動機づけの判断内在主義を保持することができる。その場合、一般に対象の直知は直接に動機づけをもたらしうるのだが（動機づけの反ヒューム主義）、道徳の場合には直知されるべき対象がそもそも存在していないので、道徳的直知による動機づけはそもそも存在しない、ということになるだろう。

さて、このテトラレンマは1〜4のテーゼのうちもっとも脆弱なものに対する帰謬法を構成するから、ある種の道徳的非実在論の論証として理解できることに注意しよう。たとえば、2の認知主義がもっとも脆弱だと考えるならば、帰謬論証によって典型的な非実在論としての非認知主義（虚構主義を含む）が得られたことになる。4の道徳的判断の独立性を棄却するならば、たとえば「太郎は次郎を扶養すべきである」を「私は太郎が次郎を扶養することを欲している」と分析するような主観主義が得られ、それによって1〜3を確保することが可能になる。道徳的判断が自身の動機づけの様態についての認知的な信念であれば、道徳的判断はそれ自体では動機づけを与えないにもかかわらず、必然的に動機づけと共起することになるからである。

さて、非認知主義と主観主義の論証が得られたとして、錯誤説の論証はどうすればいいだろうか。それには、次のテトラレンマを見てみるのがよい。

2.2　道徳的事実のテトラレンマ

道徳的事実のテトラレンマは次のようなものである：

1. 道徳的合理主義（moral rationalism）：私が道徳的にいってある行為をなすべきであるならば、必然的に、私にはそれに即して行為すべきもっとも理由がある　（＝道徳の要求を無視することは不合理・反理性的である）[5]
2. 理由の内在主義（reasons internalism）：もし私にある行為をなすもっともな理由があるならば、必然的に、私はそれに即して行為するよう理性的熟慮によって動機づけられることが可能でなくてはならない
3. 動機づけのヒューム主義（motivational Humeanism）：理性的熟慮は根本的には信念の改定に関わっており、新たな動機づけを無から作り出すことはできない。したがって、私がある行為に理性的熟慮によって動機づ

---

[5] 理由には様々なものがあるので——たとえば豚肉を避ける宗教的理由——それを無視することが不合理・反理性的であるようなものを特に「もっともな理由 good reason」として区別することにする（この区別を曖昧にすることから議論の混乱が容易に生じる）。

けられることが可能であるならば、必然的に、私はそれに（たとえば目的-手段関係的に）関連する動機づけを現に有しているのでなくてはならない[6]
4. 道徳の独立性：私が道徳的にいってある行為をなすべきか否かは、私（を含む人々）が現にどのような動機づけを有しているかとは独立の事柄である

これらのどれも一見して説得的である。しかし、2と3から

理由のヒューム主義（reason Humeanism）：もし私にある行為をなすもっともな理由があるならば、必然的に、私はそれに（たとえば目的-手段関係的に）関連する動機づけを現に有しているのでなくてはならない

が導かれる。この理由のヒューム主義と1から、もし私がある行為を道徳的に要求されるならば、必然的に、私はそれに関連する動機づけ・目的を現に有しているのでなくてはならない。他方で、4から、私が現に有する動機づけがどうであれ、それとは無関係に道徳が私にある行為を要求することは可能であるはずである。したがって、これらのテーゼ群は矛盾している。いずれかを捨てねばならないが、どれを捨てることも難しい[7]。

　典型的な道徳的錯誤説はこのテトラレンマの帰結として導かれる（これを道徳的錯誤説のテトラレンマ論証と呼ぶことにする）。1〜4を受け入れざるを得ないとすると、道徳的当為つまり道徳がなにかを私達に要求しているということから矛盾が導かれるのだから、そのような道徳的当為はそもそも存在しておらず、つまり、私達になにかを要求するような道徳そのものが存在しておらず、それ

---

[6] これは道徳的判断のテトラレンマのものよりも詳しく動機づけに関するヒューム主義の立場を述べたものである。合理性それゆえ理性的熟慮は、世界に照らして正しいか間違っているかを問うことができる（＝適合方向が信念から世界である）信念の認知的改善に関わっており、世界に照らして正しいか間違っているかを問うことがそもそも意味をなさない（＝適合方向が世界から欲求である）欲求には直接関わり得ない、というのがヒューム主義の根本的主張である。

ゆえ、我々の道徳的判断はありもしないものについて語ろうとしており系統的な認知的過誤にほかならないという道徳的錯誤説が導かれる（道徳的合理主義と独立性テーゼはいまや空虚に真である）。なお、非認知主義（虚構主義を除く）と主観主義は4の道徳の独立性テーゼを棄却することによってこのテトラレンマを逃れている[8]。言い換えれば、この1～3を受け入れることから4の否定が出てくる、という形でそれらの論証が与えられたことになる。

こうしてみると、結局次のような道徳的非実在論の論証が得られたことになるだろう。

1. 動機づけの判断内在主義と動機づけのヒューム主義は説得的なので、非認知主義か、虚構主義か[9]、主観主義のいずれかを採用することが説得的である。
2. 道徳的合理主義と理由のヒューム主義は説得的なので、道徳的錯誤説か、

---

[7] このテトラレンマは、リチャード・ジョイス（Richard Joyce）による Joyce (2001) における錯誤説の論証の枠組を取り出して再構成したものである（ただし欲求の合理的改定可能性を純粋なヒューム主義よりも拡張するジョイスの洗練された主張は削ぎ落としてしまっている）。基本線は、道徳的言明がそれに即して行為するもっともな定言的理由の存在を含意する一方で（1 & 4）、もっともな理由は我々の現に有する目的に関連した道具的なものであるしかないのでもっともな理由が定言的であるということはありえず（2 & 3）、よって道徳的言明は常に非真である、というものである（cf. Joyce op. cit.: 134）。この論証が重要なのは、それが錯誤説論証としては異例にも、マッキーの言う「形而上学的奇妙さ metaphysical queerness」や自然的性質／非自然的性質、還元可能性／不可能性、などを巡る形而上学的論点を綺麗に迂回しているからである。ジョイスの錯誤説論証のこの特徴は（錯誤説論者によってすら！）しばしば見落とされている。

[8] 独立性の否定が直ちに非認知主義や相対主義的な主観主義を導くわけではないことに注意したい。現に我々が有している動機づけから合理的熟慮によって人々の間で「不変 invariant」な共通の道徳的要求が導かれる、という可能性は残されているからである（典型例として Smith 1994 を見よ）。道徳的要求が人々の心的態度によって構成されることを認める道徳的構成主義は、独立性を否定する点に於いて非実在論的だが（心的態度に依存することを認める点において主観主義的だが）、非相対主義的でありうる。だが、本章では道徳的構成主義には踏み込まない。

[9] 道徳的判断のテトラレンマから虚構主義を採用する場合、道徳的事実の存在については何も態度を決めていないことに注意したい。我々の道徳的判断が非認知的である一方で、そこで用いられているフィクション的な道徳的言明は成功裡に道徳的性質を対象に帰属しているかもしれない（相手を罵倒するために「おまえの母ちゃんデベソ！」と言ってみたら相手の母親が本当に臍ヘルニアである場合と同じように）。

[10] 虚構主義は、道徳的談話の意味論的内容が系統的に偽になることを許容できるので、錯誤説と同様に道徳的事実のテトラレンマの1～4の全てを受け入れることができる。

非認知主義か、虚構主義か[10]、主観主義のいずれかを採用することが説得的である。

これらの論証が成功しているかどうかはここではそこまで重要ではない（仮に論証自体は論理的に妥当であるとしても前提群の説得性は別の話である）。重要なのは、道徳的非実在論が理由のない懐疑に基づいているわけではなく、一見して説得的な前提から導かれてくるものであり、それ自体として真剣な考慮に値する理論的対象であるということである。

3　錯誤説

錯誤説は、存在しないもの——たとえばもっともな定言的理由——の存在主張を道徳的言明が含意するがゆえに、それらは悉く偽（ないし非真）であると主張する。ほかのメタ倫理学説と比較したときの錯誤説に特有の問題は、「で、どうするの？　Now What?」という問いが直ちに返ってくるということである。仮に錯誤説が正しいとしたら、我々は道徳判断をなすことによって認知的過誤に陥っている。それは過誤なのだから、訂正される・べ・きであるだろう。認知的過誤を伴った存在しないものについての談話の代表例はフロギストン説であるが、科学史に於いてフロギストン説がまるごと廃棄されたのと同様に、道徳的な「善さ」「正しさ」「べき」などが出てくるような談話はことごとく廃棄す・べ・きではないだろうか。

しかしながら、錯誤説論者たちによって提案されている対応を検討する前に、錯誤説が「べき」を含む談話を錯誤だと考えつつ「道徳的談話を〜す・べ・きである」ということがそもそも意味を為すのかという問題について考えなければならない。

3.1　錯誤説と自己破壊性

言うまでもなく、錯誤説論者が「道徳的・に・い・っ・て、道徳的談話を〜す・べ・きである」と主張するとしたらそこには極めておかしなところがある。錯誤説を信じている以上、彼女は道徳的主張を偽だと信じていなければならないからであ

る。だが、「べき」には道徳的な「べき」以外にも様々な「べき」がある。まず、誤った学説を信じる「べき」でない・より証拠のある理論を信ずる「べき」である、といった認識的「べき」があげられるだろう（したがって認識的にいって道徳的談話は廃止されるべきである）。他にも「人類の存続のためには〜べきである」のような、ある一定の目的に資するかどうかを問題にする道具的な「べき」もあるだろう。ここで錯誤説について2つの立場を区別しよう

1. 道徳的錯誤説　道徳的談話は系統的に錯誤に陥っている
2. 規範的錯誤説　規範的談話は系統的に錯誤に陥っている

道徳的錯誤説は、道徳的な「べき」を含む談話を偽だとするが、他の種類の「べき」については特になにもいっていない。これに対して規範的錯誤説は道徳のみならず規範一般についても錯誤説を取る。たとえば、規範的錯誤説を採用し認識的規範についても錯誤説を取る論者は、「道徳的談話は悉く偽なので、認識的にいって廃棄すべきである」と主張することができないだろう。それどころか、「〜であるから、認識的にいってあなたは錯誤説を信ずるべきだ」ということすらできなくなるように思われるだろう。

　当然というべきか、錯誤説論者の多くはあくまでも道徳的錯誤説を支持している。しかし、道徳的錯誤説の論証が同じようにして道徳以外の規範にも及ばないという保証はない。少なくとも近年の道徳的錯誤説に対する批判の主流は、道徳的錯誤説の論証は同様に認識的理由にも及び（共犯論法）、それゆえ錯誤説論者は「錯誤説を信ずる理由」がないと自身で主張する苦境に追い込まれるというものである[11]。

3.1.1 認識的錯誤説への共犯論法

　錯誤説の論証は何種類かあるのだが、リチャード・ロウランド（Richard Rowland）は「もっともな定言的理由」が存在しないことからの論証——直接に標的になっているのはリチャード・ジョイス（Richard Joyce）の錯誤説論証

---

[11] たとえば Bedke (2010); Rowland (2013) を見よ。

だがほぼテトラレンマ論証と同一とみてよい——に対して、認識的理由もまた「もっともな定言的理由」だと主張して、共犯論法を提示している：

> ディノサウルスの骨があることは、誰にとっても、信じたいと信じたくないとにかかわらず、ディノサウルスがかつて地上を闊歩していたと信ずべき理由である（Rowland 2013: 3）

注意すべきは、もしこれがディノサウルスの骨が「定言的理由」であることを示しているのだとしても、未だ「もっともな理由」であることを示してはいない、という点である。たとえば、礼儀作法の要求「口の中に物がある状態で話してはならない」は、たとえ私が是が非でも話したいことがあろうがなかろうが、妥当する。つまり、エチケットは「定言的理由」を提供する。問題は、私がその要求を無視したところで、それ自体として不合理・反理性的だとは言えないという点である。そこでロウランドは次のように主張する：

> 認識的理由はエチケットやファッションの理由とは大いに異なったものであるように思われる。認識的理由はファッションやエチケットの理由よりも重要な意味に於いて万人にあてはまっているように思われるのである。（*op. cit.*: 6）

つまり、道徳がエチケットやファッションよりも重要であるのと同じ意味において——つまりそれを無視することが不合理・反理性的であるという意味において——認識的規範もあてはまっているというのである。だが、これは的を外しているように思われる。道徳とエチケットの違い、つまり「もっともな理由である」ことの含意をテトラレンマ論証に即して思い出せば、それは理由の内在主義と動機づけのヒューム主義によって与えられていたのであった。それらを認識的理由に対して適用する形で書き改めてみよう：

理由の内在主義＊：もし私にあることを信ずるもっともな理由があるならば、必然的に、私は理性的熟慮によってそのことを信ずるよう動機づけられるこ

とが可能でなくてはならない

動機づけのヒューム主義＊：私が理性的熟慮によってあることを信ずるよう動機づけられることが可能であるならば、必然的に、私はそれに（たとえば目的-手段関係的に）関連する動機づけを現に有しているのでなくてはならない

だが、これらのテーゼには明らかにおかしなところがある[12]。そもそも「信ずる believe」は、意志的な行為ではないから、なにかを「信ずるよう動機づけられる」ということは意味をなさないからである。したがって、テトラレンマ論証を認識的理由に応用・適用して認識的錯誤説を導くことはできない。行為の理由の「もっともさ」と信念の理由の「もっともさ」の間には重大な違いがあり、類比が成り立たないのである。

他方で、テトラレンマ論証は道徳的合理主義・理由の内在主義といった論争の余地の大きい前提に依存している。より論争の少ない（かもしれない）前提に基づく錯誤説論証があるとしたら、それについての共犯論法はどうなるだろうか。バート・ストリューマー（Bart Streumer）は次のような錯誤説論証を提示している（Streumer 2017: 103-104）：

1. もし規範的性質が存在すれば、それは記述的性質と同一である[13]
2. もし規範的性質が存在すれば、それは記述的性質と同一でない[14]
3. 規範的判断は規範的性質を帰属する信念である[15]

1と2から、もし規範的性質が存在すれば矛盾が生ずるので、規範的性質は

---

12 とりわけ、動機づけのヒューム主義を認識的理由に適用することは意味をなさないだろう（動機づけのヒューム主義は我々の合理性が信念に対しては直接に作用するが欲求に対しては間接的にしか作用しないという形で合理性に関する両者の位置づけを截然と区別するところに本旨があったのだから）。実際、なにかを信ずることがその手段となるような目的・動機づけを提供されても——たとえば「うまくできたら大金あげるから、アメリカが未だにイギリスの植民地なんだって信じてみて」と言われても——それを信ずることができる人間はいないだろう（この例はAlston（1988: 263）による）。
13 規範的述語（性質）の記述的述語（性質）への随伴性（付随性）に基づく還元主義的議論による。

存在しない。ところが、3によって、規範的判断は存在しない規範的性質を帰属しようとする信念だから、偽であり認知的過誤を犯している。

この論証の成否はここでは問題ではない。要点は、この議論が道徳的規範性のみならず、認識的規範性を含む他の規範性についてもそのまま妥当する構造を持っているということである (*ibid.*: 105-118)。この論証に関する限りでは、道徳的規範性については錯誤説を採り、認識的規範性については錯誤説を棄却するというのは確かに難しいように思われる。そして、実際にストリューマーは自身の議論が認識的錯誤説を導くことを明示的に認めるのである（なお仮言的・道具的規範性についても錯誤説を認めている）。

3.1.2　認識的錯誤説とその帰結

さて、仮に道徳的錯誤説の論証が認識的錯誤説まで拡大されてしまうとしよう（だが仮言的・道具的規範性についてまでは拡大されないとしよう）。それが錯誤説論者にどのような問題をもたらすのだろうか。テレンス・クーニオ (Terence Cuneo) は錯誤説が正しいならば錯誤説を信ずる認識的理由が存在しないことになるということから、次のような問題を指摘している (Cuneo 2007: 117-118)：

1. 錯誤説を論証するということは錯誤説を信ずべき認識的理由があると主張することなのだから、同時にその帰結として錯誤説を信ずべき認識的理由がないと主張することになるとすれば、自己論駁的である

14　一定の記述的条件（たとえば事実についての完全な知悉）を満たす人々の規範的見解について、それが明らかに誤っているように思われる事例が常に可能であるように思われる、という理由による（たとえば同じ記述的条件の人々の間で規範的見解が割れればどちらかは誤っている）。これが実質的には、どんな記述的条件を満たした人の規範的見解についても「それは本当に正しいだろうか」という問いが意味をなすという議論だとすれば（どんな記述的条件を満たした人々も規範的問いが閉じていない限り同じ条件を満たす他者のそれと食い違う見解を有しうるだろう）、未決問題論法の一種であることになるだろう。

15　規範的不同意が存在し、かつその不同意はどちらも「正しい correct」ということはありえない（つまり「誤りなき不同意 faultless disagreement」でない）。したがって、規範的判断が世界を表象しようとしていると考える認知主義のみが規範的不同意の存在を説明しうる、という理由による。

2. 錯誤説を棄却する相手を認識的に不合理・反理性的であるということができなくなるから、錯誤説は論争的に無益である（polemically toothless）

これに対して、ユーナス・オルソン（Jonas Olson）は次のように反論している（Olson 2014）[16]：

1. 錯誤説の論証の結論は、錯誤説を信ずるべき理由があるというものではなく、錯誤説は真であるというものであるから自己論駁的でない（*ibid*.: 157）
2. 錯誤説を信ずる理由には、記述的性質に還元不可能な認識的理由——これは実際には存在しない——以外にもあるので問題ではない（*ibid*.: 158-159）

最初の応答はややわかりにくいかもしれない。これは、たとえば「p である。p ならば q である。それゆえ q である。」という論証は、「q だと信ずべき認識的理由がある」という主張ではなく、端的に「q である」「q は真である」という主張だというのである。確かに論証は典型的には結論に対する信念の理由を提供するために用いられるが、論証自体には認識的理由の存在に関する主張は含まれていない（*ibid*.: 157-8: n. 19）。

さて、仮に錯誤説の論証が正しい（つまり錯誤説が真である）としたら、もしあなたが「メタ倫理に関する真なる信念を有したい」という欲求を有していれば、あなたには錯誤説を信ずる仮言的理由がある。そして、メタ倫理学に従事するということはメタ倫理に関する真理を得ようとすることにほかならないから、そのような欲求を有していない場合、あなたはそもそもメタ倫理学に従事していないことになる（メタ倫理学に従事すべき認識的理由などというものはない

---

[16] オルソンは記述的性質に還元不可能な認識的理由は道徳的理由の場合と同じく存在しない、と考えている。オルソンが、偽である道徳的判断をなすという認知的過誤を認識的に不合理だとして問題視しないことを理解する際にこの点は重要である。ここでオルソンは信念の行為理由に訴えていることになるが、もし信念（形成）が意志的行為でなければ、先に見たように、テトラレンマ論証は安全である。

にせよ)。したがって、クーニオの批判は問題なく回避されるだろう[17]。

さて、これらの応答がうまくいかないとしたらどうなるだろうか。先に触れたストリューマーは、規範的錯誤説は真だが、それを信ずることはそもそも不可能であり (Streumer *op. cit.*: 129ff.)、それゆえ錯誤説を信ずる理由もない (*ibid.*: 156ff.)、と主張している。すなわち、信念についての次の2つの原理 (*ibid.*: 137, B3 and B4 respectively):

1. p を信じているといえるのは、p から帰結すると信じている事柄を信じているときに限られる
2. p を信じているといえるのは、p だと信ずる理由がないと信じていないときに限られる

から、錯誤説を信ずることはそもそも不可能だと主張するのである。論証の当否は措くとして[18]、ストリューマーは「錯誤説は真だが、それを信ずることはできない」という逆理的立場を意識的に採用している (*ibid.*: 150-151)。錯誤説が逆理的見解を帰結するのであれば、それは錯誤説にとって極めて不利な事情であるはずである。だが、驚くべきことにストリューマーはむしろそれを錯誤説に対するよくある批判をかわすことを可能にする長所だと見ている。ここで

---

[17] 錯誤説に限らず、この論法は一般的な主張に適用される。非錯誤説論者は p を支える証拠があるとき、p だと信ずる定言的な認識的理由があると考える。オルソンは何かが p を支える証拠であるという証拠関係は記述的性質に還元可能な問題のない性質だと考える。他方で p と証拠関係に立つ事実 (つまり証拠) が p に対して「信ずる定言的な認識的理由である」という還元不可能な規範的性質に立つことを否認する。しかし、私が p の真偽に実践的関心があれば、p の証拠があれば真だと信ずるもっともな実践的理由があることになる。つまり、ある事実が p と信ずることの定言的な認識的理由となることはないが、p と信ずるもっともな実践的理由にはなりうるのだから、認識的錯誤説によってあらゆる議論が成り立たなくなるということはないというのである (*ibid.*: 160-161)。証拠の持つ規範性は、何らかの目的に照らしての道具的な実践的規範性だという見解について Cowie (2014b) を見よ。

[18] ストリューマーはかつて2を擁護する際に、ある考慮に基づいて信念を形成することには暗黙理に「そう信ずる理由がある」という規範的判断を伴っているとしていたが、オルソンは知覚による信念形成や一般に幼児や動物の信念形成はそのような判断を伴っていないと批判した (Olson, *op. cit.*: 171)。ストリューマーはこの反論を認めつつ、幼児や動物のようにそう信ずる理由があると信ずることなくなにかを信ずることが可能であるとしても、それはそう信ずる理由がないと信じつつなにかを信ずることはできないという2の反例にはならないと応答している (Streumer *op. cit.*: 143-144)。

はひとつだけ取り上げておこう。ストリューマーは道徳的懐疑論に対するロナルド・ドゥウォーキン（Ronald Dworkin）とトマス・ネーゲル（Thomas Nagel）の印象深い議論を次のように整理している（Streumer *op. cit.*: 173; cf. Dworkin 1996: 117-8; Nagel 1997: 115）：

> 錯誤説は深刻に非説得的な規範的含意を有する。たとえば、気晴らしのために小児を拷問することは不正ではない、ということが錯誤説からは帰結する。しかし、気晴らしのために小児を拷問することが不正であるという主張は、どんな哲学理論がそうでありうるよりも遥かに説得的である。錯誤説を棄却すべきだということを、このことは示している。

おそらく標準的な錯誤説論者の反論は、そうした深く根付いた道徳的信念は進化的過程やそのほかの産物であって、それらは認知的能力の産物ではなくその内容が真であるかどうかと関係なく保持されているのであって、いかなる哲学理論よりも認識的に確実に信頼できるというようなものではない、というものだろう（発生論的暴露論証）[19]。

これに対して、ストリューマーの反論はこうである。この批判の構造を取り出すと：

> ある主張 C と哲学理論 T がともに真であることができないならば、かつ、C が T よりも遥かに説得的であるならば、そのことは T を棄却すべきだということを示している

というものになる。さて、ここでの「説得的である plausible」の意味が「確

---

[19] 暴露論証（debunking argument）について、たとえば Olson *op. cit.*: 141ff. を見よ（また暴露論証一般の詳細な整理と検討について本書第7章を見よ）。進化論的暴露についてのリチャード・ジョイスの系統だった説明についてはたとえば Joyce (2006) を見よ。ただし、そこでのジョイスの議論は、道徳的錯誤説を擁護するというよりは、認識的に正当化された道徳的判断は存在しない、という認識論的な道徳的懐疑論を擁護するものである（*ibid.*: 223）。なお、Joyce は当初この認識論的見解をも「錯誤説」という名称で呼んでいたが、後に不適切な用語法だったとして撤回している（Joyce 2016: 161-162）。

信している confident」だとすると、この議論はTが逆理的な錯誤説である場合には成立しないのである。というのも、錯誤説論者にとって彼女がCに対してTよりも確信的であるとしてもその理由は、Cが実際に真だからではなくてまさにTが真でありそれゆえTを信ずることができないから、というものだからである（Tの真理性とCの説得的優位性は道連れである）。「説得的である」を「理由がある」と解しても、錯誤説論者がCがTよりも理由があると考えるのは、Cが真である蓋然性が高いからではなくて、Tが真なのでTを信ずることができずそれゆえTを信ずる理由がまったくないからなのである（Tの真理性とCの説得的優位性はやはり道連れである）。

　逆理性を逆手に取ったストリューマーのこのような規範的錯誤説をどう考えるかは難しい。だがここでは、哲学理論として興味深い対象であること自体は間違いないとしても、本人が言う通り「信じられない unbelievable」ということにして、これ以上は立ち入らないことにしたい。とりあえずは、共犯論法を免れる道徳的錯誤説の論証がありそうだ——テトラレンマ論証はあくまでそのひとつに過ぎない——ということで、話を改定の問題へと進めよう。

3.2　我々の道徳的談話をいかに改定すべきか

さて、道徳的談話に関する道徳的錯誤説論者たちの対応は概ね次の3通りに分類できる：

1. 廃止主義（abolitionism）道徳的談話を廃止する
2. 保存主義（conservationism）なにもしない
3. 改定主義（revisionism）道徳的談話についての理解を変える

フロギストン説や生気説などを考えれば、誤った信念は放棄すべきであるという認識的理由に基づいた廃止主義がもっとも素直な対応であろう。しかし、話はそれで終わりではない。錯誤説論者自身が、自らの錯誤説によって道徳的判断を放棄したとしよう。信念形成は意志的行為ではないので、認識的に不合理でない論者が錯誤説を真剣に信じる限り、望むと望まざるとにかかわらず、そうなるはずである。だが、道徳的談話を発するかどうかは、認識的理由の問

題ではなく、実践的理由の問題である（また信じていないことを言うべきではないという理由は道徳的理由に訴えるものである限り消滅していることに注意しよう）。道徳的理由は存在しないとしても、そうすることが「自己利益に資するから」「社会全体にとって有益だから」といった理由で——もちろんそれらは私が自己や社会の「利益」なるものを気にかける限りでのみもっともな理由となるに過ぎない——道徳的談話を発することはなお可能である。更に、そもそも錯誤説を説いて回るべきかどうかもまた認識的理由の問題ではなく実践的理由の問題である。もし道徳的談話を発する（がままにさせておく）ことが、私（と他の人々）の目的に照らして有益であるならば私（と他の人々）には道徳的談話（と道徳的判断）を保持するもっともな理由があることになるし、もし有益ではなく有害であるならば、それ（ら）を廃止するもっともな理由があることになる。

　実際、廃止主義者はそれ（ら）が有益ではなく有害であると主張する。リチャード・ガーナー（Richard Garner）はたとえば以下のような問題を指摘している（Garner 2007: 502）。単なる利益衝突が道徳的衝突となることによって、相手が道徳的に不正である以上それに譲歩することも道徳的不正となり、妥協が困難になってしまう。真の問題は利益の衝突であるのに、それを巡る様々な混乱した道徳的議論が生じ、真の問題が隠蔽される。既得権益の保護を強化する——たとえば有産階級が私的財産制度を存在しもしない自然権の名の下に擁護する——レトリックとして作用する。

　錯誤説の論証に熱心な論者たちが、この問題が経験的問題であるということを認めつつ、廃止主義者の議論をほぼ検討することなく道徳的実践の有益性を専ら強調していることは興味深い[20]。彼らが廃止主義に冷淡なひとつの事情は、彼らが典型的に進化論的暴露論証を提示することに見られるように、道徳的判断の傾向性が認識的合理性の支配に服することなく強力に残存する生得的で廃止困難なものだと錯誤説論者が考えているということにあるだろう[21]。ともあ

20　たとえばオルソンの恐ろしく希薄な記述（Olson *op. cit.*: 180-181）を見よ。
21　それらは「ハードウェアに書き込まれた偏愛 "hardwired" predilection」である（Joyce 2001: 146）。

れ、指摘されている有益性は概ね道徳的思考が他者との信頼可能な協調行動を取ることなどを初めとして、短期的な自己利益に屈することなく長期的自己利益に従った行動を取ることを可能にする——それは社会全体にとっても有益である——というものである。

問題は、認知的過誤に陥っている道徳的判断に伴う動機づけを保存することにもっともな実践的理由があるとして、認知的過誤の部分を実践的にどうすべきか、という点である。廃止主義のような根本的改変が不可能だとして、どのような改変ならば可能であり望ましいのだろうか[22]。ジョイスは過誤のない信念が一般に道具的に有用であるという理由で（Joyce 2001: 178-179）、道徳的談話・道徳的判断の意味論的理解を、それに伴う動機づけの方は変更することなく、虚構主義へと変更するべきだと考えている[23]。オルソンはそのような変更は困難であり、そもそも道徳的信念を保持し続けたところで害はない、と考えている（Olson *op. cit.*: 184-187）。ジョイスについては、道徳的判断が生得的だとしたらその意味論的理解がそのように変更可能なものなのかが疑問であるが（虚構主義については次節で触れる）、保存主義を採るオルソンについても錯誤説を信じている錯誤説論者にとって道徳的談話をそのまま保存することがそもそも可能なのか、という問題がある。オルソンの解決は、リチャード・ヘア（Richard Hare）の二層理論と同様に批判的思考のレベルと通常時の思考のレベルを分け、通常時はいわば無批判に道徳的判断を行うが、批判的な思考をしているときには錯誤説に立ち戻るというものである（*ibid.*: 192）[24]。保存主義の下で、錯誤説理論家同士の間でも、なお道徳的談話の意味論は認知主義的であり、文字通りには偽である。ただし、それらは語用論的にそれに対応した命令文を

---

22 「で、どうするの？」問題に対する改定主義的対応としては以下で触れる革命的虚構主義のほかにも「革命的表出主義 revolutionary expressivism」（Köhler and Ridge 2013; Svoboda 2015）や「置き換え主義 substitutionism」（Kalf 2018）がある。特に後者は、道徳的談話がもっともな定言的理由の存在を概念的に帰結ないし前提的に含みとする点が問題なので、それをそのような帰結・含みを持たない「道徳モドキ schmorality」談話へと改定すべきである（そしてマッキーの立場はこの置き換え主義である）とする。この道徳モドキの談話が帰結ないし含みとするのは定言的理由ではなく（根本的欲求に関する）仮言的な賢慮的理由（hypothetical prudential reason）の存在である（*ibid.*: 197ff.）。だがこれらの見解には残念ながら本章では立ち入れない。

23 信念は意志的に変更できないので、人々に道徳的錯誤説を示し納得してもらうようにする、という実践的理由があるということになる。

「会話的含み conversational implicature」として有し、保存されるべき道徳的動機づけのやりとりは問題なく行われる、というのである (*ibid.*: 194-195)。いずれの立場を——私と人々一般の自己利益からいって——取るべきであるかは、改定が可能かどうか、そしてその結果がどのようなものでどれほど有益か——有害か——という経験的問題に帰着するので、ここではこれ以上立ち入らない[25]。ともあれ、かくのごとく、錯誤説がなお決定的といえるような批判のない一貫した立場として可能な選択肢であるということを確認した上で、虚構主義へと歩を進めよう。

4 虚構主義

虚構主義は、冒頭でも触れたとおり、道徳的談話の意味論的内容は表象的・記述的な命題であるが、それを用いて行われる道徳的判断の方は、判断主体の認知的な心的状態すなわち信念を表出する行為である「主張 assertion」ではない、というものである。だが、記述的意味内容を持つ言明を発しながら、そこで行われていることが当の記述的意味内容の主張ではなく認知的態度も伴っていない（むしろ非認知的情動を伴っている）、というのはどういうことか想像がつきにくいかもしれない。

　そのようなことが実際に行われている例として罵倒的表現を挙げることができるだろう。花子が太郎に対して「おまえの母ちゃんデベソ！」と言ったとしよう。文面通りに受け取ると、この言明は太郎の母親が臍ヘルニアであるという記述的意味内容、つまり命題を表している。それは太郎の母親の腹部によって、真になったり偽になったりするだろう。だが、花子がここで行っているの

24　だが、批判的な思考のレベルでは錯誤説であり非批判的な通常時の思考では通常通り、というのはジョイスの虚構主義となにが違うのかという疑問があるだろう（そのような通常時の道徳的判断は結局のところ「信ずるふり make-believe」ではないのだろうか）。Jaquet and Naar が指摘する通り (Jaquet and Naar 2016: 203ff.)、オルソンの保存主義もまた虚構主義だということになるのではないだろうか（非メタ倫理家に説いて回るつもりがないという違いはあるにせよ）。

25　オルソンは錯誤説を一般公衆に触れ回るべきでないという、Cuneo and Christy (2011) が「道徳的プロパガンディズム moral propagandism」と名付けた立場に対して賛意を示している (Olson *op. cit.*: 196. n48.)。

は、太郎の母親の腹部に関する主張ではない。それは太郎に対する罵倒であり、花子はここで太郎に対する侮蔑的感情を表出し、聞き手は花子が太郎に対してそのような感情を有していることを知るのである。仮に太郎の母親がデベソでないとしても（そしてそのことを花子が知っていたとしても）、花子がこの文によって太郎を罵倒することができることに変わりはないし、花子が太郎を罵倒しようとしてこの文を発するならば、太郎の母親が臍ヘルニアであろうとなかろうとそれに関わりなく、この発話はおかしなところのない正しい（correct）・適切（adequate）なものである。

　このことを踏まえた上で、やや天下り的だが、虚構主義の基本構造は次のようである。「道徳的にいってφすべきである」のような道徳的言明は文面通りにはφをなすもっともな定言的理由があるということを帰結するような記述的内容を有する命題を表しているのだが、そのような言明を行う際に、我々はφをなすもっともな定言的理由があると主張しているのではなく（したがってφをなすもっともな定言的理由などというものがあろうとなかろうとそれに関わりなく）、φしたいという欲求やφしない他者に対する批難感情といった非認知的態度を表出するという行為に従事しているのである。だが、そもそもそれはどのような行為なのだろうか。

　虚構主義の回答は、「信ずるふりをする pretend to believe」ないし「make-believe ごっこをする」である。ままごとをしている（子供に付き合う）とき、我々はまさにこれをやっている。私達は泥団子を受け取って「わあ、おいしそうなパンケーキ！」というわけだが、私達はそれがパンケーキであるという認知的信念は有していないしそう主張もしていない。あくまで「手に持っているのはパンケーキである」は偽である（フィクション内では真であるが）。

　さて、虚構主義の詳細な説明は後に譲るとして、虚構主義には次のような区別がある：

1. 解釈学的虚構主義（hermeneutic fictionalism）
2. 革命的虚構主義（revolutionary fictionalism）

前者は、現に我々が行っている道徳的実践は虚構主義が描く通りのものであ

る、という立場である（我々の実践が現にそうであるさまの記述として正しい）。後者は、道徳的錯誤説を背景としつつ、目下のところ系統的錯誤でしかない道徳的談話に対して、上述のような虚構主義的理解をこれから採用すれば、道徳的談話を保存しつつそれを主張しないということが可能となり認知的過誤の謗りを免れることができる（のでそうすべきである）、というのである。前者は我々の道徳的判断の様態を記述（describe）しており、後者は我々の道徳的判断の様態を指図（prescribe）しているのである。

4.1 解釈学的虚構主義——カルデロンの場合

解釈学的虚構主義には明らかな難点がある。私達が、自分の道徳的判断について内省してみたときに、自分がなんらかの「ふり」や「ごっこ」をしているとはまったく思えないからである。解釈学的虚構主義の主唱者——そもそも明示的な支持者はほかに見当たらないのだが——であるマーク・カルデロン（Mark Eli Kalderon）は、解釈学的虚構主義が正しいならば、私達が道徳的な文を受容したり発したりするときに、実際にそこでなにが行われているのかについて系統的な錯誤に陥っていることになる、と明示的に認めている（Kalderon 2005: 153）。我々がやっているのは「我知らずの、ふり unwitting pretense」なのである（もちろんカルデロンは、自分たちが「ふり」をしていることに私達が気が付かない理由を説明してはいる *ibid*.: 154-156）。厄介なのは、カルデロンがフィクションでない道徳的事実の存在の可能性を認めていることである（*ibid*.: 159）。だが、我々の道徳的実践はあくまでもフィクション的実践であって世界の道徳的事実を認知しようというものではないので、そのような道徳的事実がどうであろうが、道徳的言明によって一定の非認知的情動が表出されていればフィクション的実践として正しい（correct）・適切（adequate）なものだということになる。

4.1.1 道徳的判断の現象学

さて、カルデロンの描くフィクション的な道徳的実践は具体的にはどのようなものなのだろうか。まず、次のようなフィクション的やりとりを考えてみてほしい：

A：彼ってウサギよね
B：あらほんと　ウサギね

Aの発話の文字通りの意味内容は、彼がウサギだということである。だが、Aは文字通りのことを信じているわけではない（信じているのはあくまで容貌がウサギを思わせるような形をしているということである）。そしてAは「彼はウサギだ」をフィクション内で（或いはメタフォリカルに）真にしている彼の容貌の特徴が顕著（salient）に捉えられている自らの視点——アスペクト——をBに伝達している（アヒルウサギを目にした人が「ウサギだな」というとき、まさにそれがウサギに見えるようなアスペクトが伝達されているのと同じである）。そしてBはAに同意する。このときBはAから伝達されたアスペクトを受け入れ、B自身の視点からも一定の体型的特徴が顕著になりそのアスペクトの下で「あらほんとウサギだわ」ということになるのである。Cがやってきて「いやアヒルでしょ」と言った場合にはA、BとCの間に不同意が生ずるわけだが、どちらのアスペクトを採用するかはもはや認識の問題ではないから、この不同意は残り続ける。道徳の場合も似たように：

A：堕胎は殺人なのだから、堕胎は不正でしょ
B：あらほんとそうね

このとき、Aは「堕胎は不正である」を文字通りに信じているわけではない。信じているのはあくまでも、それをフィクション内で真にしているある特徴——ホモ・サピエンス個体の生命維持を意図的に不可能にする行為である——を堕胎が持つということであり、またその特徴が堕胎をAにとって望ましくないものとして現れるようにしており、否定的感情を引き出している、そのような視点がBに伝達される。Bもまたその視点を受け入れ、堕胎が望ましくないものに見えるようなそのようなアスペクトの下で堕胎が見られることになるのである。Cがやってきて自己所有権・自己決定権を持ち出して堕胎は不正ではないと言えば、またもやどちらのアスペクトを採用するかはもはや認識の問題ではないから、この不同意は残り続ける。

第 9 章　道徳的非実在論　　　　　　　　　　　　　　　　　　　269

　こうして道徳的述語 F について「x は F である」という発話は (cf. *ibid*.: 120, 128-129, 150, passim.)：

1. 発話行為：フィクション的発話なので主張ではなく「擬主張 quasi-assertion」
2. フィクション的内容：x が F に対応する道徳的性質 p を例化すること
3. 現実的内容：x は道徳的にまともな感性を持った人間からそれに対する（F に対応する肯定的／否定的な）感情的反応を引き出す非道徳的性質 p* を例化している[26]
4. 擬主張の適切性条件＝フィクション内真理条件：現実的内容が真であること
5. その発話による道徳的判断：現実的内容が真であるという信念、及び、関連する非認知的な感情的状態、また、p* が x を F なものとする顕著な特徴として見える状態

として理解される[27]。

　さて、道徳的発話についての上述の整理を見れば直ちにわかる通り、実は「フィクション」とか「ふり」とか「ごっこ」の要素はほぼ存在せず、そういうラベルをカルデロンが貼り付けただけであるといってよい。これを虚構主義といってよいのかは問題だが――ほぼ偽装表示であろう――道徳的非実在論の一類型としては問題なく成立しているわけで、道徳的発話が発される文との関係で主張ではない言語行為であるという、フィクションから得た着想が重要な

---

[26]　カルデロンはまともな道徳的感性の構想は複数あり、それぞれが異なった道徳的フィクションを作り出す、としている (*ibid*.: 151)。それらの間の対立は、当然のことながら彼の言う「非妥協的な不同意」の事例になるだろう。そしてそこで行われるのはレトリックなどをも駆使した、チャールズ・スティーヴンソン (Charles L. Stevenson) 流の、manipulation のやり取りなのである (*ibid*.: 46-47)。結局、人々の間の根本的な道徳的不同意は動能的態度間の衝突であって、認知的信念間の矛盾ではない。

[27]　道徳的発話の適切性条件（＝フィクション内真理条件）に発話者自身の非認知的状態が入っていないことに注意したい (*ibid*.: 150)。カルデロンが意図的にそうしているのかはよくわからないが、彼が非認知主義の論証の際に意図的に動機づけの判断内在主義からの論証を回避している (*ibid*.: 8-9) ことと平仄が合うことだけを指摘しておきたい。

ものであることに違いはない。

4.1.2 フレーゲ・ギーチ問題ふたたび

さて、このやたらと手の込んだ虚構主義がなぜ必要なのだろうか。カルデロンの答えは、道徳的判断が非認知的である（ただし一定の信念も含んでいる）と考える一方で、道徳的言明の意味内容を表象的である命題ではなく非認知的な態度表出として理解してしまうと「フレーゲ・ギーチ問題 Frege-Geach problem」が生じ、これが解決できないから、というものである[28]。要するに道徳的判断についての非認知主義を採用しつつフレーゲ・ギーチ問題を最初からかわす方策が虚構主義なのである。さて、であるにもかかわらず、カルデロンの虚構主義には結局の所フレーゲ・ギーチ問題が生じておりそれを解決できていない、という批判がマッティ・エクランド（Matti Eklund）によってなされている（Eklund 2009）。どういうことか、説明しよう。

> 花子：人を殺すことは道徳的不正だ！（A）
> 太郎：もし人を殺すことが道徳的不正なら、他人に人を殺させることも道徳的不正だよな（B）
> 花子：じゃあ、他人に人を殺させることは道徳的不正だ！（C）

これらの発話に用いられている文とその意味内容に関しては、カルデロンは普通の記述主義的な意味論を採用している。したがって、文の間の (A), (B) ⊢ (C) という論理的帰結（意味論的帰結）の関係は保証されている。だが、非認知主義がフレーゲ・ギーチ問題を解決しようとする際になにが問題になったかを思い出してみよう。素朴な表出主義を採用してみると、(A) の意味内容は殺人に対する非難の態度であり、(C) の意味内容は他人に人を殺させることへの非難の態度である。常に問題になってきたのは、(B) のような複合的な文の意味内容がどのような態度であるか、である。サイモン・ブラックバーン（Simon Blackburn）の「高階態度分析 higher-order attitude analysis」は、

---

[28] フレーゲ・ギーチ問題については、本書第 8 章 §3.2 以下も参照のこと。

(B) を「殺人に対する非難と他人に人を殺させることに対する非難とを適切に結びつける——前者を抱く場合には後者も抱く——ような道徳的感性を持たないことに対する非難」としたのであった（Blackburn 1984: 189ff.）。問題は、(A) に伴う態度と (B) に伴う態度を既に有している人が、(C) に伴う態度を有することが「論理的推論」によって要求されるのか、つまり論理的過誤を犯さない人はそのことによって (C) の態度を有することが保証されるのか、という点である[29]。素朴な表出主義の場合には、前提群の非認知的態度の集合から結論の非認知的態度への移行が論理によって保証されるかというこの問題は意味論の問題そのものであるから、文の問題と態度の問題は一致していた。だが、カルデロンは発話に伴う非認知的態度を意味論から分離したから、フレーゲ・ギーチ問題が 2 つに分離したのである（cf. Miller 2013: 127-128）[30]。カルデロンが安全に解決できるのは、文の意味論に関する問題であり、態度移行の論理性に関する問題は手付かずのままである[31]。更に事情をよく理解するために、罵倒表現の場合を考えてみよう：

花子：太郎の母ちゃんデベソ！（A）
三郎：太郎のオカンがデベソなら、次郎んとこのオカンもデベソだよなあ（B）
花子：じゃあ、次郎の母ちゃんデベソ！（C）

---

[29] ブラックバーンの高階態度分析にしたがえば、(A) と (B) の態度を有しながら (C) の態度を有しそこねる人は、自らが (B) によって表明した態度によって非難されるということになる。これは、そうした主体の「不合理性」をよく説明はしているが、それが「論理的過誤 logical error」であるということはできていない。自ら引き受けた (B) が課す道徳的義務に従い損ねることは、意志の弱さの問題ではあっても、意志の弱さは論理的過誤の問題ではないからである。
[30] 本書第 8 章 §4.1 の分類に従うならば、ある道徳的言明とその発話について、意味論に関するフレーゲ・ギーチ問題、発話にともなう心理的態度のフレーゲ・ギーチ問題、発話による言語行為のフレーゲ・ギーチ問題、とを区別することができる。ここでは後二者をまとめて態度移行の論理性の問題として扱うことにする。
[31] その一環として、条件文を含む複合的な文に語用論的に伴うことになる非認知的態度がどのようなものなのかを示すという作業がまるまる残されていることになるが、この点についてカルデロンはブラックバーンの高階態度分析を採用している（cf. Kalderon 2008）。

ここで花子は明らかになにかおかしなことをしている。花子は、自分が発話している言明とそれが表す記述的命題に関する限りでは「太郎の母親は臍ヘルニアである。太郎の母親が臍ヘルニアであるならば、次郎の母親は臍ヘルニアである。それゆえ、次郎の母親は臍ヘルニアである」という論理的に妥当な推論を遂行している。だが、太郎に対する花子の侮蔑的感情と三郎の提供による臍ヘルニア情報から、花子が次郎に対する侮蔑的感情を表出するのは明らかに不合理である。そして、もし花子が合理的ならば、(A) と (B) と合理性の要求から導かれる限りでの (C) は罵倒という言語行為の遂行になり得ず、我々は (C) から花子の次郎に対する侮蔑的感情の存在を推論できない。

　この事例の教訓は、一般に記述的意味内容を持つ文が主張以外の言語行為に用いられる場合、推論の意味論レベルでの妥当性（文の間の関係）は、語用論レベルでの妥当性（態度の間の関係）をなんら保証しない（というよりもむしろ損なうかもしれない）ということである[32]。これに対して：

　　花子：人を殺すことは道徳的不正だ！（A）
　　太郎：もし人を殺すことが道徳的不正なら、他人に人を殺させることも道徳的不正だよな（B）
　　花子：じゃあ、他人に人を殺させることは道徳的不正だ！（C）

というやり取りには、罵倒表現の場合のようなおかしなところはないはずである。だが、どうやれば語用論レベルでの妥当性を確保する――前提群に伴う態度から結論に伴う態度への移行を保証する――ができるのだろうか。我々は花子が誠実に (C) を発話したときに、花子がしかるべき非認知的態度を有していることを語用論的に推知することができるのでなくてはならない。

　ひとつには、表出主義者の解決策をそのまま転用する、という方策がある。

---

[32] ひとつの解決は「おまえの母ちゃんデベソ！」はもはやイディオム化した罵倒のための間投表現であり字面通りの記述的な意味論的内容を失っているので modus ponens 推論の対象でない、というものである（むしろ最初からそう理解するほうが自然である）。もちろん解釈学的虚構主義についてこれを採用することはできない（文の間の関係についてのフレーゲ・ギーチ問題を解決できなくなる）。

表出主義者がフレーゲ・ギーチ問題を解決できるならば、それは態度移行の問題を解決しているはずである。それをそのまま転用すればよい。だが、これはカルデロンにとっては致命的である。フレーゲ・ギーチ問題に関する優位性を理由に虚構主義という複雑なカラクリを作り上げたのに、その優位性が失われるならばそもそも記述的に無理のある解釈学的虚構主義を採用すべき理由など皆無である。だが、解決策は意外に手近にある。（A）（B）（C）によって語用論的に伝達される態度の認知的部分を書き出してみよう[33]：

(A*)：殺人が、（私を含む）まともな人間の否定的な感情的反応を引き起こす、ある非道徳的性質（p*）を備えているという信念
(B*)：殺人が、（私を含む）まともな人間の否定的な感情的反応を引き起こす、ある非道徳的性質（p*）を備えているならば、他人に人を殺させることは（私を含む）まともな人間の否定的な感情的反応を引き起こす、ある非道徳的性質（p**）を備えているという信念

さて、(A*) と (B*) から、もしこの人が論理的であるとすると

(C*)：他人に人を殺させることは（私を含む）まともな人間の否定的な感情的反応を引き起こす、ある非道徳的性質（p**）を備えているという信念

が出てくる。更に (C*) からは論理的に「他人に人を殺させることは私に否定的な感情的反応を引き起こす」という信念が出てくるので、もし論理的な過誤を犯していない人が実際に他人に人を殺させることに否定的な感情的反応を有していないとなると、それは確かに論理的過誤ではないものの、他人に人を殺させることに対する自分の感情の有無について極めて深刻な認知的過誤を犯していることになる。だが、このレベルで認知的に問題のある人の態度を語用論的に推知することができないとしても、そのことに特に問題はないように思

---

[33] 話が無駄に複雑になるのを防ぐためにカルデロンの元々の定式化に（私を含む）を付け加えた。

われる(意味論についてはそうはいかないが)。

さて、この解決策にも既視感があるはずである。これは典型的な「折衷的表出主義 ecumenical expressivism」の戦略とそっくりだからである[34]。もし折衷的表出主義がフレーゲ・ギーチ問題の完全な解決に成功するならば、解釈学的虚構主義もそれを利用できる。だが、その場合には、折衷的表出主義を採用すればよく、解釈学的虚構主義は端的に余計である。しかし、いまみたように、もし折衷的表出主義によるフレーゲ・ギーチ問題の完全解決が得られずしかし部分的解決が意味論的問題の解決にはならずとも語用論的問題の解決にはなるのだとしたら、解釈学的虚構主義は折衷的表出主義に対する優位を保つことになる[35]。これは、道徳的非実在論陣営に於いて解釈学的虚構主義がかなり良好な地位を占めることを示しているだろう。

4.2 革命的虚構主義——ジョイスの場合

さて、虚構主義を道徳的談話の記述ではなく指図として捉える場合、解釈学的虚構主義の最大の難点——我々が現に自己理解に反してフィクション実践を行っている——が解消されるだろう。しかし、たとえばカルデロンの場合には道徳的言明の文字通りの意味内容がそこでどういう役割を果たしているのかはまったく不明瞭であった。ここでは革命的虚構主義の当否よりは、ジョイスの説明にしたがって、虚構主義が道徳的言明をどのように「フィクション」として描くかを確認しておきたい。

---

34 折衷的表出主義について詳しくは本書第8章§4.3.1を見よ。
35 エクランドによるカルデロンに対する批判に関する限りでは、話はもうすこし簡単である。エクランドは態度移行に関するフレーゲ・ギーチ問題を "what the arguer actually expresses by the premise sentence must provide good reason to accept what she actually expresses by the conclusion sentence." としているからである (Eklund 2015)。エクランドの批判に対するカルデロンの応答 (Kalderon 2008) は驚くべき混乱を見せているが、ブラックバーンの高階態度分析をそこで援用した点は偶然にせよエクランドの論点を綺麗に直撃している。ブラックバーンの高階態度分析を採用すると、*modus ponens* の失敗は論理的過誤ではなく実践的合理性の欠如ということになる。これは、意味論的なフレーゲ・ギーチ問題をなんら解決しないが、「もっとも理由」を提供せよというエクランドの要求は満たしているのである。したがって、カルデロンは高階態度分析を援用でき、しかもそれは表出主義者がフレーゲ・ギーチ問題を解決する役には立たないのだから、解釈的フィクション主義を表出主義に対して大きく有利にするだろう。

まずジョイスは、ある人が普段はTに同意するとしても、最も批判的な文脈——哲学の教室のような——に於いてTに同意しないならば、本当にTを信じているとは言えない、とする (Joyce 2001: 192-193)。この場合、この人は普段の非批判的文脈においてTを擬制しているのである。このような事態は「自己欺瞞 self-deception」ではない（つまり認知的過誤ではない）。実際、熱心なシャーロック・ホームズ・ファンは、ロンドンを訪れた際にホームズが存在しないことやコナン・ドイル云々を完全に脇に追いやって、「ホームズがモリアティを見かけたのはここよ。で、あそこで彼を見失ったの。」と語るだろうが、それを自己欺瞞と呼ぶことはできない (ibid.: 196)。彼女は p を信じていないが、あたかも p であるかのように行動する。ここで、彼女が p に対して取っている心的態度をジョイスは「〜だと思う・考える think」と呼んでいる。この「思い・考え thought」は、しばしば感情を生み出し（実際それは部分的に感情によって構成されているかもしれない）、また信念とは異なり多くの場合に我々が制御できるものである (ibid.: 197)。アンナ・カレーニナやドラキュラのことを考えて楽しむことが合理的でありうるように、なんらかの「ごっこ make-believe」に参与しそれに関連した感情を抱くことが合理的でありうる。フィクション的な道徳的判断によって感情を抱くこともまた、様々な目的に照らして手段的に合理的でありうる (ibid.: 198)。そしてそれらの物語やごっこが不可能な内容を含んでいても構わないように、道徳的フィクションもまた——もっともな定言的理由という——不可能な対象を含んでいて構わない。要するに「道徳的にいって φ すべきである」という判断は「φ するもっともな定言的理由がある」という不可能な内容を含んでいるが、「道徳的にいって φ すべきである」だと思い——信ずるのではなく——それにともなって我々がいだく感情とそれに即して行為することが自己利益や社会的利益などの目的にとって有用であれば、実践的に正当化されるというのである（§2.2を見よ）[36]。

　ジョイスのこうした説明は、私達が虚構主義の下でどのように行為することになるのかについてわかりやすい説明を与えており、また道徳的フィクションに従事することがなにやら謎めいたものでもなければ欺瞞的なものでもない、ということを示しているといってよいだろう。

　このような理解が得られた上で、錯誤説のところで既に確認したように

(§3.2)、我々の錯誤的な道徳的談話を虚構主義へと改定すべきかは自己利益や社会的利益など様々な目的に照らしてこうしたフィクション実践が与える道徳的動機づけが有用かどうかという経験的問題であったわけだが、ここではその問題には立ち入らないことにしたい[37]。

5　相対主義的な主観主義

最後に扱うのは、道徳的言明の真理性が言明主体（を含む人々）の態度に依存するという主観主義、とりわけ、それによって道徳的言明の真理性が言明主体に依存して変動するという相対主義的な主観主義である。こうした相対主義は言語哲学分野での議論の進展に呼応する形でメタ倫理学において急速に復興しつつあるが、本節ではその中でも特に近年提示されている洗練された形態の主観主義のひとつを概観しよう[38]。

5.1　文脈主義と不同意問題

主観主義の比較的単純な形態である「発話者相対主義 speaker relativism」は、たとえば「Sはφすべきである」を「規範体系MはSがφすることを要

---

[36] ジョイスが指摘するように (*ibid*.: 224ff.)、意志の弱さを克服するという目的のためには、道徳的フィクションに従事するかどうかが、1回1回ごとの決定に委ねられてはならない（意志の弱さによって道徳的フィクションに身を委ね損ねることになるだけである）。また、フィクションに従って行為する動機づけは道徳的動機づけだけではなく、自己利益やその他の自己の目的によっても供給されていることに注意したい（フィクションの与える感情だけで動機づけを行おうとしているのではない）。

[37] 他の非実在論的意味論との比較について、たとえば Nolan, Restall and West (2005) や Olson (2011) を見よ。前者に於けるフィクションの位置づけはやや独特で、それがフィクションを含まない基底的談話へと橋渡し法則 (bridge-laws) を使って還元できる――フレーゲ・ギーチ問題もそれによって回避できる――という点を重視している (Nolan, Restall and West 2005: 314)。

[38] 以下で触れる文脈主義と異なって、道徳的言明「Sはφすべきである」の意味内容は文脈不変的に命題：Sはφすべきであるなのだが、この同じ命題が発話文脈に応じて異なった真理値を取るという、文脈主義と対比して真理相対主義と呼ばれる立場がある。ベリット・ブロゴード (Berit Brogaard) はこの立場を「視点主義 perspectivalism」と名付けて擁護している (Brogaard 2008)。道徳的談話に限らず命題の真理性が文脈依存的に変動するという真理相対主義自体については MacFarlane (2014) を見よ。本稿ではこれらの見解の詳細に立ち入ることはできない（真理相対主義についてはまた本書第11章§5をも見よ）。

第9章　道徳的非実在論　　　277

求している（M は発話者に応じてその発話者が受容している規範体系を表す）」と分析する（cf. Dreier 1990）。発話者相対主義によれば、「S は φ すべきである」の意味内容（すなわちこの文が表している命題）は、発話者に応じて変動する。たとえば、カント主義者 K と功利主義者 U を考えてみよう。それは K によって発話された場合にはカント主義倫理学は S が φ することを要求するであり、U によって発話された場合には功利主義は S が φ することを要求するである。発話者相対主義は「べき」を、発話文脈に応じてその意味論的な値を変動させる「私」「ここ」のような「指標詞 indexical」と本質的に同様のものとして扱っているが、このように道徳的な「べき」を含む文の意味内容が発話文脈に応じて変動するという立場を一般に「文脈主義 contextualism」と呼ぶ。

　このような文脈主義一般に生ずる重大な問題が「不同意問題 disagreement problem」である。次のような会話を考えてみてほしい：

　K：いかなる場合でも嘘をつくことは許されない！
　U：いや、嘘をつくことが許される場合もある

この会話は典型的な道徳に関する不同意の場面であり、言語的にはなにもおかしなところはないはずである。だが、発話者相対主義主義の下では、K の発話の意味内容はカント主義倫理学はいかなる場合でも虚言を是認しないという命題であり、U の発話の後半部分の意味内容は功利主義はある場合には虚言を是認するという命題である。この両者は同時に真となることができることに注意したい。U は自分の主張をなす際に K の主張を棄却する必要はまったくない。たとえば：

　K：私はリンゴが好きだ
　U：私はリンゴが嫌いだ

という会話において、K と U の間にはいかなる意味においても「不同意」と呼べるようなものはないだろう（K と U はお互いの主張が正しいと認め合うことが問題なくできる）。これと同様に、発話者相対主義の下では最初の K と U の

やりとりにいかなる不同意もない。KとUのやり取りは「不同意 disagreement」ではなく、単なる「すれ違い talking past」に終わってしまうのである（もしUがカント主義倫理学についての知識を持っていればUはKに対してむしろ同意すべきであることに注意しよう）。発話者相対主義に限らず、およそ発話文脈に応じて道徳的言明の意味内容が変動してしまうならば、この問題は原理的に避けられそうにない。

5.2 文脈主義の逆襲

　この不同意問題は文脈主義を取る限りほとんど解決が望み難いように思われ、実際、それによって文脈主義は不人気な立場であったといってよい。だが、文脈主義が不同意問題を解決できることを示そうとする、新しい文脈主義の登場によって、文脈主義はこの数年で急速に復活しつつある。本節ではスティーヴン・フィンリー（Stephen Finlay）やアレックス・シルク（Alex Silk）といった新たな文脈主義者の議論を簡単に概観しよう。

5.2.1　内容によらない不同意

　文脈主義の不同意問題は2つの事情から生じている。道徳的談話の意味内容（＝命題）が文脈依存的に変動するという文脈主義それ自体と、ある発話への不同意はその発話の意味内容に対する不同意でなければならないという想定である。文脈主義は必然的にこの後者の主張を退けなければならない。

　文脈主義の復活は、談話における不同意が相手の発話の内容に対するものではないような事例が容易に見つかり、それゆえ（少なくとも直接に）内容によらない不同意というものがある、という言語的事実に基づいている。例を挙げよう（Silk 2017: 106）：

　A：フランス国王が授賞式にいたよ
　B：いや、フランス国王なんていないでしょ

　A：サリーはメダルを2つとったよ
　B：いや、彼女が取ったメダルは3つでしょ

第 9 章　道徳的非実在論

これらの事例では「いや No」によって表現される不同意がたしかに行われているが、それは相手の主張の内容である命題を偽だと主張するものではない。むしろ不同意によって攻撃されているのは、相手の発話の「前提 presupposition」であったり「含み implicature」という語用論的に伝達される命題である。特に後者の不同意事例はどちらも真であることができることに注意したい。発話の真理条件的意味内容が両立可能でも不同意は問題なく生ずるのである。次の会話を考えよう (cf. Jackson 2008: 81)：

　D：私は民主党が勝つと思っている
　R：いや、私は民主党は勝たないと思っている

ここでは両者がともに自身の信念について「報告 report」していることに注意しよう。しかも、誠実になされている限り、どちらも恐らく真である。後者が前者に対して不同意を行っていることは否定できない。この不同意は：

　D：民主党が勝つよ
　R：いや、民主党は勝たないよ

という会話において生じている不同意とまったく同じものである。ここでは両者は信念を「報告」することなく「表出 express」ないし「伝達 convey, communicate」しているのである。不同意の本体は両者の信念が衝突し不同意の関係にあることなのであり、それがどのように言語的に顕在化するか——報告によってか表出によってか——の違いは不同意の存在にとってさして重要ではない。つまり、会話者たちの心的状態が不同意関係にあること——状態としての不同意——が重要であり、それがどのような発話として顕在するか——行為としての不同意——は二次的な問題である (cf. Jackson 1998: 160-162)。

　このことを踏まえた上での、新しい文脈主義者たちの基本戦略は：

　(1)：発話の文字通りの内容としてではない形で——語用論的に——伝達される心的状態が不同意状態にあれば、行為としての不同意が可能である

(2)：不同意状態にある心的状態は、動機づけに関連している動能的態度であり、道徳的不同意は動能的態度衝突である。

というものである（cf. Finlay 2017: 190）。
この基本戦略を共有した上で、彼らの間の理論的相違は当の動能的態度がどのようなものであるのか——なにに対する動能的態度なのか——という点にある。

5.3.2　なにを巡っての不同意か
不同意の対象について、スティーヴン・フィンリーは様々な新しい文脈主義者の立場を次のように分類している（cf. Finlay 2017: 191-193）：

- 準表出主義的不同意 quasi-expressivist disagreement（*e. g.* Finlay 2017）
- メタ文脈的不同意 metacontextual disagreement（*e. g.* Silk 2016）
- メタ言語的不同意 metalinguistic disagreement（*e. g.* Plunkett and Sundell 2013）

準表出主義的不同意
準表出主義的不同意はもっともわかりやすい。たとえば表出主義者が「Sはφすべきである」をSがφしないことを非難することに与するという動能的態度を表出し、「Sはφしなくてもよい」をSがφしないことを非難しないことに与するという動能的態度を表出するものだと考えるとしよう。文脈主義者は、まさにこの同じ態度が意味論的にではなく語用論的に表出されていると考えることができる。表出主義者はこれらの動能的態度が不同意の関係にあると考えているが、もし表出主義者がこの点について正しいならば文脈主義者もそれを利用して道徳的不同意の存在を確保することができるから、フレーゲ・ギーチ問題が解決されない限りは文脈主義は表出主義に対する優位性を有することになる。

メタ文脈的不同意
　メタ文脈的不同意を説明するために、次のような文脈主義的立場を考えてみ

よう。道徳的な「べき」は文脈によって指定された行為基準に照らして、その場でそれがなにを表しているかが決定される（文脈主義）。この文脈の行為基準部分は、当該の会話的やり取りにおいて、顕著な行為基準によって充当される。それはたとえば「彼女はメダルを取った」という発話の意味内容が当該の発話が生じている会話の文脈においてもっとも顕著（salient）な女性によって決まるのと同様にして決定される（cf. Silk 2017: 103）。アレックス・シルクの説明によれば、相異なった行為基準を採用している人々の間の不同意は、当該の会話の文脈で最も顕著な行為基準を巡る不同意である（つまり「べき」という表現の内容を決定する文脈を巡る不同意である）。たとえば合衆国憲法修正19条が批准される前の次のような会話を考えよう（Silk 2016: 20-21）：

　　C：アメリカって凄くない？　誰でも投票できるんだぜ
　　D：いいえ、誰でもじゃないわ　私はまだできないもの

Cは「誰でも everybody」がこの会話でなにを表すかについて、男性のみをこの会話における最も顕著な集合として提示している（要するにCはアメリカの凄さに関連する人々の範囲を男性に限定している）。これに対してDはCの態度に異議を申し立て、アメリカの凄さに関連する集合に女性を含め、それをこの会話において以後参照されるべき顕著な集合にしようとしている。つまり、この会話においてこれ以降両者が共有する会話の文脈を巡ってCとDは対立しているのである。同様にして：

　　K：いかなる場合においても嘘をつくことは許されない！
　　U：いや、嘘をつくことが許される場合もある

において、Kは以降の会話文脈において、カント主義的基準を顕著なものとしようとしており、Uはそれを受け入れず功利主義的基準を顕著なものとしようとしているのである。

　さて、道徳的不同意をこのようなメタ文脈的不同意として理解しようとすることには幾つかの難点がある。まず、これはこの会話において最も顕著な行為

基準がどのようなもの「である」かを巡る不同意ではないように思われる。まさに不同意があるのだから、この会話においては最も顕著な行為基準は端的に存在していないはずである。だが、顕著な行為基準がどのようなものである「べき」か、つまり両者がこの会話で以降どのような道徳的規範を受容して会話を継続す「べき」かを巡る不同意だとすると (cf. *ibid.*: 126)、無限遡行が起きるだろう (Finlay 2017: 194n21)。というのもこのメタ文脈レベルの「べき」は道徳的不同意を引き起こしている「べき」であり、発話者の動機づけとの結びつきも同様だから、一階の「嘘をつくべきでない」の「べき」がそうであったのと同様の分析を与えられるべきだろうから。とすれば、結局のところこの不同意は自他の間でどのような規範体系を顕著なものとしたいか・お互いに受容させたいかという動能的態度の衝突だとせざるを得ないだろう。だが、もし道徳的不同意が動能的態度の衝突だと認めるならば、既にKとUは一階のレベルで嘘をつくことに対する相容れない動能的態度を有しているはずだから (そうでなければ動機づけの判断内在主義は確保できない)、準表出的不同意が既に道徳的不同意として存在していることになる。つまり、メタ文脈的不同意云々は道徳的不同意の説明にとって余計であるだろう[39]。

メタ言語的不同意

　メタ言語的不同意による説明は更に過激である。たとえばKが「Sはφすべきである」といい、Uが「Sはφすべきでない」というとき、それぞれの「べき」は「カント主義によって要求されている」と「功利主義によって要求されている」というように意味そのものを異にしている同音異義語なのだというのである。メタ文脈的不同意の場合には「べき」の意味——つまり意味特性——は両者であくまで同じであり、その内容が決定される文脈を巡って争っていたのに対し、メタ言語的不同意論者は道徳的不同意（を含む規範的不同意一般）は「べき」のようなある語がどのような概念を指すべきか、あるいは、音

---

[39] 私はフィンリーのこうした批判に対してはメタ文脈主義から十分な反論が可能であり、またメタ文脈主義のほうがフィンリーの準表出主義よりも優れていると考えている。だが、その詳細については別稿に譲らざるを得ない。

は［beki］と同じだが意味を異にする異義語群のうちのいずれをもちいるべきか、の争いなのだと主張する（Plunkett and Sundell 2013: 9-10）。たとえば、ある行為が「拷問」かどうかの争いは、実はその行為を「拷問」と呼ぶべきか否か、つまり「拷問」という語がそれに適用されるような意味で用いられるべきか否かについての争いなのである。

だが、ヘルマン・カプリン（Herman Cappelen）が指摘するように、この見解には次のようなほぼ致命的な問題があるだろう（cf. Cappelen 2018: 174-175）。たとえば「拷問」について：

A: Waterboarding is not torture.
（Bはそれを聞いて憤激し思わず英語ではなく日本語で叫ぶ）
B：そんなばかな　水責めは拷問に決まっている！

という会話を考えよう。Bは明らかにAに対して不同意を示しているが、これはメタ言語的不同意によっては説明できない。というのも、Aは"torture"という英単語の用法についての動能的態度を表出しており、Bは「拷問」という日本語の単語の用法についての動能的態度を表出しているからである。両者は別々のものについて別々の欲求を表出しているに過ぎない。「拷問」が"torture"の翻訳語であって実は同じものなのだ（あるいはAは"torture"の翻訳語であるようなあらゆる諸言語の単語の用法についての態度を一挙に表出しているのだ）、ということもできない。これらの語が言語をまたいで——音が違うのに——同じものだというためには、それらの「意味」が同じなのだと言わなければならない。だが、メタ言語的不同意論者によれば、まさに両者は違う意味において「拷問」と"torture"を用いておりそれによって不同意を示しているのであったから、これは端的に不可能である。この問題に照らして、メタ言語的不同意説による説明は成功しないと考えてよかろう。

準表出主義の不足

さて、上述の整理と概観にしたがうならば、文脈主義者は道徳的不同意について単に準表出主義的な説明を与えておけば済むように思われるだろう。だが、

そう簡単にはいかないのである。次の（おかしな）会話を考えよう：

　C：今日一緒に夕食に行くのはメキシコ料理の店がいいと思う
　D：いや、それは偽だ／それは間違っている　私はタイ料理の店がいいと思う

CとDは、今日の夕食を一緒にどこで取るのかに関する、相容れない欲求を表出している。Dの「いや、」は適切だと感じられるだろう。「いやNo」は不同意のマーカーだからCとDは確かに不同意状態にある。だが、その次の「それは偽だ」「それは間違っている」は明らかにおかしいと感じられるだろう。これは動能的態度の衝突が道徳的不同意に典型的な否定のマーカーである「偽だ false」「間違っている mistaken」の出現を適切なものとして保証しないことを示している。動能的態度の衝突だけでは道徳的不同意を確保できない。道徳的不同意は単なる動能的態度の衝突（すなわち単なる不同意）以上のものなのであり、なにが両者の差異をもたらしているかの説明が必要である。

錯誤説の罠
　準表出主義的不同意を支持するフィンリーによるこの問題の解決は次のようである。フィンリーは通常人が自分の用いている語の意味論についてよく理解していないという「意味論盲 semantic blindness」ないし「意味論的不透明性 semantic opacity」に訴える（Finlay 2014: 240-245, 2017: 201-202）。すなわち、「べき」を含む文は「私」のような指標詞の場合と同様に使用文脈によって内容が変動するのだが、通常人はこの意味論的事実を把握できておらず、自分たちが単一の命題を巡って争っていると思い込んでいるのだ（だから通常人は不同意の際に「それは偽だ」と間違って言ってしまい平然としているのだ）、というのである。通常の指標詞と「べき」の違いは、まさにこの意味論的不透明性の有無であるということになる。したがって「それは間違っている」という表現を伴うような道徳的不同意は、実は言語についてのある種の混乱に基づいており、加えて動能的態度の間の衝突を信念間の矛盾と取り違えた結果として生じている。特に道徳的な「べき」の場合には、文脈に対する相対化が省略されるのみ

ならず積極的に禁圧（suppress）されるので言語的混乱が深められることになる。だが、道徳的な「べき」のこの定言的外見とそれに伴う我々の錯誤は、ジョイスが革命的虚構主義において論じたのと同じようにして有益であるので、そのまま放置しておいてよいという。

さて、フィンリーが認める通り、これがある種の錯誤説であることに注意しよう（標準的錯誤説は我々に形而上学的錯誤を帰属するがこの錯誤説はメタ倫理学的錯誤を帰属する）。この立場が、道徳的判断を為す際に我々は自分たちがなにをやっているかをよくわかっていないとするメタ倫理学的錯誤を帰属する点で、カルデロンの解釈学的虚構主義と類似していることはここで注意されてよい。文脈主義が不同意問題の解決に際して準表出主義的不同意と意味論的不透明性に依拠すれば、解釈学的虚構主義に対する優位性が多分に損なわれることになる。

6 おわりに

本章では、認知主義的な道徳的非実在論に属する諸理論を概観し、そのどれもが相当程度の説得性を有しており、なお決定的な反駁を受けてはいないことを示してきた。

認知主義的な道徳的非実在論はフレーゲ・ギーチ問題を回避することができるので、フレーゲ・ギーチ問題が解決されそうだとおよそ言い得ない現状においては、不同意問題が解決される限りにおいて、認知的非実在論が表出主義に対してかなりの優位性を有しているということになるだろう。さて、錯誤説を脇におけば、解釈学的虚構主義、文脈主義は道徳的不同意の存在を説明するために、動能的な態度の衝突が不同意を構成しうると主張しなければならないのであった。これは非認知主義的な（純粋な）表出主義と共通する問題であるから、結局、錯誤説以外の道徳的非実在論は道徳的不同意の存在をどのように説明するかについて本質的に立場を共有していることになる。とりわけ、これらの理論においては道徳的判断を行う主体の心的状態がどのようなものであるかの分析も共通しており、それらの間の理論的相違は専らそうした心的状態がどのように伝達されるのかという言語的メカニズムの説明の相違に主として存し

ている。

本章で触れなかった表出主義を含め、道徳的非実在論がメタ倫理学全体において急速に復活しつつあることは少なくとも確かであろう。しかし、そこでの理論的進展が主として非実在論陣営の中での（多分に技術的な）優位性を巡るものであることもまた否定しがたい。道徳的非実在論の再隆盛が一時的流行にとどまるものなのか、それとも既存の道徳的実在論を痛打する内実を伴っているものであるのかは、現在の私にはなお不透明なままである[40]。

文献一覧

Alston, W. (1988). "The deontological conception of epistemic justification," *Philosophical Perspectives* 2: 157-299
Bedke, M. (2010). "Might All Normativity Be Queer?" *Australasian Journal of Philosophy* 88: 41-58.
—— (2018). "Non-Descriptive Relativism: Adding Options to the Expressivist Marketplace," *Oxford Studies in Metaethics* vol. 13: 48-70.
Björnsson, G. and Finlay S. (2010). "Metaethical Contextualism Defended," *Ethics* 121(1): 7-36.
Blackburn, S. (1984). *Spreading the Word*, Oxford: Clarendon Press.
Brogaard, B. (2008). "Moral Contextualism and Moral Relativism," *The Philosophical Quarterly* 58(232): 385-409.
—— (2012). "Moral Relativism and Moral Expressivism," *The Southern Journal of Philosophy* 50(4): 538-556.
Cappelen, H. (2018). *Fixing Language: An Essay on Conceptual Engineering*, New York: Oxford U. P.
Cappelen, H. and Howthorne, J. (2009). *Relativism and Monadic Truth*, New York:

---

[40] ただし次の点にも注意を促しておきたい。Khoo and Knobe (2018) は、お互いに根本的な道徳的見解を異にする場面で、人々が相手に対して "No" ということを適切だと認めつつ（すなわちそこに不同意があると認めつつ）、しかし相手が「間違っている incorrect」わけではないとする傾向にあることを経験的研究によって示している（この点については本書第11章を見よ）。これは（少なくとも本章で定義する意味における）道徳的実在論の主張と相容れないから、道徳的実在論は通常人に対して一定の意味論的錯誤を帰属せざるを得ない。道徳的不同意についての人々の素朴な理解を説明与件とするならば、錯誤説的費用を負うべきは非実在論陣営ではなくむしろ実在論陣営（標準的錯誤説を含む）の方だということになるだろう。

Oxford U. P.

Castañeda, H.-N. (1974). *The Structure of Morality*, Springfield: Thomas.

—— (1975). *Thinking and Doing: The Philosophical Foundations of Institutions*, Dordrecht: Reidel.

Chrisman, M. (2008). "A Dilemma for Moral Fictionalism," *Philosophical Books* 49(1): 4-13.

Cowie, C. (2014a). "Why Companions in Guilt Arguments Won't Work," *Philosophical Quarterly* 64(256): 407-422.

—— (2014b). "In defence of instrumentalism about epistemic normativity," *Synthese* 191(16): 4003-4017.

—— (2016) "Good News for Moral Error Theorists: A Master Argument Against Companions in Guilt Strategies," *Australasian Journal of Philosophy* 94(1): 115-130

Cuneo, T. (2007). *The Normative Web*, Oxford: Oxford U. P.

—— (2014). *Speech and Morality: On the Metaethical Implications of Speaking*, Oxford: Oxford U. P.

Cuneo, T. and Christy, S. (2011). "The Myth of Moral Fictionalism," in *New Waves in Metaethics* (M. Brady ed.), Basingstoke: Palgrave.

Das, R. (2017). "Bad News for Moral Error Theorists: There Is No Master Argument Against Companions in Guilt Strategies," *Australasian Journal of Philosophy* 95(1): 58-69.

Dreier, J. (1990). "Internalism and Speaker Relativism," *Ethics* 101(1): 6-26.

—— (2004). "Meta-Ethics and the Problem of Creeping Minimalism," *Philosophical Perspectives* 18(1): 23-44.

—— (2009). "Relativism (and Expressivism) and the Problem of Disagreement," *Philosophical Perspectives* 23(*Ethics*): 79-110.

Dworkin, R. (1996). "Objectivity and Truth: You'd Better Believe it," *Philosophy and Public Affairs* 25: 87-139.

Egan, A. (2012). "Relativist Dispositional Theories of Value," *The Southern Journal of Philosophy* 50(4): 557-582.

Eklund M. (2009). "The Frege-Geach Problem and Kalderon's Moral Fictionalism," *The Philosophical Quarterly*, 59(237): 705-712.

—— (2015). "Fictionalism" in Stanford Encyclopedia of Philosophy https://plato.stanford.edu/entries/fictionalism/ originally, 2007.

—— (2017). *Choosing Normative Concepts*, New York: Oxford U. P.

Eriksson, J. (2009). "Homage to Hare: Ecumenism and the Frege-Geach Problem,"

Ethics 120(1): 8-35.
Feldman, R. (2000). "The ethics of belief," *Philosophy and Phenomenological Research* 60(3): 667-695.
Finlay, S. (2008). "The Error in the Error Theory," *Australasian Journal of Philosophy* 86(3): 347-369.
—— (2011). "Errors upon Errors: A Reply to Joyce," *Australasian Journal of Philosophy* 89(3): 535 – 547.
—— (2014). *Confusion of Tongues: A Theory of Normative Language*, New York: Oxford U. P.
—— (2017). "Disagreement Lost and Found," Oxford Studies in Metaethics vol. 12: 187-205.
Garner, R. (2007). "Abolishing Morality," *Ethical Theory and Moral Practice* 10: 499-513.
Harman, G. (2009). "Guilt-Free Morality," *Oxford Studies in Metaethics*, vol. 4: 203-214.
Hopster, J. (2017). "Two Accounts of Moral Objectivity: from Attitude-Independence to Standpoint-Invariance," *Ethical Theory and Moral Practice* 20: 763-780.
Ingram, S. (2015). "After Moral Error Theory, After Moral Realism," *The Southern Journal of Philosophy* 53(2): 227-248.
Jackson, F. (1998). *From Metaphysics to Metaethics: A Defence of Conceptual Analysis*, Oxford: Clarendon Press.
—— (2008). "Argument from the Persistent Moral Disagreement," *Oxford Studies in Metaethics* vol. 3: 77-86.
Jaquet, F. and Naar, H. (2016). "Moral Beliefs for the Error Theorist?" *Ethical Theory and Moral Practice* 19: 193-207.
Joyce, R. (2001). *The Myth of Morality*, Cambridge: Cambridge U. P.
—— (2006). *The Evolution of Morality*, Cambridge, MA: MIT Press.
—— (2011). "The Error in 'The Error in the Error Theory'," *Australasian Journal of Philosophy* 89(3): 519-534.
—— (2012). "Review of Kalderon, M. E., *Moral Fictionalism*," *Philosophy and Phenomenological Research* 85(1): 161-173.
—— (2016). *Essays in Moral Skepticism*, Oxford: Oxford U. P.
—— (2017). "Moral Fictionalism," in *The Routledge Handbook of Metaethics* (McPherson and Plunkett eds.), London: Routledge.
Kalderon, M. E. (2005). *Moral Fictionalism*, Oxford: Oxford U. P.

―― (2008). "Moral fictionalism, the Frege-Geach problem, and reasonable inference," *Analysis* 68(2): 133-143.
Kalf, W. F. (2018). *Moral Error Theory*, London: Palgrave Macmillan.
Khoo, J. and Knobe, J. (2018). "Moral Disagreement and Moral Semantics," *Noûs* 52(1): 109-143.
Köhler, S. and Ridge, M. (2013). "Revolutionary Expressivism," *Ratio* 26(4): 428-449.
MacFarlane J. (2009). "Nonindexical Contextualism," *Synthese* 166: 231-250.
―― (2014). *Assessment Sensitivity: Relative Truth and its Applications*, New York: Oxford U. P.
Mackie, J. (1977). *Ethics: Inventing Right and Wrong*, Harmondsworth: Penguin Books.
Miller, A. (2013). *Contemporary Metaethics: An Introduction* (2nd edition), Polity.
Nagel, T. (1997). *The Last Word*, Oxford: Oxford U. P.
Nolan, D., Restall, G. and West, C. (2005). "Moral fictionalism versus the rest," *Australasian Journal of Philosophy*, 83(3): 307-330.
Olson, J. (2011). "Getting real about moral fictionalism," *Oxford Studies in Metaethics*, vol. 6: 182-204.
―― (2014). *Moral Error Theory: History, Critique, Defence*, Oxford: Oxford U. P.
Plunkett, D. and Sundell, T. (2013). "Disagreement and the Semantics of Normative and Evaluative Terms," Philosophers' Imprint 13(23): 1-37.
Ridge, M. (2014). *Inpassioned Belief*, Oxford: Oxford U. P.
van Roojen, M. (2015). *Metaethics: A Contemporary Introduction*, New York: Routledge.
Rowland, R. (2013). "Moral Error Theory and the Argument from Epistemic Reasons," *Journal of Ethics and Social Philosophy* 7(1)
Smith, M. (1994). *The Moral Problem*, Oxford: Blackwell.
Streumer, B. (2017). *Unbelievable Errors: An Error Theory about All Normative Judgments*, Oxford: Oxford U. P.
Silk, A. (2017). "Metaethical Contextualism," in *The Routledge Handbook of Metaethics* (McPherson and Plunkett eds.), London: Routledge.
Silk, A. (2016). *Discourse Contextualism: A Framework for Contextualist Semantics and Pragmatics*, Oxford: Oxford U. P.
Svoboda, T. (2015). "Why Moral Error Theorists Should Become Revisionary Moral Expressivists," *Journal of Moral Philosophy* 14(1): 48-72.

第Ⅴ部　哲学諸分野からのアプローチ
　言語哲学・実験哲学とメタ倫理学

第 10 章　義務様相表現の意味論[1]

和泉悠

1　はじめに

　メタ倫理学分野におけるひとつの大きな課題は、「〜すべきだ」、「〜してもよい」、*ought to* といった倫理・道徳を語る際に用いられる表現の意味を明らかにすることである[2]。本書においても、「べき」に関連する議論がいくつもとりあげられており、その意味が様々な論点に影響を与える[3]。そして、自然言語表現の意味を明らかにしようとする学問は意味論である。そこで本章では、言語哲学・言語学において展開されている、自然言語意味論（natural language semantics）の観点からこうした表現を検討する。

　まず本章における課題の範囲を簡単に規定しておく。本章で検討されるのは、言語現象として理解されるところの様相・モダリティ（modality）の一部であり、形而上学的なもののあり方としての様相（mode, modality）や、様相概念（modal concept）ではない[4]。もちろん、これらの区別の必要性はそれほど自明ではなく、文献によっては特に区別を設けない（あるいは意識されていない）場合もあるように見受けられる。しかし、ここでは少なくとも議論の展開上、言語現象とそれ以外（言語が表すものなど）をはっきりと区別する。言語現象と

---

[1] 加藤晃弥氏と蝶名林亮氏から草稿への有益なコメントを受け取り、内容を改善することができた。両氏に感謝する。また、本章執筆は、2019 年度南山大学パッヘ研究奨励金 I-A-2 および JSPS 科研費 18K12194 からの支援を受けている。
[2] 言語学文献で広く用いられる慣習を採用し、アルファベットで表記する対象言語表現を斜体で表す。対象言語表現が日本語の際はかぎ括弧を使用する。
[3] たとえば、(本書) 第 2 章注 1 にあるように、道徳的言明（moral statement）は「べき」や *ought* あるいはそれに類する語句を用いて表現され、そうでない言明となにが違うのかが問題となる。また、第 4 章では「べし」を用いた規範理由の定義、第 7 章では道徳的言明についての文脈主義（contextualism）や相対主義（relativism）が議論されている。

しての様相と、形而上学的なもののあり方やわれわれの概念がどのように関わっているかは重要な問いであるが、本章で取り扱うことはできない。しかし、言語現象についての知見を得ることが、こうしたより根源的と思われる課題に取り組む助けを与えるだろう。また、本章で集中的に検討するのは英語の義務様相表現（deontic modal ないし deontic modal expression）*must, ought to, should* などであり、日本語の同等表現に関しては、その特徴や差異などを 4.2 節で簡単に議論するにとどめる。

本章の第一義的な目標は、現在「標準的」とみなされることが多いアンゲリカ・クラツァー（Kratzer 1977, 1981, 1991a）による義務様相表現の理論を解説することである[5]。クラツァー理論を紹介する一つの背景的理由は、それが言語学分野における主流的立場でありながら、ごく近年に至るまで哲学文献においてその重要性がはっきりと認識されてこなかったからである。特にメタ倫理学者に対して、現在の「標準」理論の概要を伝えることが有意義であるように思われる[6]。

以下では第一に、哲学的論理学における、様相表現を含んだ文（様相文）の意味論の基本を導入し、義務様相がどう取扱われるのか概説する（2節）。次に、

---

4 たとえば、ポール・ポートナー（Portner 2009）は導入部で「様相を定義しようとすることにはあまり気が進まないが」と前置きしながらも、「様相とは、文法が現実とは限らない状況について（あるいはそういう状況にもとづいて）なにごとかを言うことを許す、という言語現象である」と定義する（p. 1）。また「べき」などが「モダリティ」ではなく、それに似た「ムード mood」という文法形式の一種とされることもある（益岡・田窪 1992、6 章 6 節）。言語学文献にあたるときは、あくまで言語的なものを指すことばとして「様相」が使われていることに留意すべきなのである。また「モダリティ」という用語について、ナロック（2014）が歴史的経緯を含めて広範な背景的知識を与えてくれる。

5 様相表現の新しい理論を展開する Cariani (2013)、Lassiter (2017) においては、クラツァーの理論が「標準的 standard」とされ、批判の対象となっている。教科書的テキストの Portner (2009)、また教科書の von Fintel (2011 Ch. 3 "Modality") における様相の理論も、クラツァーの理論が採用されている。ところで、本主題の古典 Kratzer (1977, 1981) はどちらも若干の修正と補足が加えられ Kratzer (2012) に収録されている。本章において、これら論文の参照ページ番号はすべて Kratzer (2012) にもとづく。

6 この点に関して哲学者スティーブン・フィンリー（Stephen Finlay）は、2000 年代半ば時点では、他のメタ倫理学者と同じようにクラツァーの仕事を知らなかったと述べる Finlay (2016: 169)。クラツァー理論は、蝶名林氏のことばを借りるなら、メタ倫理の「外」では標準的だが「内」ではそうでなかったのだ（p.c.）。

そうした基本的取扱いが、自然言語の意味論としてはなぜ不十分なのか議論するとともに、クラツァー理論の骨子を解説する（3節）。最後に、さらなる課題の紹介として、近年の非標準的な理論のひとつ、ファブリーズィオ・カリアーニ（Fabrizio Cariani）の「対比主義 contrastivism」的立場の素描を与え、さらに、日本語義務表現をとりまく問題点について簡単に議論するとともに、ヴァレンティーン・ハッカード（Valentine Hacquard）による、クラツァー理論の出来事意味論的拡張に触れる（4節）。

2 様相論理学における義務様相

クラツァーの様相表現理論は、様相論理学における可能世界意味論を自然言語意味論において応用したものである。そのため、まず可能世界意味論の基本的考え方と道具立てを導入する[7]。基本的な様相論理学は、真理に関連する（alethic）様相表現を含む（1）のような文のあいだの推論関係を検討する。

(1) a. Necessarily, Prof. Minamiyama is at home.
「必然的にミナミヤマ教授が家にいる」
b. Possibly, Prof. Minamiyama is at home.
「可能的にミナミヤマ教授が家にいる」

（1a）－（1b）は様相表現を含まない元となる文（言語学文献の用語を採用し、これを「基本文 prejacent」と呼んでおく[8]）に、様相のオペレーターをつけ加えたものとして理解される。必然性と可能性オペレーターをそれぞれ「□」と「◇」、ここでの基本文を「P」と表すと、(1a)－(1b)はそれぞれ「□P」、

---

[7] 日本語で読める、本章での取扱いよりも厳密だが分かりやすい様相論理学の導入として、戸田山（2000: 304-318）があげられる。
[8] この用語については von Fintel (2006) を参照のこと。推論を行うときの単位として「命題 proposition」があるとすると、"prejacent" は「基本命題」と呼ぶほうがふさわしいかもしれない。また、"prejacent" をそのように特徴づける場合もある。しかし、「命題」はあくまで言語表現である文が表す内容を指すことばとし、言語表現そのものを指すことばとして用いないことにする。

「◇P」と表すことができる。様相論理学では、「□(P→Q)→(□P→□Q)」や「□P→◇P」といった様相文の真理が問題となるため、それらの真理条件（どんなときに真となり、どんなときに偽となるのか）を与えることが重要になる。すなわち、様相文の意味論が必要になるのだ[9]。

可能世界意味論は、「□P」、「◇P」といった様相文の真理条件が、可能世界（世界の可能なあり方）への量化を考えることによって分析されるとする理論である[10]。単純には、(1a) - (1b) の真理条件はそれぞれ (2a) - (2b) によって明らかにされていると言える。

(2) a. (1a) は可能世界 w において真だ iff w から到達可能なすべての可能世界において、ミナミヤマ教授は家にいる。
　　b. (1b) は可能世界 w において真だ iff w から到達可能な少なくともひとつの可能世界において、ミナミヤマ教授は家にいる。

簡単に言い換えると、「□P」はどんな可能性においても P が成り立つ、ということで、「◇P」は少なくともひとつの可能性において P が成り立つ、ということである。以下では、もう少し細かく (2) の中身を順に解説していく。

世界がどうなっているかに応じて、「ミナミヤマ教授が家にいる」といった基本文はその真偽が変化するように思われる。たとえ現実世界で「ミナミヤマ教授が家にいる」が事実だったとしても、別の可能世界（現実とは異なった世界のあり方）では、同教授は大学に呼び出されて会議室にいるかもしれない。「ミナミヤマ教授が家にいる」は現実世界において真だが、別の可能世界にお

---

[9] この「意味論」は論理学における意味論を指し、論理学における意味論と自然言語意味論を同一視してはならない。それらは別の研究領域であり、研究対象や目的が異なっている。論理学における真理概念がどのようなものであれ、自然言語意味論において論理学の道具立てを応用する際、論理学の真理概念をそのまま適用しなければならないと考えるのは間違いである。関連する論点として、以下の注 19 を参照されたい。

[10] 「可能世界 possible world」について、ここでは「世界の可能なあり方」、あるいは単に「可能性」と言い換えて、それが何であるかについての議論はしない。可能世界概念のいくつかの解釈についてと、こうした概念を自然言語意味論で使うことの含意については和泉 (2016: 109-111) を参照されたい。また、哲学的議論として飯田 (1995)、八木沢 (2015 第 3 章) も参考になる。

いて偽となる。可能世界意味論において、文は可能世界と相対的にその真偽が決定されるのだ（文が「wにおいて真だ」の部分）。

また、(1a) は可能世界への全称量化、(1b) は可能世界への存在量化へと対応する。副詞 *necessarily* と *possibly* がそれぞれ量化子「∀」（すべて）と「∃」（少なくともひとつ）に対応し、その量化の範囲が可能世界となる、ということである（「すべての（少なくともひとつの）可能世界において」の部分）。

「到達可能 accessible」とは、可能世界同士に成り立つ関係のことである。比喩的には、ある可能世界 w から別の可能世界 w' が「見える」(Hughes and Cresswell 1996, p. 37) ということであり、w で成立する基本文 P が必然かどうかは、w から見える（到達可能な）w' でも P が成立しているかどうかにかかっている。「□P」が w で真だということは、w から見えるどの世界でも P が真だということであり、「◇P」が w で真だということは、w から見えるどこかの世界で、P が真だということである。

様相論理学において到達可能性が重要なのは、到達可能性の一般的性質の違いが、多様な公理系の違いに対応するからである。たとえば、可能世界の集合 W を考え、そこに含まれるすべての可能世界から（それ自身を含め）何らかの可能世界が見えるとする。何も見えないような「どん詰まり dead end」(Hughes and Cresswell 1996 p. 44) がないと言い換えることもできる。W 内で成立する到達可能性にどん詰まりがない状態は、「連続的 serial」と呼ばれる。到達可能性が連続的である限り、「□P→◇P」という様相文がどのような場合でも真となることが証明できる (Hughes and Cresswell 1996, p. 45)。「□P→◇P」を公理とする体系と、到達可能性の連続性が対応するのである。こうした対応関係などを研究することが、様相論理学における目的の一つである。

ところで、「□P」と「◇P」をそれぞれ義務的に解釈し直すと、「P であるべきだ」、「P であってもよい」に対応し、「□P→◇P」は「しなければならないことはしてもよい」という、義務に関して正しいと思われる一般化を表すことになる。このことから、「□P→◇P」は「D (eontic) 公理」と呼ばれ、連続的な到達可能性は、「義務的 deontic 到達可能性」と呼ばれる。哲学的論理学の一環として、D 公理や義務的到達可能性などについて考察する「義務論理 deontic logic」は、当為や禁止といった義務的な概念にもとづいた推論につ

いて研究する（McNamara 2014）。すると、様相論理学の一部として、たとえば次のように義務表現を含んだ様相文の意味を表すことができる。

(3) a. "It is obligatory that Prof. Minamiyama is at home" は w において真だ iff w から義務的に到達可能なすべての可能世界において、ミナミヤマ教授は家にいる。
   b. "It is permissible that Prof. Minamiyama is at home" は可能世界 w において真だ iff w から義務的に到達可能な少なくともひとつの可能世界において、ミナミヤマ教授は家にいる。

ある可能世界 w から義務的に到達可能な世界 w' では、w で義務であることすべてが実際に成立している（w' では誰もがすべての義務を完璧にこなしている）とすると、(3a) – (3b) によって義務や許可を表す文の意味と、前者から後者への推論が適切にモデル化されているように思われる（義務的到達可能性を満たすすべての可能世界においてミナミヤマ教授が家にいるなら、当然少くともひとつのそうした世界でミナミヤマ教授が家にいるため、"It is obligatory that Prof. Minamiyama is at home" から "It is permissible that Prof. Minamiyama is at home" が導かれる）。

　このように、何かが「必然だ」といったことと、何かが「義務だ」といったことが、可能世界意味論を用いると並行的に表されることになる。この平行性を強調するために、次のように言い換えてもよいだろう。可能世界の集合（到達可能世界）はなんらかの法（法則）を表している。たとえば、「物理的に可能」を表す可能世界の集合を考えることができる。それぞれの可能世界では、物理法則に反しないようなことが起きている。物理法則に反しない限りで、たとえば読者の身長が実際よりも高い世界もあれば、低い世界もあるだろう。一方で、物理的に不可能なことが起きている世界（読者が光よりも速く移動しているなど）は、その集合から弾かれる。物理的に可能な出来事が生じているありとあらゆる可能世界の集まりは、物理法則の総体を表している、とみなすことができる。そこに含まれる世界をみれば、何が物理的に可能・不可能かがすべて分かるからである。命題 P が「物理的に必然」ということは、その物理法

則に反しない世界の集合の中ではどこでもPだ、ということになる。

　これと同様に、可能世界の集合が道徳的・倫理的法（法則）を表しているとみなすことができる。たとえば、われわれが現実に持つと思われる道徳的義務がすべて実際に遵守されている世界の集合を考えよう。それらは道徳的に完璧な世界であり、誰もが道徳的な違反を犯さない。可能世界意味論によると、それらの世界すべてで「すべての人は嘘をつかない」という条件が、「すべての人は嘘をつくべきでない」という文の意味の分析として提示されているのだ。

　以上で議論してきたように、様相論理学の可能世界意味論を用いて、真理に関する様相文だけでなく、義務に関する様相文に対しても、その基本的な内容を分析することができる。しかしながら、自然言語の振る舞いを理論化するという観点からは、(3a)–(3b)のような分析は不十分である。次節ではその不十分さの理由を検討しつつ、クラツァーの解決法を導入する。

3　クラツァーの理論

3.1　様相表現の言語的特徴

　言語学文献では、様相表現の「フォース force」と「フレーバー flavor」という言い回しが多用される。まずこれらの言い回しを導入することを通じて、様相表現の言語学的特徴を検討する。

　様相表現の「フォース force」とは、全称量化や存在量化といった量化の種類のことである。様相の副詞 *necessarily* と *possibly* は量化のフォース（強さ）が異なる表現だと言える。同様に、助動詞 *must/should* と *may/might/can* といった語の違いの一部も、フォースの違いによってとらえることができる。

(4) 義務的フレーバー
　　a. Prof. Minamiyama must/should be at home.
　　　「ミナミヤマ教授は家にいるべきだ（いないといけない）[11]」
　　b. Prof. Minamiyama may be at home.
　　　「ミナミヤマ教授は家にいてもよい（いることが許されている）」

(5) 認識的フレーバー
    a. Prof. Minamiyama must/should be at home.
       「ミナミヤマ教授は家にいるはずだ（いるに違いない）」
    b. Prof. Minamiyama may/might be at home.
       「ミナミヤマ教授は家にいるかもしれない（いる可能性がある）」

(6) 目的論的フレーバー
    a. If Prof. Minamiyama wants to go home, she must/should walk home.
       「もしミナミヤマ教授が家に帰りたいなら、歩いて帰るべきだ（歩いて帰らないといけない）」
    b. If Prof. Minamiyama wants to go home, she can walk home.
       「もしミナミヤマ教授が家に帰りたいなら、歩いて帰れる（歩いたらよい）」

全称量化が存在量化を論理的に含意するように、これらの例の (a) は (b) をそれぞれ論理的に含意するように思われる。たとえば、「家にいるべき」なら「家にいてもよい」のだろうし、「家にいるべきだが、家にいることは許さない」と述べることは何かがおかしいように感じる。この関係は、(3a) – (3b) でみたように、(a) 文はすべて可能世界への全称量化を表し、(b) 文はすべて可能世界への存在量化を表していると分析することによって理解される。

  様相表現はフォースだけではなく、多様なフレーバーをともなう。この点が、自然言語における様相を検討する際に重要なことである。(4) – (6) では同じ語 *must/should, may/might* が現れるが、文脈に応じてその解釈の質が明らかに異なる。たとえば、ミナミヤマ教授がインフルエンザを発症し、職場の規則上自宅で休養しなければならなかったとする。この際、(4a) は、職場の規則が命じるところによって自宅にいるべきだ、というような義務を表現している。その一方で、「ミナミヤマ教授が学校に来ているか知っていますか？」といっ

---

11 これらの日本語文は、英語文の解釈をおよそ表しているだろうと思われるもののうち、いくつかの可能性を並べたものである。解釈が完全に一致するとは限らないし、網羅的に翻訳の可能性を記しているわけでもない。「〜ないといけない」といった多様な語形から推察されるように、英語と日本語の対応関係はかなり複雑である。日本語については 4.2 節で議論する。

た質問に対する答えとしてなら、(5a) のように、話者の知識にもとづいた報告を表している、と解釈するのが自然となる。他にも、こうした助動詞は (6) のような目的論的フレーバー、欲求 bouletic フレーバー、傾向性フレーバーなど多様なものがあるとされる[12]。本章での議論はもちろん義務的フレーバーを中心に展開される。また、クラツァーが指摘したように、自然言語文は、フレーバーの違いを前置詞句などによって明示化することができる。たとえば (7a) は (4a) に対応し、(7b) は (5a) に対応する。

(7) a. In view of the rules of the university, Prof. Minamiyama must/should be at home.
「大学の規則によると、ミナミヤマ教授は家にいるべきだ」
b. In view of what I know, Prof. Minamiyama must/should be at home.
「わたしの知る限り、ミナミヤマ教授は家にいるはずだ」

こうしたフレーバーの違いは、到達可能な可能世界の集合の違いとして理解することが可能である。たとえば、(4a) / (7a) における到達可能な世界は、ミナミヤマ教授の大学の規則がすべて遵守されたような世界であり、(5a) / (7b) における到達可能な世界は、話者の知識と相反しないような世界である。(4a) / (7a) と (5a) / (7b) での must/should の現れは、同じ種類の量化 (全称量化) を意味するが、その対象となる可能世界の範囲が異なるためそれぞれ異なった解釈が生じる、というわけである。

さて、可能世界意味論の道具立てを使うと、義務に関する表現の内容を特定することができることが分かった。しかし、自然言語意味論の観点からみると、単に理論家が対象言語文をパラフレーズできる、という事実は興味深いものではない。自然言語意味論は合成的 (compositional) でなければならないからで

---

[12] 義務的・認識的フレーバー以外の例として、筆者は目的論的フレーバーが日本語話者にとって分かりやすいと判断した。(4) と異なり、(6a) – (6b) は義務だからかくかく「すべき」というニュアンスではなく、ある目的のためにはかくかくしないと達成できない (6a)、あるいはしかじかすると達成できる (6b)、というニュアンスが表されている。

ある。つまり、文全体の意味が、文の構成要素の意味からどのように決定されるのか解き明かされなければならないのだ。たとえば、must の文中でのとある現れが、どのようにして (4a) や (5a) のように異なる解釈を生じさせるのか、その手続きを示さなくてはならない。

まったく魅力的でない解決法は、膨大な、ひょっとしたら無限の多義性（同音異義語）を自然言語に帰属させることである。(3) のニュアンスで義務について語っているときは、must は「□」に対応し、義務的に到達可能なすべての可能世界への量化を表す。そして、(4) のように、大学の規則について語っているとき、同じように見える表現は実は別のオペレーター「□'」に対応し、大学規則がすべて遵守された可能世界への量化を表す。また別の文脈では「□''」、さらに別の文脈では「□'''」…と、must が実は膨大に多義的で、現れごとに異なる様相オペレーターに対応すると考えるのだ。日本語例で考えるなら、must は「こうせい」という音のようなもので、その現れが多義的に「校正」や「構成」や「公正」といった異なる意味を表すように、must も多義的に「道徳義務の一般的原理によって」、「大学の規則によって」など異なる意味を表す、ということである。

この多義性（同音異義語）に訴える仮説がまったく魅力的でない一つの理由は、must や ought to のフレーバーの多様性は、「こうせい」の異なる解釈の種類よりもはるかに多いから、というものである。義務的・認識的フレーバーなどの差異があり、さらにその下位区分もあることから、文脈に応じて「大学の規則によると」、「父親の命令によると」、「道路交通法によると」、「この報告書によると」、「天気予報によると」、「話者によると」など、ありとあらゆる種類のフレーバーが存在し、措定しなければならないオペレーターの数も膨れ上がる。「こうせい」の多義性ならば覚えてしまえばおしまいだが、それよりもはるかに多い多義性をわれわれが覚えられるとは考えにくい。そして、これまでに出会ったことのないフレーバーを覚えるというのはそもそも不可能である。

より魅力的な考えは、文脈に応じて多様な解釈が生じるのならば、そもそも must や ought to など様相表現は文脈に依存してその内容を変化させる文脈依存表現の一種で、われわれは文脈に応じてその内容を把握する、というものである。以下では、まさに must や ought to を文脈依存表現とみなすクラツァー

理論を導入する。

3.2 二種類の会話背景

クラツァーの様相理論を一言でまとめるなら、"Must P" は「文脈を踏まえて、関連する可能性を、関連する基準を踏まえて順序づけ、順序づけのもっとも高い可能性すべてで P が成立している」というものである。可能性への普遍量化は上述の哲学的論理学における分析と同じである。「関連する可能性」とそれを順序づけるなんらかの「関連する基準」が文脈によって与えられ、様相表現の多様な解釈が決定される、という部分がクラツァーの発明である。

クラツァーの用語では、様相表現は二重に文脈依存的であり、「様相ベース modal base」（可能性）と「順序ソース ordering source」（基準）という二種類の「会話背景 conversational background」が関連し合うことによって、様相文の解釈が導出される。

会話背景とは、これまでにみてきた「大学の規則によると in view of the rules of the university」といった句によって明示化されるものであり、それと相対的に様相表現の解釈が決まるとされる。文脈が会話背景を決定し、その背景を踏まえて様相表現が解釈される、と考えてよいだろう。形式的には、会話背景は可能世界から命題の集合への関数としてモデル化される。可能世界意味論では、文が表す真理条件としての命題が、可能世界の集合としてモデル化されるので、会話背景は可能世界から可能世界の集合の集合への関数となる。

様相ベース

第一の会話背景、様相ベースを「f」と表しておく。たとえば、(5a) – (5b) でみたような、認識的フレーバーについて考えると、認識的様相ベース f は、可能世界 w を与えると、w で話者が知っているすべての命題を返すような関数と考えられる。つまり、様相ベース f(w) は話者が w で知っている命題の集合で、それらの命題の共通部分 ∩f(w) は、話者の知識の総体を表すことになる。"Prof. Minamiyama is at home" が表す命題を P とすると、"Must P" が w において真ということは、∩f(w) に含まれるすべての可能世界において P が真だ、ということである。これまでの書き方を踏襲し、文脈がとある f を

決定するとすると、(8) のように (5a) の真理条件を表すことができるだろう。

(5) a. Prof. Minamiyama must/should be at home.

(8) (5a) は可能世界 w において真だ iff ∩f(w) に含まれるすべての可能世界において、ミナミヤマ教授は家にいる。

このようにして、(話者の知る限り) P であることは間違いない、という意味が表されるのだ。文脈に応じて、∩f(w) が何らかの知識、規則、欲求、事実などを表すとすると、様相の多様なフレーバーをモデル化することが可能となる。

上の記述から分かるように、様相ベースは到達可能性を特定する[13]。すると、様相ベースを導入するだけなら、第2節で検討された基本的な可能世界意味論とほとんど変わりがないということになる。クラッツァー理論が基本的な様相文の可能世界意味論と大きく異なるのは、様相表現が二重に文脈依存的であり、様相ベースを並べ替える順序ソースを導入するところにある。

順序ソース

順序ソース「g」も、会話背景の一種として、可能世界から命題の集合への関数としてモデル化される。たとえば、g(w) は w で成立するとある学校の規則を表すとする。その学校の規則が w では P と Q の 2 つしかないとすると、g(w) は P と Q の集合を表す。この規則の集合 g(w) を使って、可能性に順序を与えることができる。規則の観点からすると、両方の規則が満たされている可能性がもっとも望ましいだろうし、少なくとも片方の規則が満たされている可能性の方が、規則が一切満たされていない可能性よりも望ましいだろう。すると、4 つの世界 w、w'、w''、w''' があるとし、それぞれ、P と Q 両方が真、P だけ真、Q だけ真、P も Q も偽だとすると、「w$\leq_{g(w)}$w'」、「w'$\leq_{g(w)}$w''」、「w''$\leq_{g(w)}$w'''」などの関係性が成り立つことになる[14]。そして、"Must R" は、

---

[13] その逆、到達可能性が様相ベースを特定することはない。これは、異なった命題の集合が、同じ共通部分を持っているかもしれないからである (Kaufmann and Kaufmann 2015: 243)。

この順序の中でもっとも望ましい可能性（つまり w）において R が成立する、ということを表している。順序ソースによってもっとも高く位置づけられた様相ベース世界の集合を BEST (f(w), g(w)) と表すことにすると、(8) は次のように洗練されることになる[15]。

(9) (5a) は可能世界 w において真だ iff BEST (f(w), g(w)) に含まれるすべての可能世界において、ミナミヤマ教授は家にいる。

様相ベースを順序づけることにより、様相文意味論についてのいくつもの困難な事例を解決することができる。(3a) や (8) の右辺は、とある種類の可能世界についての全称量化文であり、「∀x（x が ∩f(w) に含まれる／到達可能 → x で P が真）」というような形式を持つ。すると、もしカッコ内条件法の前件が偽なら、全体は真となる。つまり、もし様相ベースが相反する命題を出力し、∩f(w) が空っぽになってしまうと（到達可能世界が一つもないと）、全称量化はトリビアルに真となってしまうのだ。これは単なるテクニカルな問題ではなく、様相文を解釈するのに必要な会話背景に相反する命題が含まれる、という想定はそれほどおかしくない。

たとえば、クラツァーはニュージーランドの裁判官が相反する判決を出すというシナリオを提示する (Kratzer 1977: 12-4)。二人の裁判官が、飼っている羊が引き起こした物損について、所有者責任の範囲がまったく相反する判決を出す、というのはそれほど不自然な可能性ではないだろう[16]。また、ニュージーランドの判決では、殺人が犯罪であることはまったく疑われなかったとしよう。殺人が犯罪だという命題を P、羊の所有者責任についての命題を Q とする。このシナリオでは、「ニュージーランドの判決によると」という会話背景が少

---

[14] 「$x \leq_{g(w)} y$」は、世界 x が世界 y よりも g(w) につけられる序列が高い（もしくは同等）を意味するとする。この例においては、w' と w'' ではそれぞれ一つの規則が満たされているので、どちらかがより序列が高いということはない。
[15] 「BEST (f(w), g(w))」の書き方は (Portner 2009: 67) から採った。
[16] Kratzer (1977) は羊ではなく「鹿 deer」を、Hacquard (2011) も「やぎ goat」を例に出すが、ニュージーランドなら羊だろうということで、羊にしておく。しかし、なぜ羊でないのかというインサイドジョークの存在を逸しているかもしれない。

なくとも {P, Q, ¬Q} という集合を出力する。

(10) a. In view of what the New Zealand judgments provide, murder must be a crime.
「ニュージーランドの判決によると、殺人が犯罪であるべきだ」
b. In view of what the New Zealand judgments provide, murder must not be a crime.
「ニュージーランドの判決によると、殺人が犯罪であるべきではない」

この文脈において、{P, Q, ¬Q} が様相ベースだとすると、(8) の意味論は (10a) も (10b) もどちらも真だと間違って予測してしまう。様相ベースの共通部分（到達可能世界）が空っぽとなり（Qと¬Qが両方成り立つ世界などない）、どのような全称量化文でもトリビアルに真となってしまうからである[17]。しかし、当然 (10b) は間違っているように思われるし、(10a) と (10b) が相反しない、とみなすこともきわめて困難である。

(9) で示されたクラツァー理論においては、この問題が解決される。(10a)‐(10b) のような義務様相文では、関連のある事実を表す「情況的 circumstantial」様相ベースが導入され、順序ソースによって法や規則などが表される。この文脈では事実関係が特段重要ではないので、単純化のため様相ベースは何も命題を出力しない、つまり ∩f(w) はすべての可能世界を含むとしよう。順序ソース g(w) は {P, Q, ¬Q} を出力するので、すべての可能世界がこれらの命題を踏まえて順序づけられる。これらの命題ができるだけたくさん成立するような世界がもっともよい世界だと言える。すると、Qと¬Qは同時には成立せず、どちらかが必ず成立するから、PとQが成立するか、Pと¬Qが成立する世界（とにかくPが成立する世界）の集合が、BEST (f(w), g(w))

---

17 双子の問題として、どのような存在量化を導入する様相文もトリビアルに偽になってしまう、というものもある。様相ベースの共通部分がない（～な世界はない）なら、存在量化文の連言肢が偽となり、全体も偽となる。

となる。すると (9) の意味論では、(10a) が真で、(10b) が偽だと正しく予測される。ニュージーランドの判決によると、羊の物損についてはともかく、少なくとも殺人が犯罪であることは間違いないのだ。

他にも、*if … then* 条件文と義務様相の関連についても、クラッツァー理論は適切な分析を与えることができる。クラッツァーによると、条件文は実質含意ではなく、様相文として分析され、前件の役割は様相ベースに領域制限をかけるというものである (Kratzer 1991b)。たとえば、「もし銀行強盗があったなら、犯人が罰せられるべきだ」が真なのは、強盗を含むすべての犯罪が存在しない理想的可能世界でも誰かが罰せられるからではない。そうではなく、前件「もし銀行強盗があったなら」によって、考慮される会話背景が狭められており、銀行強盗が存在する義務的に不完全な世界の集合が様相ベースとして導入されるからである。順序ソースによると、不完全な世界の集合でも、犯人が罰せられる世界のほうが、罰せられない世界よりも「まし」なので、犯人が罰せられる世界がもっとも高く順序づけられるのである。

この結果の重要性は、義務論理におけるいわゆる「チゾムのパラドックス」(Chisholm 1963; Portner 2009: 61-3; McNamara 2014: section 4.5) を通じてより強調されるかも知れない。以下 (11a) – (11d) がすべて正しい、というようなシナリオは容易に想定できるだろう。

(11) a. 花子は（隣人を助けに）行くべきだ。
　　　□P
　　b. もし行くなら、行きますよと（あらかじめ）伝える、というふうであるべきだ。
　　　□ (P→Q)
　　c. もし行かないなら、行きますよと伝えるべきでない。
　　　¬P→□¬Q
　　d. （結局）花子は行かない。
　　　¬P

(11b) が (11c) より長いのは、□が条件文全体にかかっていることを日本語

で明らかにするためである。(11b) はやや不自然かもしれないが、日本語としてありえないというほどでもないだろう。さて、様相論理の定理として、「□(P→Q)→(□P→□Q)」が成り立つので、(11a) と (11b) から「□Q」が導かれる。つまり (12a) となる。しかし、一方、(11c) と (11d) から、単なるモーダスポネンスにより、「□¬Q」すなわち (12b) も導かれる。

(12) a. 花子は行きますよと伝えるべきだ。
　　　b. 花子は行きますよと伝えるべきでない。

伝えるべきでありながら伝えるべきでないというのは、少なくとも一見矛盾している。基本的な可能世界意味論のように、単に到達可能世界の集合を用意するだけでは、(12a) が真ならば、(12b) は偽であるはずだし、(12b) が真ならば、(12a) は偽となるはずであり、この問題に悩まされることとなる。

　しかし、クラツァーの理論ではチゾムのパラドックは生じない。順序ソースの導入により、可能性が段階的に順序づけられているからである。なんらかの意味で「もっともよい」可能性とそれ以外だけでなく（到達可能世界とそれ以外のように）、「もっとも」よくはないが、他と比べると「まし」な可能性なども区別することができる。(12a) が正しいのは、当然「花子が行くなら」そう伝えるべきだ、ということであり、クラツァー分析でも実際、花子が行く世界のみを様相ベースに入れると、(12a) は真だと予測される。一方、(12b) が正しく思えるのは、「花子が行かないなら」という場合を想定しているからである。花子が行かない世界のみを様相ベースに入れ、順序づけると、花子が行くと伝えない世界が最上位に順序づけられるのだ（行かないのに行くと伝えるのは嘘だろう）。したがって、クラツァー理論は (12a) と (12b) がそれぞれの文脈を踏まえて（異なった様相ベースをもとに）真となると予測するが、同じ文脈、同じ様相ベースを使ったときに同時に真となるとは予測しないのである。つまり、一息に「伝えるべきでありながら伝えるべきでない」と述べることが矛盾するように思える、というわれわれの直観もうまく説明することができるのである[18, 19]。

4 さらなる争点

これまで説明してきたクラツァーの様相理論は、広く受容され、さまざまな応用が試されているが、もちろん議論の応酬や対抗理論の提案が止む気配はない。この節では、近年の論点のごく一部を紹介することを目標として、まず、標準的ではない理論の可能性として、カリアーニ（Cariani 2013）の「対比主義 contrastivism」とでも呼べるような立場の素描を与える（4.1）。次に、日本語と英語義務表現の差異を、その構文的位置に着目し指摘する。日本語を検討すると、様相表現の構文的位置の重要性が明らかとなるだろう。その理解を踏まえて、様相表現の構文的位置に焦点を当てクラツァー理論のさらなる深化を試みるハッカード（Hacquard 2006, 2009, 2010）の出来事意味論研究に触れる（4.2）。

4.1 代替案の例

カリアーニ（Cariani 2013）は、標準理論における問題を三つ提示し、それらに対する対処療法は究極的には失敗すると主張する。カリアーニの論証が成功

---

18 クラツァー理論のさらなる利点（言語横断的な証拠、可能性の度合いの表現など）については、クラツァー論文と補足（Kratzer 2012）に加え、特に Hacquard (2011); Portner (2009: Chapter 3.1) を参照されたい。

19 本書における本章の役割を踏まえると、ここで注意すべきなのは、第2節で解説された自然言語意味論は「記述意味論 descriptive semantics」における意味論であり、「メタ意味論 metasemantics」については一切なにも述べられていない、ということである。記述意味論・メタ意味論の区分については和泉（2016: 19-21）を参照されたい。基本的には、記述意味論はそれぞれの単語の意味と、その意味がいかにして複合的表現（文など）の意味を決定するのかを解き明かすことが目的であり、「そもそも意味とはなにか」、「意味と心あるいは実在との関係はなにか」といったものはメタ意味論に属する問いである。クラツァー理論が全面的に正しかったとしても、決して特定のメタ倫理上の見解が直接的に含意されるわけではない。たとえば、本節では義務を表す文の「真理」や「真理条件」について述べられたが、これにより認知主義が直接的に擁護されると考えるとすると、それは自然言語意味論についての誤解に過ぎない。記述意味論における形式的理論に「真／偽」というラベルが含まれ、それらが文の意味として指定される関数の出力として定義されていたとしても、それはそういうふうに定義が与えられたということを示すに過ぎない。定義をいかに解釈する・すべきなのかという点はあくまでメタ意味論的問いである。マシュー・クリスマン（Chrisman 2015, 2016）はこうした問いに真っ向から取り組んでいる。

しているかどうか、ここで評価することはできないが、例として問題の一つを紹介する。

上述のクラツァーの条件文取扱いに従うと、「if P, then □P」という形式を満たす文が必ず真となると予測される。しかし、カリアーニによると、われわれの多くは以下のような文を明らかに偽だと判断する。

(13) a. If you drink a bucket of poison, you ought to drink a bucket of poison.
「もしあなたがバケツ一杯の毒をあおるなら、あなたはバケツ一杯の毒をあおるべきだ」
b. If you believe that Rome is in France, you ought to believe that Rome is in France.
「もしあなたがローマはフランスにあると信じているなら、あなたはローマはフランスにあると信じているべきだ」

筆者にはこれらが偽だという明確な判断は持てないが、少なくとも (13a) - (13b) がきわめて不自然なことは間違いないだろう。この問題に対して、たとえ (13a) - (13b) が厳密には正しくても、どうして (13a) - (13b) のようなことを述べるのが不自然か、という語用論的な対処療法を考えることができるだろう。しかし、カリアーニによると、そのような対処療法は、他の問題への対処療法と総合的に考察すると、最終的にはうまくいかなくなる。

そこでカリアーニは、そもそも「ought は箱（□）ではない」と唱え、別種の理論を提示する。カリアーニもクラツァーと同様順序づけを行うが、順序をつける対象は世界ではなく、よりきめ細やかな行為の「オプション option」である。なんらかの行為 φ について、ought to φ を評価する際には、φ をするためのやり方であるオプション群が与えられる。同じ φ について話していても、文脈に応じて、異なるオプションが対比・比較される。そしてそれらのオプション群が順序づけられ、オプションすべてがなんらかの「ベンチマーク benchmark」を超えていれば、ought to φ が正しい、ということになる。

非常に簡易的な素描であるが、以上がカリアーニの「アンチ箱的 anti-boxing」な様相分析である。これを用いると、*ought* の合成的意味論を構築することができるだけでなく、三つの問題をエレガントに解決することができるとされる。たとえば、(13a) の条件文の問題については、{バケツ一杯の毒をあおる、バケツ一杯の毒をあおらない} というオプションの対比を考えると、たとえ条件文前件が正しく、バケツ一杯の毒をあおるのが事実であっても、毒をあおるオプションはベンチマークを超えられない（常識的な情況では）。したがって、バケツ一杯の毒をあおるべきではないのである（(13a) は偽となる）。

標準理論が今後乗り越えられるのか、どのような代替案が優れているのか、こうした問いについての議論が現在活発に行われている[20]。本書の読者がこの領域に大きく貢献するひとつの方法として、日本語義務様相に着目するというやり方があるだろう。そこで以下では、本章を締めくくるために、日本語に視点を移す。

4.2 日本語義務様相と構文論的考察

上述のクラツァーによる義務様相理論は日本語にも当てはまるだろうか。本章で日本語義務様相の本格的な検討はできないが、以下ではまず、「べき」についていくつかの観察を行い、次により最近の発展として、様相解釈と構文位置を関連づけるハッカードの提案をごく簡単に紹介する。

must と「べき」

助動詞 *must*（*ought to* も同じ）が持つ代表的フレーバーとして、認識的なものと義務的なものをあげた。英語例の日本語翻訳から明らかなように、現代の「べき」の使用には、認識的な解釈が困難な場合がほとんどである[21]。動詞に「べき」を加えたとき、その行為・出来事がおこった「にちがいない」（あるい

---

[20] たとえば、同じ対比主義的な立場として Finlay and Snedegar (2014) があげられる。また、Charlow and Chrisman (2016) に収められた各種論文が本章を読んだ後の出発点になるだろう。

[21] 辞書を引けば、古語の「べし」には非常に多様なフレーバーがあることが分かる（「べき」は「べし」の連体形）。また、現代的「べき」のすべての現れが義務的フレーバーを持つというわけでもない。『デジタル大辞泉』には「地方路線のいくつかはやがて廃止されるべき運命にある」、『大辞林』には「最近における少年犯罪の増加は恐るべきことだ」が「べし」の推量解釈（認識的フレーバー）の名残として掲載されている。

は「はずだ」)という解釈を与えることができないのだ。

(14) デネットはもっと短い本を書くべきだ。

たとえば、(14)を、高い確度を持ってデネットが今後短い本を書くだろう、という推量として読むことは不可能なように思える。このことから、「べき」の解釈が must ほど多様でないことが分かる。クラツァー理論を「べき」に適用するにしても、様相ベースと順序ソースの範囲を制限するなど、なんらかの工夫が必要となる。

　日本語では認識的フレーバーが「はず」や「ちがいない」、義務的フレーバーが「べき」や「なければならない」など異なった語句で表される。では、must とこれらはなんの類似点もなく、クラツァー理論を「べき」に適用する特段の動機はないのだろうか。事実関係はそれほど単純ではない。そもそも、must 自体にしても、その構造的位置が解釈によって異なる、という点が明らかになっている。認識的様相としての must は、時制や否定などよりも高い位置に現れ、義務様相としての must はそれより低い位置に現れる、という一般化が正しいという証拠があげられてきた (Hacquard 2011, section 5)。日本語に関しても、同様の一般化が成り立つかもしれない。

　まず、「べき」と「はず」を比較すると、前者は過去時制と両立しない。

(15) a. 彼女はホワイトハッカーになるべき/はずだ。
　　　b. *彼女はホワイトハッカーになったべきだ。
　　　c. 彼女はホワイトハッカーになったはずだ。

また、現在ではあまり使用されないという観察があるが(松本 2012)、「べき」を内側に、「はず」を外側に置くことは可能である一方 (16a)、その逆はまったくありえない (16b)。

(16) a. だがけれど、彼らが「くに」を守ろうと立ち上がると、その前に立ちはだかるのは、「アメリカ」という「国」、そして、彼らを守るべ

きはずの「日本」という「国」だったのだ。

(高橋源一郎、朝日新聞2016年05月14日朝刊)
　b.　＊彼らを守るはずべき日本という国

「児相はこのことを知っているべきだ」のように、とある知識状態にあることが義務だ、とことばで表現することは可能である。ではなぜ、(16b) は不可能なのだろうか。このように、「べき」は少なくとも一部の時制や「はず」よりも先行する（日本語においては統語論的構造の低い位置に現れる）ということが示唆される[22]。

　また、これまでにみたように、「〜せねばならない」、「しないといけない」など、条件文と思われる構文によって、義務を表すことも可能である。これらの用法は英語義務様相とどう異なるのだろうか。日本語義務様相を分析するためには、こうした多言語との差異と共通点双方に注意をはらいつつ、慎重に既存の理論を拡張していくことが望ましい。

ハッカードの様相理論

　少なくとも3節で展開された限りにおいて、クラツァーの様相理論は、フレーバーの違いによる様相表現の構造的位置関係を説明することはできない。たとえば、誰かがホワイトハッカーになる、という世界が理想に近いことと、誰かがホワイトハッカーになった、という世界が理想に近いことを表すやり方は同じである。(15b) が示す、過去時制が埋め込めない、などということは理論から含意されないのだ。

　ハッカード (Hacquard 2006, 2009, 2010) はこの困難を克服するために、クラツァーの様相理論を、出来事意味論を用いて拡張する。彼女の意味論をここで解説する紙面的余裕はないので、単純化を含みつつ、基本的な発想のみを記述

---

[22] 「べき」と否定語との関係性は興味深いが複雑である。少なくとも規範的には「〜ないべきだ」は避けられ「〜べきでない」が望まれる。もし「〜ないべきだ」が許容されないとすると、否定語より「べき」が低い位置にくる、という一般化と相反しない。しかし筆者も含めて若い（？）世代の日本語話者にとって、「書かないべきだ」、「行かないべきだ」などがそれほど不自然な日本語とは思えない。すると、「べき」は構造上どこに現れているのだろうか。

する。

　上で見たように、クラツァー理論の様相ベースは可能世界と相対的にその解釈が決定される。様相ベースは、とある世界について、その世界における知識や事実などを表すのだ。ハッカードは、自然言語文は世界だけでなく「出来事 event」を表象しており、様相ベースは可能世界ではなく、出来事と相対的にその解釈が決定されると提案する。どのような出来事をインプットとするかに応じて、フレーバーの違いが生じるのだ。そして、どのような文も、構文上の異なった位置で異なった種類の出来事が表象されていると仮定すると、構文上の位置関係とフレーバーの違いが、出来事を通じて相関することになる。

　ハッカードによると、たとえば「彼女が走った」といった単純な文でも、その人物が走る出来事だけでなく、話者と発話時間に関連する発話の出来事も表象されている。さらに、走る出来事は「走る」という動詞の近く、そして発話の出来事はより高い位置で表象されているとしよう。また、日本語例を通じて観察したように、義務様相は動詞の近く、認識様相はより高い位置に現れると考える根拠がある。すると、どうして同じ表現なのに異なるフレーバーを持つのか説明するひとつの答えが浮かび上がる。

　それは、走るという出来事が $must$ と結びつくと情況的（事実関係に関する）様相ベースを決定し、発話の出来事が $must$ と結びつくと発話者の知識状態を表す様相ベースを決定する、というものである。同じ語彙の $must$ が、どこに出現するかに依存して解釈を変えるのは、それと結びつく出来事の特徴（参加者など）が、異なる様相ベースを導き出すからである。

　このように、クラツァーの標準理論には批判と対抗理論が存在する一方、新たな洗練も進んでいる。世界よりもきめ細やかな出来事を導入することは、4.1節でみた行為のオプションを導入することと同じような結果につながる可能性がある。標準理論の真価は、これから発揮されるのかもしれないのだ[23]。

23　標準理論の洗練化と擁護として Chrisman (2015) もあげられる。

5 おわりに

本章は、自然言語意味論における義務様相の「標準」理論、クラッツァーの様相理論を解説することに注力した。様相論理学の基本的な可能世界意味論では、到達可能世界とそうでないもの、という単純な区分しか導入されないが、クラッツァー理論は様相表現を二重に文脈依存的なものととらえ、可能世界の中での順序づけを取り込むことにより、より多様な内容を表現することを可能とする。

今後の課題として、もちろん、もっとデータと議論を多様化・精緻化し、より優れた英語義務様相表現の理論を構築していくという作業は必要である。しかし、ある程度現実的な意味論を手にした今、より視野の広い課題に取り組んでいけるかが、これから注目されるところであろう。たとえば、対抗し合う諸理論の哲学・倫理学的含意を探るメタ倫理・メタ意味論的試みや（e. g., Chrisman 2016）、既存の理論が本当に日本語に適用可能かどうか実際に検討すること、そして道徳の言語差・文化差・普遍性について議論することなどが考えられる。特に日本語と日本語話者を対象にした研究は大きなのびしろがあり、今後の研究が期待されるだろう。

参考文献

Cariani, F. (2013). "Ought and resolution semantics". *Noûs*, 47(3): 534-558.
Charlow, N. and Chrisman, M., editors (2016). *Deontic Modality*. Oxford University Press, Oxford.
Chisholm, R. M. (1963). "Contrary-to-duty imperatives and deontic logic". *Analysis*, 24(2): 33-36.
Chrisman, M. (2015). *The Meaning of 'Ought' : Beyond Descriptivism and Expressivism in Metaethics*. Oxford University Press, Oxford.
Chrisman, M. (2016). "Metanormative theory and the meaning of deontic modals". In Charlow, N. and Chrisman, M., editors, *Deontic Modality*, 395-429. Oxford University Press, Oxford.
Copeland, B. J. (2002). "The genesis of possible worlds semantics". *Journal of Philosophical Logic*, 31(2): 99-137.

Finlay, S. (2016). "'Ought': Out of Order". In Charlow, N. and Chrisman, M., editors, *Deontic Modality*, 169-199. Oxford University Press, Oxford.
Finlay, S. and Snedegar, J. (2014). "One ought too many". *Philosophy and Phenomenological Research*, 89(1): 102-124.
Gamut, L. (1991). *Logic, Language, and Meaning*, volume II: Intensional Logic and Logical Grammar. Univerity of Chicago Press, Chicago.
Hacquard, V. (2006). *Aspects of Modality*. Ph. D. dissertation, Linguistics Department, Massachusetts Institute of Technology, Cambridge, Massachusetts.
Hacquard, V. (2009). "On the interaction of aspect and modal auxiliaries". *Linguistics and Philosophy*, 32(3): 278-315.
Hacquard, V. (2010). "On the event relativity of modal auxiliaries". *Natural Language Semantics*, 18(79): 79-114.
Hacquard, V. (2011). "Modality". In von Heusinger, K., Maienborn, C., and Portner, P., editors, *Semantics: An International Handbook of Meaning*, chapter 59. Mouton de Gruyter, Berlin.
Hughes, G. E. and Cresswell, M. J. (1996). *A New Introduction to Modal Logic*. Routledge, London and New York.
飯田隆（1995）『言語哲学大全Ⅲ』勁草書房.
和泉悠（2016）『名前と対象』勁草書房.
Kaufmann, M. and Kaufmann, S. (2015). "Conditionals and modality". In Lappin, S. and Fox, C., editors, *The Handbook of Contemporary Semantic Theory*, 237-270. Wiley-Blackwell, 2nd edition.
Kratzer, A. (1977). "What 'must' and 'can' must and can mean". *Linguistics and Philosophy*, 1(3): 337-356.
Kratzer, A. (1981). "The notional category of modality". In Eikmeyer, H.-J. and Rieser, H., editors, *Words, Worlds and Contexts*, 38-74. Walter de Gruyter, Berlin.
Kratzer, A. (1991a). "Modality". In von Stechow, A. and Wunderlich, D., editors, *Semantics: An International Handbook of Contemporary Research*, 639-650. de Gruyter, Berlin.
Kratzer, A. (1991b). "Conditionals". In von Stechow, A. and Wunderlich, D., editors, *Semantics: An International Handbook of Contemporary Research*, 651-656. de Gruyter, Berlin.
Kratzer, A. (2012). *Modals and Conditionals*. Oxford University Press, Oxford.
益岡隆志・田窪行則（1992）『基礎日本語文法　改訂版』くろしお出版.
松本隆（2012）「近現代データベース検索用例からみた『べきはずだ』の衰退過程」『日本研究センター研究年報』1, 1-21.

McNamara, P. (2014). "Deontic logic". In Zalta, E. N., editor, *The Stanford Encyclopedia of Philosophy*. Metaphysics Research Lab, Stanford University, winter 2014 edition.

ナロック・ハイコ（2014）「モダリティの定義をめぐって」澤田治美編、『モダリティⅠ：理論と方法　ひつじ意味論講座3』、ひつじ書房、1-23.

Portner, P. (2009). *Modality*. Oxford Surveys in Semantics & Pragmatics. Oxford University Press, Oxford.

戸田山和久（2000）『論理学をつくる』名古屋大学出版会.

von Fintel, K. (2006). "Modality and language". In Borchert, D., editor, *Encyclopedia of Philosophy*, 20-27. Macmillan Reference, New York, 2nd edition.

von Fintel, K. and Heim, I. (2011). "Intensional Semantics". Lecture Notes at MIT.

八木沢敬（2015）『神から可能世界へ　分析哲学入門・上級編』講談社.

第11章　我々は客観主義者なのか？
――メタ倫理学への実験哲学的アプローチ

太田紘史

1　はじめに

　善悪や正不正にまつわる客観的な事実や性質は存在するのか。この問いは哲学のなかでもメタ倫理学分野における最も基本的な問題の一つであり、それに肯定的に答えるのがいわゆる客観主義である。メタ倫理学者らは客観主義的な理論を支持あるいは棄却するために多様な論点をめぐって争ってきたが、そうした論点の一つは、各理論が日常的な道徳における客観主義的なコミットメントをどれくらいうまく取り扱えるかというものである。しかし近年の実験哲学的手法に基づいた経験的知見からは、そうした客観主義的コミットメントが存在するという想定に対して大きな疑念が投げかけられている。本論文の目的は、そうした経験的知見の動向とその哲学的意義を見定めることである。

　進行は以下の通りである。第二節では、メタ倫理学における論争状況を考慮に入れて、客観主義の主張内容を正確に特徴づけるとともに、日常的な道徳における客観主義的コミットメントがメタ倫理学においてどのような仕方で重視されてきたのかを振り返る。第三節ではこのコミットメントの存在の解明に向けた出発点となる実験哲学的知見を整理したうえで、第四節から第五節にかけて相対主義的なコミットメントの可能性について検討する。第六節では、そうしたコミットメントにおける非一貫性の可能性について検討する。第七節は結論である。

2　客観主義と客観主義的コミットメント

　まずは客観主義とそれを否定する見解の間で何が係争点になっているのかを明確にせねばならない。ある事実や性質が客観的であることとは、それが心か

ら独立した（mind-independent）ものだということである。このような客観性理解は広く受け容れられていると言えるだろう[1]。これに即して考えるかぎり、客観主義とは、心から独立した道徳的事実や道徳的性質が存在するというテーゼであり、他方で非-客観主義はその否定である。

　客観主義と非-客観主義の間の係争点に非常によく似た係争点が、道徳的実在論と道徳的反実在論の間の対立である。概して言えば、道徳的実在論によれば道徳的事実や道徳的性質が実在し、道徳的反実在論によればそのようなものは実在しない。たしかに客観主義は実在論と親和的であり、非-客観主義は反実在論と親和的であり、それらを等置する哲学者もいる（e. g. Huemer 2005: 4）。しかし本章に関連する論争状況を踏まえて、ここでは客観主義／非-客観主義の区別と道徳的実在論／反実在論の区別を合致させないように特徴づけておこう[2]。

　まず標・準・的・な道徳的実在論によれば、(1) 道徳的判断は真理適合的（truth-apt）であり、(2) 道徳的判断の少なくとも一部は真であり、かつ (3) その真理性は心から独立した道徳的事実や道徳的性質のおかげである。これらの連言は道徳的実在論の代表的な擁護者によって採用されており（e. g. Smith 1994; Shafer-Landau 2003; Huemer 2005）、客観主義に特有のアイデアはこれらのうち三つ目の主張点に反映されている。

　標準的な道徳的実在論を否定する見解は、これに対応して次の三つの仕方で展開可能である（c. f. Huemer 2005; Joyce 2016）。まず (1) すら否定するのがいわゆる非認知主義であり、それによれば道徳的判断はそもそも真理適合的ではない（e. g. Ayer 1936）。これに対して (1) を認めつつ (2) を否定するのがいわゆる錯誤説であり、それによれば道徳的判断は真理適合的だがすべて偽である（e. g. Mackie 1977）。最後に、(1) と (2) を認めつつ (3) を否定する見

---

[1] 「私が客観主義的見解と見なすものとは、評価的態度によって支えられていないような真理条件を評価的命題が有する、という主張である」（Kahane 2011: 121）。「F であるという性質が主観的である＝あるものが F であるかどうかが、観察者がそれに対して抱く（あるいは抱くであろう）心理的な態度や反応に、少なくとも部分的に、構成的な仕方で依存している」（Huemer 2005: 2）。
[2] 仮に道徳的実在論と客観主義を等置すれば、本文での直後の三つの主張の連言として道徳的実在論を定義することになり、このとき本章の問いは「我々は道徳的実在論者なのか」と述べ直されることになる。

解も論理的に開かれている。それによれば、道徳的判断は真理適合的でありその一部は真であるが、それは心に依存した（mind-dependent）道徳的事実や道徳的性質のおかげである。

　最後のタイプの見解の一例としては、反応依存説（e. g. Prinz 2007）を挙げることができる。それによれば、道徳的性質はある種の反応依存的性質である。ちょうど、コメディを面白がる人の面白がるという心理状態に依存してその面白さが成立するのと同じように、嘘に怒りを感じる人の怒りという心理状態に依存してその嘘の悪さが成立する。重要なのは、反応依存説の提唱者が自説を「客観性なき実在論」と呼ぶことである（ibid: 164）。その見解によれば、道徳的判断は関連する反応依存的性質のおかげで真あるいは偽になりうるのであり、そして実際に一部の道徳的判断は真である。反応依存説の提唱者は、これをもって十分に実在論的であると自説を位置づける。標準的な道徳的実在論と異なるのはただ、関連する性質が反応依存的であるという仕方で主観的だという点のみである。

　いわゆる相対主義についても、事情は同じである。そのひとつのバージョンである文化相対主義によれば、道徳的判断の真理性を支えるのは判断者が所属する文化共同体において是認された行為規範である。それゆえ道徳的判断は、その判断の真理値が関連する文化共同体ごとに異なりうる[3]。このような見解のもとでは、道徳的判断は真理適合的であるし、また実際に真なる道徳的判断も存在する。ただそのように道徳的判断を真にするものが、文化共同体に属する人々の心において是認された行為規範であり、この点で客観主義が否定されるのである。明示的に述べられることは少ないが、相対主義もまた「道徳的実在論の一つのバージョン」である（Harman 2015: 858; c. f. Harman 1975）。

　以上の論争状況を考慮に入れて諸見解を分類するためには、道徳的実在論の主張点を標準的なそれよりも薄いものとして理解する必要がある。すなわち、道徳的実在論のミニマルな主張とは（1）と（2）の連言である。ただし道徳的実在論者の多くは客観主義の主張も採用するので、（3）も同時に擁護される傾

3　相対主義に関する哲学的論争と実験哲学的知見について、より詳しくは本章第4節および第5節を参照。

向にあり、またそれらの連言が論争上の標的になりがちなのである。他方で反応依存説や相対主義は、(1) と (2) を肯定するが (3) を否定するので、非標準的なタイプの道徳的実在論——いわば主観主義的な実在論——として位置づけられるだろう。

それにしても一体なぜ道徳的実在論者は、しばしばそのミニマルな主張を超えて、(3) という主張を採用して客観主義に踏み込むのだろうか。その理論的動機の大きな一角を占めるのが、我々の日常的な道徳が有する客観主義的コミットメントの存在である。例えば代表的な道徳的実在論者の一人であるスミス (Smith 1994) によれば、

　道徳問題には正しい答えがある。その正しい答えは客観的な道徳的事実によって正しいものとなる。道徳的事実はただ状況のみによって決定づけられる。そして、道徳問題に関する対話と議論に参加することによって、状況によって決定づけられたそれらの客観的な道徳的事実が何であるかを明らかにすることができる。道徳というものについて私たちはこのように考えているように思われる […]。(ibid: 6；邦訳：10, 傍点強調追加)

こうしたコミットメントは、素朴 (folk) なメタ倫理学的見解として位置づけることができ、またその内容が客観主義的な主張点を含むことから「客観主義的な素朴メタ倫理学」と呼ぶのがふさわしい。その存在は、それ自体で、メタ倫理学における客観主義を支持する一つの大きな要因となるとされる。なぜなら、メタ倫理学的な理論構築が果たすべき仕事の一つ（もしかすると最も中心的な仕事）は、そもそも道徳とは何かを適切に説明することであるからだ。道徳的判断の本性を解明したり、あるいは道徳的判断が（どのような仕方で）真になりうるのかを論じたりするような存在論的および認識論的な試みは、他でもなく道徳を説明するというプロジェクトの一環として重要なのである。そして（しかし）そうした説明対象となる道徳は、実際には非常に限られる。というのも我々が道徳として知っているものとは、仮にそのようなものが存在するとすれば、我々が実際に営んでいる道徳でしかないからである。スミスの言葉を再び借りれば、「メタ倫理学における哲学者の課題とは、日常的な道徳実

践を理解することなのである」(ibid: 5)。このように、素朴メタ倫理学が客観主義的であることは、メタ倫理学における客観主義的理論を支持する一つの大きな要因となる。こうした点で素朴メタ倫理学の重要性は、メタ倫理学者によって広く認識されていると言えよう[4]。それどころか論者によっては、素朴メタ倫理学の客観主義的性格はメタ倫理学における客観主義に向かう動機を与えるだけではなく、それを支持する論証を構成するものですらある（e. g. Dancy 1986）[5]。

さらに、こうした素朴メタ倫理学の客観主義的性格は、客観主義を否定するメタ倫理学者によってもしばしば認められている。例えば、錯誤説の提唱者であるマッキー（Mackie 1977）は次のように、常識を覆す理論としてそれを提案する。

> 日常的な道徳的判断は、非認知主義や自然主義的分析では捉えられないような客観性への主張を含んでいる。道徳的懐疑論者は、それゆえ錯誤説という形式を採用し、客観的価値の存在への信念が日常的な道徳的思考や道徳言語に組み込まれていると認めつつ、ただしこの根強い信念が偽であると提唱すべきなのである。(Mackie 1977: 48-9)[6]

---

[4] 例えば佐藤（2017）は、客観主義の支持者が抱く理論的動機を代弁して次のように述べる。「あるリンゴが丸いリンゴだと言えるのは、実際にそのリンゴが丸いからである。同様に、客観主義的な考え方においては、ある行為が善い行為だと言えるのは、実際にその行為が善いからであり、本当にその行為が善い行為かどうかは、その行為を見てみればわかる。そして、その善さは誰にとっても共通のものである。これは私たちの実際の道徳的価値の理解に即しているように思われる」(ibid: 29；傍点強調追加)。他にも例えばシェイファー＝ランダウ（Shafer-Landau 2003）によれば、「認知主義だけが道徳の真理にまつわる日常的な語り方をそのまま保存することができる」(ibid: 23)（もっともこれは客観主義というよりも認知主義に関する主張であるが）。

[5] ダンシー（Dancy 1986）の言うところでは、「我々は、道徳的価値を世界の構造の一部と見なしている。我々の経験を額面どおりに受け止めれば次の通りである —— 我々はそれを世界における行為や行為者の道徳的性質の経験として判断しているのだ。［中略］これに反する考察がないかぎり、我々がそこで経験している類の道徳的性質は行為や行為者が持つものだと見なすべきである。これは、道徳経験の本性にまつわる一つの論証である。それは、道徳経験の本性から世界の本性らしきものへと移行する論証なのである」(ibid: 172；傍点強調追加)。この道徳経験からの論証への批判としては、Loeb（2007）などを参照。

こうして彼は、道徳の本性は「常識と呼ばれるものと食い違っている」(ibid: 36；邦訳39) としたうえで[7]、その見解を支持する論証を提案する。その一つである「奇妙さからの論証」は、道徳的性質の形而上学的次元に関わる論証である。それによれば、仮にこの世界に物理的性質と並ぶような仕方で道徳的性質が客観的な仕方で存在するとしたら、それは非常に奇妙な性質と言うほかないし、またそうした奇妙な性質を認識する道徳能力を我々が有しているというのも奇妙である。それゆえ（マッキーによれば）そのような奇妙な性質は実在するはずはなく、また客観主義的コミットメントのもとでそうした性質に言及する我々の道徳的判断は常に偽である。こうしたマッキーの錯誤説は、それでも我々の道徳を説明するというメタ倫理学的営みに反するものではない。なぜならそれは、我々の道徳が な ぜ 、い か に し て誤っているのかを説明し理解しようとするものだからである。

しかしこうした哲学者らは、一体どのようにして素朴メタ倫理学が客観主義的性格を有していることを知ったのだろうか。実は、少し振り返ってみれば、その想定を支える論拠はかなり断片的であることが分かる。哲学者らによる言説の事例をいくつか見てみよう。

> 倫理的な思考と感情は、「客観的な主旨」を有している。内側から見れば、それらは真理や正しさを求めているように見えるし、またそれらは自らが真や偽になりうるものだという前提を有しているように見える。(Darwall 1998: 25)

> 我々は、道徳的不一致は十分な批判的反省によって解消可能であるという

---

[6] 「道徳的懐疑論」というラベルも様々な立場に割り当てられるが、ここでマッキーがそのラベルを割り当てているのは、道徳にまつわる知識や正当化といった認識論的身分を疑うタイプの見解（e. g. Sinnott-Armstrong 2007）ではなく、端的に道徳的性質や道徳的事実の実在を否定するタイプの見解である。すなわちここでのマッキーの提唱は、道徳的実在論を否定するかぎりは、それは（例えば非認知主義ではなく）錯誤説という形態をとるべきだというものである。

[7] 他にも例えば、「…価値についてのこの客観主義は、哲学の伝統の特徴であるばかりではない。それは日常的な思考のなかにも、そして道徳語の意味のうちにさえも確固とした基盤を持っている」(Mackie 1977: 31)。

考えに対してある種のコミットメントを抱いており、だからこそ我々は道徳にまつわる論争にわざわざ加わるのである。このように、ある種の客観主義が素朴道徳には含まれているのだ。(Jackson 1998: 137)

我々は、「子どもを殺すのは間違っているとするのが真だ」といった言い方を額面どおりに受け止めているように見える。我々は道徳上の誤りの可能性を認めるし、それを偽なる語りや信念の事例として理解する。我々は道徳の難しさを経験するとき、誰が正しく何が義務なのかという真理を求めているものとして自己理解している。発見されるべき正しい答えがあるという前提を関係者は抱いているはずだ——我々は、道徳的不一致の係争点やその持続を説明するうえで、そのように見なすのである。(Shafer-Landau 2003: 23)

　以上のうち第一の言説は、道徳に関わる心的状態に言及しながら客観主義的コミットメントの存在を是認している。これに対して第二の言説は、道徳にまつわる論争に参加するという特定タイプの行為が浸透していることに訴えながら、客観主義的コミットメントの存在を主張している。そして第三の言説は、「子どもを殺すのは間違っているとするのが真だ」という発話やそれについての自己理解を引き合いに出している。
　たしかにこうした心的状態や行為や発話は存在するだろう。だがそれら発話等の存在は、客観主義的コミットメントの存在に対する頑健な証拠にはならない。というのもまず、それらの存在は例外的なものかもしれない。実はむしろ、「子どもを殺すのは間違っているとするのがこの国では真だ」という発話や理解のほうが頻繁であり、哲学者が注目する（端的に）「真だ」というタイプのそれはバイアスのかかったサンプリングによって注目されてきただけなのかもしれない。あるいは次のような可能性もある。我々の「真だ」という語はいわば略記的なものであって、常に「この国では真だ」という内容を暗黙的に表現しており、素朴メタ倫理学は実は一貫して相対主義的であるのかもしれない。こうした可能性は他にも様々な仕方で考えられる。
　そうした事態が判明したならば、道徳的実在論者がしばしば採用する客観主

義への理論的動機はかなりくじかれるだろう。もちろん客観主義への動機には、他にも道徳的進歩や道徳規範の普遍性といったものもあるだろうが、少なくとも、道徳を説明するというプロジェクトとしての客観主義的理論が見直しを迫られるのは間違いない。他方で道徳的実在論者以外にとっても、それは問題になる。例えば錯誤説の提唱者は、先ほど見たマッキーの論述に見られるように、素朴メタ倫理学の客観主義的性格を想定したうえで、そうした素朴メタ倫理学に依拠した道徳的判断がすべて偽であると主張する。それゆえ素朴メタ倫理学が実は客観主義的ではないと判明すれば、錯誤説の提唱者は、我々の道徳的判断がどのような仕方で偽であるのかを説明し直す必要があるだろう。そして以降で見る通り、近年の実験哲学的研究から得られる知見には、まさに素朴メタ倫理学の非-客観主義的性格を支持するものがある。まずは、その基本的な方法論を理解するためにも、出発点となる経験的知見を概観しておこう。

3 我々は客観主義者なのか：出発点となる実験哲学的知見

　素朴メタ倫理学の経験的解明に向けた開拓的研究は、ニコルズ（Nichols 2004）によるものである。その研究で参加者は、異なる道徳的意見を持った二人の人物についての情報を与えられる。一方の人物は、気分次第で人を殴ってもよいと言い、他方の人物は、気分次第で人を殴ってはいけないと言う。そして参加者は、(1) 第一の意見が正しいか、(2) 第二の意見が正しいか、それとも (3) どちらかの意見が絶対に正しいということはないか、いずれかを選択させられる。結果、参加者のうち (1) あるいは (2) を選択したのは 57.5% であり、(3) を選択したのは 42.5% であった。この結果は、どちらかと言えば人々は客観主義的な傾向が強いが、非-客観主義的な傾向もかなり広く浸透しているということを示唆している。

　ここで試みられているような、道徳的不一致への反応を調べるという研究パラダイムは、その後様々な研究のなかで洗練されていくことになる。そうした諸研究を見る前に、この研究パラダイムで調べられている反応がそもそも客観主義や非-客観主義としての資格を有しているかということを確認しておこう。

　先述のように客観主義によれば、道徳的判断の真理性は心から独立した事実

や性質のおかげである。それゆえ客観主義のもとでは、上記のような対立する二つの道徳的意見が存在するとき——一般的に言えば道徳的不一致が存在するとき——、それら両方が同時に真になることはありえない。それらが同時に真になるとしたら、例えば反応依存説の言うように、それらの意見を提唱する人々の反応傾向に違いがあるためである。そこで判断の標的となる行為が、一方の判断者には怒りを引き起こさず、他方の判断者には怒りを引き起こさないのかもしれない。あるいはそれは、文化相対主義の言うような仕方で両方とも真であるのかもしれない。判断の標的となる行為はある文化共同体では許されないが別の文化共同体では許されるので、そのかぎりにおいて両方の意見が同時に真になりうるのである。これに対して仮に客観主義が正しければ、たしかに道徳的不一致において少なくとも一部の意見は偽であるはずであり、逆もまたしかりである[8]。それゆえ上記のような研究パラダイムのもとでは、たしかに三つの選択肢のうち（1）あるいは（2）を選ぶという反応によって客観主義的な素朴メタ倫理学が示唆されると言えよう。

　さらに体系だった調査手法はグッドウィンとダーリー（Goodwin & Darley 2008）によるものであり、これはより示唆的な結果を与えている。彼らはまず実験で用いる問題を四種類に分類した。第一は事実に関する問題であり、第二は道徳に関する問題であり、第三は慣習に関する問題であり、第四は趣味に関する問題である。そのうえで参加者が各領域の問題群についてどの程度客観主義的であるかが先述と同様の方法で測定された。ただし、その反応は1点から3点の間でスコア化された。例えば自身と異なる見解について間違っていると答えれば3点（客観主義的）であり、他方で自身の見解も自身と異なる見解もいずれも間違っていないかもしれないと答えれば1点（相対主義的）といった具合である。結果、事実問題に関しては平均で2.91点、道徳問題に関しては2.56点、慣習問題に関しては2.00点、趣味問題に関しては1.34点であった。道徳問題に関する人々の客観主義的傾向は、事実問題のそれよりは有意に弱か

8　厳密に言えば、「逆」は当てはまらない。道徳的不一致に際して少なくとも一方の意見が偽であるということは、その不一致のケースしだいでは、例えば相対主義によっても受容可能である。例えば、同じ文化共同体に属する二人の間での道徳的不一致については、少なくとも一方の意見が偽であるということが文化相対主義から含意される。こうした可能性について、より詳しくは次節を参照。

ったものの、慣習問題や趣味問題よりは有意に強かったのである（Experiment 1）[9]。また彼らのさらなる実験では、参加者は呈示された道徳的言明について、それが真であるかどうかについて正しい答えが存在しうるか、と問われた。結果、参加者の反応のうち 70% はそれに対して肯定的なものであった（Experiment 2）。これらの結果だけを見れば、かなり強い客観主義的なコミットメントの存在が示唆される。

だが事はそう単純ではない。彼らの研究では、道徳問題のなかにも、それに対する客観主義的な反応傾向が強いものとそうでないものが含まれている。例えば銀行強盗や試験での不正にまつわる問題は強い客観主義的反応を招くものの（先述の「正しい答えが存在しうるか」に対する肯定的反応はいずれも 83%）、安楽死、人工妊娠中絶、幹細胞研究などにまつわる問題に対しては非常に弱い客観主義的反応しか得られなかった（それぞれ 17%、22%、24%）。

こうした反応の差異には、いくつかの要因が因果的に関わっているようだ。後の調査からも判明している要因の一つは、呈示された問題への答えについて社会的合意があると見なされるかどうかである（Goodwin & Darley 2012）。まず、実験参加者がその問題に対して客観主義的に反応する度合いは、それについてどのような答えが正しいかに関して合意があると実験参加者が見なす度合いと相関していた[10]。さらに、問題を呈示されるときに、その問題について合意が得られているという情報を付加すると、参加者がその問題に対して客観主義的に反応する度合いが高まったのである[11]。

人々が示すこうした反応の複雑さと精妙さからは、少なくとも次の一点がたしかに言える：人々の発話や反応の一部をとりだしても、その本性が客観主義

---

9 さらに、こうした客観主義的な傾向性は、5～9 才の子どもでも同様に観察されている（Wainryb et al. 2004; c. f. Heiphetz & Yong 2017; Schmidt et al. 2017）。
10 ここで参加者は、与えられたシナリオ中の行為が許されるという言明にどれくらい同意するかも答えさせられる。そのうえで参加者は、アメリカ国民のうちどれくらいの割合が、そうした同意（または不同意）をするかという見積もりをする（この研究はアメリカで行われた）。この見積もられた割合が高いほど、与えられた問題について合意があると参加者から見なされている、というわけである。
11 同様の傾向は、中国やポーランドの人々でも観察されている（Beebe et al. 2015）また人々の反応に差異をもたらす要因として、性格特性（Feltz & Cokely 2008）や年齢（Beebe & Sackris 2016）なども指摘されている。

的であるかどうかは簡単に結論づけられない。比較してみれば、例えば先述のShafer-Landauが言及しているような、「我々は、『子どもを殺すのは間違っているのは真だ』といった言い方を額面どおりに受け止めているように見える」といったことは、素朴メタ倫理学が客観主義的であることの証拠としてはほとんど無力である。そうした「額面どおりの受け止め」はどのような文脈で観察されたものだろうか。異なる文脈で同様の言明を与えられても、人は同じように「受け止め」続けるだろうか。さらに人は、どのような心理状態でもそうした「受け止め」を行うのだろうか。こうしたことが体系的に調べられないかぎり、そうした「受け止め」なるものからは、素朴メタ倫理学が客観主義的であるといったことは全く結論づけられない。それどころか次節で見るように、そうした体系的な調査の結果からは、むしろ素朴メタ倫理学が相対主義的であるという可能性が積極的に示唆されているのである。

4 相対主義的な素朴メタ倫理学の可能性

先述の経験的研究が示唆する通り、人々の反応は、道徳的言明の内容やそれにまつわる社会的要因（例えば合意があるという認識）によって変動しうる。そうした要因としてさらに判明しているものとして、道徳的不一致における・文・化・共・同・体・の・共・有・の有無がある。すなわち、実験参加者が客観主義的反応を返す傾向性は、道徳的主張を対立させている二人が同じ共同体に属しているかどうかによっても変動する。この可能性はサーキシアンら（Sarkissian et al. 2010）の研究によって示唆されている。

この研究は、各参加者を以下三つの異なる条件のうちどれか一つに割り当てた（study 1）。第一に「同文化条件」では、実験参加者は次のような場面を想像するように求められる：殺人行為が道徳的に許されるものかどうかについて、自分の大学に所属する二人の人物が意見を違わせている。一方はその行為が許されないと考えているが、他方は許されると考えている。このように想像したうえで実験参加者は、「二人のうち少なくともどちらか一人が間違っている」という言明に同意するかどうかを7件法で答えさせられた（7点＝同意、1点＝不同意）。第二に「異文化条件」では、想像作業において次の点においてのみ

異なる：殺人行為が許されるかどうかについて、自分の大学に所属する人物と、自分の社会とは全く異なる価値観を持ったアマゾンの部族の人物が、同様に意見を違わせている。最後に「地球外条件」では、想像作業が次の点においてのみ異なる：殺人行為が許されるかどうかについて、自分の大学に所属する人物と、人間とは全く異なる心理構造を持った地球外の知的生物が、同様に意見を違わせている。

　結果、同文化条件での反応の平均値は理論的中点（4点）を上回り、異文化条件でのそれは理論的中点の付近であり、地球外条件でのそれは理論的中点を下回るものであった。これらどの条件間においても、反応の度合いは有意に異なっていた（study 1）。これはアメリカの大学生を対象にした実験だが、同様の結果は、シンガポールの大学生を対象にした実験でも得られた（study 2）。またここで用いた三条件すべてを各参加者に割り当てた場合でも、同様の結果が得られた（study 3）。さらにこうした結果は、道徳的な意見対立を題材にしたときにだけ見られ、道徳に明らかに関わらない事実をめぐる意見対立を題材にしたときには見られなかったのである（study 5, 6）。

　こうした経験的知見は、人々は客観主義的というよりはむしろ相対主義的なコミットメントを有していることを示唆する。もちろん文脈によっては——例えば上記の同文化条件では——人々は一見客観主義的な反応を示すが、それは相対主義的なコミットメントの存在からも予測できる。なぜなら二人が意見を違わせているときでも、その二人が同じ文化共同体に所属しているかぎり、少なくともどちらか一方の意見がその共同体に相対的に偽であることにはなるからである。

　先述のように哲学者はしばしば、素朴メタ倫理学が客観主義的であると想定してきた。そのうえで哲学者がとる道は様々であるが、大きく分ければ二通りになる。第一の道は、素朴メタ倫理学が客観主義的であると想定し、そうしたコミットメントをそのまま受容する理論構築を行うというものである。標準的な道徳的実在論はこれに該当する。だがサーキシアンらの研究が示唆するように素朴メタ倫理学が相対主義的なものであれば、この道はほとんど不可能になるだろう。メタ倫理学者の仕事としては、もちろん何らかの素朴メタ倫理学を受容したり理解したりする課題は残り続けるだろうが、その課題の対象はもは

や客観主義的なコミットメントとは異なる何か別のものである。それゆえメタ倫理学者は客観主義を推進するうえで、それをある種の修正主義的な理論として提唱せざるを得ないだろう。

　第二の道は、素朴メタ倫理学が客観主義的であると想定し、しかしそうしたコミットメントを退けるような理論構築を行うというものである。例えば錯誤説はこれに該当する。とくにマッキーは、我々の客観主義的コミットメントを有する道徳的判断はすべて錯誤に陥っていると明示的に論じた。そのため、素朴メタ倫理学がそうしたコミットメントを含まないと判明したならば、錯誤説もまたかなりの再構築を求められるように思われる。

　これらに対してむしろ有望さを増すのは、主観主義、とりわけ相対主義である。サーキシアンらの研究を考慮に入れれば、そこで示唆される文化相対主義的コミットメントを受容するという点で、メタ倫理学的見解としての文化相対主義は相応の理論的長所を有することになる。それはもちろんメタ倫理学的見解としての文化相対主義が正しいということを確立するわけではないが、少なくとも、これまでの論争で書き込まれてきたスコアボードの重要な部分が転覆されることは間違いない。

　しかし相対主義全般には、いくつかの哲学的困難がつきまとうことが知られている。そのうち最も大きなものは、仮に相対主義が正しければ道徳的不一致が真正の仕方では存在しなかったことになってしまう、というものである。次節ではこの問題とそれをめぐるさらなる経験的知見について検討しよう。

5　道徳的不一致にまつわるメタ倫理学と素朴メタ倫理学

　類比のために次のような場面を想定してみよう。一方で人物 A が「今は 9 時だ」と言い、他方で人物 B が「今は 16 時だ」と言ったとしよう。このとき両者の主張は、一見するところ矛盾しており、それゆえ両者の主張の間には不一致があるかのようだ。しかし実は、A はフランスの住民で、B は日本の住民なのだとしよう。その場合、A の主張の内容は〈今はフランスでは 9 時だ〉というものであり、B の主張の内容は〈今は日本では 16 時だ〉というものである。こうして両者の意見は実は相互に矛盾するようなものではなく、真正の

不一致は存在しなかったわけである。これは、「今は〜時である」という主張の内容が発話文脈に相対的であるためだ。

　今度は、道徳的判断の場合を考えよう。一方で、あるフランス住民が「死刑は悪いことだ」と言い、他方で、ある日本住民が「死刑は悪いことではない」と言ったとしよう。このとき両者の意見は、一見するところ矛盾しており、それゆえそこには不一致があるかのようだ。だが道徳についての文化相対主義が正しいかぎり、道徳的な悪さというものは文化共同体という文脈に相対的なものでしかない。それゆえフランス住民の主張の内容は〈死刑はフランスでは悪いことだ〉というものであり、日本住民の意見の内容は〈死刑は日本では悪いことではない〉というものである。こうして両者の意見は実は相互に矛盾するようなものではなく、真正の不一致は存在しなかったことになる。

　道徳的判断に関する文化相対主義からのこのような帰結は、かなり馬鹿げているように思われる。フランス住民と日本住民は互いの位置を理解しているかぎり、今の時刻について言い争ったりはしない。なぜならば、前者による「今は9時だ」という主張と後者による「今は16時だ」という主張の間に、真正の不一致は存在しないからである。同様に、道徳的判断についての相対主義が正しければ、フランス住民と日本住民の主張の間で死刑について真正の不一致は存在しないはずであり、それゆえまさか言い争ったりはしないはずである。しかし現実にそうした争いは起こっている。特に、日本で死刑が執行されるたびに諸外国（といっても西洋諸国であるが）からは非難が繰り返され、またそれに対して日本の市民達も反発を繰り返す。そこには、相手の見解を拒否するという行為——典型的には「ノー」と相手に言う行為——がたしかに存在している[12]。

　これはメタ倫理学的見解としての相対主義をめぐる困難の一つであり、古くから知られていたものである（Moore 1922: 336）。しかも今回の問題に照らせば、その困難はより深刻である。仮に素朴メタ倫理学が相対主義的なのだとす

---

[12] この原稿を作成している2018年に、日本で三度にわたって計15人に対して死刑が執行された。これに対してその都度、EUおよびその加盟国・アイスランド・ノルウェー・スイスから共同での非難声明が発表されている。なお日本の最近の世論調査によれば、80%が死刑制度の存置について「やむを得ない」と答えている（内閣府平成26年度「基本法制度に関する世論調査」）。

ると、人々は次のような状態に置かれていることになる：自身がコミットしている相対主義から道徳的不一致の非存在が含意されるにも関わらず、その含意に気づかないままに言い争いを始めてしまう。しかもどうしたわけか人々は、文脈依存的な表現のなかでも時刻ではなく道徳に関わる場合にだけそうした不合理な混乱状態に陥るというのである。このような描像はかなりトリッキーなものであり、容易には受け容れがたい。実際、このような相対主義の困難は、同時に客観主義を支持するものだとする向きもある[13]。

しかしこれまでの哲学的議論では、こうした相対主義の困難を回避するための方略がさまざまな仕方で提案されている。その一つが文脈主義（Contextualism）の最近の展開である（e. g. Björnsson & Finlay 2010; Plunkett & Sundell 2013; Finlay 2017; Silk 2017; Khoo & Knobe 2018）。それは概して言えば、まさに「今は〜時である」のような指標的表現を含んだ言明と同じように、道徳的表現を含んだ言明の真理条件を文脈依存的なものとして分析するものである。この方針によれば、「悪い」といった道徳的表現は意味論的に不完全であり、それを含んだ言明の真理条件は発話文脈に依存する。重要なのは、そうした文脈を構成する要因（すなわち文脈パラメーター）の一つに道徳規範が含まれ、それが次のような仕方で機能することである。すなわち、「死刑は悪いことだ」という道徳的言明は、当該の道徳規範から死刑が悪いことだということが含意されるかぎり真である。ここでそうした道徳規範を、発話者が所属する文化共同体で是認された規範として定めれば、文化相対主義的なバージョンの文脈主義を提案したことになるだろう[14]。

そうした試みは多様な仕方で展開されているが、その一例をごく簡単に再構成してみれば次の通りである（c. f. Silk 2017; Khoo & Knobe 2018）。ある会話において一方が「死刑は悪いことだ」と主張し、他方が「死刑は悪いことではな

---

[13] 本章第2節におけるJackson（1998）の引用も参照。
[14] 文脈主義の源泉にあるアイデアは、ハーマン（Harman 1975）やドライアー（Dreier 1990）による相対主義の定式化である。そこでの基本的発想は、発話者と聞き手が道徳規範を共有することで初めて発話の真理条件および真理値が確定するというものであった。最近の文脈主義の発展は、それに形式意味論のツールを導入することで加速したものであるが、根本的な発想は変わらない。ただし最近の文脈主義における一つの特徴は、道徳的不一致を相対主義と両立可能なものとして新たに概念化する試みがなされていることである。

い」と主張したとする。ここで、各言明の真理条件はその会話において共有さ
れた道徳規範に可感的だと提案してみよう。この会話において、一方は死刑を
禁じるような道徳規範を共有することを求めながら発話しており、他方は死刑
を許すような道徳規範を共有することを求めながら発話しているので、いずれ
の共有も達成されていない。それゆえ（目下の提案によれば）いずれの発話も
真理値を欠き、少なくともどちらかの主張が偽であることは含意されない。ま
た、当該の道徳規範のうちどちらが真かということも目下問題ではない。それ
らの真理性は各発話の真理条件の確定に関与せず、両者はどの道徳規範が共有
するかをめぐって争っているだけである。このように、道徳的不一致は主張内
容上の矛盾を含むものとしてではなく、ある種の文脈的パラメーターの設定を
めぐる争いとして概念化される[15]。

　こうした分析に対しては、道徳的不一致に関する我々の理解に反するという
批判がなされるかもしれない。すなわち、我々は道徳的不一致において、端的
に相手の主張をその内容において否定しようと試みているし、また我々は自ら
の道徳実践をそのように理解している。指標的表現には明らかに文脈主義的な
意味論が当てはまるけれども、道徳的表現についてはむしろ非文脈主義的な意
味論のほうが自己理解として自然だと思われる。そうした自己理解に反する分
析をあえて採用することの目的が、単に相対主義を擁護するということなので
あれば、アドホックと言われても仕方がないだろう（c. f. Lyons 1976)[16]。

　だがこうした分析は、本当に、アドホックと言われても仕方のないものなの
だろうか。よく見てみると、この係争点にも一つの経験的問題が含まれている
ことが分かる。それは他でもなく、そもそも我々は道徳的不一致をどのような
ものとして理解しているのかという問題である。仮にそれを体系的に調査した
ら、調査対象となる人々は、自身が相対主義的な反応を示すとき、道徳的不一
致は存在しないと認めるのだろうか。あるいは彼らは、相対主義的な反応を示

15　相対主義と道徳的不一致に関する理論的詳細については、第9章を参照。
16　ライオンズ（Lyons 1976）がそうした道徳的不一致の分析を予見して批判したところでは、
「［相対主義者］は、一見衝突している判断を両立可能だと見なすべきなのはなぜなのか［…］につい
て、十分に上手い理由を与えなければならないし、それらの判断について他でもなく特定の相対主義
的分析が求められるということも示さなければならないはずだ」（ibid: 120）。

すときでも道徳的不一致が存在すると言うのだろうか。

クーとノーブ（Khoo & Knobe 2018）は、この点に関わる次のような実験を行っている。まず彼らは参加者に対して、前節のサーキシアンらと同様に、道徳的意見を違わせている二人のシナリオを用いて次を問うた——少なくともどちらか一人が間違っているだろうか。するとやはり、当該の同意度は同文化条件で最も高く、地球外条件で最も低く、異文化条件ではその中間であった。彼らはこのように参加者の相対主義的な反応を再現したうえで、（ここからが重要だが）参加者に次の問いを与えた——シナリオ中で意見を違わせている二人の間で、一方が他方に対して"NO"と言うのは適切か。すると参加者はシナリオの条件に関わらず一貫して、それが適切だと答える傾向にあったのである。つまり参加者は、相対主義的反応を示しながら、それと同時に道徳的不一致の存在を認めるような反応を示したのである（Experiment 1）。さらにこの研究では、次のような、より直接的な問いを用いた実験も行われた——二人の間に不一致はあるだろうか。結果は先ほどと同様であり、参加者は条件に関わらずそこに不一致があると答える傾向にあった（Experiment 2）。

この実験結果から示唆されるのは、人々は一方で相対主義的なコミットメントを有しながら、まさにそれを顕現させるときでも道徳的不一致が存在すると見なす、ということである。つまり人々にとって道徳的不一致とは、そこでの主張がその内容上両立可能なものであり、かつ、それでも一方が他方を拒否することが可能になるようなものである。このような描像が正しければ、それは先ほどのアドホックさの懸念を排除することに対して十分な正当化を与えるだろう。すなわち、文脈主義的に概念化されるような道徳的不一致は、人々の理解に反するどころか、それを満たすようなものである。もちろん、文脈主義に限らず他の枠組においても、相対主義と両立可能な道徳的不一致を概念化できるかもしれない[17]。だが大局的に見て重要なのは、こうした経験的知見がメタ倫理学の論争状況を大きく変えるポテンシャルを有しているということである。すなわち、道徳的不一致という現象は、相対主義ではなくむしろ客観主義にとって都合の悪いものかもしれないのだ。この現象について自然な分析を与えることに失敗しているのは客観主義を支持するメタ倫理学者であり、この点で彼らの方が論証責任ないし「現象を説明し去る」責務を負っているのである。

さて、こうしたメタ倫理学的含意の大きさに鑑みれば、我々は経験的知見から素朴メタ倫理学の本性についてどのような結論を導くのかという点で、より慎重であるべきだろう。とくに、多くの経験的研究では、人々は一貫したコミットメントを有していると想定されたうえで、それが客観主義的か否かという点が問題化される傾向にあるが、こうした想定はどれくらいもっともらしいものだろうか。最後にこの点を簡単に検討することにしよう。

6 我々は一貫したコミットメントを有しているのか

第3節で見たグッドウィンとダーリーの研究では、人々の反応傾向は個々の問題によってかなり異なり、正しい答えが存在するという反応が80%程度の割合で得られる問題もあれば、17%という非常に低い割合でしか得られない問題もある。こうした可変性は先述のとおり社会的合意の知覚によって部分的に説明できるとして、しかしそれは正確には人々のコミットメントについて何を示唆するのだろうか。一つの可能性は、先述のように人々は一貫してある種の相対主義にコミットしているというものである。しかしもう一つの可能性は、人々はある問題については客観主義的であり、他の問題については相対主義的であるというものである。社会的合意の知覚が人々の反応に影響するとしても、それは二つのコミットメントの間でのシフトを促すためなのかもしれない。

第4節で見たサーキシアンらの研究についても同様である。その研究からは素朴メタ倫理学が相対主義的だと示唆されるが、他方で次の可能性も残されている。すなわち、人々は客観主義と相対主義の両方にコミットしており、どちらが顕現するかは文脈依存的である。とりわけ同文化条件では人々は客観主義的なコミットメントを顕現させる傾向にあるが、異文化条件では人々は相対主

---

17 最近ではさらに、こうした文脈主義とはまた異なる相対主義の発展の系譜として、真理相対主義とでも呼ぶべきものが展開されている（Kölbel 2004; MacFarlane 2007）。文脈主義では道徳的主張の真理条件が発話文脈によって決定されるのに対して、真理相対主義ではそれは発話文脈および評価文脈によって決定される。真理相対主義の一つの特徴は、道徳的不一致を主張内容上の矛盾を含むものとして直接的に受け容れるという点である。文脈主義は「指標的相対主義」、真理相対主義は「真正相対主義」と呼ばれることもある（Kölbel 2004; c. f. Brogaard 2008; Beebe 2010）。

義的なコミットメントを顕現させる傾向にある。もちろん客観主義と相対主義はメタ倫理学的見解としては両立しないが、それらが素朴メタ倫理学という人間心理として共存しているという可能性は排除されない。

　これらどちらの可能性も同様に当該の人々の反応を説明するので、状況は決定不全に陥るように思われるが、私の見るところ、そうとは限らない。ここで注目すべきは、先ほどまで見たような研究とは違って、道徳的・行・動・に焦点を合わせる経験的研究である。

　レイとホリオク（Rai & Holyoak 2013）は次のような実験を行った。まず参加者のうち一部を「相対主義条件」に割り当て、女性器切除の風習について説明する文章を読ませるとともに、その風習を相対主義的な観点から支持する文章を読ませる。他方で別の参加者については「客観主義条件」[18]に割り当て、女性器切除の風習を客観主義的観点から否定する文章を読ませる。それ以外の参加者は、コントロール条件として、料理に関するシェフの意見を読ませられる。その後で参加者はみな、サイコロを使った現金クジの機会を与えられる。参加者はサイコロを振って出た目が大きいほどより多くの現金を得ることができるが、ここで参加者はその目をごまかして申告することができるようになっている。結果、参加者が申告した目の数は、コ・ン・ト・ロ・ー・ル・条・件・と・客・観・主・義・条・件・の・間・で・は・変・わ・ら・な・か・っ・た・ものの、相対主義条件でのそれは有意に高かった（Experiment 1）。この結果についての説明としてはこうだ。人々のコミットメントは基本的に客観主義的であり、それは道徳的に悪い行動を抑止するように機能しているが、これは相対主義を示唆する刺激によって弱められる。

　他方でレイとホリオクは、さきほどと同様の条件を参加者に割り当てたうえで、次のような仮想的場面で自身ならどう行動するかを参加者に問うた：雑貨店で、明らかに誤って安い値段を表示してある商品を見つけた場合、そのまま購入するかどうか。すると、参加者がそれに肯定的に答えた傾向は、コ・ン・ト・ロ・ー・ル・条・件・と・相・対・主・義・的・条・件・の・間・で・は・変・わ・ら・な・か・っ・た・ものの、客観主義的条件でのそれは有意に低かった（Experiment 2）。この結果は先ほどと逆転している

---

[18] この表現は本章での語用に合わせたものであり、当の論文では「絶対主義（absolutism）」条件と表現されている。

ように見える。すなわち、ここでは人々のコミットメントは基本的に相対主義的であるかのようである（c. f. Young & Durwin 2013; Lu et al. 2017）[19]。

これらの結果を一貫したコミットメントによって説明するのは難しいように思われる。仮に人々のコミットメントが一貫して相対主義的であるならば、彼女らの行動は相対主義を示唆する刺激によって影響されないはずであり、（何らかの影響を受けるとすれば）客観主義を示唆する刺激によってのみ影響を受けるはずだからである。同様のことが、一貫した客観主義的コミットメントを措定する場合も言える。むしろ可能な説明としては、人々のコミットメントは総体として一貫しておらず、ある問題文脈については客観主義的であるものの、他の問題文脈については相対主義的であるようだ。

こうした可能性はまだ体系的に調べられているとは全く言いがたく、その裁定のためにはさらなる経験的研究を要する。だが、仮に素朴メタ倫理学がこうした仕方で非一貫的なものだとしたら、それは何を意味するのだろうか。ここではその含意について検討しておこう。

一つの可能性は、メタ倫理学的見解としての不整合説が支持されるというものである。その提案者であるロブ（Loeb 2008）によれば、我々の道徳的表現は、ときに客観主義的であればときに非-客観主義的でもあり、その一貫した意味論が不可能なほどに混乱している。それに基づいて彼は、メタ倫理学における存在論的帰結を導く。ちょうど「丸い四角」という表現が一貫した意味論を持たず、それゆえいかなる指示対象も持たないのと同じように、我々の道徳的表現もまた指示対象を持たず、それゆえ道徳的性質は存在しないことになる。このようにロブはもっぱら道徳的表現の意味論（とその存在論的帰結）に焦点を合わせて論じるが、こうした提案は一見するところ、素朴メタ倫理学の非一貫性から直ちに帰結するように思われる。素朴メタ倫理学が全体として一貫し

---

19 上記の研究は、道徳的に悪い行動におけるインパクトを調べたものであるが、別の研究（Young & Durwin 2013）は、道徳的に善い行動について調べている。彼女らは、貧しい子供への寄附を人々に募るさいに、客観主義を示唆する言葉を織り交ぜるか（客観主義条件とここでは呼ぼう）、あるいは相対主義を示唆する言葉を織り交ぜた（相対主義条件）。結果、寄附が得られる割合は、コントロール条件と相対主義条件の間で違いはなかったものの（いずれも20％強）、客観主義条件ではその割合は2倍ほどであった（約50％）。これはレイとホリオクによる研究のExperiment 2と同様の現象として理解できるだろう。

ておらず、場面によって客観主義的でもあったり相対主義的であったりするのであれば、それらの言語的な表現もまた意味論的に一貫していないというのが一見もっともらしい。

しかし慎重を期すれば、変動説のほうが妥当だと言うべきかもしれない。変動説の提案者であるギル（Gill 2008, 2009）によれば、これまでのメタ倫理学者の大半は誤った想定のもとで論じてきた。その想定とは、日常的な道徳的言説が特定のメタ倫理学的見解を正当化できるくらいに均一的かつ確定的だというものである。ギルが主張するところではむしろ、日常的な道徳的言説は均一なものではなく、その一部は特定のメタ倫理学的見解に合致する分析が当てはまるが、他の部分はそうではない（変動性）。それゆえ日常的な道徳的言説は、特定のメタ倫理学的見解を正当化できるほど確定したものではない（不確定性）。ギルがこうして提案する変動説は不整合説に似ているが、しかし重大な点でそれとは異なっている。変動説によれば、人々はある場面で意味論的に一貫した仕方で（例えば客観主義的に）道徳的表現を用い、別の場面ではまた別様ながら意味論的に一貫した仕方で（例えば相対主義的に）道徳的表現を用いている。このように道徳的表現は、ロブの不整合説で言われるのとは違って、全体的には一貫していないが局所的に一貫した意味論を有しうるのだという。この点で変動説は、目下のような素朴メタ倫理学の非一貫性から支持を受けると思われる。人々は多元的なコミットメントを有しており、道徳的問題に応じて、あるいは道徳的問題が呈示される文脈に応じて、特定のコミットメントを反映させるように道徳的表現の意味論を変動させるのである。

このように不整合説と変動説は、その差異に応じて異なる程度に経験的知見から支持を受けることになるだろう。それでも各説の提唱者は、それを追求するうえで経験的知見が重要な役割を果たすとされているという点では合意している[20]。今回見たようなものにかぎらず、今後さらなる経験的研究によって、

---

20 一方で不整合説については、「それが正しいかどうかを知るには、哲学的知見を十分に踏まえて洗練された経験的研究が必要になるだろう」（Loeb 2008: 358）。他方で変動説の可能性を追求するためには、「20世紀のメタ倫理学者らよりもはるかに多くの時間と労力をかけてデータ収集に努めなければならないだろう」（Gill 2009: 232）。不整合説と変動説の正確な差異については、Sinnott-Armstrong（2009）、佐々木（2011）などを参照されたい。

各説の妥当性が検証されていくに違いない。

7　おわりに

　我々は道徳に関してどのようなコミットメントを有しているのか、あるいはそうしたコミットメントはその深部において一貫したものなのかどうか。またそうしたコミットメントはどのようなパターンで顕現するのか、そしてそうした顕現を支えるメカニズムはどのようなものなのか。こうした問題はもちろん簡単に答えられるものではないが、それでも経験的探求への道は確かに開かれはじめている。もちろんそうした経験的探求だけでメタ倫理学上の問題が解けるわけではないが、そのようなことを主張している者は一人もいない。むしろ実験哲学が決定的な貢献をなす一つの典型的なパターンは、これまで哲学者が想定していた経験的主張を経験科学的な方法論で確かめるというものである（Knobe & Nichols 2008）。そうだとすればメタ倫理学上の論争は実験哲学にとっての格好のターゲットになるだろうし、それはメタ倫理学者の仕事を奪うというよりはむしろ、メタ倫理学者が取り組む問題の幅を広げる——あるいは本来最初から取り組んでおくべきだった問題へと振り向かせる——という役割を果たすことになるだろう。

文献

Ayer, A. J. (1936). *Language, Truth and Logic*. London: Gollancz.〔吉田夏彦【訳】『言語・真理・論理』岩波書店、1955年〕

Beebe, J. R. (2010). "Moral relativism in context". *Noûs, 44* (4), 691-724.

Beebe, J., Qiaoan, R., Wysocki, T., & Endara, M. A. (2015). "Moral objectivism in cross-cultural perspective". *Journal of Cognition and Culture, 15* (3-4), 386-401.

Beebe, J. R., & Sackris, D. (2016). "Moral objectivism across the lifespan". *Philosophical Psychology, 29* (6), 912-929.

Björnsson, G., & Finlay, S. (Eds.). (2010). "Metaethical contextualism defended". *Ethics, 121* (1), 7-36.

Brogaard, B. (2008). "Moral contextualism and moral relativism". *The Philosophical Quarterly, 58* (232), 385-409.
Dancy, J. (1986). "Two conceptions of moral realism". *Proceedings of the Aristotelian Society, Supplementary Volumes, 60*, 167-187.
Darwall, S. (1998). *Philosophical Ethics*. Boulder, CO: Westview.
Dreier, J. (1990). "Internalism and speaker relativism". *Ethics, 101* (1), 6-26.
Feltz, A., & Cokely, E. T. (2008). "The fragmented folk: More evidence of stable individual differences in moral judgments and folk intuitions". In *Proceedings of the 30th annual conference of the Cognitive Science Society* (pp. 1771-1776). Cognitive Science Society Austin, TX.
Finlay, S. (2017). "Disagreement lost and found". In R. Shafer-Landau (Ed.), *Oxford Studies in Metaethics Vol. 12* (pp. 187-205), Oxford: Oxford University Press.
Gill, M. B. (2008). "Metaethical variability, incoherence, and error". In W. Sinnott-Armstrong (Ed.), *Moral Psychology, Volume 2: The Cognitive Science of Morality* (pp. 387-401), Cambridge: MIT Press.
Gill, M. B. (2009). "Indeterminacy and variability in meta-ethics". *Philosophical Studies, 145* (2), 215-234.
Goodwin, G. P., & Darley, J. M. (2008). "The psychology of meta-ethics: Exploring objectivism". *Cognition, 106* (3), 1339-1366.
Goodwin, G. P., & Darley, J. M. (2012). "Why are some moral beliefs perceived to be more objective than others?". *Journal of Experimental Social Psychology, 48* (1), 250-256.
Harman, G. (1975). "Moral relativism defended". *The Philosophical Review, 84* (1), 3-22. Reprinted in J. Meiland and M. Krausz (Eds.), *Relativism: Cognitive and Moral*, Notre Dame: University of Notre Dame Press. 常俊宗三郎ほか【訳】『相対主義の可能性』産業図書、1989 年: 356-86)
Harman, G. (2015). "Moral relativism is moral realism". *Philosophical Studies, 172* (4), 855-863.
Heiphetz, L., & Young, L. L. (2017). "Can only one person be right? The development of objectivism and social preferences regarding widely shared and controversial moral beliefs". *Cognition, 167*, 78-90.
Huemer, M. (2005). *Ethical Intuitionism*. Basingstoke: Palgrave Macmillan.
Jackson, F. (1998). *From Metaphysics to Ethics: A Defence of Conceptual Analysis*. Oxford: Oxford University Press.
Joyce, R. (2016). "Moral anti-realism", *The Stanford Encyclopedia of Philosophy*, <https://plato.stanford.edu/archives/win2016/entries/moral-anti-realism/>.

Kahane, G. (2011). "Evolutionary debunking arguments". *Noûs, 45* (1), 103-125.
Khoo, J., & Knobe, J. (2018). "Moral disagreement and moral semantics". *Noûs, 52* (1), 109-143.
Kölbel, M. (2004). "Indexical telativism versus genuine relativism". *International Journal of Philosophical Studies, 12* (3), 297-313.
Loeb, D. (2007). "The arguement from moral experience". *Ethical Theory and Moral Practice,* 10 (5), 469-484.
Loeb, D. (2008). "Moral incoherentism: How to pull a metaphysical rabbit out of a semantic hat". In W. Sinnott-Armstrong (Ed.), *Moral Psychology, Volume 2: The Cognitive Science of Morality* (pp. 355-85), Cambridge: MIT Press.
Lu, J. G., Quoidbach, J., Gino, F., Chakroff, A., Maddux, W. W., & Galinsky, A. D. (2017). "The dark side of going abroad: How broad foreign experiences increase immoral behavior". *Journal of Personality and Social Psychology, 112* (1), 1-16.
Lyons, D. (1976). "Ethical relativism and the problem of incoherence". *Ethics, 86* (2), 107-121. Reprinted in J. Meiland and M. Krausz (Eds.), *Relativism: Cognitive and Moral,* Notre Dame: University of Notre Dame Press.〔常俊宗三郎ほか【訳】『相対主義の可能性』産業図書、1989 年: 395-428〕
MacFarlane, J. (2007). "Relativism and disagreement". *Philosophical Studies, 132* (1), 17-31.
Mackie, J. L. (1977). *Ethics: Inventing Right and Wrong.* New York: Penguin.〔加藤尚武【監訳】『倫理学――道徳を創造する』哲書房、1990 年〕
Moore, G. E. (1922). *Philosophical Studies.* New York: Harcourt, Brace and Co. Inc.
Nichols, S. (2004). "After objectivity: An empirical study of moral judgment". *Philosophical Psychology, 17* (1), 3-26.
Plunkett, D. & Sundell, T. (2013). "Disagreement and the semantics of normative and evaluative terms". *Philosophers' Imprint, 13* (23) : 1-37.
Prinz, J. (2007). *The Emotional Construction of Morals.* Oxford: Oxford University Press.
Rai, T. S., & Holyoak, K. J. (2013). "Exposure to moral relativism compromises moral behavior". *Journal of Experimental Social Psychology, 49* (6), 995-1001.
Sarkissian, H. (2016). "Aspects of Folk Morality". *A companion to experimental philosophy,* 212-224.
Sarkissian, H., Park, J., Tien, D., Wright, J. C., & Knobe, J. (2011). "Folk moral relativism". *Mind & Language, 26* (4), 482-505.
Schmidt, M. F., Gonzalez-Cabrera, I., & Tomasello, M. (2017). "Children's developing

metaethical judgments". *Journal of Experimental Child Psychology, 164*, 163-177.

Shafer-Landau, R. (2003). *Moral Realism: A Defence*. Oxford: Oxford University Press.

Silk, A. (2017). "Normative language in context". In R. Shafer-Landau (Ed.), *Oxford Studies in Metaethics Vol. 12* (pp. 206-243), Oxford: Oxford University Press.

Sinnott-Armstrong, W. (2009). Mixed-up meta-ethics. *Philosophical Issues, 19* (1), 235-256.

Smith, M. (1994). *The Moral Problem*, Oxford: Blackwell.〔樫則章【訳】『道徳の中心問題』勁草書房、2006年〕

Wainryb, C., Shaw, L. A., Langley, M., Cottam, K., & Lewis, R. (2004). "Children's thinking about diversity of belief in the early school years: Judgments of relativism, tolerance, and disagreeing persons". *Child Development, 75* (3), 687-703.

Young, L., & Durwin, A. J. (2013). "Moral realism as moral motivation: The impact of meta-ethics on everyday decision-making". *Journal of Experimental Social Psychology, 49* (2), 302-306.

佐々木拓(2011)「メタ倫理学における不整合主義」『実践哲学研究』*34*：33-49。

佐藤岳詩(2017)『メタ倫理学入門――道徳のそもそもを考える』勁草書房。

補論　その他の研究動向について

　メタ倫理学研究は現在英語圏を中心に活況を呈しており、本書では触れることができなかった問題も含め、様々な研究課題が現在進行形で盛んに議論されている。

思想史的研究

　本書ではアリストテレス、ヒューム、カントを取り上げ、歴史上の哲学者たちのメタ倫理説について検討したが、この三名以外についても様々なメタ倫理学上の思想史的研究がある。西洋哲学史におけるメタ倫理学上の研究は多々あるが[1]、エジプト文明、孔子や荘子などの儒学者、仏教、西田幾多郎、南米の哲学者など、西洋哲学以外の伝統に属する思想や論者たちのメタ倫理説に関する研究も近年多く見られるようになってきた[2]。また、いわゆる理論的な「哲学書」ではなく、文学作品に焦点をあててメタ倫理学的な考察を行おうとする動きもある[3]。メタ倫理学という理論的な「レンズ」を通して、歴史上の哲学者・思想家、文学者たちが残したテキストを見返すことで、これまで見過ごさ

1　哲学者たちのメタ倫理学的な主張にも配慮をしつつ西洋倫理学史を全体的に見通した近年の研究として、Darwall, S. (1998). *Philosophical Ethics* (Boulder: Westview Press), Irwin, T. (2011). *The Development of Ethics, vol. 1～3* (Oxford: Oxford University Press) を挙げることができる。ただし、後者については著者自身が標榜するアリストテレス的な立場からの解説であるという点に注意する必要もある。

2　西洋哲学以外の伝統に属する哲学者、論者たちのメタ倫理説を扱ったものとして、Liu, J. (2007). "Confucian Moral Realism", *Asian Philosophy*, 17(2), pp. 167-184, Finnigan, B. (2011). "Buddhist metaethics", *Journal of the International Association of Buddhist Studies*, vol. 33, No. 1-2, pp. 267-297, Flanagen, O. (2011). *The Boddhisattva Brain: Buddhism Naturalized*, MIT press, Marshall, C. (ed.) (forthcoming) *Comparative Metaethics: Neglected Perspective on the Foundations of Morality*, (London: Routledge) などが挙げられる。

3　Pigden, C. (2012). "A 'Sensible Knave'? Hume, Jane Austen and Mr Elliot", *Journal of Intellectual History*, 22: 3, pp. 465-480 など。

れてきた彼ら・彼女らの思想の重要な部分を映し出すことができるかもしれない。このような歴史的研究は、今後も様々な展開が期待できる。

20世紀以降の分析哲学の伝統におけるメタ倫理学は G. E. ムーアの『倫理学原理』(*Principia Ethica*) に端を発すると紹介されることが多いが、ムーア以降のメタ倫理学の論争史についての検討も多少試みられるようになってきた[4]。近年、分析哲学自体に関する思想史的な研究が盛んに行われるようになってきたが[5]、20世紀以降のメタ倫理学の論争史については既に公刊されている英語圏のメタ倫理学の教科書やサーヴェイ論文によってある程度の理解を得ることができる状況にある[6]。一方で、メタ倫理学に関する文献の蓄積が他の哲学的研究に比して少ない日本語圏においては、今後もメタ倫理学の近年の論争を積極的に紹介する必要があるように思える[7]。メタ倫理学は思想史的な観点から

---

4 Lillehammer, H. (2016). "An Assumption of Extreme Significance: Moore, Ross and Spencer on Ethics and Evolution", in Leibowitz, U. & Sinclair, N. (eds.), *Explanation in Ethics and Mathematics: Debunking and Dispensability* (Oxford: Oxford University Press), Sinclair, N. (2018). *The Naturalistic Fallacy* (Cambridge: Cambridge University Press) などを参照。

5 Beaney, M. (2013), *The Oxford Handbook of the History of Analytic Philosophy* (Oxford: Oxford University Press)、飯田隆 (編)『哲学の歴史 11』(中央公論社、2007年) など。

6 メタ倫理学の教科書としては Miller, A. (2014). *Contemporary Metaethics: An Introduction* (2nd Edition) (Cambridge: Polity Press), Fisher, A. (2011). *Metaethics: An Introduction* (London: Acumen Publishing), Kirchin, S. (2012). *Metaethics* (London: Palgrave-Macmillian) van Roojen, M. (2015). *Metaethics: A Contemporary Introduction* (1st Edition) (London: Routledge), Chrisman, M. (2016). *What is This Thing Called Metaethics?* (London: Routledge) などがある。メタ倫理学の全体的な論争史についてまとめたサーヴェイ論文としては、Darwall, S. (et. al) (1992). "Toward *fin de siècle* ethics: Some Trends", *Philosophical Review*, 101(1), pp. 115-189, Dancy, J. (2013). "Meta-Ethics in the Twentieth Century" in Beaney, M. (ed.) *The Oxford Handbook of the History of Analytic Philosophy* (Oxford: Oxford University Press) がある。個々の問題に関するサーヴェイ論文としては、*Analysis* の "Recent Work" に掲載されたメタ倫理学に関するものに Sinclair, N. (2009). "Recent work in expressivism" *Analysis*, 69(1), pp. 136-147, Finlay, S. (2010). "Recent work on normativity", *Analysis*, 70(2), pp. 331-346, Björklund, F. (et. al) (2012). "Recent work on motivational internalism", *Analysis*, 72(1), pp. 124-137, Wielenberg, E. (2016). "Ethics and Evolutionary Theory", *Analysis*, 76(4), pp. 502-515 が、サーヴェイ論文の掲載に力点を置く *Philosophy Compass* に掲載されたものとしては Street, S. (2010). "What is Constructivism in Ethics and Metaethics?", *Philosophy Compass*, 5(5), Cuneo, T. (2007). "Recent Faces of Moral Nonnaturalism", *Philosophy Compass*, 2(6), Finlay, S. (2007). "Four Faces of Moral Realism", *Philosophy Compass*, 2(6), Olinder, R. F. (2016). "Some Varieties of Metaethical Relativism", *Philosophy Compass* 11(10), Majors, B. (2006). "Moral Explanation", *Philosophy Compass*, 2(1) などがある。

見ても理論的な観点から見ても多くの重要な哲学的論点を持つ学問領域であることから、研究・教育の両面から見て、この状況はそれほど望ましくないだろう。これらを考慮すると、日本語圏においてはムーア以降のメタ倫理学の論争史を積極的に紹介していくニーズがあるということになる。本書はまさにそのような試みであるわけだが、日本語によるメタ倫理学の研究動向の紹介が跳躍台となり、新たなメタ倫理学研究の進展を見ることを編者は願う。

理論的研究

本書で扱ったメタ倫理学における理論的な問題を大まかに列挙すると以下のようになる。

行為の理由に関する問い（第4章など）
道徳的実在論に関する問い（第5章、第6章、第7章など）
道徳的反・非実在論に関する問い（第8章、第9章など）
認知主義・非認知主義に関する問い（第8章、第9章など）
メタ倫理学そのものに関するメタ・メタ倫理学的な問い（第1章など）
道徳的判断や動機づけに関する問い（第2章、第3章、第4章、第8章など）
規範性に関する問い（第3章、第5章、第6章など）
道徳的性質・事実の特性に関する問い（第5章、第6章など）
道徳語彙の意味に関する問い（第9章、第10章など）
道徳的不同意に関する問い（第8章、第9章、第11章など）

これらはメタ倫理学における中心的な課題ではあるが、現在のメタ倫理学研究は広範囲に渡っており、上述の研究課題について本書の諸論稿がカバーしきれなかった問いも多い。たとえば、第5章では自然主義的な道徳的実在論と非

---

7 日本語でメタ倫理学に関する論争を広い読者に紹介している出版物として、大庭健『善と悪』（岩波書店、2006年）、佐藤岳詩『メタ倫理学入門——道徳のそもそもを考える』（勁草書房、2017年）がある。

自然主義的な道徳的実在論がそれぞれ検討されたが、自然主義的な説と一言で言っても多岐に渡っており、本書収録の論文で扱いきれなかった立場や主張、論争点も多々ある[8]。また、第8章、第9章では非・反実在論的な諸説が検討されたが、紙幅の関係もあり、（注で説明がされているが）近年新たな研究上の展開が見られる構成主義については詳しい検討を行うことができなかった[9]。

　本書で扱った問題群以外にも、研究されている課題や論争点は多くある。そこで、本書が提示しきれていないメタ倫理学研究の多様さと活況を紹介するために、その全てを網羅的に紹介することはここではできないが、特に重要であると編者には思われる研究課題について、簡単に紹介していく。

〈道徳の付随性（supervenience）に関する研究〉

　本書の第6章において、秋葉は道徳の付随性（supervenience）について以下のように説明している。

> 現代のメタ倫理学者はほぼ例外なく、道徳的事実は自然的事実に付随するという原理を受け入れている。これはつまり、道徳的特徴に関して違いのある事物の間には必ず、その違いの根拠となるような自然的特徴の違いがなければならない、という主張だ。あるいは少し違った言い方（中略）をすれば、事物がある道徳的性質をもつという事実は常に、その事物が何らかの自然的性質をもつという事実によって「実現 realize」され、その基盤の上ではじめて成り立つ。（本書164-165頁）

　ハナコが道徳的に賞賛される人物である一方で、タロウが道徳的に非難される人物であったとしよう。上記の道徳の付随性に関する考えによると、もしハ

---

[8] 本書で扱われなかった自然主義的なメタ倫理説については、蝶名林亮『倫理学は科学になれるのか——自然主義的メタ倫理説の擁護』（勁草書房、2016年）の第1章において簡単な解説が試みられている。
[9] メタ倫理学上の構成主義について主題的に扱った日本語による研究として、福間聡『ロールズのカント的構成主義』（勁草書房、2007年）がある。

ナコとタロウの道徳的評価が異なるのであれば、二人の道徳以外の特徴（自然的特徴、非道徳的特徴、記述的特徴）、たとえば、ハナコは正直である一方で、タロウは嘘つきである、といった特徴の差がなければならない。

　秋葉も言及しているが、非自然主義などの非還元的な道徳的実在論はこの道徳の付随性を説明するにあたって困難を抱えていると考えられている。非還元主義によると、道徳的性質は自然的性質に還元できるものではない。では、なぜ前者と後者の間にはある程度の強度を持った付随性が存在するのだろうか。両者が別種のものであるならば、両者の間にあるとされる付随性も否定しなければならないのではないか。

　第5章や第6章でも見た通り、非還元主義的な道徳的実在論は近年一定の勢力を保っており、この種の実在論が道徳の付随性を説明できるか否かという問題は現在でも注目を集めている。その中には、たとえば、非還元主義的な非自然主義者が自然的性質と非自然的性質の間に原初的な形而上学的関係を想定せざるを得ないことが指摘され、この想定は非自然主義に対して難題を提示する可能性が指摘されている[10]。また、ほとんど常識であるとさえ考えられていた付随性の原理そのものに対する疑義もしばしば提示される。その中には、付随性の原理を洗練化した場合、どのようなメタ倫理説にコミットしている論者で

10　この問題に関する良き手引きとして McPherson, T. (2015). "Supervenience in Ethics" in Zalta, E. (ed.), *Stanford Encyclopedia of Philosophy*, (https://plato.stanford.edu/entries/supervenience-ethics/ ［2019年3月27日にアクセス］) Väyrynen, P. (2018). "The Supervenience Challenge to Non-Naturalism" in McPherson, T. & Plunkett, D. (eds.), *The Routledge Handbook of Metaethics* (London: Routledge), pp. 170-193 がある。

11　道徳の付随性そのものに対する疑義を示す近年の研究として、Griffin, J. (1992). "Values, Reduction, Supervenience, and Explanation by Ascent" in Charles, D. & Lennon, K. (eds.), *Reduction, Explanation and Realism* (Oxford: Oxford University Press), Dancy, J. (1995). "In Defense of Thick Concepts", *Midwest Studies in Philosophy*, 20(1), pp. 263-279, Raz, J. (2000). "The Truth in Particularism" in Hooker, B. & Little, M. (eds.), *Moral Particularism* (Oxford: Oxford University Press), Sturgeon, N. (2009). "Doubts about the Supervenience of the Evaluative" in Shafer-Landau, R. (ed.), *Oxford Studies in Metaethics*, vol. 4 (Oxford: Oxford University Press), Hills, A. (2009). "Supervenience and Moral Realism" in Alexander, H. & Hannes, L. (eds.), *Reduction, Abstraction, Analysis* (Heusenstamm: Ontos Verlag), Hattiangadi, A. (2018). "Moral supervenience", *Canadian Journal of Philosophy*, 48, pp. 592-615, Roberts, D. (2018). "Why Believe in Normative Supervenience?", in Shafer-Landau, R. (ed.), *Oxford Studies in Metaethics*, vol. 13, (Oxford: Oxford University Press), pp. 1-24 などがある。

も受け入れることができる理論中立的な付随性の原理はないことがわかる、などの主張がある[11]。もし付随性の原理がそもそも受け入れる必要のないものであるのならば、この原理に訴えて非還元主義や非自然主義に反論を加えるという戦略は瓦解することになる。

関連する問いとして、道徳的性質／事実とそれを実現させる自然的性質／事実の関係を巡る研究も近年注目を集めている。非還元主義者が道徳の付随性を説明するための素直な方途は、自然的性質によって道徳的性質が実現する仕方を説得的な形で提示するというものである。ある自然的性質が例化されている場合、それに対応する道徳的性質が必然的に実現する（being necessitated）としばしば想定されるが、実在論者はこの必然関係を説得的に説明できれば、付随性の説明にまつわる疑義を払拭することができるだろう[12]。

〈道徳における認識論的諸問題に関する研究〉

本章では道徳的不一致に関する認識論的な問いがいくつかの章で検討されたが、これ以外にも個別の道徳上の認識論的な諸問題が近年活発に論じられている。

たとえば、われわれは他者が提供する様々な形態の証言（testimony）によって信念を形成することが多々あるが、場合によってはそれによって知識を得ることもあるだろう。では、証言は道徳においてはどのような役割を果たすのだろうか。道徳的な決定を他者の証言のみに頼って決定することは、自律が重んじられる医療倫理におけるインフォームド・コンセントなどを考慮すると、問題があるように思えるが、道徳以外の場面では他者の証言のみに頼ることはそれほど問題のあることではないように思われる（初めて訪れた町で通行人に道を

12　この問題に関する良き手引きとして Rosen, G. (2018). "Metaphysical Relations in Metaethics" in McPherson, T. & Plunkett, D. (eds.), *The Routledge Handbook of Metaethics* (London: Routledge), pp. 151-169 がある。また、道徳的性質と自然的性質の関係についての非還元主義側からの近年の積極的な提案としては、Shafer-Landau, (ed.) (2017). *Oxford Studies in Metaethics,* vol. 12 (Oxford: Oxford University Press) に収録されている以下の三つの論文が挙げられる。Leary, S. (2017). "Non-naturalism and Normative Necessities", Bader, R. (2017). "The Grounding Argument against Non-reductive Moral Realism", Rosen, G. (2017). "What is a Moral Law?"。

尋ねる場合など)。また、倫理的な決断が難しい場面で家族や友人に助言を求めることは一般的なことでもある。これらを考慮すると、道徳における証言はどのように理解されるべきか。特に、道徳的信念の正当化や道徳的知識の獲得に際して証言はどのような役割を果たすのか。これらの問いについて、たとえば、他者からの証言によってでは道徳的知識は得られないとする考えや、道徳に関する問題は非常に複雑でありそれらを適切に解決しようとするならばむしろ道徳に関する専門家(moral expertise)からの証言が重要になるとの考えなど、近年、いくつかの提案や議論がなされている[13]。

また、道徳における直観的判断(intuitive judgements)に関する研究も近年様々になされている。道を歩いていたら数名の子どもがネコに灯油をかけて燃やそうとしている場面に出くわしたとしよう[14]。このような場面に出くわした場合、多くの人は「子どもたちがやろうとしていることはやってはいけないことだ」といった道徳的判断を抱くと思われるが、このような道徳的判断は、何か他の前提からの推論を経て得られるものではなく、その場面に接したとほぼ同時に得られるものだろう。このような他の前提からの推論を経ないで得られる判断は直観的判断と呼ばれるが、シジウィック、ムーア、ロスといったイギリスの道徳哲学者たちはこのような判断に強い形で依拠する直観主義と呼ばれる立場を提示してきた。このことからも、直観的判断を巡る問いは道徳哲学において伝統的な課題となってきたことがわかるが、20世紀の中盤以降、道徳上の直観的判断の認識論的な地位に対して、直観は個人的な選好とさほど違いのないものであり認知上の信頼性を持たないとの主張など、いくつかの懐疑的な見解が示されてきた[15]。しかしながら、近年になって道徳における直観的判

---

13 この問題に関する良き手引きとして Hills, A. (2013). "Moral Testimony", *Philosophy Compass*, 8/6, pp. 552-559、Jones, K. & Schroeter, F. (2018). "Moral Expertise" in McPherson, T. & Plunkett, D. (eds.), *The Routledge Handbook of Metaethics* (London: Routledge), pp. 459-471 がある。近年の研究としては、Fletcher, G. (2016). "Moral Testimony: Once More with Feeling" in Shafer-Landau, R. (ed.), *Oxford Studies in Metaethics*, vol. 11, pp. 45-73 や Lord, E. (2018). "How to Learn about Aesthetics and Morality through Acquaintance and Deference" in Shafer-Landau, R. (ed.), *Oxford Studies in Metaethics*, vol. 13, pp. 71-97 などがある。

14 この事例はメタ倫理学においてしばしば用いられるものだが、この事例の出どころは Harman, G. (1977). *The Nature of Morality* (Oxford University Press), p. 4〔大庭健・宇佐美公生【訳】『哲学的倫理学序説——道徳の"本性"の"自然"主義的解明』(産業図書、1988年)、6頁〕である。

断に関する丁寧な検討がなされ、それに基づいて直観が持つ認知上の信頼性が見直されつつある。哲学一般においては直観的判断の信頼性は活発に議論されている話題の一つであることから、それと並行して、道徳のおける直観的判断に関する研究も今後さらに加速化することが予想される[16]。

〈実践的合理性（practical rationality）に関する研究〉

　道徳的であることの根拠を合理性に求めようとする提案は、西洋の道徳哲学の歴史において常に一定の勢力を保ってきた。果たして、道徳的であることは合理的なことなのか。それとも、合理的であることと道徳的であることは必ずしも一致しないのか。ここで問題となっているのは行為に関する合理性である実践的合理性（practical rationality）である。われわれの行為は合理的なものであったりそうでなかったりするように思えるが、では、道徳的であることは合理的なことだろうか。また、ここで問題になっている実践的合理性とはそもそも何か。そもそも実践的合理性なるものが本当にあるのか。これら実践的合理性にまつわる問題群について、実践的合理性は手続き的なものと実質的なものに概念的に区別することができ、この区別に基づいてそれぞれの有無や道徳と

15　たとえば、Warnock, M.（1968）. *Ethics since 1900*（Oxford: Oxford University Press）, p. 50, Warnock, G. J.（1967）. *Contemporary Moral Philosophy*（London: Macmillan）, pp. 12-13【保田清（監訳）『二十世紀の倫理学』（法律文化社、1979 年）】, MacIntyre, A.（1998）. *A Short History of Ethics: A History of Moral Philosophy from the Homeric Age to the Twentieth Century*, 2nd edition（London: Routledge）, p. 254, Frankena, W. K.（1963）. *Ethics*（Eaglewood Cliffs: Prentice-Hall）, pp. 86-87【杖下隆英（訳）『倫理学』（培風館、1967 年）】, Hare, R. M.（1981）. *Moral Thinking*（Oxford: Clarendon Press）【内井惣七・山内友三郎（監訳）『道徳的に考えること──レベル・方法・要点』（勁草書房、1994 年）】などが挙げられる。

16　道徳における直観的判断を巡る問題への良き手引きとして、Humer, M.（2005）. *Ethical Intuitionism*（London: Palgrave-Macmillan）の Part II, Stratton-Lake, P.（2014）. "Intuitionism in Ethics" in Zalta, E.（ed.）*Stanford Encyclopedia of Philosophy*（https://plato.stanford.edu/entries/intuitionism-ethics/ [2019 年 3 月 25 日にアクセス]）, Tropman, E.（2018）. "Intuitionism in Moral Epistemology" in McPherson, T. & Plunkett, D.（eds.）, *The Routledge Handbook of Metaethics*（London: Routledge）, pp. 472-483 などがある。また、直観主義に関する論文集として、Stratton-Lake, P.（ed.）（2002）. *Ethical Intuitionism: Re-evaluation*（Oxford: Oxford University Press）, Chappell, S. G.（ed.）*Intuition, Theory and Anti-Theory in Ethics*（Oxford: Oxford University Press）が挙げられる。

の関係が検討されるべきであるとの提案がなされるなど、近年様々な研究上の展開を見せている[17]。

関連する問いとして、合理性と規範性の関係についても、近年活況な論争が見受けられる。合理的であることは、「そうである理由が与えられる」といった具合に、ある一定程度の規範性も含むと思われる。つまり、φすることが合理的であれば、φすることが規範的であること（φすることが推奨される、φする理由がある、など）を含意するように思えるということである。ところが、このような考えに対して疑義を呈する論者が現れ始めた[18]。以下のような場合を考えてみよう。私が自分の求めている職につくためには、私のライバルを毒殺することが合理的な手段であるとしよう。この場合、合理性は私にライバルを毒殺することを求める。しかしながら、このような場合でも、私がライバルを毒殺することは推奨されないだろう。この事例は、φすることが合理的なことであっても、そこからφする理由や推奨が自動的に与えられるわけではないことを示しているように見える。もし合理性が規範性を必然的に含まないのであれば、道徳の規範性を合理性に訴えて擁護しようとする伝統的な戦略は困難に直面する可能性が出てくる。このことを考慮すると、合理性が規範性を含むか否かという問題は、メタ倫理学においても重要な研究課題の一つであるということになる[19]。

---

17 この分野に関する良き手引きとして Baier, K. (1982). "The Conceptual Link between Morality and Rationality", *Noûs*, vol. 16, no. 1, pp. 78-88, Hooker, B. & Streumer, B. (2004). "Procedural and Substantive Practical Rationality" in Mele, A. & Rawling, P. (eds.), *The Oxford Handbook of Rationality* (Oxford: Oxford University Press) がある。また、合理性と道徳の関係に関する論文集として Jones, K. & Schroeter, F. (eds.) (2018). *The Many Moral Rationalism* (Oxford: Oxford University Press) がある。

18 代表的なものとして、Kolodny, N. (2005). "Why Be Rational?" *Mind* 114(462), pp. 509-563, Broome, J. (2007). "Is Rationality Normative?" *Disputatio* 2(23), pp. 161-178 がある。

19 この問題に関する良き手引きとして、Way, J. (2010). "The Normativity of Rationality", *Philosophy Compass*, 5/12, pp. 1057-1068 がある。また、この問題を主題的に扱った著作として、Kiesewetter, B. (2017). *The Normativity of Rationality* (Oxford: Oxford University Press) がある。

〈分厚い概念・語彙（Thick Concepts & Terms）と薄い概念（Thin Concepts & Terms）に関する研究〉

われわれにとって身近な道徳や価値に関係する概念や語彙として、「悪い（wrong）」、「正しい（right）」、「勇敢（courageous）」、「臆病（coward）」などが挙げられる。さて、これらはさらに以下のように分類することができるように思える。即ち、「悪い」「正しい」は純粋な評価のみを表す概念であるが、「勇敢さ」「臆病」などは、評価も表すが、それだけではなく、評価以上の（記述的な）情報も含むということである。「タロウは悪い人間だ」と言った場合と、「タロウは臆病者だ」と言った場合を比べてみると、この違いは明かになるだろう。前者に比べて、後者の方がタロウに関するより多くの情報を示しているように見える。この区分に沿って考えると、「良い」「不正」などは前者に、「慈悲深い」「正直」などは後者に入るだろう。前者はしばしば「薄い概念（もしくは「希薄な概念」thin concepts)」、後者は「分厚い概念（もしくは「濃い概念」thick concepts)」などと呼ばれる。

両者を区別して「分厚い概念」という用語を使い始めたのはバーナード・ウィリアムズ（Bernard Williams）だと言われているが[20]、この分厚い概念・語彙と薄い概念・語彙に関しても近年研究上の展開が見られる。たとえば「勇敢」などの分厚い概念は内在的に肯定的な評価を含むという提案がある。そうであった場合、「勇敢」という概念は一定の記述的な要素も含むと考えられるため、ここから、事実的なものと価値的なものを厳密に区別することができるというbいわゆる「事実と価値の二元論」に対して疑義が呈される可能性が出てくる。一方で、分厚い概念がどのような情報を持つかはその概念が内在的に持つものではなくそれぞれの言語コミュニティー内でその概念に対応する語彙がどのように使用されるかに依存するものであり、分厚い概念は内在的に価値的なものではないとする説もある。

分厚い概念と薄い概念に関する考察は、倫理学各分野はもとより、類似的な

20　Williams, B. (1985). *Ethics and the Limits of Philosophy* (Cambridge, M. A: Harvard University Press).【森脇康友・下川潔（訳）『生き方について哲学は何が言えるか』（産業図書、1993 年)】．

概念の区別が見出される美学や、倫理学と同様に認知上の価値や徳が議論される認識論においても大きな含意を持つと考えられるため、この分野の研究は今後メタ倫理学内部だけでなく倫理学及び哲学一般の他の分野にも小さくない影響を与えるものと思われる[21]。

---

21 分厚い概念・薄い概念に関する近年の研究動向を紹介したものとして、Roberts, D. (2013). "Thick Concepts" *Philosophy Compass* 8, pp. 577-588. Roberts, D. (2018). "Thick Concepts" in McPherson, T. & Plunkett, D. (eds.), *The Routledge Handbook of Metaethics* (London: Routledge), pp. 211-225. がある。また、分厚い概念に関する論文集として、Kirchin, S. (ed.) (2013). *Thick Concepts* (Oxford: Oxford University Press) がある。さらに、分厚い概念・語彙に関する日本語で書かれた近年の研究として、横路佳幸「非認知主義・不定形性・もつれのほどき——分厚い語の意味論」『倫理学年報』66, 2017 年 pp. 189-203 がある。

おわりに

　私は 2016 年に勁草書房より単著を刊行する機会に恵まれたが、その本の編集者を担当してくださったのが渡邊光さんであった。渡邊さんとは単著の出版にあたって何度かお目にかかってご相談をした。その中で、日本のメタ倫理学研究の現状が話題に上がったことがあったが、そこで渡邊さんから次のような趣旨のお話を頂いた。
　ある分野が日本の学問の世界で市民権を得るには、大学の学部生が卒業論文を書くために必要な資料が日本語で揃っていることが必要ではないか。メタ倫理学の場合、古典と言われるいくつかの重要な本は日本語訳が既にある。教科書的な出版物も表れつつある。そうなると次に必要なものはさらに立ち入った内容を扱う専門的な論文集であろう。古典と教科書だけではなく、専門的な内容も扱った論文集があれば、学部生も卒業論文を書くにあたってより専門的な研究動向に言及できるのではないか。
　私は渡邊さんにこのお話を伺い「なるほど」と思い、日本語でメタ倫理学の研究動向を紹介する本を出版することは意義のある仕事になるかもしれないと感じ、単著の次に何か本を作るとしたらメタ倫理学の論文集が良いかもしれないと考え始めた。
　このような考えを哲学の研究会や学会等でお世話になっていた比較的年も近い研究者仲間の何人かに話したところ、なかなか面白そうだということで協力してくれることになり、そこからまたさらに人の輪が広がっていき、今回の執筆陣が揃った。
　執筆者の方々は皆それぞれの分野で意欲的に研究を進めておられる方々であり、既に多くの業績もお持ちの方々である。編集作業の中で拝した草稿は、どれも大変に勉強になるものであり、研究者としてこの上のない僥倖に恵まれた。
　執筆者の方々は大変に多忙な中、論文の執筆に当たってくださった。この場を借りて改めて編者として御礼を申し上げる。また、編者としては至らない点

が多々あり、編集上様々なご迷惑をおかけすることにもなってしまった。本の出版の時期も、もう少し早くを想定していたが、大きく遅れることになってしまった。これらの点については心よりお詫び申し上げる。

　私に本書構想のきっかけを与えて下さった渡邊さんは、本書でも再び編集者としての労をとってくださった。この本の打ち合わせの際に、本の出版であるわけだからなるべく「売れる」ようなものにした方がよいかといった趣旨のことをご質問したところ、とにかく執筆者には学問的に優れた本を作ることに注力して欲しい、との非常にありがたいお言葉も頂いたように記憶している。そのお言葉に（素晴らしい執筆陣に揃って頂きながら）編者としてどれだけお答えすることができたか全く定かではない。いずれにしても、このような時代状況において本書のアイデアを下さりそれを出版まで導いて下さったこと、その道程において至らない点も多くある編者に辛抱強くお付き合いを頂いたこと、この場を借りて心より感謝申し上げる。

2019 年 6 月 30 日　八王子にて
蝶名林　亮

人名索引

＊あ行
アーウィン Irwin, T. | 48, 345
アウディ Audi, R. | 166
秋葉剛史 | 8, 9, 243, 348, 349
アダム・スミス Smith, A. | 4, 6, 52, 58–59, 103, 104, 105, 106, 107, 110, 111, 119, 120, 123, 322
アリストテレス Aristotle | 2, 3, 17, 18, 19, 20, 22, 23, 24, 25, 26, 27, 28, 29, 30, 31, 32, 33, 34, 35, 36, 37, 38, 39, 40, 79, 80, 81, 96, 115, 345
アルヴァレズ Alvarez, M. | 122, 123
アンスコム Anscombe, G. E. | 91
イーノック Enoch, D. | 174, 176, 177, 200, 204
ウィギンズ Wiggins, D. | 4, 61, 62, 63, 64
ウィリアムズ Williams, B. | 6, 93, 104, 110, 112, 113, 114, 115, 116, 354
ヴェルマン Velleman, D. | 90–93
ウォレス Wallace, R. J. | 79, 83
ウッド Wood, A. | 73, 76, 85
エア Ayer, A. J. | 48, 49, 52, 220, 221, 227, 244
エクランド Eklund, M. | 270, 274
大庭健 | 57, 156, 347
岡本慎平 | 49, 61, 65, 124
奥田太郎 | 47
オニール O'Neill, O. | 81
オルソン Olson, J. | 53, 55, 57, 250, 259, 260, 263, 264, 265

＊か行
ガーナー Garner, R. | 263
カプリン Cappelen, H. | 283
カリアーニ Cariani, F. | 295, 309, 310
カルデロン Kalderon, M. E. | 267, 269, 270, 271, 273, 274, 285
カント Kant, I. | 2, 3, 4, 5, 6, 49, 69, 70, 71, 72, 73, 75, 76, 77, 78, 79, 80, 81, 82, 84, 85, 86, 87, 88, 89, 90, 92, 93, 94, 95, 96, 108, 140, 277, 278, 281, 282, 345
ギバード Gibbard, A. | 227, 228, 229, 230, 232, 234, 239, 243, 244
ギャレット Garrett, D. | 47
ギル Gill, M. B. | 337
クー Khoo, J. | 335
クーニオ Cuneo, T. | 258, 260
グッドウィン Goodwin, G. P. | 327, 328, 336
クラーク−ドーン Clarke-Doane, J. | 206, 208, 209
グライス Grice, P. | 235, 241
クラツァー Kratzer, A. | 294, 295, 299, 301, 302, 303, 304, 305, 306, 307, 308, 309, 310, 311, 312, 313, 314, 315
クリスプ Crisp, R. | 107, 110
クリスマン Chrisman, M. | 309
クワイン Quine, W. V. O. | 32, 173
コーン Cohon, R. | 51
コースガード Korsgaard, C. | 5, 82, 84, 89, 90, 93, 108, 109, 115
孔子 | 345
コップ Copp, D. | 139, 144, 235, 236, 237, 238, 243

＊さ行
サーキシアン Sarkissian, H. | 329–331, 336
サール Searle, J. | 85
佐藤岳詩 | 18, 46, 48, 55, 108, 156, 221, 231, 323, 347
シェイファー＝ランダウ Shafer-Landau, R. | 323
シジウィック Sidgwick, H. | 351
島内明文 | 59
シャケル Shackel, N. | 144, 149
シャープ Sharp, F | 59, 60, 61
シュローダー Schroeder, M. | 8, 102, 143, 144, 145, 146, 147, 148, 149
ジョイス Joyce, R. | 186, 198, 199, 202, 205, 253, 255, 261, 264, 265, 274, 275, 276, 285
シルク Silk, A. | 278, 281
シンクレア Sinclair, N. | 173
スキャンロン Scanlon, T. M. | 81, 108, 133, 238, 239, 240, 241, 243
鈴木真 | 46, 172, 221, 226, 227
スタージョン Sturgeon, N. | 9, 47, 48, 49, 155,

161, 162, 163, 164, 168
スティーヴンソン Stevenson, C. | 60, 61, 269
ストリート Street, S. | 186, 187, 202, 203, 204, 207, 208
ストリューマー Streumer, B. | 257, 258, 260, 261, 262
スネア Snare, F. | 53
スミス Smith, M. | 6, 45, 79, 101, 102, 103, 104, 105, 106, 107, 110, 111, 119, 120, 123, 249, 322
セア＝マッコード Sayre-McCord, J. | 61
セティヤ Setiya, K. | 83
荘子 | 345

＊た行

ダーウォル Darwall, S. | 108, 110, 121, 131, 324, 345
ターズマン Tersman, F. | 209
ダーリー Darley, J. M. | 327, 328, 336
ダンシー Dancy, J. | 103, 110, 111, 121, 122, 123, 139, 323
ツォン Zhong, L | 167
都築貴博 | 51
デイヴィッドソン Davidson, D. | 121, 123
蝶名林亮 | 163, 171-172, 294, 348
ドゥウォーキン Dworkin, R. | 261
ドライアー Dreier, J. | 221, 226, 247, 333

＊な行

中村隆文 | 45
成田和信 | 83
ニコルズ Nichols, S. | 326
西田幾多郎 | 345
ネーゲル Nagel, T. | 80, 109, 261
ノーブ Knobe, J. | 335

＊は行

ハーカ Hurka, T. | 133
ハーストハウス Hursthouse, R. | 81
パーフィット Parfit, D. | 108, 112, 116, 132, 133, 238, 244
ハーマン Herman, B. | 81
ハーマン Harman, G. | 9, 58, 155, 161, 162, 163, 164, 167, 171, 174, 196, 333

ハッカード Hacquard, V. | 295, 309, 311, 313, 314
バボバ Vavova, K. | 203, 204
ハリソン Harrison, J. | 51, 60, 61
林誓雄 | 45, 61, 156
ハンター Hunter, J. | 50, 51
ヒース Heath, J. | 86
ビーレンバーグ Wielenberg, E. J. | 200, 206, 207
ピピン Pippin, R. | 94
ヒューム Hume, D. | 2, 3, 4, 45, 46, 47, 48, 49, 50, 51, 52, 53, 54, 55, 56, 57, 58, 59, 60, 61, 62, 63, 64, 65, 79, 80, 103, 106, 110, 112, 114, 119, 219, 345
ファース Firth, R. | 58, 59
ファン＝ロージェン van Roojen, M. | 46, 207, 223, 226
フィッツパトリック FitzPatrick, W. | 139
フィンリー Finlay, S. | 102, 144, 238, 241, 242, 243, 278, 280, 282, 284, 285, 294
福間聡 | 76, 136, 348
フット Foot, P. | 139, 140
ブラックバーン Blackburn, S. | 53, 55, 56, 57, 96, 227, 270, 271, 274
ブラットマン Bratman, M. | 228
ブラント Brandt, R. | 58, 59
フルー Flew, A. | 49, 50, 51
ブルーム Broome, J. | 83, 109, 110
フレーゲ Frege, G. | 32, 63
ブロード Broad, C. D. | 49, 51
ブロゴード Brogaard, B. | 276
ヘア Hare, R. M. | 49, 264
ベイアー Baier, A. | 4, 63
ヘッフェ Höffe, O. | 81
ポートナー Portner, P. | 294
ボイド Boyd, R. | 172, 177
ホップスター Hopster, J. | 248

＊ま行

御子柴善之 | 73
マーコヴィッツ Markovits, J. | 112, 116, 118, 144
マクダウェル McDowell, J. | 81, 115, 118, 120

マッキー Mackie, J. | 47, 53, 54, 55, 184, 185, 250, 253, 264, 323, 324, 326, 331
マン Manne, K. | 144
ミラー Miller, A. | 173
ムーア Moore, G. E. | 5, 18, 130, 131, 133, 134, 143, 144, 150, 219, 220, 221, 244, 346, 347, 351
メジャーズ Majors, B. | 168

＊や行
横路佳幸 | 223, 355

＊ら行
ライオンズ Lyons, D. | 334
ライター Leiter, B. | 166
リース Reath, A. | 76, 84-85
リッジ Ridge, M. | 231, 232, 233, 234, 243
ルース Ruse, M. | 205
ルイス Lewis, D. | 136
ルソー Rousseau, Jean-Jacques. | 71
レイとホリオク Rai, T. S. & Holyoak, K. J. | 337-338
レイルトン Railton, P. | 144, 244
ロールズ Rawls, J. | 60, 76
ロス Ross, W. D. | 351
ロウランド Rowland, R. | 255, 256
ロブ Loeb, D. | 338-339

事項索引

＊アルファベット
D 公理 | 297
if…then 条件文 | 307

＊あ行
アイデンティティ | 93, 109
アスペクト | 268 →カルデロン、道徳的談話、道徳的判断も参照
誤りなき不同意 | 258
意志の弱さ | 31, 271, 276
一般的観点 | 60, 61
意味論 | 11, 13, 46, 47, 226, 227, 231, 253, 264, 265, 270, 271, 272, 274, 276, 277, 280, 284, 285, 286, 293, 294, 295, 296, 306, 307, 309, 313, 315, 333, 334, 338, 339 →語用論も参照
道徳意味論 | 161
因果
  因果的関連性 | 170
  因果的産出性 | 169, 170
  因果的説明 | 157, 158, 159, 162, 168, 173, 176
  因果的説明役割 | 9, 159, 160, 161, 163, 164, 165, 166, 168, 169, 171, 172, 174, 175, 176, 177, 178
  因果的メカニズム | 168
  因果的役割 | 139, 165, 169, 171, 175
薄い概念 thin concept | 354-355 →分厚い概念も参照
英語 | 283, 300, 309, 311, 313, 315
エチケット | 93, 95, 140, 141, 221, 256
オッカムの剃刀 | 159

＊か行
外在主義 | 6, 102, 103, 112, 113, 114, 115, 116, 118, 119, 142, 207, 237
  動機づけの外在主義 | 102-3, 175, 237
  理由の外在主義 | 113, 118-9, 142
改定主義 | 262, 264 →錯誤説も参照
会話的含み | 241, 265 →会話背景、語用論、

含みもみよ
会話背景｜303, 304, 305, 307　→会話的含み、語用論、含みも参照
科学哲学｜124, 169
科学的実在論｜172
仮言主義｜144, 145, 146, 147, 148
仮言命法｜76, 78
可能世界｜107, 134, 191, 206, 207, 296, 297, 298, 299, 300, 301, 302, 303, 304, 305, 306, 307, 308, 314, 315
　可能世界意味論｜13, 207, 295, 296, 297, 298, 299, 301, 303, 304, 308, 315
還元主義｜6, 102, 107, 111, 112, 134, 135, 136, 166, 171, 257　→自然主義、還元的自然主義もみよ
観察｜　→道徳的観察
感受性｜81, 88, 162, 240, 241
感情｜21, 22, 33, 50, 51, 52, 55, 56, 60, 62, 69, 75, 88, 96, 205, 222, 266, 268, 269, 272, 273, 275, 276, 324
関連性｜　→因果的関連性
規則性｜14, 136, 166, 170
機能論法｜19, 20, 21
規範性｜8, 81, 83, 90, 95, 101, 108, 109, 110, 111, 124, 131, 137, 138, 140, 141, 142, 143, 144, 145, 148, 149, 150, 175, 221, 239, 241, 260, 347, 353
　道徳的規範性｜258
規範性からの反論｜8, 129, 137, 138, 139, 141, 142, 144, 146, 149, 174
規範的コミットメント｜82, 83
規範的事実｜9, 109, 174, 175, 222, 239　→規範的性質も参照
規範理由｜6, 8, 102, 103, 104, 105, 106, 107, 108, 109, 110, 111, 112, 113, 114, 115, 116, 117, 118, 119, 120, 121, 122, 123, 143, 293
規範倫理学｜1, 6, 17, 18, 73, 76, 79, 86, 107　→道徳理論も参照
基本文 prejacent｜295, 296, 297
義務的｜302
義務論理｜297, 307　→様相論理学も参照
　規約の含み｜236, 237, 238, 241, 242
　義務の到達可能性｜297, 298
客観主義｜13, 248, 319, 320, 321, 322, 323, 324, 325, 326, 327, 328, 330, 331, 333, 335, 336, 337, 338, 339　→理由の外在主義、主観主義も参照
　非-客観主義｜320, 326, 338
教育｜21, 24, 26, 115, 147, 194, 347
　道徳教育｜115, 147-8
共感｜60, 75, 88, 89, 96
共通部分｜303, 304, 306
共犯論法｜11, 255, 256, 257, 262
極小主義｜247
虚構主義｜11, 55, 247, 248, 251, 253, 254, 264, 265, 266, 267, 269, 270, 273, 274, 275, 276
　解釈学的虚構主義｜11, 266, 267, 272, 273, 274, 285
　革命的虚構主義｜264, 266, 274, 285
　道徳的虚構主義｜55
経験科学｜3, 29, 31, 135, 340　→特殊科学も参照
形而上学 metaphysics｜1, 12, 17, 28, 32, 39, 73, 76, 77, 124, 129, 140, 172, 207, 285, 293, 294, 324, 349
形而上学的奇妙さ｜131, 253
顕著｜268, 269, 281, 282　→発話文脈、不同意も参照
コーネル実在論｜139, 157　→非還元的自然主義もみよ
行為指導性｜52, 233
行為者中立性｜145, 147
行為の理由｜6, 7, 101, 102, 103, 107, 109, 113, 118, 121, 123, 124, 142, 144, 146, 147, 148, 241, 257, 347
高階態度分析｜270, 271, 274　→カルデロン、ブラックバーンも参照
構成主義｜76, 185, 186, 196, 197, 348
　道徳的構成主義｜248, 253
合成的｜301　→意味論、合成的意味論も参照
合成の意味論｜311
幸福 eudaimonia｜19, 21, 23, 28, 71, 75, 78, 87, 88, 96, 134
公平な観察者｜4, 58, 59
功利主義｜75, 107, 194, 281, 282
功利主義者｜277
心の哲学｜12, 165, 169, 171, 231

索引

ごっこ make-believe｜266, 267, 269, 275
個別主義 particularism｜81, 124
個物｜129
語用論｜264, 271, 272, 273, 274, 279, 280, 310
　→意味論も参照
言語哲学｜12, 13, 124, 231, 276, 293
言明
　価値言明｜61
　道徳的言明｜46, 47, 51, 54, 57, 58, 63, 133, 147, 173, 247, 248, 253, 254, 266, 267, 270, 271, 274, 276, 278, 293, 328, 329, 333

＊さ行

錯誤説｜4, 11, 53, 54, 55, 57, 64, 185, 186, 187, 247, 248, 250, 251, 254, 255, 259, 261, 262, 263, 264, 265, 275, 284, 285, 286, 320, 323, 324, 326, 331
　規範的錯誤説｜255, 260, 262
　道徳的錯誤説｜252, 253, 255, 258, 261, 262, 264, 267
　認識的錯誤説｜255, 257, 258, 260
自己欺瞞｜275
事実｜50
　高次の事実｜165, 169
　自然的事実｜157, 158, 159, 160, 162, 163, 164, 165, 166, 169, 170, 175, 348
　低次の事実｜169
　道徳的事実｜9, 11, 76, 102, 155, 156, 157, 158, 159, 160, 161, 162, 163, 164, 165, 166, 167, 168, 169, 170, 171, 172, 173, 174, 175, 176, 177, 178, 197, 219, 247, 248, 249, 250, 251, 253, 267, 320, 321, 322, 324, 348
事実判断｜222, 224, 232
自然学 ta physika｜17, 28, 29, 30, 31, 32
　自然学者 physiologoi｜31-2
自然言語意味論｜293
自然主義｜3, 8, 34, 38, 110, 129, 130, 131, 132, 134, 135, 137, 138, 141, 142, 143, 144, 145, 146, 148, 149, 150, 156, 157, 159, 160, 172, 174, 175, 197, 206, 210, 219, 221, 244, 323, 347, 348
　還元的自然主義　→コーネル実在論もみよ
　非還元的自然主義　→非自然主義も参照
　自然主義者｜136, 220

還元的自然主義｜132, 134, 138, 139, 144
自然主義的誤謬｜220
非還元的自然主義｜132, 134, 135, 136, 138, 139, 157
実現関係｜171　→多型実現可能性の項もみよ
実験哲学｜12, 13, 319, 321, 326, 340
実在論｜76　→コーネル実在論、還元的自然主義、非還元的自然主義、非自然主義もみよ
　→反実在論も参照
　還元的実在論｜144
　強固な実在論（強固な非自然主義）｜132
　道徳的実在論｜7, 8, 9, 10, 11, 108, 129, 131, 156, 172, 173, 185, 186, 187, 196, 197, 206, 210, 247, 286, 320, 321, 322, 324, 325, 326, 330, 347, 348, 349
実質含意｜307
実践的合理性｜352-353
実践的理由｜260, 263, 264
視点主義 perspectivalism｜276
指標詞｜277, 284
自由｜72, 84, 85, 86
儒学｜345
主観主義｜4, 11, 12, 46, 47, 48, 49, 51, 57, 58, 61, 62, 63, 64, 247, 248, 251, 253, 254, 276, 322, 331
　→客観主義も参照
　賢明な主観主義｜4, 62, 63, 64
熟慮｜80, 108, 110, 113, 114, 115, 116, 117, 118, 174, 176, 177, 251, 253
準実在論｜57, 173
順序ソース｜191, 303, 304, 305, 306, 307, 308, 312
条件的誤謬｜111, 116
情動主義｜4, 48, 49, 57, 60, 64, 220, 350-351
詳明｜62, 63
助動詞｜299, 301, 311
自立｜71
自律｜73, 84, 87, 89, 93
思慮深さ｜22, 23
指令主義｜49
心理学的説明｜167
心理主義｜7, 102, 121, 122, 123
　反心理主義｜7, 102, 121, 122, 123
真理｜10, 22, 23, 34, 39, 40, 46, 91, 106, 108, 156,

184, 187, 193, 195, 196, 197, 200, 202, 203, 204, 205, 208, 219, 220, 223, 239, 241, 243, 247, 259, 262, 276, 295, 296, 299, 309, 320, 321, 323, 324, 325, 326, 334
真理条件｜269, 279, 296, 303, 304, 309, 320, 333, 334, 336
真理値｜46, 57, 185, 226, 227, 241, 276, 321, 333, 334
随伴性｜　→付随性
数学的プラトニズム｜173
数学の唯名論｜173
数学の哲学｜9, 156, 173
少なすぎる理由の問題｜148
すれ違い talking past｜278
政治学｜4, 28, 29, 37, 38
性質
　記述的性質｜257, 259, 260
　規範的性質｜130, 135, 150, 257, 258, 260　→規範的事実も参照
　自然的性質｜8, 12, 130, 132, 133, 134, 135, 136, 137, 138, 139, 142, 143, 144, 145, 150, 165, 197, 220, 253, 348, 349, 350
　非自然的性質｜132, 133, 138, 253, 349
　道徳的性質｜8, 10, 11, 12, 51, 55, 56, 63, 129, 130, 131, 132, 133, 134, 135, 136, 137, 138, 139, 143, 144, 145, 150, 162, 163, 165, 183, 185, 186, 195, 196, 197, 205, 206, 207, 208, 210, 248, 253, 269, 273, 320, 321, 323, 324, 338, 347, 348, 349, 350
　経験的性質｜134
　豊富な性質・まばらな性質｜136
正当化の信頼性条件｜188, 189, 190, 192, 198, 199, 200
正当化の阻却証拠不在条件｜189, 190, 192, 199, 200
説明の役割｜9, 135, 155, 156, 157, 158, 163, 164, 168, 171　→因果的説明もみよ
説明理由｜113, 122
全称量化｜297, 299, 300, 301, 305, 306
前置詞句｜301
前提｜279　→語用論もみよ
相対主義｜11, 12, 14, 247, 248, 253, 276, 293, 319, 321, 322, 325, 327, 329, 330, 331, 332, 333, 334, 335, 336, 337, 338, 339
　発話者相対主義｜276, 277, 278
阻却証拠｜189, 190, 192, 199, 201, 202, 204, 210
　撤回型阻却証拠｜189, 190, 200, 201, 204
　反駁型阻却証拠｜189, 190, 201, 204
存在量化｜185, 297, 299, 300, 306
存在論的地位｜132

*た行

第一哲学 prōtē philosophia｜17, 28, 32
第三要因説｜200, 202, 204, 207, 209　→暴露論証も参照
対象言語｜293, 301
対比主義 contrastivism｜295, 309, 311
多型実現可能性｜169
多義性｜103, 116, 225, 234, 302
多重決定｜8, 147, 148, 149　→規範理由、シューローダー Schroeder, M. も参照
知識の安全性条件｜10, 191, 192, 204, 207, 208, 209
知識の敏感性条件｜10, 191, 192, 206, 207
チゾムのパラドックス｜13, 307
直観主義｜157, 220, 351　→非自然主義もみよ
強い様相的地位｜146, 147, 148　→道徳的規範性も参照
釣り合い性｜170　→因果的説明も参照
定言的｜140, 205, 260, 285
定言的理由｜249, 253, 254, 255, 256, 264, 266, 275
定言命法｜70, 76, 78, 94
適合方向｜252
出来事｜135, 156, 165, 232, 295, 298, 309, 311, 313, 314
デフレ主義｜247
同一性・同一関係｜122, 130, 132, 134, 139, 150, 197
投影説｜4, 53, 56, 57, 64
動機外在主義、動機づけ｜4, 5, 52, 53, 56, 69, 70, 74, 76, 77, 79, 80, 81, 82, 83, 84, 86, 87, 89, 91, 95, 101, 103, 104, 105, 106, 110, 112, 113, 114, 115, 116, 117, 118, 119, 122, 123, 158, 224, 238, 240, 242, 251, 252, 264, 265, 276, 280, 282, 347
動機づけ理由｜6, 102, 103, 104, 105, 106, 107,

112, 113, 119, 120, 121, 122, 123, 143
統合性｜167　→説明的役割も参照
到達可能｜296, 297, 298, 301, 302, 304, 305　→様相論理学も参照
道徳語｜173, 221, 235, 238
道徳存在論｜155, 159, 161
道徳的懐疑論｜184, 185, 186, 193, 197, 204, 261, 323, 324
　存在論的な道徳的懐疑論｜9, 184, 185
　認識論的な道徳的懐疑論｜9, 184, 186, 187, 192, 209, 261
道徳認識論｜161, 185, 350-352
道徳理論｜73, 163, 172　→規範倫理学も参照
道徳的価値｜52, 53, 54, 61, 75, 220, 221, 323
道徳的観察｜162
道徳的合理主義｜11, 251, 253, 257
道徳的信念の正当化｜12, 186, 187, 199, 200, 201, 206, 208, 351
道徳的信念の正当化可能性｜161
道徳的説明｜8, 138, 155, 156, 160, 162, 163, 166, 167, 168, 172, 173, 177, 178
道徳的談話｜253, 254, 255, 262, 263, 264, 265, 267, 274, 276, 278
道徳的知識｜186, 187, 203, 206, 208, 351
道徳的判断｜2, 4, 7, 10, 11, 12, 45, 46, 47, 48, 49, 50, 51, 52, 53, 54, 55, 56, 57, 58, 59, 60, 62, 63, 70, 76, 95, 101, 102, 103, 129, 131, 156, 162, 175, 185, 194, 197, 204, 205, 219, 220, 221, 236, 247, 248, 249, 250, 252, 253, 259, 261, 262, 263, 264, 265, 267, 269, 270, 275, 285, 320, 321, 322, 323, 324, 326, 331, 332, 347, 351
　道徳的判断の独立性｜249, 251
道徳的不一致｜13, 324, 325, 326, 327, 329, 331, 333, 334, 335, 336, 350　→不同意、不同意問題もみよ
道徳的プロパガンディズム｜265
道徳的理由｜142, 143, 145, 146, 147, 148, 195, 259, 263
徳｜3, 19, 21, 22, 23, 32, 33, 35, 36, 37, 81, 115, 116, 118, 130
特殊科学｜165, 166, 168, 169, 177
特殊性 sui generis｜133　→道徳的性質も参照
動能的｜269, 280, 282, 283, 284, 285

＊な行

内観｜143
内在主義｜6, 102, 112, 113, 114, 115, 116, 117, 118, 119, 142, 143, 144, 146, 237, 256, 257
　動機づけの内在主義｜102, 106, 223, 237, 238, 243
　動機づけの判断内在主義｜11, 240, 242, 249, 250, 253, 269, 282
　理由の内在主義｜251
南米｜345
ニコマコス倫理学｜18, 19, 28, 31, 34
二層理論｜264　→ヘア Hare, R. M. も参照
日本語｜13, 283, 293, 294, 295, 300, 301, 302, 307, 308, 309, 311, 312, 313, 314, 315
認識的理由｜255, 256, 257, 258, 259, 260, 262, 263
認識論的依存｜166
認知主義｜10, 11, 12, 53, 102, 106, 219, 220, 221, 222, 223, 224, 225, 226, 227, 231, 235, 237, 239, 240, 242, 243, 251, 253, 258, 264, 285, 309, 323, 347
　純粋な認知主義｜11, 227, 235, 238, 241
　道徳的認知主義｜185, 187
　道徳的判断の認知主義｜54, 249
　ハイブリッド認知主義｜227, 235, 237, 238, 241
　非形而上学的認知主義・非形而上学の非自然的規範の認知主義・非実在論の認知主義（穏健な非自然主義）｜132

＊は行

ハーマン＝スタージョン論争｜161
廃止主義｜262, 263, 264　→錯誤説も参照
排除論証｜164　→付随性論証もみよ
暴露論証｜9, 183, 184, 186, 187, 192, 193, 194, 195, 196, 197, 198, 199, 200, 201, 202, 203, 204, 205, 207, 208, 209, 210, 261, 263
発話文脈｜276, 277, 278, 332, 333, 336
罵倒｜253, 265, 266, 271, 272
反事実条件テスト｜162, 163, 164, 168
反実在論｜4, 10, 52, 53, 56, 63, 64, 156, 157, 158, 159, 160, 172, 173, 175, 177, 206, 320, 348
　道徳的非実在論｜11, 247, 248, 251, 253, 254,

269, 274, 285, 286　→虚構主義、情動主義、
　非認知主義、表出主義もみよ
道徳的反実在論｜53, 55, 173, 174, 210, 320
反応依存説｜321, 322, 327
非因果的説明｜158
悲観的帰納法｜163
非自然主義｜3, 8, 9, 108, 129, 130, 131, 132,
　133, 134, 135, 136, 137, 138, 149, 150, 156,
　157, 158, 159, 160, 164, 174, 175, 177, 178,
　196, 197, 206, 210, 220, 221, 347, 349, 350
　→直観主義もみよ　→自然主義も参照
非認知主義｜4, 10, 11, 12, 13, 45, 46, 47, 48, 49,
　50, 51, 52, 53, 54, 57, 64, 89, 103, 187, 219, 220,
　221, 222, 223, 224, 225, 226, 227, 228, 229, 235,
　240, 242, 243, 247, 248, 251, 253, 254, 269, 270,
　285, 320, 323, 324, 347
　純粋な非認知主義｜11, 227, 229, 230, 231, 232,
　　233, 234
　ハイブリッド非認知主義｜227, 231, 232, 235,
　　236　→折衷型表出主義もみよ
　非認知主義的意味論｜247
ヒューム主義｜5, 45, 46, 47, 48, 51, 53, 55, 57, 61,
　63, 64, 79, 80, 81, 89, 96, 102, 119, 120, 144, 250
　動機付けのヒューム主義｜5, 6, 11, 45, 79, 103,
　　106, 114, 249, 250, 251, 253, 256, 257
　反ヒューム主義｜102, 103, 105, 106, 119, 121,
　　123, 250
　理由のヒューム主義｜11, 105, 119, 120, 121,
　　123, 252, 253
表出主義｜11, 173, 235, 237, 244, 264, 270, 271,
　272, 273, 274, 280, 282, 283, 285, 286
　折衷的表出主義｜231, 233, 234, 235, 274
　プラン表出主義｜227, 228, 229, 230, 231
分厚い概念 thick concept｜354-355　→徳、薄
　い概念も参照
フォース｜299, 300
不可避性｜140　→道徳の規範性も参照
含み｜279　→会話的含み、語用論もみよ
付随性｜158, 164, 165, 166, 167, 169, 206, 207,
　223, 257, 348, 349, 350
　付随性論証｜164, 166, 167
仏教｜345
不整合説｜338, 339　→素朴メタ倫理学、非実

在論も参照
物理法則｜298
不同意｜　→道徳的不一致もみよ
　準表出主義的不同意｜280, 284, 285
　メタ言語的不同意｜280
　メタ文脈的不同意｜280
不同意問題｜276, 277, 278, 285
プログラム説明｜170
フロネーシス｜81
フレーゲ・ギーチ問題｜11, 12, 224, 225, 234,
　270, 271, 272, 273, 274, 276, 280, 285
フレーバー｜299, 300, 301, 302, 304, 311, 313,
　314
　義務的フレーバー｜299, 301, 311, 312
　傾向性フレーバー｜301
　認識的フレーバー｜300, 301, 302, 303, 311,
　　312
　目的論的フレーバー｜300, 301
　欲求フレーバー｜
文化共同体｜321, 327, 330, 332, 333
文学｜345
文脈依存表現｜302
文脈主義｜276, 277, 278, 281, 282, 283, 285, 293,
　333, 334, 335, 336
　新しい文脈主義｜279, 280
「べき」｜254, 255, 277, 281, 282, 284, 285, 293,
　294, 311, 312, 313
「べし」｜109, 293, 311
変動説｜339　→素朴メタ倫理学も参照
保存主義｜262, 264, 265　→錯誤説も参照

*ま行

未決問題論法｜258
メタ倫理学｜1-2, 17-18
　素朴メタ倫理学｜13, 14, 322, 323, 324, 325,
　　326, 327, 329, 330, 331, 336, 337, 338
目的論的論証｜79　→マイケル・スミス
　Smith, M. も参照
もっともな理由 good reason｜251, 252, 253,
　256, 263, 274

*や行

欲求｜5, 6, 8, 21, 22, 30, 33, 45, 52, 70, 74, 77, 79,

80, 82, 84, 85, 89, 90, 91, 92, 93, 96, 103, 104, 105, 106, 107, 110, 111, 114, 116, 119, 120, 121, 122, 123, 130, 142, 143, 144, 145, 146, 147, 148, 149, 196, 242, 248, 249, 252, 253, 257, 259, 264, 266, 283, 284, 301, 304
様相｜170, 293, 294, 295, 297, 300, 302, 303, 304, 307, 308, 309, 311, 313, 315
　義務様相表現｜12, 13, 293, 294
　情況的様相ベース｜306
　様相文｜294, 296, 297, 298, 299, 303, 304, 305, 306, 307
　様相ベース｜303, 304, 305, 306, 307, 308, 312, 314
　様相論理学｜295, 296, 297, 298, 299, 315

＊ら行
理性｜4, 20, 21, 22, 23, 29, 45, 52, 56, 69, 70, 71, 72, 73, 74, 75, 76, 77, 78, 79, 80, 81, 82, 83, 84, 85, 86, 87, 88, 89, 90, 91, 92, 93, 94, 95, 96, 102, 194, 248

理性的熟慮｜251, 252, 256, 257
理想的観察者理論｜4, 58, 59, 60, 61, 62, 64
理由
　→行為の理由
　→実践的理由
　→道徳的理由
　→認識的理由
　→規範理由
　→説明理由
　→動機づけ理由
　→定言的理由
　→もっともな理由 good reason
理由の比例主義｜148
量化子｜297
『倫理学原理』 Principia Ethica｜5, 18, 130, 133, 219, 346
例化｜8, 129, 130, 131, 132, 133, 134, 156, 269, 350　→性質も参照
連続的｜297　→様相論理学も参照

編者略歴
蝶名林亮（ちょうなばやしりょう）
創価大学文学部准教授。Cardiff University 哲学学科博士課程修了。Ph. D（Philosophy）。著書に『倫理学は科学になれるのか——自然主義的メタ倫理説の擁護』（勁草書房、2016 年）、共編著に『ヒューマニティーズの復興をめざして——人間学への招待』（勁草書房、2018 年）。論文に「自殺の悪さについての哲学的な議論の調査」『社会と倫理』(32)、57-76、2017 年など。

執筆者略歴（執筆順）
立花幸司（たちばなこうじ）
千葉大学大学院人文科学研究院助教。東京大学大学院総合文化研究科広域科学専攻相関基礎科学系博士課程修了。博士（学術）。論文に "Nonadmirable moral exemplars and virtue development", *Journal of Moral Education*, 2019, "The dual application of neurofeedback technique and the blurred lines between the mental, the social, and the moral", *Journal of Cognitive Enhancement*, 2(4): 397-403 など。訳書に、アリストテレス『ニコマコス倫理学』（上/下、渡辺邦夫氏との共訳、光文社古典新訳文庫、2015 年/2016 年）、D・C・ラッセル編『ケンブリッジ・コンパニオン徳倫理学』（立花幸司監訳、春秋社、2015 年）など。

萬屋博喜（よろずやひろゆき）
広島工業大学環境学部准教授。東京大学大学院人文社会系研究科博士課程単位取得退学。博士（文学）。著書に『ヒューム　因果と自然』（勁草書房、2018 年）、論文に「証言と徳——ヒュームの証言論」『哲学』第 68 号、2017 年、「鏡としての心——ヒュームにおける他者理解」『西日本哲学年報』第 27 号、2019 年など。

永守伸年（ながもりのぶとし）
京都市立芸術大学美術学部講師。京都大学大学院文学研究科博士後期課程修了。博士（文学）。著書に『モラル・サイコロジー——心と行動から探る倫理学』（共著、春秋社、2016 年）、『信頼を考える——リヴァイアサンから人工知能まで』（共著、勁草書房、2018 年）など。

杉本俊介（すぎもとしゅんすけ）
慶應義塾大学商学部准教授。京都大学大学院文学研究科博士後期課程修了。博士（文

学）。論文に"Philippa Foot's Theory of Practical Rationality without Natural Goodness", *Journal of Philosophical Ideas*, CCPEA2016 Special Issue, 2017、「内部告発問題に対する徳倫理学的アプローチ——ハーストハウスによる道徳的ジレンマの分析を応用する」『日本経営倫理学会誌』24、2017 年など。

秋葉剛史（あきばたけし）
千葉大学文学部准教授。慶應義塾大学大学院文学研究科博士課程単位取得退学。博士（哲学）。著書に『真理から存在へ——〈真にするもの〉の形而上学』（春秋社、2014 年）、論文に「ライプニッツは高次性質の因果の問題にどう答えられるか」『哲学雑誌』132：40-61、2018 年など。

笠木雅史（かさきまさし）
広島大学人間社会科学研究科・総合科学部准教授。University of Calgary 哲学科博士課程修了。Ph. D（Philosophy）。著書・論文に *Cognitive Neuroscience Robotics A: Synthetic Approaches to Human Understanding*（共編、Springer、2016）、*Cognitive Neuroscience Robotics B: Analytic Approaches to Human Understanding*（共編、Springer、2016）、"Problems of Translation for Cross-Cultural Experimental Philosophy", Special Issue on Experimental Philosophy (ed. by J. Knobe, E. Machery, & S. P. Stich), *Journal of Indian Council of Philosophical Research* 34(3): 481-500、2018 など。

佐藤岳詩（さとうたけし）
専修大学文学部哲学科准教授。北海道大学大学院文学研究科博士課程修了。博士（文学）。著書に『R・M・ヘアの道徳哲学』（勁草書房、2012 年）、『メタ倫理学入門——道徳のそもそもを考える』（勁草書房、2017 年）など。

安藤馨（あんどうかおる）
一橋大学大学院法学研究科教授。東京大学大学院法学政治学研究科修士課程修了。著書に『統治と功利——功利主義リベラリズムの擁護』（勁草書房、2007 年）、『法哲学と法哲学の対話』（大屋雄裕との共著、有斐閣、2017 年）など。

和泉悠（いずみゆう）
南山大学人文学部准教授。University of Maryland, College Park 哲学科博士課程修了。Ph. D（Philosophy）。著書に『名前と対象——固有名と裸名詞の意味論』（勁草

書房、2016 年)、論文に "Definite descriptions and the alleged east-west variation in judgments about reference," *Philosophical Studies* 175(5): 1183-1205, 2018 (with Masashi Kasaki, Yan Zhou, and Sobei Oda), "Expressive Small Clauses in Japanese," *New Frontiers in Artificial Intelligence*: *JSAI-isAI 2017 Workshops Revised Selected Papers*, Lecture Notes in Computer Science/Artificial Intelligence, Springer, 188-199, 2018 (with Shintaro Hayashi) など。

太田紘史（おおたこうじ）
新潟大学人文学部准教授。京都大学大学院文学研究科博士課程修了。博士（文学）。主な著書に『シリーズ新・心の哲学』全 3 巻（共編著、勁草書房、2014 年)、『モラル・サイコロジー──心と行動から探る倫理学』（編著、春秋社、2016 年）など。

メタ倫理学の最前線

2019 年 9 月 20 日　第 1 版第 1 刷発行
2021 年 8 月 20 日　第 1 版第 2 刷発行

編著者　蝶　名　林　　亮
　　　　ちょう　な　ばやし　りょう

発行者　井　村　寿　人

発行所　株式会社　勁　草　書　房
　　　　　　　　　けい　そう

112-0005　東京都文京区水道2-1-1　振替　00150-2-175253
　　　　　（編集）電話 03-3815-5277／FAX 03-3814-6968
　　　　　（営業）電話 03-3814-6861／FAX 03-3814-6854
　　　　　　　　　　　　　　大日本法令印刷・牧製本

ⓒCHONABAYASHI Ryo　　2019

ISBN978-4-326-10275-4　　Printed in Japan　　

JCOPY　〈出版者著作権管理機構　委託出版物〉
本書の無断複製は著作権法上での例外を除き禁じられています。
複製される場合は、そのつど事前に、出版者著作権管理機構
（電話 03-5244-5088、FAX 03-5244-5089、e-mail: info@jcopy.or.jp）
の許諾を得てください。

＊落丁本・乱丁本はお取替いたします。

https://www.keisoshobo.co.jp

蝶名林亮
倫理学は科学になれるのか
——自然主義的メタ倫理説の擁護
A5判　4,620円
10256-3

萬屋博喜
ヒューム 因果と自然
A5判　5,170円
10267-9

佐藤岳詩
メタ倫理学入門
——道徳のそもそもを考える
A5判　3,300円
10262-4

安藤馨
統治と功利
——功利主義リベラリズムの擁護
A5判　4,400円
10169-6

和泉悠
名前と対象
——固有名と裸名詞の意味論
A5判　5,500円
10257-0

杉本俊介
なぜ道徳的であるべきか
——Why be moral? 問題の再検討
A5判　4,950円
10291-4

勁草書房刊

＊表示価格は2021年8月現在。消費税10％が含まれています。